UNE ODYSSÉE CAMBODGIENNE

Haing Ngor
Roger Warner

Une odyssée cambodgienne

Traduit de l'américain par
Jean-Michel Caradec'h
avec la collaboration
d'Anne Etcheverry

FRANCE LOISIRS
123, boulevard de Grenelle, Paris

Édition du Club France Loisirs, Paris,
avec l'autorisation des Éditions Fixot

Ce livre a été publié par
Macmillan Publishing Company sous le titre :
A CAMBODIAN ODYSSEY

ISBN 2-7242-4345-5

Je dédie ce livre à la mémoire de mon père, Ngor Kea, de ma mère, Lim Ngor, de ma femme, Chang Huoy (Chang My Huoy), qui sont morts dans les conditions les plus misérables, les plus barbares et les plus inhumaines qui soient sous le régime communiste khmer. J'ai écrit ce livre pour que le monde comprenne mieux ce que sont le communisme et les autres régimes au Cambodge.

PROLOGUE

Oscar

J'ai fait pas mal de choses dans ma vie. J'ai été colporteur, pieds nus sur les sentiers de la jungle, j'ai été aussi médecin, au volant d'une superbe Mercedes. Enfin, ces dernières années, à la surprise générale, surtout à la mienne, j'ai été acteur à Hollywood. Pourtant rien n'a eu autant d'importance pour moi que de survivre au régime de Pol Pot. Je suis tout simplement un rescapé de l'holocauste cambodgien. C'est tout.

Pol Pot et les Khmers rouges ont, entre 1975 et 1979, transformé brutalement notre mode de vie traditionnel en une énorme expérience communiste à l'échelle du pays. Je vivais à cette époque dans un petit village au nord-ouest du Cambodge. Nous avions déjà presque tout oublié des plaisirs et des luxes de la vie d'avant la révolution. Je marchais pieds nus, mes vêtements étaient en lambeaux et j'étais tellement affamé que l'on voyait mes côtes. Je devais cacher ma qualité de médecin sous peine de mort. La plupart des membres de ma famille avaient été assassinés et mon cas était pratiquement réglé.

En détruisant notre culture, en nous réduisant en esclavage, les Khmers rouges ont changé des millions de gens heureux et normaux en bêtes sauvages. Ils ont fait de moi un voleur rusé et prêt à tout.

J'ai commencé par rapiner. A la tombée de la nuit, je me glissais hors de ma hutte parmi les ombres. Je prenais tout mon temps, observant et écoutant les soldats, on n'entendait que les grillons et le chœur nocturne des grenouilles. Je me faufilais dans les rangées de maïs et j'arrachais délicatement les épis en prenant soin de reconstituer leurs enveloppes pour que le lendemain on ne s'aperçoive de rien. D'abord, je volais seul. Puis d'autres villageois affamés me demandèrent d'être leur chef. Je constituais une bande et organisais la nuit, des razzias dans les champs et les jardins pour nous procurer du riz.

Pour les Cambodgiens, le riz est la base de l'alimentation. Un mets neutre et original qui relève le goût de la nourriture. Jusqu'à ce que les Khmers rouges prennent le pouvoir, nous mangions traditionnellement du riz à chaque repas. Ensuite, nous n'aurons jamais plus de ce bon riz où chaque grain moelleux et bien séparé laisse échapper au-dessus du bol, une vapeur blanche et parfumée.

Dans ma bande, le riz était devenu une obsession. Nous allions dans les rizières prêtes pour la récolte. Nous nous précipitions comme des fous, moissonnant les tiges, les foulant sur le sol avec nos pieds, remplissant d'énormes sacs de chanvre avant de nous enfuir. De retour au village, à l'abri des regards, on pilait les cosses dans un mortier et on faisait cuire les grains. Ensuite on s'empiffrait à s'en faire péter l'estomac.

On faisait aussi des razzias dans les jardins potagers des villages voisins. Lorsque j'avais une bonne provision de légumes volés, je distribuais le surplus. J'ai dû ainsi nourrir pratiquement autant de gens du village que les communistes. Mais je n'étais pas satisfait, je voulais aussi me venger.

Toute propriété privée était interdite et il était défendu de faire la cuisine à la maison. Les Khmers rouges contrôlaient tout depuis le travail, jusqu'à la vie sexuelle. Au village, on était tous censés prendre nos repas ensemble autour d'une grande table dans une grande salle baptisée cuisine collective.

Un jour, dans cette salle, alors que je partageais le repas commun, la ration habituelle, un bol de bouillie noyée d'eau où surnageaient quelques grains de riz, je pus jeter un coup d'œil par la porte entrouverte d'un entrepôt. J'aperçus sur le sol un concasseur à main pour le riz. Aussitôt j'eus la certitude qu'il serait à moi un jour ou l'autre.

C'était une idée folle. Voler de la nourriture comportait des risques justifiés par de délicieux bénéfices. Mais voler un concasseur ne m'empêcherait pas de crever de faim. Il me permettrait tout au plus d'enlever l'enveloppe du riz un peu plus vite qu'avec un mortier et un pilon. Les risques étaient également plus importants que d'aller piller un jardin. L'entrepôt était situé à côté de la cuisine et gardé jour et nuit par les soldats.

Pour moi, le vol de ce concasseur était un test et un défi. J'avais besoin d'éprouver mes qualités de voleur et de jouer ma vie, aussi misérable soit-elle. Les dieux devaient se prononcer : la vie ou la mort.

Je surveillais l'entrepôt sournoisement, à plusieurs reprises lorsque j'allais à la cuisine collective : il y avait toujours des soldats en faction. J'en conclus donc que la seule solution consistait à voler l'instrument lorsque l'endroit était plein de monde. Certains soirs de la semaine, le chef du village organisait des séances d'endoctrinement obligatoires. Comme la plupart des Khmers rouges, le chef avait pris un nom nouveau pour marquer sa ferveur révolutionnaire. Il s'était rebaptisé Mao. Probablement en hommage à Mao Tsé-toung. C'était un homme fruste, habillé d'un pyjama noir, l'uniforme des Khmers rouges.

Au cours de la réunion suivante dans la cuisine collective, je m'installais au fond de la pièce, adossé à la cloison de l'entrepôt. Le soir tombait et le ciel était noir piqueté d'étoiles, sans lune.

Mao ouvrit la réunion en scandant des slogans. Il fallait tous se lever et se mettre à crier en se tapant la poitrine puis en levant lè poing pour saluer. « Longue vie à la Révolution cambodgienne! » criait Mao. On hurlait tous : « Longue vie à la Révolution cambodgienne. » Comme ça à plusieurs reprises, et puis il changeait de slogan.

Quand il eut terminé, on put se rasseoir et écouter son discours. Comme nous étions heureux de vivre sous un tel régime, où nous étions tous égaux et où l'on nous servait un repas chaque jour! Comme nous étions heureux de lutter ensemble pour construire une nation moderne et puissante!...

En vérité, ce pays était dans une situation catastrophique depuis l'arrivée des communistes au pouvoir. Pire que tout ce que nous avions pu connaître auparavant. Plus d'électricité, plus de pendules ou d'automobiles. Pas de médicaments, pas d'écoles, plus de temples, très peu de nourriture et la terreur continuelle d'un régime militaire.

Mao continuait son discours, récitant les phrases toutes faites qu'on lui avait inculquées. Il répétait chaque fois la même chose, et tout le monde s'assoupissait discrètement.

Le bon moment.

Je fis une courte prière : « Bouddha, pardonne-moi. Je ne vole pas pour devenir riche, je partage avec les autres. Je t'en prie, protège-moi une nouvelle fois. » Et je me penche en avant, tirant la cloison de l'entrepôt sur mon corps. Elle n'est pas fixée au sol, et je me glisse en arrière dans l'ombre de l'entrepôt. J'entends Mao qui continue son discours. « Nos travailleurs, nos paysans et nos soldats révolutionnaires ont lancé une offensive pour reconstruire l'économie... » Je tâtonne autour de moi sur le plancher. « Nous luttons avec la nature pour devenir les maîtres de notre destin! » Je sens un objet rond. Plus lourd que je ne pensais. Je parviens à le démonter en plusieurs morceaux que je devine au toucher. Deux grosses meules en pierre, une boîte et le châssis. « Toutes nos coopératives mènent une offensive, travaillant avec un grand zèle révolutionnaire dans l'intérêt d'un spectaculaire et grand bond en avant. » Je me glisse sous la cloison par le même chemin. « Ils sont maintenant résolus à lancer de nouvelles offensives implacables. » Mao poursuit son interminable discours. Je distingue devant moi les silhouettes des villageois, leurs têtes sont tournées, comme prévu, dans sa direction. Parfait. Sur le côté, un fossé s'enfonce dans la nuit, rejoignant le système d'irrigation. « Et l'on continuera jusqu'à la victoire... » Une meule sous chaque bras, le châssis passé dans ma ceinture, je me glisse dans l'eau du fossé. « Va doucement. Ne fais pas de bruit. » Je m'astreins à ralentir mes gestes pour éviter le moindre clapotis.

Je rampe dans l'eau boueuse, comme un crocodile; mon nez et mes yeux à la surface de l'eau. Le discours de Mao et les applaudissements obligatoires s'estompent à mesure que je m'éloigne. Le reflet des étoiles sur l'eau allume des éclats. Une lueur apparaît à l'horizon. La lune va se lever! Il faut que je me dépêche. J'accélère mes reptations. Maintenant, je m'extirpe péniblement du fossé et je cours jusqu'au hangar aux engrais, mon lieu de travail pendant la journée. Je cache le concasseur sous un monceau d'engrais et je file jusqu'à ma cabane. Mes vêtements sont trempés et pleins de boue. Tout en revenant vers la cuisine j'enfile une chemise propre. On crie des slogans, on applaudit.

Trop tard.

La séance est terminée.

Des soldats inspectent le coin où j'étais assis à côté de l'entrepôt. Des villageois me cherchent à la lueur de la lune en criant mon nom. Je n'ai pas le choix : j'apparais, hors d'haleine.

Mao me fait comparaître devant lui, on m'entraîne. Je courbe le dos et les épaules. Les yeux baissés avec déférence, je forme sur mes lèvres un stupide sourire gêné.

« Excuse-moi camarade, j'ai l'estomac dérangé et... et je me suis sali. » Je tapote en même temps le fond de mon pantalon pour me faire mieux comprendre... « Je suis juste allé chez moi pour me changer. »

Tout le monde éclate de rire, même les soldats. Les problèmes intestinaux sont lot commun dans ces conditions de vie insalubres. Même Mao, homme d'une cruauté au-dessus de la moyenne, esquisse une grimace. Il me fait simplement signe de m'éloigner de la main. Comme on chasse une mouche importune.

Je retourne m'asseoir à ma place, le dos contre la cloison de l'entrepôt.

La même nuit, j'ai moulu du riz avec mon concasseur.
La nuit suivante, je repartais voler avec ma bande.

Une autre nuit, six ans et demi plus tard, j'étais installé dans un fauteuil du Hall Dorthy Chandler à Los Angeles, en smoking, les pieds chaussés de souliers vernis. Sur la scène, sous les projecteurs, une femme ouvrit une enveloppe et lut : « Haing S. Ngor. » Elle prononçait « Heng S. Nor ».

Depuis mon départ du Cambodge, ma vie avait été totalement bouleversée. J'étais arrivé aux États-Unis avec le statut de réfugié, et j'avais été engagé pour jouer le rôle d'un Cambodgien, Dith Pran, dans un film dont le titre était : La Déchirure. *Je n'avais aucune expérience d'acteur et je doutais de mes dons en la matière. Pourtant on m'avait nominé pour ce rôle, en même temps que des acteurs expérimentés.*

Quel est l'essentiel pour un comédien ? Endosser une nouvelle identité, et convaincre les autres de sa réalité. Je n'avais jamais fait autre chose avec Mao, le chef du village.

Aussi, en attendant que l'enveloppe soit ouverte, malgré un peu de nervosité, mon cœur était en paix. Quel que soit le nom prononcé, je savais que mes meilleurs rôles, je les avais joués là-bas. Et mon prix, je l'avais déjà reçu : c'était ma liberté.

Premières révoltes

Dans mon souvenir le plus lointain, je me vois debout à la porte de service de la maison de mes parents, regardant les rizières. Elles me fascinaient. Des buttes de terre divisaient les champs inondés comme un échiquier déformé, en cases irrégulières. Un arbre s'élevait ici et là à l'intersection des fossés sinueux.

Le paysage changeait avec les saisons.

En janvier, pendant la saison sèche, les champs étaient recouverts d'un chaume brun. En avril et mai, sous la pluie légère, les rizières ensemencées se couvraient d'un vert délicat. Lorsque la saison des pluies amenait de lourds nuages, les paysans transplantaient les jeunes plants dans d'autres rizières. Pendant la mousson, le riz poussait, épais et vert, les fossés disparaissaient sous cette chevelure luxuriante jusqu'en août. Puis les pluies s'arrêtaient et les cultures blondissaient sous le soleil. La moisson ne laissait sur place que des chaumes dorés. Les paysans battaient les tiges, décortiquaient le grain et vendaient leur récolte.

Nous mangions ce riz avec joie, en laissant toujours la part des moines. Chaque matin, ils venaient mendier un bol d'aumône, vêtus de robes jaunes, orange ou beiges qu'ils avaient teintes eux-mêmes avec du jus d'écorces broyées. Le crâne et les sourcils rasés, ils allaient, en file indienne, calmes et silencieux, d'une maison à l'autre.

Je voudrais garder le souvenir de ce Cambodge-là, tranquille, beau et paisible. Malheureusement, un incident devait me marquer toute ma vie.

C'était en 1950, j'avais à peu près trois ans. Ma mère nous avait envoyés, mon frère aîné et moi, chercher de l'eau dans un étang de la rizière. Pendant la saison sèche, les soldats en garnison dans le village y pêchaient tranquillement, torse nu et sans chaussures.

Nous avions accroché le seau plein d'eau sur une perche que nous portions à l'épaule, mon frère devant, et moi trottinant derrière, pieds nus. Nous retournions à la maison lorsqu'un coup de feu éclata dans notre dos. Bang!

Ma mère sortit de la maison en criant. Je ne l'avais jamais vue comme ça : « Les enfants, venez vite! Laissez tomber ce seau! Dépêchez-vous! »

Nous avons lâché la perche. Elle nous attrapa dans ses bras et nous jeta à l'intérieur de la maison. Dehors, on entendait des coups de feu et les cris des voisins. Ensuite, ma mère nous mit dans un grand trou creusé sous la large planche de bois qui servait de lit. Il y faisait sombre et frais, des sacs de sable étaient entassés sur les côtés. Mes parents, redoutant des incidents, avaient aménagé un abri solide.

Mes frères et mes sœurs y étaient déjà cachés, d'autres enfants, très énervés, arrivèrent ensuite. Puis ma mère vint nous rejoindre, et enfin mon père qui avait couru depuis le marché. Il était couvert de transpiration et tout essoufflé.

Nous avons entendu un coup de feu tout près, puis d'autres juste devant la maison. Quelque chose se brisa et du verre tomba de la table. Ma mère nous serrait contre elle et priait. Mon père jurait. Nous, les enfants, essayions de nous faire le plus petits possible dans notre trou.

Les coups de feu cessèrent. On entendit des voix à l'extérieur. Quelqu'un appela mon père. Il sortit et nous le rejoignîmes quelques minutes après. Du verre brisé jonchait le sol, le mur au-dessus de la porte était transpercé. La foule s'était rassemblée dans la rue, tout le monde parlait en même temps. « Non, les autres ont pris la fuite, personne d'autre n'a été tué... » – « Les soldats ont tiré depuis la tour de guet... » – « Il se cachait derrière cet arbre. Regardez les impacts dans le tronc, il y en a même sur la porte de Ngor... »

Je voulais voir, moi aussi. Je me frayais un chemin entre les jambes des gens jusqu'au centre de la foule. Près de l'arbre en face de chez nous, un homme était étendu sur le ventre, le visage baignant dans le sang. Une carabine à côté de lui.

D'autres enfants s'étaient faufilés comme moi, portant un petit frère ou une petite sœur sur la hanche.

Les yeux grands ouverts, nous ne perdions pas une miette du spectacle.

Le mort était robuste, avec un large dos et des jambes épaisses. Ses pieds nus étaient épais et calleux comme ceux d'un paysan. Il avait la peau brun foncé et des tatouages sur les bras et les épaules. Son pantalon était déchiré et il portait autour de la taille un *krama,* l'écharpe cambodgienne qui sert à tout. Il n'avait pas de chemise, des cordelettes pendaient à son cou avec des amulettes bouddhistes et des grains de chapelet. Ce n'était pas un homme de la ville, mais un homme de la terre, comme nous. Le cœur même du Cambodge. Et il s'était révolté.

A cette époque, existait déjà dans ce pays un profond mécontentement, caché mais réel.

Pourtant pour les étrangers et même pour les Cambodgiens, le pays semblait paisible. Des paysans attachés aux cycles des saisons. Des pêcheurs vivant sur leur bateau rempli d'enfants bronzés et nus plongeant dans l'eau. Des moines en robe, pieds nus, qui font, sans se presser, leur tournée quotidienne. Des temples dans chaque village, élevant gracieusement leurs toits à plusieurs étages au-dessus des arbres. Les grands boulevards ombragés de Phnom Penh, la capitale.

Toute cette beauté et cette sérénité camouflaient une violence sous-jacente : le *kum*. Ce mot désigne un travers de la mentalité cambodgienne qu'on peut rapprocher du proverbe français : « La vengeance est un plat qui se mange froid. »

Si quelqu'un vous frappe avec le poing, cinq ans après, tirez-lui dans le dos par une nuit sombre : c'est *kum*. Si le gouvernement vole vos poules, attaquez une de ses garnisons : c'est *kum*.

Tous les Cambodgiens connaissent le *kum*, il pourrit notre âme nationale. Le mal n'aurait pas été bien grand si d'autres pays ne s'en étaient mêlés.

Lorsque quelques guérilleros en guenilles attaquaient la garnison de mon village, cela ne concernait que mon village. A la rigueur Phnom Penh, mais la nouvelle ne dépassait jamais nos frontières. Des incidents semblables, il en existe dans le monde entier.

Pourtant ces guérilleros, qui venaient jusque dans mon village, essayaient de lutter contre la tutelle française. A la même époque, au Viêt-nam, Hô Chi Minh et les communistes s'étaient révoltés contre les Français sur une bien plus grande échelle. Et sur le plan médiatique, le Viêt-nam a toujours fait de l'ombre au Cambodge. Les guerres y ont été plus importantes et les pays occidentaux y étaient toujours directement engagés. On connaît en général mieux le Viêt-nam que le Cambodge.

Mais, pour moi, le Cambodge c'était le nom du pays autour de mon village. Et comme tous les enfants, je croyais que mon village était le centre du monde.

Ce village s'appelait Samrong Yong, au sud de Phnom Penh à un croisement de la route nationale, une simple rangée de maisons au milieu des rizières et de la forêt.

Après l'histoire du rebelle abattu, mes parents nous mirent en sécurité chez un ami à la campagne. Ils nous rejoignaient le soir, passaient la nuit et, au matin, repartaient au village vendre des articles de nouveautés, dans leur magasin.

Un soir, papa ne revint pas. Il avait été kidnappé par les guérilleros.

Ma mère réunit l'argent de la rançon et l'apporta dans la forêt. Les guérilleros libérèrent mon père, mais gardèrent sa femme en otage. Ils exigeaient une autre rançon pour sa libération.

Quand ils furent enfin libres tous les deux, les soldats du gouvernement cambodgien, soutenu par la France, arrêtèrent mon père et le mirent en prison. Ces officiers corrompus l'accusaient d'aider la guérilla : on l'avait vu quitter Samrong Yong, tous les soirs pour rejoindre les communistes!

Bien sûr, eux aussi voulaient toucher une rançon pour le remettre en liberté.

On m'envoya à Phnom Penh. Pendant mon séjour là-bas, rebelles et militaires le kidnappèrent encore une fois, à tour de rôle.

Mon père n'aimait pas payer les rançons, mais il n'avait pas le choix. Personne ne pouvait le protéger.

Comme la plupart des commerçants, il avait l'aspect d'un Chinois : une peau pâle et des yeux bridés. C'était une cible facile, la plupart des autres Cambodgiens étaient soit de race khmère, avec des yeux ronds et une peau sombre, soit descendaient d'un mélange de races.

Quand je revins à Samrong Yong, quelque chose avait changé. Chaque après-midi, une milice s'entraînait autour du village avec des machettes et des carabines en bois. Ces jeunes gens et ces jeunes filles marchaient à contretemps et ne ressemblaient pas à des militaires. Mais tout le village les soutenait, on en avait marre des soldats corrompus et des guérilleros.

L'initiateur de ces milices était notre jeune roi, Norodom Sihanouk. Il voulait le départ des Français et la disparition de la guérilla communiste, alliée à Hô Chi Minh. Sihanouk désirait que le pays soit indépendant et neutre.

Mon père était ruiné par toutes les rançons. Il m'envoya pourtant, avec mon frère aîné Pheng Huor, à l'école chinoise. Mais ne pouvant payer pour deux, il m'en retira assez vite. Cela m'était égal, Pheng Huor était plus intelligent que moi. Il prenait un abaque, le boulier chinois, l'effleurait simplement du doigt et trouvait la solution alors que j'essayais encore de me rappeler la valeur des boules.

Pheng Huor aidait mon père au magasin après l'école, moi, je rejoignais ma mère. Elle avait la peau plus mate, comme moi, d'une carnation oscillant entre celle des Chinois et celle, plus sombre, des paysans cambodgiens.

Pendant que mon père remettait ses affaires sur pied et que mon frère allait à l'école, ma mère et moi parcourions chaque jour la campagne pour faire du troc et ramener de la nourriture à la maison. Je portais sur les épaules une longue perche de bambou munie d'un anneau à chaque extrémité. D'un côté pendait un panier rempli de pâtisseries fraîches préparées par mon père. L'autre panier était plein de cacahuètes, de poisson séché, de sel, de sauce, de soja, bref de tout ce qui pouvait être vendu ou échangé.

Nous partions au lever du soleil. Les paniers montaient et descendaient en dansant sur la perche et je devais ajuster mon pas pour garder le rythme. Ma mère avait enroulé son *krama* sur la tête pour y placer une corbeille en équilibre.

Nous empruntions la nationale 2, une grande route pavée qui traversait le village, puis des pistes défoncées par les chars à bœufs et des chemins de terre battue. On se retrouvait rapidement, loin du trafic, dans les champs et les forêts.

Nous marchions à travers les rizières, jusqu'à des villages ombragés. Les maisons, au toit de chaume, étaient bâties sur pilotis, au milieu de tamariniers, de manguiers, de bananiers et de palmiers.

Les villageois étaient des Khmers, gens chaleureux à la peau sombre. Ils savaient vivre de la terre sans trop s'y fatiguer. Chaque maison avait son jardin entouré d'une clôture en roseaux où poussaient des légumes et du tabac. Des poules gloussaient en picorant par terre et les coqs chantaient toute la journée. La plupart du temps nous échangions le contenu de nos paniers contre du riz moins cher ici qu'à Samrong Yong.

Sur le chemin du retour, je cueillais des plantes de lotus dont les racines et les graines donnent beaucoup de saveur à la soupe, des volubilis d'eau qui ressemblent à des épinards et des feuilles de *sdao,* au goût amer comme la plupart des plantes de la forêt. Chaque fois que nous traversions des bois, ma mère enveloppait quelques grains de riz dans une feuille et les offrait aux esprits du lieu.

Quand j'eus huit ans, on m'autorisa à partir faire du troc tout seul.

Mon village préféré se trouvait dans un bosquet de palmiers à sucre, aux troncs élevés, étroits et courbes, surmontés d'un feuillage en forme d'éventail. Chaque matin, les hommes grimpaient aux palmiers et recueillaient le nectar des fleurs. Il fallait faire bouillir cette substance pendant de longues heures pour obtenir un sucre brun, grossier, au goût de mélasse. Ils fabriquaient aussi une boisson alcoolisée, légèrement pétillante au goût de bière.

Un matin, alors que j'arrivais au village, les hommes m'appelèrent depuis le haut des palmiers : « Hé, garçon! Hé, Ngor Haing! Viens ici, on a quelque chose pour toi. » Je montai l'échelle de bambou, jusqu'à une plate-forme qui reliait plusieurs palmiers. Les hommes étaient assis avec un large sourire et les yeux brillants. Ils buvaient de la bière de palme fraîche. J'en pris un peu. C'était délicieux. J'en bus encore, et encore. Les heures passèrent en plaisanteries et en rigolades bien arrosées. Mais, lorsque je voulus descendre de la plate-forme, je réalisai soudain que je ne contrôlais plus ni mes jambes ni mes bras. Le sol me paraissait loin et minuscule, comme vu d'avion. On dut me porter jusqu'en bas. Plus de troc aujourd'hui.

J'eus le plus grand mal à rentrer, je tombai sur le sentier, me cognai aux arbres... A la maison, ma mère me gronda, quant à mon père il me lança un regard sévère et méprisant. « Tu n'arriveras à rien si tu passes ton temps avec des voyous. »

Je n'étais pas d'accord du tout. Ces paysans n'étaient pas des voyous, ils m'avaient toujours bien traité. Si mon père me grondait, c'est lui qui avait tort. J'avais un sacré caractère à l'époque : si je me cognais la tête accidentellement, je recommençais pour faire mal au mur.

J'aimais le sport, j'aimais aussi me battre. Avec ma bande, on organisait des bagarres au village. Je n'avais pas peur d'affronter les autres avec ma perche de bambou. Cette façon brutale de jouer déplaisait à mon père. Commerçant et travailleur, il aurait préféré que je reste à la maison pour l'aider. Plus il me grondait, plus je me battais et plus il devenait difficile de le regarder dans les yeux.

Mon frère aîné numéro un, travaillait avec mon père toute la journée, lent et fidèle comme un buffle d'eau. Mon frère numéro deux, Pheng Huor, très intelligent, s'occupait déjà des comptes du magasin. J'étais le frère numéro trois, avec deux frères plus jeunes et trois sœurs. J'étais disposé à aider ma famille, mais pas à travailler tout le temps. Je préférais m'amuser.

Une crise devait éclater entre mon père et moi. Elle survint alors que j'allais sur mes dix ans.

Le gouvernement thaïlandais avait offert une grande sculpture de Bouddha à un vieux moine cambodgien très respecté. Elle était destinée à un temple de pierre construit en l'an 1200, à l'époque d'Angkor, l'antique civilisation cambodgienne.

Mais avant d'installer la statue, il fallait aller la chercher. Mon père et le moine devaient donc se rendre en Thaïlande. Ils partirent dans la vieille camionnette Ford, noire et marron de papa. La route était longue et complètement défoncée, la camionnette tombait tout le temps en panne et mon père était de mauvaise humeur. Il devait en plus se retenir de jurer devant le moine. Ils parvinrent enfin à Aranyaprathet où on leur remit la statue. Elle était très belle et très grande et mon père parvint à la fixer à l'arrière de la camionnette.

Le voyage du retour fut interminable.

Ils durent s'arrêter dans chaque petit village pour que les gens puissent se recueillir devant le Bouddha. Heureusement, les fidèles faisaient quelques offrandes pour obtenir les mérites qui leur permettraient de renaître dans une vie meilleure. Cet argent servit à payer l'essence et les réparations. Malgré son impatience, papa ne pouvait pas se plaindre.

Pendant son absence, ma mère s'occupait du magasin et moi, je passais mon temps à me bagarrer.

Un matin, c'était la veille du retour de papa, une boîte d'une douzaine de paquets de cartes à jouer disparut d'un placard fermé à clé, placé au-dessus du lit conjugal. Ces cartes d'importation avaient une certaine valeur.

Ma mère me demanda si c'était moi qui les avais prises. En toute bonne foi, je répondis que non. Pourtant, ma mère me soupçonnait, j'étais le plus indiscipliné de ses enfants. « Si tu les as volées et revendues, dis-le-moi. Si tu avoues, je ne dirai rien à ton père et tu éviteras une correction. »

Je niai. En observant mon frère aîné Pheng Huor, j'avais bien eu quelques soupçons sur l'auteur du vol, mais je ne pouvais rien prouver.

Mon père arriva le jour suivant, il était fatigué et de mauvaise humeur. Ma mère lui apprit le vol et sa colère contre moi fut terrible.

Il m'emmena dehors, derrière la maison et m'attacha les pieds et les mains à du bois de charpente. Il s'empara d'une planchette et se mit à me frapper sur les épaules. La correction dura une heure. Quand il en eut assez, il rentra à la maison, mais en ressortit bientôt la planchette à la main. Ma mère se tenait à la porte, les yeux implorants, mais elle ne lui demanda pas de cesser.

Je ne sais pas quand il s'arrêta de me battre, j'avais perdu conscience. Quand je revins à moi, mes pieds et mes mains étaient toujours attachés à la charpente. J'avais roulé sur le côté. Les rayons du soleil étaient bas au-dessus des rizières, c'était la fin de l'après-midi. Ma mère et ma sœur préférée, Chhay Thao, vinrent me détacher. Je restai allongé sur le sol sans bouger, tentant de rassembler mes esprits.

« Tu ne m'as pas cru », dis-je péniblement à ma mère. « Vous m'avez traité comme un ennemi de la famille. Ce n'est plus la peine de m'aider maintenant. »

Ma mère s'agenouilla près de moi. « Ta volonté est toujours la même, hein ? » me dit-elle gentiment.

Elles m'aidèrent à monter les marches et me mirent au lit. Je m'endormis. Dans la soirée, je me réveillai indigné et révolté.

Qu'avais-je fait pour mériter une telle correction ?

D'accord, j'aimais la bagarre, sortir de la maison et m'amuser avec les autres, mais je n'avais rien volé. Je ne désirais rien au point de voler ma propre famille.

S'ils ne me croyaient pas, comment pourrais-je vivre sous le même toit qu'eux ? Comment accepter leur autorité ?

Je m'échappai le lendemain, de bonne heure.

Je traînai d'abord au marché en plein air, à côté de la caserne. Les femmes encombraient les allées, marchandant, palpant les fruits et les légumes, scrutant d'un œil soupçonneux les bassines de poissons vivants.

Des marchands proposaient du riz grillé et des mets cuisinés enveloppés dans des feuilles de banane. Des clients s'asseyaient à l'étal des restaurants pour commander un bol de soupe préparée à leur goût. Moi, je ne pouvais rien acheter, je n'avais pas un sou. Je discutais avec des gens, tout en surveillant du coin de l'œil une éventuelle apparition de ma famille.

En début d'après-midi, un vieil autobus pénétra dans le village. Le chauffeur était un cousin éloigné qui s'appelait Kruy.

« Oncle, oncle ! » l'appelai-je.

« Eh bien Ngor Haing qu'est-ce qui t'arrive, mon garçon ? »

Je m'approchai de la porte de l'autocar. « Mon père m'a battu hier soir pour le vol de cartes à jouer dans le magasin. Mais je n'ai rien volé. »

« Eh bien, viens donc alors. Je te donnerai une chemise pour couvrir les marques de ton dos. »

Je montai dans l'autocar qui démarra dans le vacarme du diesel et les grincements de la boîte de vitesses.

Kruy vivait avec sa femme au sud de mon village. Propriétaire et chauffeur de cet autobus bringuebalant, il effectuait, chaque jour, le trajet aller et retour entre sa maison et Phnom Penh, et s'arrêtait à tous les marchés le long de la nationale 2.

Kruy me donna une chemise et un chapeau de paille. Je commençai mon travail : ramasser l'argent des billets.

Le parcours était incroyablement bruyant et inconfortable : la suspension affaissée et les nids-de-poule provoquaient des embardées. Les boulons et les rivets desserrés, les tôles rouillées faisaient un bruit d'enfer. Les passagers glissaient les uns contre les autres et se retrouvaient pratiquement sur les genoux de leurs voisins. Alors que le bus était plein à craquer, Kruy s'arrêta encore une fois pour prendre un vieux moine tout ridé qui attendait sur le bord de la route sous son parasol. On lui trouva une place par miracle. Aucune femme ne devait le toucher, même accidentellement et il aurait été impensable de lui demander de payer le transport. Les moines voyageaient confortablement et gratuitement.

Kruy était satisfait de mes services, et me promut rapidement responsable des bagages. Je m'installai sur le toit de l'autobus au milieu des paquets, des valises, des bicyclettes et même des meubles qui s'entassaient sur le porte-bagages au-dessus de ma tête. Il y avait aussi des cochons vivants qui grognaient dans leurs paniers d'osier, des poules et des canards, des serpents dans des couffins tressés et tous les produits du marché de Phnom Penh.

A chaque arrêt, je devais décharger une partie de cette cargaison, la remettre à son propriétaire et arrimer les bagages des nouveaux passagers.

J'étais aussi chargé de distribuer les pots-de-vin.

Lorsque nous arrivions à un barrage gouvernemental, Kruy se garait sur le bord de la route. Je descendais par l'échelle fixée à l'arrière du bus, j'ajustais mon chapeau et je m'approchais de la guérite.

A l'intérieur, le factionnaire prenait un air très préoccupé, m'énumérant toutes les bonnes raisons qu'il avait de contrôler le véhicule : la cargaison dépasse le poids autorisé, des rebelles communistes se cachent parmi les passagers... Pendant ce temps, j'enlevais mon chapeau respectueusement, le déposant sur le bureau près d'un tas de papiers. Je faisais tomber discrètement quelques riels que je glissais sous les formulaires.

« Aujourd'hui, votre bus semble répondre aux normes de sécurité, marmonnait le garde en apercevant mon geste. Vous pouvez continuer votre route. »

En me voyant sortir, Kruy remettait le moteur en marche et j'attrapais l'échelle au vol, pendant que le factionnaire relevait paresseusement la barrière.

J'aimais cette nouvelle vie. Je n'avais pas de chaussures, pas de vêtements de rechange mais cela m'était égal. Le travail m'empêchait de penser aux coups donnés par mon père. Mon seul souci était l'arrêt, deux fois par jour, à Samrong Yong.

Ce que je craignais arriva. Ce jour-là, j'étais étendu comme d'habitude sur le porte-bagages, regardant la poussière soulevée par notre sillage, lorsque le bus ralentit sans raison. Je tournai la tête, une voiture arrivait en sens inverse : une camionnette Ford, noire et marron !

Oncle Kruy s'arrêta au niveau de la portière du conducteur, c'était mon père. J'entendis leur conversation sans me montrer.

« Ton fils est sur le porte-bagages.

– Je sais. On m'a dit qu'il travaillait avec toi. Dis-lui que sa mère veut qu'il revienne à la maison.

– Pas de problème, pas de problème. Mais dis-moi, mon frère, on raconte que le roi est en Europe et qu'il négocie à nouveau. Penses-tu que cette fois il pourra mettre les Français dehors ?

– Je lui souhaite bonne chance. Si nous avons la paix, les temps seront meilleurs et j'aurai plus de clients.

– Si quelqu'un peut mettre ces bâtards d'étrangers à la porte c'est bien notre prince royal... »

Je me cachai encore plus profondément dans la cargaison, derrière un panier de canards. Je ne voulais pas parler à mon père, et lui n'y tenait pas non plus. Tout ce qui les intéressait, lui, Kruy et les autres, c'était leur travail et leurs affaires. Et si ma mère voulait que je rentre à la maison, c'était vraisemblablement parce qu'ils avaient besoin de mon aide...

Le lendemain matin, je quittai l'autobus à l'arrêt du village et je rentrai tristement à la maison. La camionnette de mon père n'était pas là, heureusement. Quand ma mère m'aperçut, elle fondit en larmes, se cramponnant à mon bras. Je voulus en vain me dégager pour repartir. J'étais ridicule.

Cela ne marqua pas le terme de mes problèmes familiaux, mais la fin de cet épisode de rébellion. Je dis adieu aux tournées de troc dans la campagne et aux voyages dans l'autobus de Kruy.

Un événement extraordinaire venait de se produire. Sans tirer un seul coup de feu, simplement par la négociation, le prince Sihanouk venait d'obtenir l'indépendance du Cambodge.

Des manifestations de joie éclatèrent spontanément dans les rues de mon village. Nous allions, nous, Cambodgiens, nous gouverner seuls, comme nous avions toujours rêvé de le faire. Maintenant nous aurions la paix... peut-être bien la prospérité.

L'une des premières mesures de Sihanouk fut d'augmenter le nombre d'écoles publiques gratuites. J'entrai à l'école avec des garçons de douze à quatorze ans pour apprendre à lire. Deux ans plus tard, j'étais admis à l'école secondaire, à Takéo, la capitale provinciale. La plupart des cours étaient en français, la langue culturellement dominante pour l'élite de la société, riche et instruite.

J'étais un élève doué et je réussis bien dans cette école, en grande partie grâce à l'un de mes professeurs, Chea Huon, un Chinois lettré, pâle, au dos voûté. Chea Huon était partisan de l'égalité sociale et invitait les étudiants chez lui, pendant le week-end, pour des cours supplémentaires gratuits. Je ne connaissais pas à l'époque ses opinions politiques et je ne me doutais pas que nous nous retrouverions plus tard dans des circonstances étranges et fatidiques.

Au bout de deux ans, ces études étaient sanctionnées par un examen de passage pour entrer au lycée. J'étudiais sans relâche et priais Bouddha pour obtenir de bonnes notes.

Je réussis brillamment : il ne me restait plus qu'à Lui rendre grâces.

Je me rasai la tête et les sourcils. Pendant quelques semaines, selon la tradition, je me fis moine. Pendant la cérémonie d'initiation qui avait lieu dans un *wat,* le temple, mes parents joignirent leurs deux poignets dans ce geste de remerciement et de soumission que l'on appelle le *sompeab.* Je faillis en mourir d'énervement. Mes parents saluaient Bouddha en moi, sa sainteté représentée par ma robe de moine.

Chaque matin, je marchais avec les autres moines en file indienne, pieds nus. Les yeux fixés sur le sol, je chantais mes prières. Des femmes déposaient du riz dans les écuelles que nous portions sur nous et les jours passaient en prières et en chants.

Les moines novices s'asseyaient sur le sol du temple, les paumes réunies en *sompeab,* les pieds repliés sur le côté, face à l'autel. Il occupait tout un pan de mur. A sa base, les fidèles avaient déposé des fleurs et des figurines de cuivre, des petits bateaux où brûlaient des bougies et des bâtons d'encens. Au-dessus, il y avait des rangées de bouddhas de toutes les tailles, faiblement éclairés par la lueur des bougies. La statue la plus grande était posée très haut et très loin de nous. Elle regardait dans notre direction, tranquille et mystérieuse.

Bouddha n'est pas un dieu, c'est un être humain très sage. Il nous indique les étapes à franchir pour vivre une vie honnête et digne. Il enseigne qu'après la vie vient la mort et qu'après la mort, revient la vie. Ainsi de suite selon un cycle éternel. Si l'on suit les pas de Bouddha, la vie qui suit est toujours meilleure que celle qui précède. Ce n'est qu'en suivant ses enseignements que l'on échappe aux souffrances d'une renaissance. C'est le *kama.*

Un vieux moine tout ridé s'assurait que j'avais compris l'essentiel : « Ce qui est saint et divin, c'est la vie, m'expliquait-il avec un sourire doux. Il faut un père et une mère pour amener un enfant au monde et le protéger pendant son enfance. C'est le devoir de l'enfant d'honorer ses parents et de les protéger quand ils sont âgés. Tu dois aussi honorer tes aînés et leur obéir, mon garçon. Si ta famille est heureuse, tu auras une belle vie. Si toutes les familles sont heureuses, alors c'est le village qui sera prospère et le pays sera fort et en paix. »

Je croyais ce que le vieux moine m'enseignait. Tout ce qu'il avait prédit s'est réalisé. Mais à l'envers : ma famille fut malheureuse, mon village aussi et le pays sombra dans le chaos. Maintenant, lorsque j'y songe, je me demande si ce n'est pas de ma faute...

Éducation

Bénéficiant de circonstances économiques favorables, mon père acheta en 1964 une scierie installée entre Phnom Penh et notre village. Cette petite entreprise était, selon les critères cambodgiens, technologiquement avancée. C'est-à-dire que la scie était entraînée par le moteur d'une vieille Jeep.

C'était néanmoins une bonne affaire. Mon père acheta des camions pour transporter les grumes, engagea des bûcherons pour prospecter la forêt et emménagea à proximité. L'ambition de papa était claire : devenir un riche marchand, diriger le travail de ses fils et faire sauter ses petits-enfants sur ses genoux, au soir de sa vie. Il ne manquait pas de faire la charité et de cotiser généreusement à l'association chinoise de protection.

Sa vision du monde s'arrêtait là.

Malheureusement, il ne savait ni lire ni écrire le khmer, la langue couramment pratiquée au Cambodge. Mon frère, Pheng Huor, était lui aussi, pratiquement illettré. Ni l'un ni l'autre ne parlaient français alors que les documents officiels étaient rédigés en français et en khmer. Si bien que tous les week-ends, je me tapais sept kilomètres à bicyclette depuis Phnom Penh pour expédier la paperasserie administrative de la scierie.

Je le faisais à contrecœur, surtout lorsque je m'aperçus que Pheng Huor traficotait les comptes, signait des avoirs à son profit et piquait dans la caisse.

J'étais bien embêté. Je ne voulais pas dénoncer mon frère qui travaillait beaucoup pour l'entreprise. Je craignais aussi que mon père, découvrant le pot au roses, ne m'accuse injustement, comme il l'avait déjà fait une fois.

Malgré tout, la scierie prospérait, mais moi, j'avais échoué à mon examen d'entrée à l'Université. Il fallut l'intervention de ma mère pour que mon père accepte de me laisser redoubler. J'assurais toujours le travail administratif en fin de semaine.

En 1968, un samedi, en arrivant à la scierie, je trouvais mon frère bien sombre.

« Comment vont les affaires ?

– Nous gagnons un peu d'argent, mais ces salauds du gouvernement deviennent de plus en plus gourmands. Regarde ces papiers et dis-moi ce que ça veut dire. »

Je lus les formulaires écrits dans un sabir de français et de khmer.

« Je vois que tu as résolu les difficultés avec le responsable des forêts ! »

L'estimation annuelle du gouvernement faisait, en effet, état d'un cubage de bois bien inférieur à celui que nous traitions réellement à la scierie.

« C'est " bonjour mon ami ". Ce salaud n'a pas encore sa Mercedes, mais chaque fois que je le vois, il a de nouvelles chaînes en or autour du cou ! »

La coutume française de se serrer la main en disant « bonjour » permettait de glisser discrètement des billets pliés à son interlocuteur. « Bonjour » était devenu synonyme dans l'argot cambodgien de « pot-de-vin ».

Je me plongeai dans l'étude des feuilles d'impôts, sachant parfaitement que lorsque je les aurais remplies, elles finiraient au fond d'un tiroir poussiéreux, dans un bureau quelconque, oubliées par des fonctionnaires endormis sous un ventilateur asthmatique.

Les tentatives de réforme du gouvernement n'avaient rien donné. Les fonctionnaires gagnaient toujours leur vie grâce aux pots-de-vin et cela me révoltait. Ces pratiques étaient dénoncées violemment dans le petit milieu étudiant que je fréquentais pendant la semaine. La prévarication heurtait notre idéal de progrès et d'honnêteté.

« Si l'État baissait les impôts, ce serait plus facile de payer. Personne n'aurait besoin de tricher. »

Mon frère, me montrant la carte, se mit à ricaner.

« Regarde, ils ont instauré un nouveau contrôle militaire ici, et un autre, là. " Bonjour " et encore " bonjour ". Et pour tout arranger, les soldats ont acheté des mobylettes. Cette semaine, ils ont arrêté les camions en pleine nature alors que les chauffeurs avaient déjà payé aux contrôles. Ils peuvent nous rançonner n'importe où ! »

En disant cela, il jouait avec les boules de l'abaque, les faisait claquer d'un doigt machinal.

« Et si on ne donnait rien ?

– Comment faire ?

– Le camion est neuf et puissant. Dis au chauffeur de payer aux barrages, mais s'il se fait contrôler en cours de route par les soldats à mobylette, qu'il accélère. Il peut les semer.

– C'est une bonne idée. On va essayer. »

Le samedi suivant, lorsque j'arrivai à la scierie, le camion de transport de bois était garé dans la cour, plein de poussière. Il était cerné par plusieurs voitures de police. Les flics venaient d'arriver, ils avaient leur arme à la main et se précipitaient vers le bureau de mon père.

Leur chef se mit à hurler que le camion ne s'était pas arrêté sur la route : « Votre chauffeur a eu peur parce qu'il transportait des tracts communistes. Vous distribuez des tracts nord-vietnamiens! »

A cette époque la guerre entre le Nord et le Sud-Viêt-nam était à son apogée depuis l'intervention militaire américaine. Les policiers qui voyaient les pots-de-vin leur échapper, préféraient nous accuser de crimes contre l'État. Une grave accusation, difficile à contester : les forêts où mon père faisait couper son bois se trouvaient près de la frontière en plein sur les routes d'approvisionnement du Nord-Viêt-nam. Bien que le Cambodge fût neutre, les communistes y étaient très actifs. Mon ancien professeur Chea Huon venait d'être arrêté pour activités subversives. Je lui avais rendu visite en prison malgré mon manque de sympathie pour les communistes. Mon père et mon frère étaient indifférents, ils ne pensaient qu'à gagner de l'argent.

Les policiers se mirent à les interroger mais quand mon père voulut m'éloigner, je refusai : « Il faut surveiller les flics sinon ils vont mettre des tracts dans le bureau pour nous piéger. »

Un policier m'avait entendu. « Ah, tu nous accuses de fabriquer des preuves, hein! » Il m'entraîna dehors et me jeta dans une des voitures de police. Mon frère et le chauffeur subirent le même sort.

Les policiers perquisitionnèrent la maison et le bureau avant de nous emmener, dispersant les papiers, renversant les meubles. Ils nous conduisirent au siège de la police de Phnom Penh où l'on nous enferma dans des cellules différentes.

Ils commencèrent à me frapper aussitôt.

Il faut bien dire que la torture fait partie des traditions de la société cambodgienne. Lorsque mon père avait été arrêté, en 1950, les soldats l'avaient attaché à une échelle, les pieds en l'air, la tête en bas et lui avaient versé de la sauce d'anchois dans les narines. C'était très douloureux mais ça ne laissait pas de séquelles.

Quant à moi, les policiers de Phnom Penh m'avaient mis la main dans un étau qu'ils resserraient à chaque question. Comme je ne voulus rien admettre, ils m'enfermèrent dans un sac de riz, et frappèrent à coups de bâton. Ils s'arrangeaient toujours pour ne pas me blesser gravement. Ces tortures étaient en fait destinées à faire monter le prix de ma rançon.

Trois jours après, mes parents achetèrent ma libération. Le chauffeur du camion avait « avoué » le transport des tracts. Restait le cas de mon frère. Pour le faire libérer, mon père s'attacha les services d'un avocat, Penn Nouth, célèbre pour son amitié avec Sihanouk. L'avocat obtint, après plusieurs jours de tergiversations, une audience du prince. Sihanouk innocenta mon frère et le fit libérer.

Cette démarche nous avait coûté un million deux cent mille riels. Penn Nouth en avait distribué une partie à divers fonctionnaires de la police secrète et aux courtisans de Sihanouk; il avait gardé le reste pour lui.

Le prince n'était pas lui-même particulièrement corrompu mais il ne faisait rien pour arrêter ou endiguer ces pratiques.

Cette histoire renforça les liens de la famille. Papa voulait que nous vivions et travaillions tous ensemble. Il me conseilla de me marier et de prendre ma place dans l'entreprise familiale.

Il n'en était pas question. Je détestais les affaires et je ne voulais ni recevoir d'ordres ni en donner. Par-dessus tout, je refusais d'être toute ma vie à la merci de ces fonctionnaires corrompus.

Je répondis prudemment : « Papa, je ne suis pas très doué pour les affaires, je préférerais continuer mes études. »

L'incrédulité se peignit sur son visage : « Tu veux vraiment rester à l'école ? » Je savais ce qu'il pensait : plus les étudiants s'attardent à l'école, plus ils deviennent idiots. C'était sa théorie et il n'avait pas totalement tort. C'est moi qui avais eu la fameuse idée de semer les policiers pour économiser quelques riels. On sait combien cette plaisanterie lui avait coûté.

« Père, je voudrais faire médecine à l'Université.

– Quoi? Sept ans d'études avant de pouvoir gagner ta vie? Crois-tu que je vais t'entretenir tout ce temps ? »

Ma mère parvint à le faire changer d'avis et, les années suivantes, il me fit parvenir des petites sommes par l'intermédiaire de Pheng Huor. Mon frère me les remettait de mauvaise grâce, comme à un paysan à qui on fait l'aumône.

Je continuai donc à vivre à Phnom Penh; j'avais trouvé un logement dans un temple chez un moine. Ce n'était pas très cher et j'aimais y vivre. Tout y respirait le calme et l'ordre des choses. Depuis la minutieuse corvée de balayage jusqu'aux teintes délicates des robes des moines, des toits de tuiles multicolores aux volutes dorées et galbées comme le cou d'un oiseau. J'appréciais surtout la liberté que me laissaient les moines; ils me guidaient simplement d'un mot ou d'un conseil vers la sérénité.

Je réussis mon examen et entrai à l'Université pour y entreprendre des études de médecine.

Le programme était calqué sur celui de l'Université française mais nous avions la possibilité de pratiquer avant la fin de nos études pour compenser le manque crucial de médecins dans le pays.

En attendant, il me fallait gagner de l'argent. Je décidai de donner des cours de rattrapage en sciences. Je devais pédaler ferme sur ma bicyclette pour aller, d'un lycée à l'autre, assurer ces cours malgré un emploi du temps bien chargé.

Une amie de lycée, Kam Sunary, dont les deux jeunes sœurs avaient des difficultés scolaires, me demanda de donner des cours particuliers.

Un soir, j'arrivai donc chez les Kam. Leur maison était en retrait de la rue, derrière une clôture métallique où jouaient de petits chiens. Le bâtiment était un peu affaissé sur ses fondations, le toit de tuiles rouges décoloré; tout indiquait qu'ici on ne pratiquait pas le « bonjour ». M. Kam, un vétérinaire travaillant pour le gouvernement, vint à la porte. Je le saluai respectueusement et il me conduisit dans une petite pièce au fond d'un couloir. Il y avait un tableau noir au mur, les deux petites Kam étaient assises à une table. A l'autre table se trouvait une jeune fille, une cousine venue de la province de Kampot.

J'allai aussitôt au tableau noir et interrogeai les filles sur leurs difficultés. Elles avaient de nombreuses lacunes en sciences, particulièrement en chimie.

Trois soirées par semaine nous reprenions les concepts de base et je commençais à apprécier ces cours particuliers. Il y avait toujours une tasse de thé qui m'attendait, préparée par la cousine de province, Chang My Huoy. My signifiait belle et Huoy, fleur, en dialecte chinois. Celui que parlait ma famille.

Les filles m'appelaient *luk* (monsieur) et lorsque je leur parlais, j'avais souvent conscience de leurs regards. Elles avaient l'image d'un jeune homme à lunettes avec des traces d'acné sur le visage. J'étais chaussé d'espadrilles, j'avais les cheveux coupés n'importe comment. Je ressemblais à ce que j'étais : un célibataire un peu fruste vivant dans un temple.

De mes trois élèves, My Huoy était la plus consciencieuse, la plus timide aussi. Elle s'exprimait sans un mot de trop mais de façon précise, alors que ses deux cousines bredouillaient la plupart du temps.

Et puis elle était bien plus jolie.

Sa peau était claire, ses yeux exprimaient la grâce et la gentillesse et autre chose encore, que j'essayais de définir, tard dans la nuit, sans parvenir à m'endormir.

Les examens approchaient, Chang My Huoy devait repartir pour Kampot.

Le jour du dernier cours, je m'attardais quelques minutes devant la porte, comptant les billets que m'avait remis M. Kam. Il m'avait bien traité. Je n'étais pas pressé de m'éloigner, je ressentais cruellement ma solitude à Phnom Penh.

Enfin, je repris mon vélo et pédalai au hasard dans les rues calmes. Il y avait peu de voitures, une moto Honda attelée à une charrette chargée de bois me dépassa, j'entendis longtemps le bruit du moteur s'éloignant dans les allées désertes. Je m'arrêtai chez un marchand pour acheter un morceau de canne à sucre et je m'assis par terre pour le mâchouiller tristement.

Le bruit d'une voix aiguë et reconnaissable entre toutes me parvint d'un restaurant voisin. Le prince Sihanouk faisait un discours à la radio. Ce n'était pas rare. Plusieurs fois par semaine, il s'emparait du micro et racontait tout ce qui lui passait par la tête. Il pouvait causer pendant des heures.

Ce soir-là, il parlait de la guerre au Viêt-nam. « Le Cambodge ne doit pas choisir entre les impérialistes américains et les communistes vietnamiens. Le Cambodge doit rester politiquement neutre, il doit rester une île de paix et de prospérité. Nous faisons envie à nos voisins, car le Cambodge est un pays très avancé, célèbre dans le monde entier. Nous autres Cambodgiens sommes trop intelligents pour nous laisser entraîner dans la guerre du Viêt-nam, nous sommes une race supérieure, descendant des bâtisseurs du magnifique temple d'Angkor! Nous avons la chance de vivre dans un pays merveilleux, éclairé et progressiste... »

Tout à coup, les lumières s'éteignirent. Panne de courant. Mais la station de radio fonctionnait sur générateur et les transistors avec des piles. Les criailleries de Sihanouk continuaient dans le noir. Je cessai bientôt d'y prêter attention; les problèmes de fierté nationale me semblaient bien loin et sans importance.

Je songeais à Chang My Huoy... à ses cheveux relevés et enroulés sur la nuque. Cheveux qui, lorsqu'elle dénouait le lien, tombaient, épais et doux, sur sa taille...

Idylle et coup d'État

Je ne l'ai revue qu'un an après, par hasard.

Elle marchait sur les quais, les bras chargés de livres : « Bonjour, monsieur le Professeur », dit-elle avec un petit sourire timide. Je descendis de bicyclette et l'accompagnai.

Huoy avait passé avec succès ses examens en province et revenait à la capitale pour continuer ses études. Elle voulait être professeur. Elle me demanda si je pouvais l'aider à dessiner des planches d'anatomie. C'était facile pour un étudiant en médecine et j'acceptai volontiers. « Avez-vous du papier à dessin ? » Elle en avait chez sa mère qui l'avait accompagnée à Phnom Penh.

En arrivant devant la maison, Huoy eut un moment d'hésitation. Ramener un homme chez soi est, pour une jeune fille, lourd de signification. Même si c'est pour la plus innocente des raisons. Elle tourna la tête à plusieurs reprises, inspectant la rue, puis se décida brusquement. « Je vais vous présenter à maman. »

Nous grimpâmes les trois étages en silence.

La mère et la fille se ressemblaient énormément; même teint clair et de grands yeux. J'hésitai avant de la saluer. Leur nom de famille, Chang, me poussait à incliner respectueusement la tête à la manière chinoise. Je choisis le *sompeab* et joignis mes paumes de main dans le salut khmer. Elle répondit de la même façon, appartenant, comme moi, à ces deux cultures.

Un coup d'œil dans l'appartement me suffit pour comprendre qu'elles étaient d'un milieu modeste : deux chaises, une table et une statue de Bouddha au chevet du seul lit. Au mur, l'inévitable photo du temple d'Angkor, orgueil de la nation, dont les tours de pierre en forme d'épi de maïs se dressent vers le ciel. C'était tout, mais la pièce était propre et confortable, et la conversation avec les deux femmes paisible et agréable. Je m'attardai une bonne heure sans m'en rendre compte.

En partant, Huoy me rappela ma promesse, les dessins d'anatomie – j'avais complètement oublié – et m'invita à venir dîner quelques jours plus tard.

J'attendis ce rendez-vous avec impatience.

L'appartement avait un air de fête, des fleurs fraîchement coupées éclairaient la table et des orchidées décoraient la statue de Bouddha. La mère d'Huoy, que j'appelais respectueusement « Grand-Tante », avait bien fait les choses. Elle nous servit du bœuf au gingembre, des petits pois avec des châtaignes et d'autres plats succulents puis elle se retira discrètement à la cuisine.

Après le dîner, Huoy et moi dessinâmes les planches d'anatomie d'après un livre que j'avais apporté. Nos gestes et nos propos restaient parfaitement innocents, mais nous n'étions dupes ni l'un ni l'autre de ce qui se passait.

Je revins le soir suivant, et le soir d'après... Très vite, cela devint une habitude naturelle. Je n'avais jamais rien ressenti d'équivalent. Les relations que j'entretenais jusqu'alors avec les femmes, la décence m'interdit de les raconter. Quant à mes amitiés masculines, elles ne sortaient pas des discussions sur le sport, des plaisanteries douteuses et d'inévitables querelles. J'étais un garçon plutôt immature, et voilà que ces deux femmes me faisaient découvrir une autre forme de vie.

Il me fallut des mois avant de passer à l'étape suivante que je redoutais d'affronter : inviter Huoy et sa mère au cinéma.

Quand je me décidai enfin, « Grand-Tante » s'excusa et nous laissa y aller seuls. Elle était veuve, son mari avait été tué par un cambrioleur peu de temps avant la naissance de sa fille. Timide de nature, elle vivait retirée et se consacrait à l'éducation de son unique enfant.

L'air du soir était doux et frais, nous avons d'abord pris un thé dans un petit bar avant d'aller par les boulevards jusqu'au théâtre Angkor. Le film était chinois, une histoire d'amour doublée en khmer. Je n'ai pas osé la toucher pendant toute la séance.

Notre idylle a commencé lentement, d'une façon un peu démodée mais exquise. Nous nous transmettions des messages par de longs regards et nous parsemions des phrases banales de mots à double sens, d'indices que l'autre devait découvrir. Faire sa cour au Cambodge ressemble à notre danse traditionnelle, le *romvong*. Hommes et femmes tournent sans se toucher, en bougeant gracieusement les mains au rythme de la musique.

On ne doit pas montrer publiquement ses sentiments. Huoy et moi, nous nous voyions tous les jours sans jamais même nous tenir la main.

La plupart des Asiatiques sont chastes et pudiques; les femmes évitent de provoquer les hommes comme en Occident. Elles s'habillent modestement : à Phnom Penh, elles portent des chemisiers à plis qui cachent la poitrine. Malgré tout, cela ne les empêche pas d'être très séduisantes. Un sarong drapé autour de la taille, couvrant les jambes et les chevilles, ou le sampot, plus élégant, qui laisse deviner les formes. Huoy portait également un sampot et je ne pouvais m'empêcher d'imaginer ce qu'il y avait dessous.

Je n'étais pas le seul. D'autres hommes regardaient Huoy et j'étais terriblement jaloux. Lorsqu'elle marchait seule le long du trottoir dans la chaleur de l'après-midi, elle dégageait une telle séduction que je craignais qu'un garçon ne l'aborde. Je la surveillais de loin, juste au cas où...

Je constatais que Huoy ne parlait jamais régulièrement avec d'autres hommes, elle avait une façon polie mais déterminée de marcher seule. Mais j'étais très jeune et impatient de connaître le fond de son cœur. J'avais aussi envie d'elle.

Donc, six mois après notre rencontre, je voulus en avoir le cœur net et je l'accusai de fréquenter un autre garçon. Je fis son portrait, détaillai la couleur de sa chemise, de son pantalon, affirmai qu'il portait des lunettes. « C'est ton petit ami ou quoi ? Félicitations, il est très bien. Si tu l'épouses, il te fera de beaux enfants! Bravo! »

Huoy fondit en larmes. Elle avait grandi seule, sans être taquinée par des frères ou des sœurs. Elle n'avait aucune défense dans ces jeux-là.

Les larmes coulaient sur son visage, je fus encore plus cruel. « Bon! Ce soir je donne des cours, je ne pourrai pas venir. Au revoir... »

Je disparus pendant deux jours.

Huoy vint me voir à l'hôpital le surlendemain. Je la laissai poireauter une heure avant de la recevoir dans mon petit bureau. Elle pleurait et parvint à me dire à travers ses larmes : « Mère t'invite à la maison ce soir, elle se demande pourquoi tu ne viens pas depuis deux jours. » (C'est la manière hypocrite qu'ont les Cambodgiens de poser indirectement les questions.)

« Pourquoi n'es-tu pas à l'Université ce matin ?

– J'ai séché les cours parce que je voulais te parler. Pourquoi ne viens-tu plus à la maison ?

– J'étais pris par mes malades et tout ce travail à l'hôpital. Excuse-moi, j'ai beaucoup à faire. »

Huoy leva la main, comme pour prêter serment : « Je te promets que je n'ai pas de petit ami! »

« Si tu le dis, je te crois.

– Si tu me crois, pourquoi ne viens-tu pas chez moi ? Viens ce soir, ne laisse pas ma mère si triste. »

Lorsque j'arrivai à l'appartement ce soir-là, le repas était déjà prêt sur la table. Huoy m'adressa un sourire blessé et sa mère me lança un long regard de travers lorsque en réponse à ses questions je prétendis avoir été très occupé. Elle nous laissa seuls pour dîner, le repas était excellent comme d'habitude. Lorsque je fus rassasié, Huoy engagea la conversation.

« Chéri, es-tu toujours fâché contre moi ? »

Je me servis un autre morceau de poisson avant de répondre brièvement, la tête baissée vers mon assiette.

« Non.

– Alors regarde-moi, je t'en prie.

– Je sais à quoi tu ressembles ! »

Je sentis soudain le bout de ses doigts sur ma joue. Je levai la tête lentement, découvrant son bras nu et puis ses yeux, si grands, si sombres.

« Je ne voulais pas te faire de mal... je voulais simplement savoir...

– Chut ! Ne me rappelle pas ces mauvais souvenirs. »

Je tendis la main pour lui caresser les cheveux. J'étais sûr maintenant que Huoy tenait à moi.

A compter de ce jour, nos destins semblaient noués ; nous nous dirigions tranquillement vers une issue naturelle, le mariage.

C'était sans compter les bouleversements qui allaient plonger le Cambodge dans la tragédie. Nous ne serions pas épargnés.

En ce début du mois de mars 1970, nous vivions encore dans un îlot de paix. Politiquement neutre, le pays était cerné par la guerre : au Viêt-nam, entre le Nord, le Sud et les Américains ; au Laos, entre communistes et royalistes ; et la Thaïlande était transformée en gigantesque base aérienne US.

Selon les critères occidentaux, le Cambodge était pauvre et sous-développé, mais nous étions relativement heureux et surtout en paix. Les habitants n'étaient pas obligés de vivre dans des « hameaux stratégiques » entourés de fil de fer barbelé. Ils pouvaient aller et venir sans crainte et la corruption et l'oppression ne dépassaient pas le niveau habituel dans les sociétés asiatiques.

La superbe inconscience de beaucoup de gens tenait à l'absence d'informations. Quelle importance que la frontière vietnamienne soit à quelques heures de Phnom Penh, que la piste Hô Chi Minh traverse notre territoire, que le ravitaillement des communistes transite par le port de Sihanoukville, que les B 52 américains bombardent une partie du pays depuis plus d'un an ? Nous n'en savions rien.

Notre horizon se limitait aux rizières et aux arbres de la forêt.

Cette quiétude était à l'image de notre roi Norodom Sihanouk. Porté sur le trône par les Français alors qu'il n'était qu'un enfant,

Sihanouk manœuvra pour obtenir l'indépendance en 1953 et abdiqua. S'appuyant sur une majorité de Khmers à peau sombre mais protégeant les minorités vietnamiennes et chinoises, il fut facilement élu et continua à diriger le pays. Sa politique étrangère consista à renvoyer dos à dos les communistes et les Occidentaux jusqu'en 1965, date à laquelle il rompit, par fierté, avec les États-Unis.

Le pays restait néanmoins neutre et non aligné. C'était sans compter sur l'hostilité des USA, furieux contre Sihanouk qui refusait l'entrée des troupes américaines au Cambodge.

Dans le pays, le « roi » – seuls les étrangers l'appelaient prince – était très populaire; on lui pardonnait ses erreurs et ses travers. Même les longs discours qu'il prononçait avec sa voix haut perchée et ses yeux exorbités étaient écoutés avec respect. Il aimait jouer la comédie, tenir des rôles dans des films qu'il réalisait lui-même, subventionner le Ballet Royal et coucher avec les danseuses... Périodiquement, il organisait de grands rassemblements pour écouter les doléances du peuple. Puis il convoquait les fonctionnaires mis en cause et les réprimandait publiquement.

Chaque année, il organisait une cérémonie sur le lac Tonle Sap à la source du Mékong. Sihanouk bénissait les eaux au moment précis où, sous l'influence de la marée et des pluies, le courant du Mékong est détourné et coule vers le lac. De nombreux paysans croyaient alors qu'il était un dieu.

Le 11 mars 1970, le roi se trouvait à l'étranger. La presse dénonçait quotidiennement les sanctuaires nord-vietnamiens le long de la frontière. Une marche de protestation avait été organisée à Phnom Penh.

Lorsque je rejoignis la manifestation, elle tournait à l'émeute. Des lycéens avaient envahi l'ambassade du Nord-Viêt-nam et jetaient le mobilier, les fichiers, des papiers et même des billets de banque d'une fenêtre du deuxième étage. Ensuite ils détachèrent le drapeau et le brûlèrent. La même scène avait lieu à l'ambassade du Gouvernement Révolutionnaire Provisoire du Sud-Viêt-nam qui se trouvait à proximité.

« Vietnamiens hors du Cambodge », hurlaient les étudiants. Un slogan politique, mais aussi racial. Cambodge et Viêt-nam s'étaient fait la guerre pendant des siècles. Chacun connaissait la légende des « pierres de cuisson » et attendait la revanche. Le *kum*.

C'était il y a bien longtemps. Trois Cambodgiens avaient été faits prisonniers par des soldats vietnamiens qui les enterrèrent vivants, jusqu'au cou. Puis, leurs tortionnaires allumèrent des feux et firent chauffer les bouilloires de thé sur leurs têtes carbonisées. Légende ou pas, ce ressentiment était bien réel et la vindicte populaire se tourna contre les Vietnamiens, communistes ou non, et même contre les Cambodgiens d'origine vietnamienne.

Sihanouk tenta, depuis Paris, d'enrayer l'émeute, mais il avait affaire à une manipulation bien montée et certains membres du gouvernement continuèrent à monter la population contre les Vietnamiens.

Les organisateurs de ces troubles étaient le prince Sisowath Sirik Matak, le rival de Sihanouk, et le général Lon Nol, Premier ministre, ministre de la Défense et de l'Information.

Lon Nol, qui se faisait appeler « Père Noir » à cause de sa peau sombre de Khmer, donna trois jours aux Vietnamiens pour quitter leurs sanctuaires.

Bien sûr, les Vietnamiens ne partirent pas. Ils luttaient militairement avec succès contre les États-Unis et n'allaient pas obtempérer aux ordres d'une petite puissance comme le Cambodge.

A Phnom Penh, l'insécurité et la fièvre grandissaient. On ferma l'aéroport et des blindés prirent position dans les rues. Le 17 mars eut lieu une grande manifestation; j'y étais avec une pancarte. Nous nous sentions tous, étudiants, journalistes, policiers, militaires, anti-Vietnamiens et pro-Sihanouk. Mais nous avions oublié que Sihanouk avait toujours prudemment équilibré ses rapports entre communistes vietnamiens et puissances occidentales, et avait protégé la minorité d'origine vietnamienne. Ils étaient les garants de notre neutralité.

Le lendemain, alors que je déjeunais avec mon ami Sam Kwil, la nouvelle tomba à la radio : l'assemblée nationale avait voté contre Sihanouk.

Mes nouilles me semblèrent soudainement amères. Je ne pouvais en croire mes oreilles : destituer Sihanouk! Je me précipitai vers la radio : le speaker répéta cette information incroyable.

Sirik Matak et Lon Nol étaient derrière ce coup d'État.

Sam Kwil prétendait que c'était un coup de la CIA. J'en suis persuadé mais personne n'a jamais pu le prouver.

Très vite, un nouveau gouvernement fut constitué, dirigé par Lon Nol. La télévision, la radio et les journaux se mirent aussitôt à accuser Sihanouk de tous les maux. Les tentatives pour discréditer le roi ne s'arrêtèrent pas là.

De retour à Samrong Yong, mon beau-frère me conduisit à la porcherie du village : on y avait à demi enterré la statue décapitée de Sihanouk. A Chambak, la ville voisine, la population avait fait la même chose. « Nous avons reçu des ordres pour détruire les statues, me dit mon beau-frère. Je ne voulais pas, mais ça venait d'en haut! »

Le nouveau régime ordonna ensuite que tous les professeurs expliquent à leurs élèves que Sihanouk était un traître corrompu. Les enfants devaient ensuite le répéter à leurs parents.

Cette semaine-là fut une horreur dans toutes les familles. Les parents scandalisés et bouleversés par ce que racontaient leurs enfants les frappèrent. Pas uniquement par loyauté envers le roi, mais parce que la société cambodgienne était construite comme une immense famille. Sihanouk en était le Père Royal. Le critiquer, c'était manquer de respect à son propre père.

Des manifestations anti-Lon Nol se développèrent, menées cette fois, non par des étudiants, mais par des paysans à la peau sombre tatouée et par des villageois en short portant le *krama* et des amulettes de Bouddha. Sihanouk était leur roi et leur dieu. Ils portaient des pancartes, plusieurs étaient armés de couteaux, de haches et de machettes. Aucun n'avait de fusil.

Ils marchèrent jusqu'à Chambak.

Là, les soldats de Lon Nol les arrêtèrent à la mitrailleuse lourde. On transporta des dizaines de corps dans des hamacs suspendus à des bambous.

Des émeutes éclatèrent dans tout le pays. A Phnom Penh, l'armée ouvrit le feu sur les manifestants bloqués sur un pont.

A Kompong Cham, sur le Mékong, la foule déchaînée attrapa un des frères de Lon Nol. Les manifestants le tuèrent, découpèrent son foie et forcèrent un restaurateur à le cuisiner. Les morceaux furent distribués et mangés par la foule.

Le pays était devenu fou furieux. Le Cambodge était écrasé par les terribles forces du *kum*.

Le calme revint au bout de quelques semaines. La population ne haïssait pas le régime au point de le combattre à mort, d'autant que Lon Nol s'appuyait sur les forces armées et que toute tentative était vouée à l'échec.

Les bonnes relations entre Lon Nol et les États-Unis ne tardèrent point à apparaître. A la fin d'avril 1970, les Américains et les Sud-Vietnamiens envahissaient la région frontalière pour tenter de détruire les sanctuaires communistes.

Cette invasion fut, tout d'abord, extrêmement populaire à Phnom Penh : nous pensions que l'armée américaine était capable de nettoyer cette région des Nord-Vietnamiens.

Nous avions tort. Lorsque les Américains se retirèrent, les communistes étaient toujours là.

Les conseillers américains, hommes de grande taille au nez long et au visage rougeaud, devinrent les habitués des grands hôtels et des bâtiments officiels. L'équipement militaire US commença à se trouver en quantité impressionnante au Cambodge.

Pour moi, ce n'était pas le seul souci. J'étais beaucoup plus préoccupé par ma situation familiale que par l'avenir de mon pays.

Mon père avait, ces dernières années, étendu son entreprise en achetant une autre scierie. Il exportait du bois jusqu'au Japon et la présence américaine au Cambodge avait multiplié ses activités commerciales. Il acheta une station-service et une nouvelle flottille de camions.

Il était devenu riche et m'avait choisi une épouse, la fille d'un commerçant prospère de Phnom Penh.

Je prévins mes parents que j'aimais déjà une autre fille. Je donnai même des photos de Huoy à ma sœur Chhay Tao, pour leur montrer son visage. Ils n'en avaient rien à faire. Ils interrogèrent Chhay Tao qui avoua que ma future belle-famille était pauvre : pas question de donner leur accord à un tel mariage. Ils auraient eu l'impression de déchoir.

Impossible de discuter. Je décidai alors de négocier, comme l'aurait fait Sihanouk.

Auparavant je voulus tout de même m'assurer définitivement de notre amour. Je décidai de me livrer à une nouvelle expérience.

Huoy et moi étions dans l'appartement, cela faisait plusieurs mois que nous ne nous étions pas disputés. Je lui demandai de s'asseoir et je me mis à marcher de long en large comme du temps où j'étais son professeur.

« Aujourd'hui Huoy, c'est notre dernier jour. J'ai décidé de te quitter. Mais avant, je te prie de répondre franchement à mes questions. Cette fois-ci tu me dois la vérité. »

Elle me regarda complètement effrayée. Je lui faisais mal, je le savais.

Je l'aimais, mais je ne pouvais l'exprimer. Il m'était plus facile de feindre la colère plutôt que de le lui avouer.

« Je t'ai vue aujourd'hui sur les genoux d'un homme dans un cyclo-pousse. Il avait sa main sur ton épaule, tu lui parlais en riant. C'est le même type avec qui je t'ai déjà vue. »

Huoy se mit à trembler et passa le dos de sa main sur son visage.

« Maintenant, tu dois me dire la vérité : as-tu un petit ami ? Après tout, je ne t'ai jamais dit que je t'aimais et toi non plus. Alors tu es libre mais je veux savoir. »

Huoy ne répondit pas. Elle alla dans la salle de bains et revint en se tamponnant les yeux avec un mouchoir en papier.

« Je ne sais plus comment te prouver que je n'ai pas d'ami. Pourquoi continues-tu à me faire souffrir ? »

Je gardais le visage fermé.

« Tu te moques de moi. Tu as quelqu'un d'autre et je passe après !

– Tais-toi, je ne veux rien entendre, ça me fait trop mal. »

Je respirai un bon coup. L'heure était venue de me déclarer. Je m'approchai d'elle jusqu'à toucher son visage de mes lèvres.

« Ma chérie, je suis désolé, je te le promets. Réponds seulement à cette question. Par oui ou par non : veux-tu que j'annonce notre mariage à mes parents ? »

Elle ne me crut pas pendant quelques secondes. Puis quand je lui dis que je l'aimais, elle me prit l'oreille et la tordit férocement. Elle riait, les yeux pleins de larmes, elle ne put dire un mot, mais toute son attitude criait oui.

Nous nous sommes embrassés. J'étais sûr maintenant qu'elle était la femme de ma vie. Quels que soient les problèmes, elle serait à mes côtés.

Nous entendîmes le pas de sa mère dans le couloir. J'embrassai Huoy une dernière fois et lui dis d'aller se mettre de l'eau sur le visage pour que sa mère n'ait pas de soupçons.

Lorsque « Grand-Tante » entra, elle nous trouva discutant gentiment comme d'habitude. Je lui demandai de nous accompagner au restaurant, elle déclina l'invitation.

A table, je me demandais comment nous allions annoncer la nouvelle à sa mère.

« Je lui ai déjà dit que tu m'aimes.

– Mais... je n'avais encore...

– Je le savais... et elle aussi. Bien avant que je lui en parle. »

Nous allâmes ensuite nous promener le long du Mékong. C'était la saison sèche, l'eau était basse mais des cargos, des ferrys et des dizaines de sampans faisaient la navette sur le fleuve. Nous regardions tout cela sans le voir.

« Toi et moi, nous devons construire " honneur et bonheur ". C'est une grande responsabilité de prendre soin l'un de l'autre et plus tard de notre famille. Mais il va te falloir du courage, j'ai des problèmes avec mes parents. Je suis en guerre avec eux depuis toujours. Maintenant qu'ils sont riches, ils ne veulent pas que je prenne une épouse pauvre. Mais nous nous marierons un jour et je suis heureux de savoir ce qu'il y a dans nos cœurs. »

Elle me fit signe qu'elle comprenait.

« Je connais très bien mes parents. Nous devons nous y prendre lentement pour gagner leur confiance. Si je te demande de faire quelque chose pour eux, je t'en prie, fais-le. Fais-le pour nous.

– D'accord, je le ferai. »

Huoy savait que nous ne pouvions être heureux que si nos familles l'étaient. Dans notre culture, la famille est plus importante qu'un de ses membres.

J'avais passé un bras autour de ses épaules et nous marchions, emplis de nous-mêmes. Ses longs cheveux volaient dans la brise, la lune se reflétait sur le fleuve et des ombres noires flottaient à la surface de l'eau.

Devant le palais royal, assis sur un banc, nous songions en souriant à ces heureuses années.

La guerre civile

Sihanouk aurait pu, après le coup d'État, passer paisiblement le reste de ses jours dans sa villa, en France. Cela eût, peut-être, été préférable.

Il ne le fit pas.

La campagne de dénigrement orchestrée contre lui, la mutilation de ses statues enfouies, ensuite, dans du lisier, lui faisaient irrémédiablement perdre la face. Dans les sociétés asiatiques, il faut à tout prix sauver les apparences : c'est une nécessité vitale.

La fierté de Sihanouk était proverbiale, il ne pouvait accepter d'être ainsi publiquement humilié.

Aussi, peu de temps après le coup d'État, on eut la surprise d'entendre à la radio la voix caractéristique du Père Royal. C'était à Radio-Pékin.

« Un groupe d'archi-réactionnaires, comblés de faveurs, ont montré leur gratitude en m'insultant et en m'humiliant, me condamnant comme un criminel qui a trahi son pays. De telles accusations émanant d'un quarteron de lâches, d'ingrats et d'ambitieux, avides de pouvoir et d'argent, prêts à me poignarder dans le dos... n'ont aucune importance! Mon indignation personnelle ne peut être comparée à l'ampleur de mes craintes envers un destin fatal au pays.

Ces traîtres ont jeté le Cambodge, îlot de paix, dans le bûcher de la guerre! La liberté et la solidarité de la nation ont été complètement détruites. J'appelle mes concitoyens à se lever par millions pour liquider le gang de réactionnaires Lon Nol, Sirik Matak et leurs maîtres américains. J'appelle mes enfants, civils et militaires à combattre nos ennemis et à libérer la patrie. Si mes enfants ont déjà des armes, je leur donnerai des munitions et des engins plus meurtriers encore. Si mes enfants n'ont pas d'armes, qu'ils s'enfoncent au plus profond de la jungle et rejoignent les camps d'entraînement secrets. Quant à mes enfants en Europe, qu'ils me rejoignent à Moscou ou à Pékin. Longue vie au Cambodge! »

Sihanouk nous avait toujours appelés ses enfants mais le jargon révolutionnaire qu'il utilisait à présent me surprit. Il avait rejoint la gauche, pas seulement les gouvernements de Moscou ou de Pékin. Plus étrange encore, il s'était allié à ses anciens ennemis, les communistes cambodgiens. Il les avait surnommés lui-même les Khmers rouges avant de les persécuter sans relâche pendant de nombreuses années : en les emprisonnant, en les faisant torturer, en les chassant au fond de la forêt.

Après le coup d'État, l'appel de Sihanouk ne pouvait rien apporter de bon pour le pays. En se plaçant à la tête des Khmers rouges, il leur offrait une crédibilité immédiate. De nombreux Cambodgiens, particulièrement les paysans qui l'adoraient, allaient rejoindre les communistes dans la jungle. Ils allaient lui obéir aveuglément.

Le jour où Sihanouk s'allia à ses vieux ennemis marqua un tournant décisif et funeste pour le Cambodge : la guerre civile.

Au début des années 70, il y avait tout au plus, loin de Phnom Penh, quelques milliers de Khmers rouges qui ne constituaient pas une menace sérieuse pour Lon Nol. Le péril venait plutôt des Nord-Vietnamiens dont l'armée était l'une des plus aguerries au monde.

Quarante mille hommes massés dans la partie Est, près de la frontière. Ils restaient généralement à l'écart des troupes cambodgiennes afin d'éviter les problèmes. L'invasion de l'armée américaine après le coup d'État de Lon Nol bouleversa ce statu quo. Les Nord-Vietnamiens, chassés de leurs sanctuaires par les Américains, envahirent de nouveaux territoires et affrontèrent les forces cambodgiennes. Ces combats tournèrent généralement à l'avantage des Vietnamiens. En quelques mois, ils contrôlèrent la moitié du pays.

Lon Nol ne faisait pas le poids. Il avait été pourtant commandant en chef de Sihanouk. « Le roi ne l'a nommé à ce poste que pour une seule raison, sa stupidité! » affirmait mon ami journaliste Sam Kwil. « Sihanouk ne le considère pas comme un rival sérieux. Il est incompétent, il prend des civils dans la rue, les forme en 24 heures, vérifie qu'ils ont leurs amulettes de Bouddha et les envoie combattre les Nord-Vietnamiens.

– Qu'y a-t-il de mal à porter des amulettes. Je suis bouddhiste, toi aussi...

– Et tu travailles dans les hôpitaux! Tu as pu vérifier si ces amulettes arrêtent les balles d'une AK-47! »

Je fus obligé d'admettre que des soldats sérieusement blessés arrivaient à l'hôpital, portant encore leurs amulettes de Bouddha ou des tatouages religieux.

« Lon Nol est fou. Je le sais, j'ai fait plusieurs reportages sur lui. Beaucoup d'innocents vont mourir par sa faute, il compte sur les armes et sur l'aviation américaine pour se maintenir au pouvoir. Crois-moi, il est stupide. Stupide! Il a commencé une guerre, mais il est incapable de défendre son pays! »

A Phnom Penh, pendant les premiers mois de la guerre, des avions américains atterrissaient tous les jours à l'aéroport, venant des bases du Sud-Viêt-nam et de Thaïlande. Des gros transporteurs chargés de matériel et de conseillers militaires, mais aussi des chasseurs et des bombardiers qui filaient dans le ciel comme des flèches dans un grondement d'enfer.

Le soir, dans l'appartement de Huoy, les tasses de thé cliquetaient sur les étagères puis on entendait au loin comme le mugissement des vagues : les bombes larguées par les B 52 explosant dans la campagne.

Les Américains avaient offert d'autres avions à l'armée cambodgienne, des chasseurs-bombardiers à hélices, des T 28 et des avions de transport.

En janvier 1971, les Nord-Vietnamiens firent sauter la quasi-totalité de cette flotte aérienne dans l'aéroport. Les Américains la remplacèrent aussitôt. Les Vietnamiens montèrent des opérations limitées de bombardement à la roquette et au mortier dans les faubourgs de Phnom Penh. Mais la guerre fit réellement irruption dans ma vie le jour de Pchum Penh, la fête bouddhiste de prière pour les âmes des ancêtres.

Huoy et moi étions assis dans le temple, priant avec des centaines de personnes, lorsqu'une énorme explosion retentit. La panique s'empara des fidèles. Ils s'enfuirent en hurlant, piétinant leurs voisins. Dans la rue, les gens couraient dans tous les sens. J'appris que le pont de Chhruoy Changwa avait sauté. Un pont énorme et ultra-moderne construit par les Japonais sur le Tonle Sap. Les travées centrales avaient disparu, il ne restait que les immenses piliers debout dans l'eau. On entendait des tirs d'armes automatiques, les rebelles et l'armée échangèrent des coups de feu pendant plusieurs heures.

Le lendemain, les soldats de Lon Nol exposèrent les cadavres des Nord-Vietnamiens, comme des trophées de chasse. Les soldats souriaient fièrement, posant à côté, persuadés d'avoir débarrassé la capitale de ses ennemis!

En les voyant, je compris ce qu'était la guerre. Le résultat n'était pas glorieux : outre les souffrances, la conséquence immédiate était le recul de la civilisation.

Ce pont japonais permettait de relier Phnom Penh au Nord du Cambodge. C'était une voie d'accès plus facile et plus rapide. On pouvait se rendre aux ruines d'Angkor en quelques heures au lieu de plusieurs jours; les paysans pouvaient écouler leurs récoltes dans la capitale; les commerçants vendaient leurs produits plus aisément; les familles se rendaient visite... Tout le monde en profitait, le pont rapprochait les Cambodgiens. On devrait désormais traverser le fleuve sur de lents bateaux... comme jadis. La civilisation avait reculé.

J'appartenais à cette époque à un groupe d'étudiants qui récoltaient des dons pour les victimes de la guerre. J'eus l'occasion de me rendre par avion à Kampot – la ville natale de Huoy – et dans d'autres villes. C'était la seule solution, les routes étaient coupées par les communistes. L'avion survolait de grandes forêts apparemment désertes, des champs abandonnés et des villages détruits. Une fois arrivé je distribuais des couvertures, des *kramas,* des vêtements et de la nourriture aux soldats, à leur famille et surtout aux réfugiés.

Bon nombre vivait dans des camps de la Croix-Rouge ou d'autres organisations humanitaires, mais la plupart s'étaient réfugiées dans les temples, havres traditionnels au Cambodge. Ils habitaient à l'ombre des murs, sous des tentes, dans des chars à bœufs bâchés. Ils dormaient à la belle étoile sur des nattes de feuilles de palmiers. Ces femmes et ces enfants à la peau sombre étaient loin de leurs terres; ils avaient improvisé de petits potagers. Les maris et les fils combattaient pour Lon Nol ou pour les communistes, cela n'avait pas grande importance.

La plupart de ces femmes voulaient le retour de Sihanouk; elles n'avaient pas oublié les années de paix de son règne. Elles ne connaissaient rien à la politique internationale et s'en fichaient.

Je profitais aussi de mes séjours pour visiter les hôpitaux et les cliniques. Il y avait toujours des pansements à changer, des blessures à nettoyer et jamais assez de médecins pour soigner les soldats blessés et les femmes malades.

A la campagne, les soins médicaux sont assurés par les guérisseurs. Ils interprètent les rêves, jettent des sorts, utilisent des formules magiques et des remèdes à base de plantes fabriqués par les herboristes. Ces « médecins » sont quelquefois capables de soulager leurs patients, souvent par autosuggestion mais aussi par le pouvoir des plantes médicinales dont l'efficacité est reconnue. Contre la syphilis, par exemple, ils utilisent une décoction noire et amère à base de pousses de bambou, de poivre noir et d'une douzaine d'ingrédients. C'est assez efficace bien qu'on ne sache pas pourquoi.

Mais la médecine traditionnelle ignore l'asepsie et ne pratique aucune chirurgie. Elle ne guérit pas de nombreuses maladies facilement enrayées par les techniques occidentales.

Tout ce qui concerne la santé de la femme est particulièrement rétrograde en grande partie à cause des tabous sexuels. Les femmes se baignent dans la rivière en sarong, se versent des seaux d'eau sur la tête. Elles ne se lavent pas complètement par pudeur ou par ignorance. Résultat, un taux élevé d'infections vaginales.

La plupart ne savent pas exactement ce qui les rend enceintes; les sages-femmes s'occupent de l'accouchement et la saleté, l'inexpérience, les superstitions, la malnutrition et l'absence de médicaments donnent un taux de mortalité infantile supérieur à 50 %.

J'étais stupéfait du nombre de leucorrhées – pertes blanches – qui affectait mes patientes. Leucorrhées vraisemblablement liées à un taux élevé de cancers de l'utérus. Je rencontrais aussi des cas dramatiques dus à des sages-femmes inexpérimentées : césariennes bâclées qui ne cicatrisaient pas ou s'infectaient à cause des herbes enfoncées dans la plaie, morceaux de placenta oubliés dans l'utérus... C'était terrible, la plupart de ces accidents et de ces souffrances auraient pu être évités.

De retour à Phnom Penh, je m'inscrivis en obstétrique et gynécologie à la faculté de médecine. J'avais des raisons personnelles de choisir cette spécialité, elles remontaient à mon enfance. Les femmes avaient toujours été bonnes avec moi : ma mère m'avait défendu contre mon père, ma sœur Chhay Thao m'avait toujours aidé. Et puis, il y avait maintenant Huoy et sa mère...

Le gouvernement réquisitionna tous les médecins mais nous étions autorisés à travailler à mi-temps. J'étais affecté à l'hôpital militaire, une situation qui équivalait à un grade d'officier et me permettait d'avoir une voiture et un chauffeur. Je consultais le reste du temps dans une clinique privée en gynécologie.

Mes journées étaient bien remplies : je faisais la navette entre l'hôpital universitaire, l'hôpital militaire, la clinique et l'appartement de Huoy. La nuit, j'étais souvent de garde dans l'un ou l'autre de ces établissements.

La guerre continuait.

Un samedi, un général me donna l'ordre d'aller ramasser des blessés à l'extérieur de Phnom Penh. La bataille avait eu lieu au

« pont 13 », de l'autre côté du Tonlé Sap à treize kilomètres de la capitale.

Il me fallut d'abord faire passer l'ambulance sur un bac avant de pouvoir prendre la route. Je croisai une moto conduite par un homme en chemise militaire kaki qui portait un sac d'appareil photos. Je reconnus mon ami Sam Kwil. Il rentrait de reportage et j'eus à peine le temps de le saluer de la main.

Nous arrivions au pont 13. Un petit pont de bois jeté sur un ravin sec. Une piste cahoteuse menait à un champ de maïs. J'aperçus les blessés étendus sur le sol, en sang et couverts de poussière. Ils gémissaient pendant que nous les portions dans l'ambulance en leur donnant les premiers soins.

Soudain, le tir reprit. Ta! Ta!-ta-ta-ta-ta. Les Nord-Vietnamiens étaient cachés devant nous dans le champ de maïs. Ta-ta-ta-ta! Les coups d'armes automatiques continuèrent d'un bosquet derrière nous. Troisième rafale, cette fois-ci provenant du ravin à notre gauche. Nous étions cernés. Le commandant de l'unité était planqué près de l'ambulance, cloué au sol par les tirs croisés. Je me mis à hurler : « Fils de pute! Sors-nous de là! J'ai des blessés à évacuer. Appelle la couverture aérienne, vieux! Vite! Fais venir les avions! »

Il se retourna, me regardant avec de grands yeux effrayés, j'avais le même grade que lui, lieutenant. Il réagit enfin, prit le récepteur de radio et donna des instructions. Ses hommes, des paysans des collines du nord-est, attendaient placidement les ordres.

Je rampai jusqu'au lieutenant. Il avait mon âge environ, un garçon à peau claire de la bonne société de Phnom Penh. Il était en état de choc, cramponné à sa radio. C'était son baptême du feu. Pour moi aussi, mais une enfance bagarreuse m'avait servi d'entraînement.

Je pointai le doigt vers le champ de maïs, près du pont : « Attaque là-bas! C'est la seule façon de dégager la route. Envoie tes hommes maintenant! Maintenant! »

Puis je me glissai à l'intérieur de l'ambulance. Les soldats habillés de treillis dépareillés et de pantalons flottants montaient à l'assaut. Ils couraient pieds nus en tirant devant eux.

« Vas-y, fonce! » Le chauffeur fit demi-tour vers la route principale et prit de la vitesse malgré les cahots. J'apercevais les soldats ennemis battant en retraite à la lisière du champ. Soudain une énorme explosion souleva l'arrière de l'ambulance. Le véhicule retomba sur ses roues et continua à rouler. Aussitôt une violente douleur me transperça l'abdomen. Une tache de sang s'élargissait sur ma chemise. « Je suis blessé! Accélère, il faut qu'on se sorte de là. » Un projectile nous avait touchés de plein fouet, vraisemblablement une grenade à fusil, je voyais la route défiler à travers un trou d'une quarantaine de centimètres. Les infirmiers enlevèrent ma chemise et posèrent des pansements sur ma blessure : un petit trou rond de quelques millimètres. Des chasseurs-bombardiers T-28 passèrent en rugissant au-dessus de nos têtes, rasant le sommet des arbres, filant vers le pont 13.

Une longue queue de véhicules attendait le bac sur la berge du Tonlé Sap. Je maudis les Vietnamiens d'avoir fait sauter le pont japonais, je maudis l'armée de Lon Nol de n'avoir pas su le protéger, je maudis le lieutenant incapable du pont 13... seuls les courageux soldats qui nous avaient sorti de ce guêpier en chargeant l'ennemi trouvèrent grâce à mes yeux.

L'ambulance enfin chargée sur un ferry-boat, nous arrivâmes à Phnom Penh dans l'après-midi. Je fus aussitôt opéré à l'hôpital militaire. La blessure n'était pas trop grave, les éclats avaient juste éraflé la peau. Un confrère me fit quatre points de suture; ce n'était rien par rapport aux vilaines blessures que nous opérions chaque jour.

Huoy se mit à pleurer en me voyant, et je ne pus m'empêcher de jouer au vétéran dissimulant courageusement sa souffrance.

Sok, mon chauffeur, nous ramena à l'appartement; Huoy était aux petits soins pour moi.

Elle était devenue ma maîtresse depuis quelque temps déjà. Nous arrivions à nous voir, malgré nos occupations, deux ou trois fois par jour. Tôt le matin, pour le petit déjeuner que nous prenions généralement dans un petit café en bas de chez elle. Je l'emmenais ensuite à l'Université, sur mon scooter, une Vespa 150 très à la mode à l'époque. Sinon, Sok, mon chauffeur, la déposait respectueusement devant son école.

Je retrouvais Huoy pour le déjeuner, à l'heure où Phnom Penh s'assoupit, écrasée de chaleur. Dans la fraîcheur de son appartement, nous échangions nos vêtements occidentaux pour des sarongs de coton plus confortables. Après une bonne douche et un déjeuner léger, je retournais à l'hôpital détendu et heureux.

Le soir enfin, j'allais dîner chez elle quand je n'étais pas de garde, la quittant à une heure convenable pour rentrer chez moi. J'évitais de passer la nuit dans l'appartement afin de respecter les règles de la société cambodgienne.

Pourtant, malgré les apparences, je n'étais pas totalement dompté. Ma nouvelle spécialité, la gynécologie me fournissait de nombreuses occasions. Je ne les refusais pas toujours.

Un matin, alors que je flirtais avec une patiente dans mon petit bureau à l'hôpital, quelqu'un frappa à la porte. C'était Huoy. « Mon chéri, je n'ai pas cours aujourd'hui, je suis passée te dire un petit bonjour. » Je souris tout en me demandant depuis combien de temps elle écoutait à la porte. Je présentai ma fiancée à ma patiente, elles engagèrent aussitôt une conversation dont les femmes ont le secret et qui me sembla durer des heures. Enfin, la jeune femme prit congé à mon grand soulagement.

« Quand viens-tu à la maison, chéri ?

– À midi comme d'habitude... pourquoi ? »

En allant chez elle, je préparai dans ma tête tout un tas d'explications. Huoy se conduisit comme si rien ne s'était passé. Au contraire, elle redoubla d'attentions, m'apportant le sarong de soie, réservé aux invités d'honneur. Elle ne fit aucune allusion pendant tout le déjeuner s'appliquant à rendre ce moment particulièrement agréable.

Le soir, j'avais perdu toute appréhension en venant dîner. Huoy, plus aimable que jamais, avait préparé du poisson frais au citron et à la coriandre. Elle s'assit à côté de moi, me regardant dévorer avec le sourire. Rassasié, je m'appuyai confortablement au dos de ma chaise. Elle plongea alors sa main entre mes cuisses. Attrapa un morceau de peau entre le pouce et l'index et se mit à le tordre sauvagement. Je ne pus réprimer un cri de douleur et de surprise. Son visage était déformé de rage.

« De quoi parlais-tu avec cette femme ce matin ? »

J'appelai la mère d'Huoy au secours.

« Ma, aidez-moi !

– Veux-tu rester tranquille et te taire ! »

Elle me pinça encore plus fort.

« Tu me fais mal, regarde ce que tu as fait à ma cuisse ! »

Je riais jaune, de douleur et de confusion. La mère d'Huoy sortit de la cuisine en demandant ce qui se passait.

« Je t'en prie, sors maman, cela ne te regarde pas !

– Non Ma ! Restez, Huoy me fait mal, aidez-moi !

– Huoy ! Arrête, ne l'embête pas... »

Elle retourna à ses fourneaux et Huoy me chuchota à l'oreille :

« Qui est cette femme, dis-moi la vérité. Qu'est-ce qu'il y a entre vous ?

– Arrête, ne sois pas jalouse, ce n'est qu'une patiente, rien de plus !

– Comment, tous les deux seuls, enfermés dans le bureau, sans une infirmière ! Dis-moi comment voulais-tu la soigner, hein ? Quel traitement voulais-tu lui faire subir ? Réponds-moi !

– Mais rien... c'était juste une patiente...

– Tu as eu de la chance, j'ai été bien bonne, je voulais lui balancer une gifle...

– Ah non! Huoy, tu ne vas pas frapper mes clientes, ne fais pas ça! C'est très mauvais pour ma réputation...
– Pourquoi vient-elle te voir? Elle veut m'enlever mon homme! Tu as eu de la chance que je ne la frappe pas, j'avais envie de la tuer!
– Oui, Huoy, j'ai eu de la chance! Mais lâche ma cuisse s'il te plaît!
– Non! Non! Dis-moi la vérité, maintenant.
– Je te le promets, c'était une patiente normale, tu es la seule que j'aime.
– Ne détourne pas la question. Réponds!
– Ma, au secours! »
Huoy tenta de me bâillonner avec sa main libre, je tournai la tête, elle me frappa le cou.
« Arrête, tu m'étouffes, je ne peux plus respirer, lâche-moi!
– Puisque c'est comme ça, je vais demander à Sok. Il connaît tes petites amies, il doit les conduire aussi en voiture. Sok! viens ici! »
Ma traversa la salle de séjour et cria à sa fille que Sok était déjà parti. Je l'entendis ordonner à Sok de s'éclipser en vitesse. Je réussis à m'échapper, Huoy me poursuivit avec un coussin.
« Je vais te punir. Sok et toi, vous êtes de mèche! Il connaît tes sales petits secrets! »
Je protégeai ma tête avec mes mains, je ne pouvai pas m'empêcher de rire, ce qui rendit Huoy folle de rage.
« C'est moi ou rien! Moi seulement ou je te fais ton affaire! Tu vas voir, tu n'auras plus besoin des femmes! Je vais prendre le couteau de cuisine et te soulager définitivement, ici, maintenant!
– Au secours! Ma, sauvez-moi!
– Tais-toi. La prochaine fois que je te vois avec cette femme, je la tue! Maintenant, réponds-moi : vas-tu la revoir?
– C'est fini, plus jamais. Je suis désolé, ne me frappe plus. »
Huoy s'effondra sur le sofa en pleurant. Elle tapait du pied en disant à sa mère : « Tu vois, il a avoué. Quand il ne vient pas déjeuner ici, c'est pour rencontrer ses petites amies. »
Je m'approchai d'elle et lui passai le bras autour des épaules. « Non Huoy, je suis méchant mais pas à ce point. Je te promets de ne plus te faire de mal. Calme-toi. »
Sa mère souriait aussi : « C'est assez Huoy, arrête-toi maintenant. »
« Ma propre mère prend ton parti au lieu de me protéger!
– Chut. Les voisins vont t'entendre et nous allons perdre la face. J'avoue, j'ai mal agi, pardonne-moi. »

Au fond, j'étais fier et heureux. Fier de son intelligence : elle avait attendu le soir pour m'accuser alors que je ne m'y attendais plus. J'étais heureux qu'elle m'aime tant, heureux qu'elle ait ce caractère.

A partir de ce jour, elle fut véritablement ma maîtresse.

La ville du « bonjour »

Les Khmers rouges devenaient de plus en plus nombreux et commençaient à supplanter les communistes nord-vietnamiens dans la lutte contre le régime de Lon Nol.

A la fin 1972, ils avaient déjà envahi la région au sud de Samrong Yong, mon village natal. Je m'y rendis un matin avec une voiture, pour évacuer mes parents. Je parvins à les embarquer avant que les troupes communistes ne prennent le village et je les déposai en sécurité à la scierie de Takhmau dans la zone contrôlée par les forces gouvernementales.

Mon père ne supportait pas d'avoir abandonné Samrong Yong et la demeure qu'il avait construite péniblement en économisant sou par sou. Il y retournait en douce, vidant peu à peu la maison de ses meubles.

Au cours d'un de ces voyages, il se retrouva piégé, en pleine zone de combats. Sans se démonter, il enfourna quelques affaires dans deux grosses valises et attendit patiemment une occasion.

L'armée de Lon Nol contre-attaquait. Un obus tomba devant l'entrée, sur un arbre qui vola en morceaux. Mon père s'empara d'une moustiquaire, d'une couverture et d'un coussin puis sauta sur sa bicyclette et s'enfuit par la porte de derrière en abandonnant ses valises.

Complètement paniqué, il pédalait comme un dératé, droit devant lui. En plein territoire communiste!

Le lendemain, des villageois affolés racontèrent l'histoire à mon frère. Pheng Huor sauta sur une moto sans m'attendre et fila au village transformé en no man's land. On lui dit que papa devait être planqué plus au sud. Pheng Huor réussit enfin à le retrouver et à le ramener à Phnom Penh en empruntant des chemins détournés pour éviter les patrouilles.

Leur voyage de retour dura quatre jours. Par des pistes de sable où il fallait pousser la bicyclette et par des rizières où la moto s'embourbait. En arrivant, mon père apprit que sa maison avait été détruite par une bombe d'avion. Il préféra ne pas aller vérifier.

Papa avait déjà eu de graves ennuis lors de la guerre civile de 1950 lorsqu'il avait été kidnappé tour à tour par des rebelles et par des soldats gouvernementaux. Cette fois-ci, il avait perdu sa maison, risqué sa vie. Il restait encore la scierie mais sa carrière professionnelle était gravement compromise.

Le transport du bois – qui prenait habituellement une demi-heure – demandait maintenant une demi-journée à cause du nombre de contrôles militaires et de pots-de-vin à verser. Lorsqu'il faisait livrer un chargement à des politiciens ou à des officiers supérieurs, mon père n'osait même plus réclamer le paiement. Il arrosait le maire, le chef de la police, le commandant de l'armée, simplement pour qu'ils ne l'obligent pas à fermer boutique.

Jamais « bonjour » n'avait atteint de telles proportions depuis le début de la guerre.

Lon Nol était responsable de cette situation, il n'avait aucune idée de ce qui se passait en dehors de son bureau. Une attaque lui avait paralysé le côté droit, l'empêchant de sortir. Lorsqu'il marchait, son bras droit tremblait et sa jambe partait dans tous les sens. On aurait dit une oie paralytique. Il bafouillait et Sam Kwil prétendait qu'il n'avait plus toute sa tête.

Lon Nol ne semblait pas réaliser que le « bonjour » et la guerre étaient intimement liés. Ses officiers, uniquement intéressés par les pots-de-vin, refusaient de se battre. Lui n'avait d'ailleurs pas de véritable stratégie pour combattre les communistes. Il se contentait d'échafauder de vagues projets de restauration d'un Cambodge mythique, qu'il associait aux lustres de l'ancien empire d'Angkor.

Il consultait fréquemment les astrologues et soutenait une organisation, l'Institut Khmer-Mom, créée pour étudier la supériorité de la race khmère à peau sombre sur celles, à peau claire, des Vietnamiens et des Chinois.

A Phnom Penh, ville métissée et tournée vers l'Occident, ces idées étaient considérées comme stupides et embarrassantes. Nous ne réalisions pas combien elles étaient dangereuses.

Les préjugés raciaux s'envenimant, des milliers de Cambdogiens d'origine chinoise et vietnamienne furent victimes de persécutions sous le régime de Lon Nol.

Malgré tout, les Américains continuaient à le soutenir et lui fournissaient armes et argent sans se soucier de leur destination.

Les généraux vendaient les armes à l'ennemi, inscrivaient des « soldats fantômes » sur les listes et touchaient leurs salaires. Ils faisaient construire d'énormes villas alors que leurs hommes crevaient de faim. Les officiers d'état-major ne voulaient pas vraiment gagner la guerre. Ils préféraient qu'elle dure le plus longtemps possible pour rafler le maximum d'argent avant de prendre la fuite pour l'étranger.

Le Cambodge se dévorait lui-même.

Je conseillai à mon père de vendre la scierie et de s'exiler. Il avait assez d'argent pour bien vivre, avec ma mère, n'importe où.

Il refusa, préférant rester au Cambodge. Par contre il me proposa, à ma grande stupéfaction, d'aller terminer mes études médicales en France. A ses frais.

Je l'en remerciai, mais préférai rester au pays. J'étais sûr que les communistes respecteraient les médecins. Après tout, nous étions tous cambodgiens! Et puis nous n'étions pas trop malheureux sous ce régime. C'était l'un des paradoxes de cette guerre. Plus les choses empiraient dans le reste du pays, plus la vie à Phnom Penh devenait agréable.

Je ne parle pas des réfugiés s'entassant, chaque jour, dans les bidonvilles des faubourgs. Ni des simples soldats marchant pieds nus parce que leurs officiers avaient vendu leurs bottes au marché noir. Ni des paysans enrôlés de force dans une armée ou dans l'autre.

Je parle de l'élite et des « nouveaux riches ».

La guerre apporta un souffle de prospérité comme on n'en avait jamais connu à Phnom Penh. Jamais il n'y avait eu autant de soirées chics, de boîtes de nuit, de Mercedes et d'employés de maison.

Moi-même, je devins riche sous le régime de Lon Nol. En grande partie d'ailleurs, grâce à une dispute au sein de ma famille. Un des épisodes de la longue guerre civile familiale.

Mon père avait décidé, après l'occupation de notre village, de vivre à Phnom Penh. Ma mère et lui s'installèrent chez Pheng Huor qui avait épousé une femme de tête, Long Nay Chhun. Ils avaient trois enfants, dont un petit garçon que mon père chérissait particulièrement. Il réalisait avec lui son vieux rêve : vivre entouré de ses petits-enfants.

Long Nay Chhun était une femme d'affaires, elle préférait accompagner mon frère à la scierie, s'occuper des comptes, morigéner les employés plutôt que de rester chez elle pour élever ses enfants.

Mon père lui en fit un jour la remarque. Nay Chhun réagit violemment et, comme mon père voulait l'empêcher de sortir, elle le repoussa. Le vieil homme, plus très stable, tomba en arrière sur la clôture de fil de fer barbelé.

Un véritable scandale! Déjà, ne pas obéir à son père ou à son beau-père est très mal vu dans notre société. Le bousculer volontairement est pratiquement impensable. C'était aussi grave que le renversement de Sihanouk par Lon Nol.

J'emmenai papa à l'hôpital pour le faire soigner puis je l'installai dans mon appartement de célibataire.

Les parents de Nay Chhun puis leur fille se présentèrent pour s'excuser. Je leur claquai la porte au nez. Dans la soirée, mon frère vint en personne.

Je lui demandai carrément de choisir entre son père et sa femme. Il réfléchit un moment – je pensais qu'il allait s'excuser pour la conduite de Nay Chhun – mais il se contenta de dire : « Je suis venu pour ramener papa à la maison. »

« Pour que ta femme finisse par le tuer! Je viens de lui faire quinze points de suture à l'hôpital. »

Mon frère tourna les talons sans un mot. Je rejoignis papa étendu sur le canapé, pâle, vieux et fatigué. Je ne pus m'empêcher de cracher toute l'aversion et toute la jalousie que j'éprouvais pour mon frère depuis des années.

« Lequel de tes fils te traite le mieux aujourd'hui? Lequel a toujours essayé de t'aider et lequel a gardé un cœur de pierre?

– Je sais, je sais. Il ne vaut mieux pas parler de ça.

– Si parlons-en. Père, tu sais maintenant, mais c'est trop tard. Tu te rappelles quand tu m'as battu en m'accusant d'avoir volé la boîte de cartes à jouer? Sais-tu qui l'avait vraiment volée? Sais-tu qui maquille les comptes à la scierie aujourd'hui? »

Mon père tourna son visage contre le mur. Il savait. La disgrâce de Pheng Huor et de Nay Chhun me permit de rendre publics les détournements de fonds, ce que j'attendais depuis longtemps.

Je convoquai un conseil de famille élargi aux oncles et aux cousins. Ils se trouvaient tous à Phnom Penh depuis la guerre. Je lus publiquement la liste des biens paternels que mon frère avait mis à son nom : cinq camions-citernes, deux autobus, une Land Rover et une maison à côté de la scierie. Je tenais en main les titres de propriété. Quant aux sommes détournées, je ne pouvais que les estimer. Mon frère gardait les livres de comptes.

Je fis ensuite un petit discours sur l'héritage. Je signalai que mes frères et sœurs en avaient plus besoin que moi, et que si leurs parts étaient garanties, Pheng Huor aurait droit à la sienne. Mon frère avait, avec mon père, beaucoup contribué au succès de l'entreprise. Mais je voulais qu'il restitue ce qu'il avait détourné.

Je pariais sur la cupidité de mon frère pour le forcer à reconnaître ses torts. Je l'avais sous-estimé.

Pheng Huor répliqua calmement qu'il avait travaillé dur et qu'il était normal de mettre quelque chose de côté pour ses enfants.

« As-tu aussi pensé aux enfants des autres ?

– J'ai fait cela aussi à cause des lois gouvernementales. Papa est chinois et refuse d'avoir une carte d'identité. Il m'était plus facile, pour certaines négociations, de signer à sa place.

– C'est faux. Je t'ai aidé à remplir cette paperasserie. Il y a très peu d'affaires interdites aux Chinois, avec ou sans carte d'identité. On a des problèmes raciaux mais il ne faut pas exagérer.

– Ce n'est pas le moment de parler affaires... Si papa est ici, vivant, c'est parce que j'ai pu le sauver des communistes. Nous devrions en être heureux. »

Malgré mes efforts, il refusa d'admettre qu'il avait mal agi. La réunion se termina sans qu'il veuille rien restituer.

Mon père ne prononça pas un mot. Il ne savait plus quoi faire : insulté par sa belle-fille, volé par son fils... Je crois qu'il préférait encore que cela se soit passé en famille.

Un mois plus tard, Père convoqua tous ses enfants sauf Pheng Huor et mon frère numéro un qui était fâché avec lui. Nous étions six frères et sœurs tous mariés sauf moi. Il y avait douze petits papiers pliés dans une assiette sur la table. Sur chacun, le numéro d'immatriculation d'un camion-citerne. Nous avons tiré deux papiers chacun. Les camions, les contrats de livraison, les relations d'affaires et les employés : tout était à nous à présent.

Mon père avait commencé à distribuer l'héritage.

Livrer de l'essence permettait de gagner beaucoup d'argent. Nous avons mis les camions en coopérative avec ceux de Pheng Huor... J'avais fait la paix avec mon frère ; ses qualités d'homme d'affaires n'étaient plus à démontrer, et lui me respectait. Je fis rapidement des bénéfices qui, ajoutés à mes économies, me permirent d'acheter la clinique d'obstétrique où je consultais.

On travaillait dur, Huoy et moi. Pendant que j'opérais à la clinique et à l'hôpital et que je suivais les amphis à la fac, elle s'occupait de la comptabilité des livraisons d'essence, tout en assurant ses cours. Elle était plus douée que moi pour les affaires, c'est elle qui distribuait les pots-de-vin, corvée qui me mettait toujours en colère.

On gagnait plus d'argent que nous ne pouvions l'imaginer. Nous mangions au restaurant tous les soirs, roulions en Mercedes. Huoy était habillée à la dernière mode de Paris, je lui avais offert des bracelets en or et des boucles d'oreilles avec des diamants.

Nous voulions nous marier ; notre principal souci était de savoir quand. Papa n'avait rien contre Huoy, mais selon ses critères, elle devait lui prouver ses qualités.

On sacrifiait l'heure du déjeuner pour aller le retrouver et le distraire. Huoy préparait des desserts délicieux et lui frottait le dos et les reins lorsqu'il souffrait. Papa mangeait les gâteaux, se laissait masser mais l'ignorait complètement. Il avait de nombreux serviteurs, Huoy en faisait partie.

Il était très riche et plusieurs personnes tentaient de s'insinuer dans ses bonnes grâces. Des parents surtout, réfugiés à Phnom Penh.

De tout le Cambodge les gens affluaient vers la capitale; la population avait doublé et ce n'était pas terminé. Les réfugiés construisaient des bidonvilles à la périphérie, demandaient l'aumône dans les rues ou cherchaient à se faire engager, à des salaires de misère, comme ouvriers ou domestiques.

S'ils avaient de la famille en ville, les réfugiés emménageaient à cinq ou dix personnes par pièce et tentaient de soutirer un peu d'argent. Mon père avait des dizaines de parents qui venaient en permanence le solliciter.

Sa demi-sœur Kim était la plus assidue. Papa lui fit un prêt, c'était son devoir de soutenir ses proches en ces temps troublés. Et puis, cela le confortait aussi dans son image de patriarche.

Tante Kim reniflait l'argent n'importe où. Elle acheta des treillis et des tee-shirts militaires pour les vendre au marché. Il y avait des centaines de stands comme le sien, écoulant les surplus américains : boîtes de conserve, produits antimoustiques, hamacs de brousse, lits de camp, moustiquaires, couteaux, casques, sacs à munitions, chargeurs de M 16, sacs à dos, etc. On ne voyait plus qu'une marée de vert kaki où des soldats, pieds nus, regardaient des chaussures et des bottes qu'ils ne pourraient jamais s'acheter.

Il n'y avait qu'une seule chose qui manquait : les armes. Les officiers les avaient déjà vendues aux communistes.

Ma tante Kim n'était pas satisfaite de ses gains au marché, elle me demanda de lui fournir du riz d'intervention.

Comme la plus grande partie de la campagne était aux mains des communistes, les Américains nous envoyaient du riz de Corée. J'avais droit comme médecin militaire à deux sacs de vingt-cinq kilos par mois, pour un prix dérisoire.

Je n'en profitais pas, je trouvais ça malhonnête. Mais Kim insista tellement que je lui fournis les deux sacs. Elle les revendit le double.

A Phnom Penh les prix flambaient à cause du rationnement et de la corruption généralisée. Les gens se servaient de n'importe quoi pour gagner de l'argent. Lorsque mes camions avaient livré l'essence, il restait toujours un peu de carburant au fond de la citerne. Les chauffeurs le siphonnaient, le mélangeaient avec du kérosène, meilleur marché, et vendaient cette mixture dans des bouteilles qu'ils agitaient à bout de bras dans la rue pour attirer les clients.

Des professeurs devenaient chauffeurs de taxi, le personnel médical s'absentait pour travailler au noir dans les cliniques privées ou pour vendre des médicaments volés. Des officiers qui manquaient d'hommes, envoyaient des camions à la sortie des cinémas pour enrôler de force les jeunes gens. A la fin du film, ceux qui ne pouvaient pas payer une rançon étaient jetés dans les camions et emmenés à la caserne.

Un jour que mon père, simplement vêtu d'un tee-shirt kaki, se promenait autour de la maison avec son petit-fils, il fut interpellé par un policier militaire au volant d'un camion. « Hé! Toi, maudit Chinois! Arrête-toi! Où as-tu trouvé ce maillot? C'est une tenue militaire!

– C'est un vieux tee-shirt, je l'ai trouvé au marché, j'ai le droit de le porter.

– Non, c'est interdit, sale Chinois!

– Alors ne laissez pas les gens vendre les effets militaires. Fermez le marché!

– Tu enfreins la loi! Monte dans le camion. »

Mon père et son petit-fils furent emmenés. Le soldat menaça de les jeter en prison. Mon père fut obligé de lui donner huit mille riels pour qu'il les relâche.

Lorsque j'appris l'histoire, la colère m'envahit. Je mis mon uniforme – que je ne portais jamais – avec mes trois barrettes de capitaine et me précipitai au Quartier Général de la police militaire. L'officier qui me reçut était un simple lieutenant. Je le fis mettre au garde-à-vous.

« Je veux savoir qui contrôle cette zone! Un de vos hommes dans un camion a rackетté mon père parce qu'il portait un tee-shirt de l'armée. En outre, il l'a insulté à cause de ses origines chinoises.

– Je vais vérifier, mon capitaine!

– Vous avez sacrément intérêt à le faire! Pourquoi rackettez-vous les innocents dans la rue? Les commerçants du marché ne vous suffisent plus? Piller les entrepôts militaires non plus? C'est plus facile que d'aller se battre contre les communistes, hein?

– Je suis désolé que votre père ait été ennuyé, mon capitaine.

– Écoute-moi, trou du cul, l'argent, je m'en fous. Mais je ne supporte pas la discrimination raciale. Regarde ta propre peau, imbécile, elle est de la même couleur que la mienne. Tu es métis, alors pourquoi permets-tu à tes hommes de se comporter comme ça? Tu es un fils de pute, idiot et stupide! »

Le lieutenant s'excusa à plusieurs reprises et me promit de retrouver le coupable.

Bien sûr, je ne sus jamais de qui il s'agissait. Personne ne fut puni, c'était tellement fréquent à Phnom Penh... Notre société avait abandonné tout sens moral.

C'est pourquoi nous avons perdu la guerre.

La chute

Pendant toutes ces années, je n'avais pas appris grand-chose sur les Khmers rouges, je n'avais pas vraiment cherché non plus. C'est là un trait typique des Cambodgiens : ne pas faire beaucoup d'efforts pour comprendre ce qui se passe au-delà de leur horizon immédiat.

De toute façon, à part la propagande, il n'y avait pas de réelle information. Les Khmers rouges avaient bien une radio clandestine mais ses émissions ne révélaient pas leur véritable nature, ni leurs projets.

À Phnom Penh, Lon Nol contrôlait les médias : la chaîne de télévision et les deux stations de radio lui appartenaient et il censurait les journaux indépendants. Heureusement qu'il restait quelques journalistes, comme mon ami Sam Kwil, pour raconter ce qu'ils ne pouvaient pas toujours écrire.

Avec sa moto, Sam allait en reportage sur les lieux de combats et rapportait des informations de première main. Il insistait sur les ruses utilisées par les guérilleros, me racontait, par exemple, que les Khmers rouges étaient très habiles pour se fondre dans la population. Dès qu'ils se trouvaient militairement en position de faiblesse, ils enterraient leurs uniformes, mettaient des vêtements civils et disparaissaient au milieu des paysans. Lorsqu'ils avaient des tués pendant un accrochage, ils se retiraient en emportant les corps pour que les soldats gouvernementaux ne trouvent aucun cadavre. « Les communistes sont passés maîtres dans l'art de la guerre psychologique », me disait Sam Kwil. « Quelquefois, l'armée encercle un village où se déroule un meeting bruyant avec des discours, des acclamations et des applaudissements... et ne trouve, en fait, que des haut-parleurs reliés à un magnétophone. Tout le village est piégé avec des mines et on découvre un peu plus tard les soldats, les tripes à l'air, le ventre bourré d'herbes et de feuilles. Parfois ce sont des civils qui sont, comme ça, tués et mutilés pour effrayer les survivants.

Ce que me racontait Sam donnait corps aux effrayantes rumeurs qui commençaient à circuler à Phnom Penh dès 1974. On disait sur le marché que les Khmers rouges tuaient les gens en leur sciant le cou avec la tige barbelée des feuilles de palmier à sucre! Ces bobards n'étaient pas pris au sérieux en dehors des champs de foire.

Moi, je ne me faisais pas trop de souci à propos des Khmers rouges. Je pensais qu'ils ne pouvaient être pires que le régime de Lon Nol. Même Sam Kwil partageait cette opinion.

Pour chaque histoire entendue sur les guérilleros, il y en avait plusieurs sur le compte des soldats de Lon Nol. Massacres de civils vietnamiens que les soldats semblaient haïr encore plus que les Chinois, vol de bétail chez les paysans ou racket sur les routes.

Par contre, on n'entendait jamais dire que les Khmers rouges avaient pris, ne serait-ce qu'un grain de riz. Ils avaient un code de conduite très strict, pas de jeux d'argent, pas de vols, et surtout pas de corruption. Dans la puanteur du régime Lon Nol, les communistes apparaissaient comme un vent frais et pur.

De plus, je connaissais des gens qui étaient passés chez les Khmers rouges. Mon ancien professeur Chea Huon s'était évanoui dans la jungle après sa sortie de prison; le fils de Tante Kim, Haing Meng avait rejoint les communistes en 1967; quelques confrères médecins s'étaient évaporés après le coup d'État. L'un des cousins de Huoy était officier chez les Khmers rouges. Presque tout le monde à Phnom Penh avait un ami ou un parent de l'autre côté.

Et puis, il y avait Sihanouk. Son prestige était intact; surtout si on le comparait à Lon Nol, méprisé même par ses proches. Il était difficile de croire que le roi avait embrassé une mauvaise cause, même si les communistes le considéraient comme une potiche. En 1973, il était revenu au Cambodge dans « les zones libérées », et parlait toujours à Radio-Pékin.

Il avait formé un gouvernement en exil dont le Premier ministre n'était autre que Penn Nouth, l'avocat qui était intervenu en faveur de mon frère après l'incident à la scierie.

Des rumeurs insinuaient que Sihanouk et Penn Nouth avaient perdu la confiance des communistes et que le véritable chef de ce gouvernement était Khieu Samphan. Cela ne me dérangeait pas, au contraire. Cet homme, un ancien rédacteur en chef, parlementaire et ancien ministre, avait toujours vécu simplement et haïssait la corruption. Je l'avais vu, quelques années auparavant, rouler simplement à bicyclette dans Phnom Penh.

En 1973, les États-Unis cessèrent les bombardements sur le Cambodge, se contentant de fournir de l'armement et de l'argent. En 1974, les Khmers rouges avaient pris la place des Nord-Vietnamiens dans le combat.

Ils pratiquaient une guerre de harcèlement, attaquant ici et tuant une douzaine de soldats, s'embusquant là et en fauchant quelques dizaines d'autres. Mais, à mesure qu'ils se rapprochaient de la capitale, les combats opposaient des divisions entières et provoquaient des centaines de morts des deux côtés.

Les Khmers rouges bombardaient Phnom Penh de plus en plus fréquemment. Ils utilisaient de l'artillerie chinoise et américaine à longue portée et des roquettes encore plus effrayantes. Les obus déchiraient l'air au-dessus de nos têtes : « cluckcluckcluckcluck »; tombaient et explosaient sourdement : « pak-kum ».

On courait voir ce qui avait été touché. C'était parfois une maison dans le quartier voisin. Les sauveteurs tentaient de dégager les victimes au milieu des ruines.

Aussitôt, l'aviation envoyait les T-285 pour localiser la batterie d'artillerie. On regardait alors le ballet des petits avions qui plongeaient vers les arbres, de l'autre côté du fleuve, lâchaient leurs bombes puis remontaient en chandelle. Les explosions en chapelet faisaient ressortir la silhouette des palmiers et des immeubles sur fond de flammes rouges et de fumée noire.

Malgré les contre-attaques gouvernementales, les Khmers rouges resserraient inexorablement leur étau. Takhmau, où se trouvait la scierie de mon père, tomba entre leurs mains; ce qui mit fin à son entreprise.

Peu à peu, les routes furent définitivement coupées : les derniers convois de l'armée se frayaient un chemin jusqu'à la rivière, les commerçants riches envoyaient leur or et leurs filles à l'étranger, les avions avaient de plus en plus de mal à atterrir ou à décoller de l'aéroport. Nous tentions quand même de nous adapter.

Cela me surprend aujourd'hui mais la plupart des gens faisaient comme si la vie était normale, comme si Phnom Penh devait rester une enclave de paix. Même en mars et au début d'avril 1975, on voyait encore des soldats manger et boire du vin tranquillement avant de s'assoupir dans la rue, à l'ombre d'un arbre. Huoy et moi prenions la Mercedes tous les soirs pour aller dîner au restaurant. Les repas étaient toujours délicieux, arrosés d'excellent cognac.

Jusqu'à la dernière minute, je crus qu'il y aurait des négociations et que l'on parviendrait à un compromis. Le compromis, comme le *sompeab* – le salut les mains jointes –, est à la base de la culture cambodgienne. J'avais oublié son versant caché : la violence et la haine.

Un soir, au dîner, Huoy me demanda :

« Chéri, pourquoi ne vends-tu pas les camions? Tu pourrais partir, il en est encore temps. Achète un billet d'avion et pars à l'étranger.

– Phnom Penh ne va pas tomber! Je suis fatigué; cela fait une semaine que j'opère des blessés nuit et jour! Tu ne pourrais pas parler d'autre chose? Profitons de ce moment de détente s'il te plaît. »

Alors même que les Khmers rouges encerclaient les faubourgs et que les bombardements devenaient quotidiens, mon esprit refusait d'accepter l'inévitable.

Le 12 avril 1975, les Américains évacuèrent la ville en hélicoptère.

Un de mes amis, pilote de l'armée de l'air, m'offrit la possibilité de fuir avec Huoy dans l'un de ces hélicoptères. Je refusai, regardant les énormes libellules s'envoler sans moi.

Le 16 avril, je dînais chez un vieil ami : « C'est peut-être la dernière fois que nous sommes réunis, le malheur arrive sur nous et nos familles », me dit-il à la fin du repas. Je protestai par entêtement; pourtant on entendait l'artillerie non loin de là.

Après dîner, j'allais chez Huoy. Je la trouvais bouleversée. Le ciel était tout illuminé par les explosions. Sa mère et elle me supplièrent de rester pour la nuit. J'avais des visites à faire et je repartis sur ma Vespa.

Je me rendis chez mon père. Depuis que j'avais obtenu mon diplôme de médecin, son attitude avait beaucoup changé, j'espérais bien qu'il me laisserait épouser Huoy.

« Reste avec nous ce soir, me dit-il, on évitera ainsi d'être séparés. » Je voulais me rendre à la clinique, j'avais des malades à voir. J'étais sûr que si les Khmers rouges pénétraient dans la ville, les médecins ne seraient pas inquiétés. « J'ai même peint une croix rouge sur ma Vespa, ne t'inquiète pas! »

Pheng Huor, qui habitait à côté de chez mes parents, intervint : « Sois prudent, nous t'attendrons tous ici. S'il arrive quelque chose abandonne ton scooter, il vaut mieux que tu te déplaces à pied. »

Que peut-il bien m'arriver? C'est ce que je me demandais en changeant de vêtements chez moi. Quelques amis séjournaient dans l'appartement, dormant par terre.

« La situation est mauvaise, me dit l'un d'eux. Le gouvernement va sauter!

– Bien sûr! Allez, rendors-toi, tout va bien se passer. »

Les rues étaient tranquilles, on entendait quelques coups de feu isolés. Tout le personnel était à la clinique, les quatre sages-femmes, les quatre infirmières et le médecin de garde. Les autres médecins ne s'étaient pas présentés. « Peut-être ont-ils eu peur des bombardements, me dit Strei, la plus jeune des infirmières. J'ai peur aussi, docteur, emmenez-moi avec vous, si vous partez. »

« Taisez-vous, personne ne partira. Nous allons continuer à travailler comme d'habitude. »

Ce soir-là, il y avait une demi-douzaine de blessés et quelques femmes en travail. Pendant que mes mains exploraient, recousaient, coupaient presque automatiquement, je laissais mon esprit vagabonder. Pourquoi sont-ils tous persuadés que la ville va tomber? Que savent-ils de plus que moi? Allons, c'est impossible...

Je dormis un peu sur un lit de camp et au petit matin j'allai chez Huoy, après un détour chez mes parents.

Elle avait mis un chemisier blanc et un sampot neuf. Son visage était pâle et tendu. « Rentre à la maison, dès que tu auras terminé tes cours. S'il y a une alerte, reviens tout de suite pour que ta mère ne s'inquiète pas. Ne t'en fais pas pour moi, les médecins sont en sécurité! »

Malgré tout, je n'en étais plus aussi sûr.

Je retournai à la clinique. Des obus éclataient un peu au hasard dans les quartiers résidentiels. Les Occidentaux avaient pratiquement tous évacué la ville, il restait à Phnom Penh trois ou quatre millions de Cambodgiens. Des décombres étaient répandus dans les rues. Je dus faire de nombreux détours et lorsque j'arrivai, une petite foule avait envahi la clinique. Des obus avaient éclaté au marché juste à côté, plusieurs blessés m'attendaient.

Je m'en occupai immédiatement, opérant à tour de bras. Un coup de téléphone m'appela d'urgence à l'hôpital, de nombreux soldats venaient d'être admis après les combats de l'aéroport.

Une Jeep de l'armée me déposa devant l'hôpital militaire et je filai au bloc A, réservé aux grosses interventions. Je commençai à me brosser les mains pendant qu'un infirmier dont je ne me rappelais jamais le nom, m'aidait à enfiler ma blouse. « Patron, ça va mal. La situation n'est pas bonne. Savez-vous s'il y a des négociations avec les Khmers rouges?

– Je n'en sais rien. J'arrive de ma clinique!

– Eh bien! Ça va mal, patron!

– Tu parles d'une information! »

Un soldat m'attendait sur la table, inconscient, relié à des sondes intraveineuses. Je consultai les radios, il avait été touché par une grenade, le visage et l'épaule étaient brûlés et son abdomen truffé d'éclats gros comme le doigt. Son ventre était distendu par l'hémorragie interne, je fis signe d'augmenter l'anesthésie et me mis au travail.

Pok Sarradath, un ami chirurgien opérait à mes côtés. La salle d'op était tranquille, propice à ces discussions qui accompagnent traditionnellement les interventions chirurgicales.

« Fils de pute de Lon Nol! Pourquoi cet incapable ne fout pas le camp? Ce serait plus simple... »

Tout en nettoyant les blessures, je levai la main droite en tremblant, imitant l'infirmité de Lon Nol.

« Parce que s'il bouge, il se casse la gueule!
– Pourquoi crois-tu qu'il a eu cette attaque, à ton avis? On m'a dit qu'il avait eu une syphilis carabinée!
– Non, c'est parce qu'il s'est abîmé la moelle épinière en baisant trop!
– Ce fils de pute corrompu s'accroche au pouvoir comme une vieille maquerelle. Personne ne peut plus gagner sa vie maintenant!
– Pas du tout, il y a d'excellentes places à prendre, policier ou flic militaire. Tu peux y devenir riche rapidement. »

Un infirmier passa la tête entre les deux battants de la porte : « Les soldats près du pont se sont rendus! Les gens agitent des drapeaux blancs. »

Nous avons continué à opérer en silence. On entendait encore des tirs d'artillerie spasmodiques. L'infirmier réapparut et cria : « Les Khmers rouges sont dans la ville! »

J'avais enlevé tous les éclats et nous recousions les lésions dans les parois intestinales avec du catgut que l'infirmière nous tendait au bout d'une aiguille courbe. Sarradath reprit la conversation.

« Eh bien, qu'ils arrivent et qu'on en finisse. On va enfin pouvoir rejoindre nos familles.
– N'importe quoi sera préférable à ce qu'on vit aujourd'hui. N'importe quoi! »

L'infirmier revint très excité, il avait vu deux jeunes Khmers rouges sauter par-dessus la clôture et courir vers l'hôpital les armes à la main.

Il y avait environ une douzaine de personnes dans le bloc opératoire, j'ordonnai : « Si les Khmers rouges entrent, restez tranquilles, c'est plus prudent. »

On entendit une cavalcade dans le couloir et les portes s'ouvrirent à la volée. « Ne bougez pas! Levez les bras et ne bougez pas! »

Je me tenais au-dessus du blessé. Je posai l'aiguille et me retournai lentement les mains levées, les gants pleins de sang.

Le guérillero portait une chemise noire en haillons, un pantalon noir et des sandales découpées dans un pneu de voiture. Il avait la peau sombre, un pur Khmer, il braquait un fusil américain M 16. Un autre soldat le suivait, habillé de la même manière, mais tenant un AK-47 de fabrication soviétique. Il pressa le canon contre ma tempe :

« Tu es le médecin! Tu es le médecin!
– Non, le médecin est sorti par la porte de derrière il y a une minute, vous venez de le manquer!
– Menteur! »

Il hurlait, les yeux exorbités. Il n'avait pas plus de douze ans.

Je ne bougeai pas d'un poil. Il poussa ma toque chirurgicale verte avec le canon du fusil : « Tu es un menteur! Si je ne retrouve pas le médecin, je reviens et je te tue! »

Je restai calme, mon instinct me dictait de ne pas montrer ma frayeur. Son regard changea d'expression, il eut un doute : « Allons-y! »

Ils sortirent tous les deux. Je baissai les mains, les infirmières pleuraient. « Patron, nous devons partir, s'ils ne trouvent pas de médecin, ils vont nous tuer.

– Du calme, surtout ne bougez pas! »

Je regardai le soldat étendu devant moi. Ses intestins étaient replacés, mais nous n'avions pas fini de le recoudre. J'entendais le bruit des sandales des rebelles décroître dans le couloir. Je réfléchissais à toute vitesse, comme pendant mes bagarres d'enfant. Ils s'étaient rués dans le sanctuaire de la salle d'opération : toutes mes illusions avaient disparu. Ils étaient les plus forts, nous ne pouvions qu'être les plus malins.

On n'entendait plus un bruit.

« Parfait. Tout le monde s'en va maintenant!

– Attends, fils de pute, nous devons d'abord recoudre le client.

– Quoi? Il faut foutre le camp d'ici, et en vitesse! »

Sarradath et moi avions le même rang. Il céda : j'avais la tête de quelqu'un qui sait ce qu'il fait. Le personnel de salle se précipita dehors, je jetai un dernier regard au jeune soldat étendu sur la table, la peau pâle comme de la cire, sa longue incision ouverte sur le ventre. Il allait mourir.

Sarradath et moi sommes sortis, les couloirs étaient déserts, je tenais mon ami par l'épaule, il me donna une tape derrière la tête que je lui rendis.

Au vestiaire, quelqu'un avait volé ma chemise, je trouvai un chemisier de femme avec des manches trois quarts, je l'enfilai, puis j'allai chercher ma serviette dans mon bureau.

Toute l'aile du bâtiment était déserte. Ma Vespa qu'un soldat avait ramenée de la clinique, était garée devant l'entrée.

Un groupe de rebelles en uniforme noir fit irruption dans les jardins de l'hôpital au moment où j'allais mettre le contact. La plupart étaient armés de fusils d'assaut russes. Leurs visages avaient la même expression de férocité et de haine qui m'avait frappé chez les deux autres. Il y avait quelque chose d'excessif dans leur comportement. Que leur était-il arrivé, pendant toutes ces années passées dans la forêt? Ils ne ressemblaient plus à des Cambodgiens, timides, un peu paresseux et courtois.

« Sortez, sortez, tout le monde doit partir! Maintenant! »

Je mis mon moteur en route, le portail était fermé, le gardien avait disparu. Je l'ouvris moi-même et sortis de l'hôpital.

La roue de l'Histoire

Des milliers et des milliers de gens se bousculaient dans les rues, se dirigeant vers le Sud comme l'avaient ordonné les Khmers rouges.

Des milliers d'autres avaient refusé de partir et restaient à leur fenêtre ou devant la porte. Certains offraient des fleurs et des bols de riz que les vainqueurs acceptaient avec un sourire timide ou refusaient froidement. Un concert de klaxons retentissait dans toute la ville, couvrant le bruit de tirs d'artillerie spasmodiques et de quelques rafales.

Le combat n'était pas totalement terminé mais déjà des draps de lit blancs pendaient sur les façades en signe de soumission.

Les soldats khmers rouges avaient l'air fatigué et pas commode. Ils avançaient sur les boulevards armés d'AK-47, des grenades rondes de fabrication chinoise pendaient en grappe à leur ceinture. Leurs uniformes noirs étaient couverts de poussière et de boue, ils avaient combattu toute la nuit, rampant dans les fossés.

Certains avaient à l'épaule de longs tuyaux lance-roquettes, leurs compagnons portaient les munitions sur le dos, de long obus verts. Les camarades-femmes-soldats, les *mit neary* étaient les plus excitées, elles tiraient des coups de feu en l'air en poussant les civils devant elles.

Les Khmers rouges étaient très jeunes, pour la plupart des adolescents de la campagne, à la peau sombre. Phnom Penh était pour eux une ville étrange et inconnue.

Je vis un rebelle essayant de mettre une moto en marche, avec le sourire d'un enfant devant un nouveau jouet. Il emballa le moteur et lâcha l'embrayage, la moto fit un bond en avant, fonça dans la foule. Le jeune homme se releva, vexé, laissant la moto à terre et partit sans se préoccuper des blessés.

La foule était trop compacte, j'avais arrêté le moteur de ma Vespa et je marchais en la tenant par le guidon. Un Khmer rouge se mit à crier : « Vous devez quitter la ville pendant trois heures! Vous devez partir, pour votre propre sécurité! Les Américains vont vous bombarder. Partez maintenant, ce n'est pas la peine d'emporter vos affaires! »

Fallait-il le croire? Après ce qui s'était passé à l'hôpital, mon instinct me criait que non, ce n'était plus des Cambodgiens normaux! Pourtant je voulais encore croire qu'ils disaient la vérité.

Une voix hurla à nouveau : « Si vous avez des armes, déposez-les sur le trottoir. Angka va les ramasser. La guerre est finie, vous n'avez plus besoin d'armes, elles sont la propriété d'Angka! »

Je vis des gens s'exécuter, déposer des monceaux d'armes hétéroclites sur le trottoir.

Mais qui est Angka? Qu'est-ce que ça veut dire, Angka? En khmer le mot signifie organisation. L'Angka devait être l'organisation, le groupe de commandement communiste... Est-ce que les rebelles avaient l'intention d'organiser les Cambodgiens? Je leur souhaitais bien du plaisir. S'il existe un peuple rétif à toute planification, c'est bien le nôtre!

Les paysans travaillaient la terre où et quand ils voulaient, les employés n'étaient ni réguliers ni assidus... Toute la société se laissait tellement aller, que rien n'allait jamais.

Même Sihanouk s'y était cassé le nez en essayant de mettre un peu d'ordre dans le pays. A propos, où était-il passé celui-là?

Faisait-il partie d'Angka? Il était théoriquement le chef des Khmers rouges. Allait-il rentrer à Phnom Penh? Pourquoi ne mentionnait-on jamais son nom?

Autour de moi, les gens discutaient à voix basse. « Pourquoi faut-il évacuer la ville? Les Américains ne vont quand même pas la bombarder! »

Ils faisaient quelques pas puis s'arrêtaient, les autres poussaient et ils repartaient. Ceux qui avaient des mobylettes les tenaient par le guidon, les voitures aussi étaient poussées à la main, aucun moteur ne tournait. Il n'y avait pas assez de place pour conduire et plus d'essence. Quand pourrions-nous en acheter? Qu'allait devenir ma société de livraisons?

Je suivais péniblement le flot vers le Sud, en direction de ma clinique.

Un groupe de Khmers rouges avançait à contre-courant précédé d'un homme, les mains attachées dans le dos. Une *mit neary* le poussait en avant avec son pistolet. C'était une femme avec une grosse poitrine qui faisait tout pour la dissimuler. Elle portait une blouse fermée jusqu'au cou, les manches retroussées comme un homme et un *krama* était drapé autour de sa tête. Elle était couverte de poussière et aussi irascible que ses camarades. Elle brandit son arme et se mit à nous haranguer :

« La roue de l'Histoire tourne! Ceux qui mettront la main pour l'arrêter auront la main coupée, ceux qui y mettront le pied, auront le pied tranché! Il n'y a pas de retour en arrière, l'Histoire n'attend pas. La révolution est arrivée. Vous devez choisir, suivre Angka ou nous ne répondrons plus de votre sécurité! »

Elle bouscula l'homme attaché, d'un air méprisant. Il vacilla, de la terreur au fond des yeux.

« Vous êtes tous égaux maintenant, tout le monde est pareil. Plus de *sompeab*, plus de maîtres, plus de serviteurs! La roue de l'Histoire tourne, vous devez suivre Angka... »

Je continuai à avancer en poussant ma Vespa. Tous les espoirs que j'avais nourris sur les Khmers rouges s'évanouissaient... Ils devaient nous libérer, pas nous menacer ni nous assujettir aux lois d'Angka. L'air était étouffant, les rues gorgées de monde d'un bout à l'autre. Nous n'étions plus des habitants de cette ville, mais des réfugiés emportant ce qu'ils pouvaient. Les riches poussaient des voitures ou des charrettes à bois remplies de sacs de riz, de valises, de pots et de casseroles, de postes de télévision et de ventilateurs. Les pauvres n'avaient qu'un pot de riz.

Les épiciers déménageaient leurs stocks de boîtes de conserve, les libraires tiraient des charrettes pleines de livres.

C'était étrange, les gens emportaient leurs biens les plus précieux, comme les télés ou les ventilateurs, alors qu'il n'y avait pas d'électricité hors de Phnom Penh.

Je passai devant une clinique privée semblable à la mienne, l'exode des malades et des handicapés avait commencé. Sur ordre des Khmers rouges, tous les patients devaient quitter la clinique. Un soldat amputé d'une jambe clopinait sur ses béquilles, tenant à la main une cuillère. Derrière lui, des infirmières poussaient un lit à roulettes où gisait un homme, un bandage sur les yeux, amputé des deux jambes. Un flacon de sérum se balançait au bout d'une potence.

Une vieille femme qui tenait son sarong sur la poitrine pour l'empêcher de glisser, avançait à petits pas, soutenue par une parente. « Je vous en prie, laissez-moi, je suis très fatiguée, je ne peux pas continuer. » Sa compagne qui portait un ballon à oxygène l'encourageait : « Allez, continuez. Je sais que vous êtes fatiguée, mais vous pouvez y arriver. »

Je m'approchai de cette femme et lui prit le pouls. Il était faible et lent. Je regardai sous ses paupières, la peau était pâle et anémiée. « Il faut qu'elle se repose. Ne lui faites faire que quelques pas à la fois et si vous pouvez, amenez-la à la clinique Sokchea, près du marché. J'y serai. »

Un petit Khmer rouge aux yeux sévères s'approcha et cria : « Allez, ne restez pas ici ! » Il n'était pas plus haut que le fusil qu'il agitait sous mon nez. « D'accord, nous partons. »

Je répondis poliment et il continua son chemin en criant et en tirant des rafales en l'air. La vieille dame se mit à trembler.

Je repris mon chemin très inquiet. Pourquoi les communistes vidaient-ils les hôpitaux et les cliniques ? Même s'ils craignaient un bombardement, ce n'était pas une raison pour jeter les malades et les vieillards sur les routes ! Une image m'obsédait, celle du soldat que j'avais abandonné le ventre ouvert sur la table d'opération.

Je tournai sur le boulevard Monivong, la circulation y était encore plus difficile. La masse des gens s'écoulait lentement, j'étais pressé par d'innombrables jambes, fesses, épaules. Impossible de bouger. Les Khmers rouges occupaient chaque carrefour, nous faisaient circuler péniblement. D'autres rebelles se frayaient un chemin en Jeep et en camionnette agitant des morceaux de tissu rouge au bout de leur baïonnette.

Dans la rue, les gens avaient des mouchoirs blancs en brassard ou à la taille, d'autres avaient noué des morceaux de tissu blanc aux antennes des voitures, des serviettes et des draps pendaient aux fenêtres.

La joie qui avait suivi la fin des combats faisait place à l'odeur caractéristique de la peur et de le mort. Sur le trottoir, un soldat changeait son uniforme pour un pyjama noir.

Il se passait quelque chose d'incompréhensible, un abîme, entre nos espoirs de libération et l'attitude hostile des rebelles, avec cet ordre de quitter la ville soi-disant pour trois heures, alors qu'il fallait une heure pour avancer de trois pâtés de maisons.

Nous faisions partie d'un énorme événement qui se déroulait sous nos yeux : notre destin ne nous appartenait déjà plus.

J'aperçus une brèche dans la foule. Je plongeai dans la rue transversale garant la Vespa en bloquant l'allumage et la direction. La clinique pouvait attendre, je devais rejoindre Huoy et mes parents.

Je marchai sans relâche, empruntant les rues secondaires. Sans la Vespa, j'avançais plus vite à contre-courant. Il me fallait éviter les Khmers rouges et rester hors de leur vue mais ces mêmes têtes qui me dissimulaient, m'empêchaient aussi de voir autour de moi.

Je scrutais aussi des centaines de visages essayant de reconnaître Huoy ou mes parents. En vain.

Je m'aperçus que plusieurs familles tournaient en rond pour donner l'impression de bouger, comptant que les trois heures d'évacuation se termineraient vite. Des femmes pleuraient, cherchant leurs enfants, des hommes se précipitaient, transportant jusqu'à leur voiture des piles de vêtements et des sacs de nourriture. Je n'arrivais pas à progresser.

A la tombée de la nuit, je revins à ma Vespa et la poussai jusqu'au temple Tuol Tumpoung, près de ma clinique. Les bâtiments du temple, entourés d'un haut mur crénelé badigeonné à la chaux, occupaient tout un pâté de maisons. Des moines, le visage soucieux, poussaient des charrettes chargées de leurs maigres biens : les robes couleur safran, quelques ustensiles de cuisine, des pots de riz.

Les Khmers rouges contraignaient aussi les moines à l'exode. A côté du temple, j'aperçus un officier khmer qui se tordait de rire en essayant de faire démarrer une Vespa. Sous l'uniforme couvert de boue, je reconnus un garçon de Samrong Yong. Je ne me souvenais pas de son nom, mais je l'avais rencontré plusieurs fois au marché et sur les terrains de football. Il riait de satisfaction à l'idée d'avoir un scooter après toutes les privations endurées dans la jungle. Lorsqu'il me reconnut, son sourire s'effaça. « Salut, camarade! »

Il ne répondit pas, parvint à faire démarrer le moteur et s'éloigna sans me jeter un regard. Depuis que la roue de l'Histoire avait tourné, les gens de son village étaient des gens comme les autres.

J'arrivai enfin à la clinique. Tout était fermé, mais lorsque je me glissai à l'intérieur, des dizaines de patients m'y attendaient. Ils me saluèrent en m'implorant, les deux mains jointes levées jusqu'au front. « Je vous en prie *luk* docteur, examinez-moi d'abord. Sauvez-moi! » Je répondis à chacun courtoisement en faisant le *sompeab*. Je leur promis que je les verrais tous, en commençant par les cas urgents.

Je m'aperçus que la vieille dame de la rue n'était pas parmi eux. Cela me mit mal à l'aise mais je n'y pouvais rien. Dans la salle des infirmières, Strei, ma préférée, s'activait. Je lui demandai si Huoy avait laissé un message. Elle me répondit avec un sourire boudeur : « Au lieu de vous faire du souci pour votre petite amie, vous feriez mieux de vous occuper des malades. Nous avons une femme en travail ici! Son col est dilaté à huit centimètres! »

Il ne restait plus beaucoup de temps. Je devais d'abord réorganiser la clinique. L'eau et l'électricité étaient coupées, le personnel était au complet mais les médecins n'étaient pas là.

J'envoyai Strei chercher des bougies et de l'eau, elle stériliserait les instruments à l'alcool.

La naissance de l'enfant s'effectua sans problèmes, mais une fois l'accouchement terminé, le manque d'eau n'avait toujours pas été résolu. Je demandai aux malades de la salle d'attente d'aller discrètement en chercher dehors. Thoeum, le gardien, surveillerait les abords.

Mon patient suivant, un civil, avait été blessé pendant le

bombardement, des éclats d'obus avaient pénétré son dos. Je retirai le *krama* sale qui servait de pansement, la blessure s'était infectée. Impossible de repérer les éclats sans radiographie, à la lueur de bougies et de lanternes. Je nettoyai la plaie et lui fis une piqûre de Xilocaïne pour calmer la douleur. Ensuite, malgré ses plaintes, je sondai délicatement la plaie avec des ciseaux à bout rond. Je retirai deux gros fragments de métal logés près de la moelle épinière.

J'eus une vingtaine de clients cette nuit-là, la plupart étaient des femmes en couches. Par une cruelle ironie, elles allaient mettre des enfants au monde au moment le plus terrible de l'histoire du Cambodge. J'avais fait fermer les portes à clé, aucune lumière ne filtrait au-dehors. Pourtant, toutes les deux ou trois heures, un Khmer rouge frappait sur la grille en criant : « Il y a quelqu'un ? Vous devez partir. »

Personne ne répondait et après un moment que nous trouvions très long, le soldat s'éloignait. Nous l'entendions encore, donnant des ordres aux réfugiés pour les faire avancer plus vite.

Dehors, la foule continuait à défiler inexorablement.

Je sortis avant l'aube pour aller vers le nord dans la direction de l'appartement de Huoy. Je pensais que de nuit, il me serait plus facile de circuler. Je n'étais pas le seul.

A la lueur d'un lampadaire, j'aperçus un homme qui tentait de franchir un carrefour. Un Khmer rouge lui cria de s'arrêter. L'homme hésita. Le soldat leva son fusil et tira. L'homme tomba sur le trottoir, le corps agité de soubresauts. Puis il ne bougea plus.

Je me cachai derrière une voiture en stationnement. D'autres personnes s'étaient figées, n'osant plus faire un pas.

« Vous n'avez pas écouté Angka, cria le soldat. Vous devez obéir. La roue de l'Histoire ne vous attendra pas. Vous devez aller dans la bonne direction, vers la campagne. »

Je respirai un bon coup et m'approchai de la sentinelle.

« S'il vous plaît, *luk*. J'ai perdu ma femme et mes enfants. Je dois aller les retrouver juste en haut de la rue.

– Arrête de geindre ! Les supplications, c'est terminé. Il n'y a plus de *luk* maintenant. On est tous égaux ! Pourquoi gardes-tu les manières de l'ancien régime ? Fous le camp !

– Camarade, je t'en prie, ma femme et mes enfants sont perdus sans moi.

– Non, Angka ne le permet pas ! Si tu essaies de traverser la rue, je ne suis plus responsable de ta sécurité. Allez, file !

Je repartis sur mes pas, bouleversé.

Quelque part Huoy et mes parents se faisaient du souci pour moi mais ce n'était plus le moment de les chercher. Pas tant que ce fanatique contrôlait le carrefour. Sa victime gisait sur le trottoir dans une mare de sang qui étincelait sous la lumière électrique. Les gens faisaient un détour pour l'éviter, personne n'osait s'en approcher pour vérifier s'il était mort.

Lorsque je revins à la clinique, tous les malades étaient partis. Thoeum, le gardien, avait supervisé les préparatifs. C'était un ancien soldat de Lon Nol qu'on m'avait amené blessé. Je l'avais soigné mais il gardait des séquelles nerveuses irréparables. Ses paupières étaient pratiquement fermées et un tic permanent lui déformait le visage. Il était plein de ressources et je n'ai jamais regretté de l'avoir gardé avec moi.

Thoeum avait fabriqué une remorque avec une charrette à eau et l'avait fixée derrière une moto Yamaha abandonnée par un patient. Il y avait empilé de la nourriture, des médicaments, des bougies et un sac de sarong. Il avait fixé un autre paquet sur la selle de mon scooter. Les infirmières avaient préparé des paniers et des baluchons et avaient drapé un *krama* sur leur tête pour y placer leurs affaires.

Je rassemblai les huit jeunes femmes et Thoeum dans le hall d'entrée.

« A partir de maintenant, soyez prudents. Si vous voulez que je reste avec vous, ne m'appelez plus ni *luk* ni docteur. Appelez-moi simplement frère. Vous avez compris ? »

Tous hochèrent la tête, chassant leurs larmes.

« Si on vous demande pourquoi vous êtes avec moi, ne dites pas que je suis votre patron. Répondez que nous sommes des amis. Allez, ne vous en faites pas, tout se passera bien. Arrêtez de pleurer et partons ! »

Le ciel blanchissait déjà lorsque notre petit convoi se mit en route. Je portais toujours la blouse de femme que j'avais trouvée à l'hôpital et j'avais enroulé un *krama* sur ma tête. Strei marchait à côté de moi, accrochée au porte-bagages de mon scooter. Nous allions vers le sud, par une petite rue parallèle au boulevard Monivong.

Les rues étaient de nouveau encombrées. Nos nouveaux maîtres répétaient leurs messages par haut-parleur : « Vous devez quitter la ville. Laissez Angka débusquer l'ennemi ! Vous devez quitter la ville immédiatement pour trois heures... » D'autre Khmers rouges commençaient à crier que c'était maintenant pour trois jours...

Nous avions veillé toute la nuit et marchions complètement engourdis. Si nous devions rentrer dans trois heures ou dans trois jours, à quoi bon se dépêcher. On aurait la même distance à parcourir dans l'autre sens. Tout le monde avançait lentement.

Le ciel devenait moins sombre, les formes et les couleurs

apparaissaient plus clairement. Une femme marchait à mes côtés, un grand sac posé sur sa tête, ses enfants suivaient derrière. Je la reconnus, elle était infirmière à l'hôpital militaire.

– « Docteur Ngor...!

– Je ne suis plus docteur. Appelez-moi frère!

– Docteur Ngor... Euh... nous reverrons-nous? balbutia-t-elle en s'éloignant, des larmes dans les yeux.

– Ne perdez pas espoir... Tant que le soleil se lèvera, ne perdez pas espoir... »

Notre petit groupe bifurqua alors vers l'est à une intersection. Le soleil immense et rouge dissipant les fumées, jaillit dans le ciel à cet instant précis. Je sentis une bouffée d'espoir m'envahir. Je ne devais jamais revoir cette femme, ni la plupart des gens que je connaissais.

L'exode de Phnom Penh

Les jours suivants, il fit un temps chaud et sec. On entendait dans le ciel clair les bangs des avions supersoniques qui survolaient le pays à très haute altitude.

Nous marchions toujours, par milliers, mettant péniblement un pied devant l'autre. Les Khmers rouges tiraient de temps en temps des coups de feu au-dessus de nos têtes, ils avaient branché des haut-parleurs et transmettaient d'interminables discours diffusés par la radio.

Un homme et une femme se disputaient le micro :

« Le 17 avril 1975 est pour la nation cambodgienne et pour le peuple, un jour historique, disait le speaker.

– C'est le jour où notre peuple a définitivement et complètement libéré la capitale Phnom Penh et notre pays bien-aimé... répondait la speakerine.

– Longue vie au peuple cambodgien !

– Longue vie à la plus merveilleuse des révolutions cambodgiennes !

– Longue vie au Cambodge, indépendant, paisible, neutre, non aligné, souverain, démocratique et prospère dans une intégrité territoriale véritable... renchérit l'homme.

– Longue vie à la ligne de combat absolue, à l'indépendance de l'Organisation Révolutionnaire du Cambodge qui franchit avec fermeté et clairvoyance tous les obstacles ! (La femme ne voulait pas être en reste.)

– Maintenons résolument une vigilance hautement révolutionnaire pour défendre à tout moment la nation et le peuple cambodgiens !

– Maintenons-nous résolument en position de combat pour défendre sans hésitation le peuple et le pays... »

Cette étrange joute verbale pouvait durer des heures. Ensuite, les haut-parleurs diffusaient de la musique. Et quelle musique ! De style chinois, avec un rythme lourdingue et monotone, des coups de cymbale après chaque couplet scandé comme un slogan.

Progresser sous un soleil de plomb, le long de ces boulevards surpeuplés, au son d'une voix perçante et nasillarde chantant « Le drapeau rouge de la révolution flotte sur Phnom Penh libérée », devenait une véritable torture!

Les forces de la révolution s'avancent
Comme un feu puissant et orageux,
Tuant la clique abjecte des traîtres,
Et libérant notre capitale...

Ce n'est pas possible, je vais m'écrouler.

Les cris de victoire de notre armée
Ont détruit l'ennemi, libéré la chère patrie.
Mettant fin à la guerre et à l'agression
Des impérialistes cruels, chassés du pays...

Encore un pas, encore un autre. Si j'avais quelque chose à boire. De l'eau.

Le drapeau rouge de la révolution
Vole sur Phnom Penh, la terre d'Angkor!

Je vais m'étendre, je ne peux plus marcher. Trouver un peu d'ombre...

Le pays est aux mains des travailleurs et des paysans
C'est la récompense de millions de gouttes de sang
Versées pour la victoire finale.

Après la musique, les discours reprenaient. « Pendant les cinq dernières années, notre armée révolutionnaire de combattants hommes, femmes et officiers a lutté bravement et vaillamment pour réduire en miettes l'agression extrêmement barbare et cruelle de l'impérialisme américain et de ses pantins... »

Ces gens étaient incapables d'utiliser un vocabulaire normal pour exprimer ce qu'ils avaient à dire; tout était excessif, outrageux : une langue de bois.

Quand ils arrivaient, enfin, à l'essentiel, c'était pour nous apprendre que nous vivions désormais sous un nouveau régime, le

Kampuchéa Démocratique. Qu'il n'y aurait plus de riches ni de pauvres, que nous serions tous égaux et que nous allions travailler à la campagne!

« La nation doit poursuivre le combat, les armes dans une main et les outils dans l'autre. Il faut lancer une grande offensive pour construire des barrages et creuser des canaux. »

Ils ajoutaient aussi que nous devrions « être heureux de faire de grands sacrifices pour Angka », sans préciser ce qu'était cette mystérieuse organisation.

Le deuxième jour nous avions avancé de cinq pâtés de maisons. A la tombée de la nuit, j'ai installé avec Thoeum, un campement de fortune en plaçant les motos et la remorque en carré et les infirmières au milieu. Pendant qu'elles préparaient le repas sur un petit four à charbon en céramique, je m'assis sous un kapokier.

Le boulevard s'était transformé en un immense campement. Il y avait des gens exténués partout, sur la chaussée, sur les trottoirs, dans les cours, dans les jardins. De la fumée montait des multiples feux allumés pour préparer le repas. Des femmes et des enfants pleuraient et le bruit des klaxons parvenait à couvrir celui des haut-parleurs.

Pendant le dîner, notre unique sujet de conversation tourna sur la manière de retrouver nos familles. Nous avions tous des parents perdus quelque part dans la foule. Je décidai que nous ferions des recherches alternativement : deux d'entre nous resteraient en permanence au camp.

J'ai d'abord remonté une partie du boulevard marchant sur des gens endormis ou trop fatigués pour bouger, scrutant les visages, puis je suis redescendu vers le campement en faisant des zigzags pour couvrir le plus de terrain possible. Les lampadaires fonctionnaient encore, vraisemblablement pour faciliter la surveillance. Les insectes, par myriades, venaient s'y brûler les ailes.

Au nord-est, une lueur orangée éclairait l'horizon, des cendres volaient autour de moi. Les Khmers rouges avaient mis le feu aux marchés considérés comme le temple démoniaque du capitalisme. Je ne retrouvai personne.

Au lever du soleil, la foule était debout, immobile. On entendait, vers le nord, le son aigu des rafales de M 16 et celui plus lent et plus sourd des AK-47 de fabrication chinoise. Quelque part, des soldats de Lon Nol résistaient encore aux Khmers rouges.

Ce n'était pas le cas dans le sud. Il n'y avait pas d'opposition véritable, personne ne refusait d'obéir aux rebelles; tout juste une sorte de résistance passive, dans le plus pur style bouddhiste.

Pourquoi nous forcer à partir? Quelle était cette folie d'aller nous faire travailler la terre? Nous étions des gens de la ville, pas des paysans! La guerre était terminée, il était temps de retrouver nos familles!

Impatient, comme toujours, je ne voulais pas rester sans rien faire. Je confiai ma Vespa à Thoeum et je partis en exploration, me glissant à travers la foule. J'inspectai les deux côtés du boulevard, grimpant sur les arbres et sur les clôtures pour avoir une meilleure vue.

Je ne vis ni Huoy, ni mes parents mais je trouvai du riz.

Un groupe d'une centaine de personnes avait forcé les portes d'un entrepôt, embarquant tout ce qu'il pouvait. Les visages étaient crispés par l'avidité. Des sacs pleins de riz tombés d'une pile avaient écrasé un homme dont on voyait encore dépasser les pieds. Personne n'y faisait attention.

J'attrapai un sac estampillé « Don du gouvernement US », le rapportai au campement puis je repartis avec Thoeum en chercher d'autres.

L'exode avait instauré de nouvelles lois; tout ce qui était abandonné, sans protection, appartenait à tous. On pouvait tout prendre pourvu que ce ne soit ni par la force ni par la violence.

Thoeum revint un peu plus tard avec deux poulets vivants. Ils furent tués, plumés et cuits sans qu'on lui en demande la provenance.

Au quatrième jour, le 20 avril, les soldats ne prétendaient plus nous éloigner pour trois heures ou trois jours. Ils nous ordonnaient tout simplement d'aller à la campagne. « Angka vous donnera tout ce dont vous avez besoin », hurlaient-ils dans des cornes de taureau utilisées comme porte-voix. « Angka s'occupera du peuple. »

Si je devais quitter la ville, autant que ce soit par la nationale 2. Cette route m'amènerait à la scierie où ma famille et Huoy s'étaient déjà probablement retrouvées. Sinon, je pourrais continuer jusqu'à Samrong Yong mon village natal. C'était aussi la bonne route pour les infirmières, toutes originaires de la province de Takeo.

Je parvins à me frayer un chemin jusqu'au rond-point, à l'extrémité du boulevard Monivong. Plusieurs voies quittaient Phnom Penh, dans toutes les directions. Les Khmers rouges canalisaient la foule vers la nationale 1 qui passait par-dessus le fleuve mais la nationale 2 était toujours ouverte, je vis plusieurs personnes l'emprunter.

Je retournai rejoindre mon petit groupe.

Le matin suivant lorsque nous sommes parvenus au rond-point, les Khmers rouges avaient dressé une barrière en travers de la nationale 2. Trop tard!

« Continuez à avancer mugissaient les cornes de bœuf. Angka s'occupera de vous de l'autre côté du pont. » Des soldats armés nous surveillaient. Il n'y avait pas d'autres solutions que de suivre le mouvement dans la mauvaise direction.

Je vis en bas du pont, un amas de cadavres, pour la plupart des soldats de Lon Nol encore en uniforme. Je reconnus aussi, à ses cheveux longs le corps d'un chanteur connu de Phnom Penh. Il n'avait pas dû plaire au nouveau régime.

Le pont formait un arc prononcé au-dessus de l'eau et j'essayai d'oublier la vision des corps lorsqu'un murmure parcourut la foule.

Une Peugeot toute neuve roulait à pleine vitesse sur la berge. Le conducteur donna un brusque coup de volant et la voiture plongea dans le fleuve dans une gerbe d'écume. On voyait distinctement le chauffeur, une femme à côté de lui et derrière, des enfants, les mains plaquées contre la vitre. La voiture s'enfonça lentement sans que ses passagers fassent un geste pour s'échapper et l'eau se referma sur le toit. Une famille entière venait de se suicider.

Aucune provision ne nous attendait de l'autre côté du pont, juste quelques Khmers rouges criant qu'il fallait se dépêcher. Il était midi. Le moment le plus chaud de la journée. Des centaines de personnes refusant calmement d'obéir s'étaient assises pour se reposer. Je conduisis mon groupe à l'ombre d'un magasin fermé.

Thoeum et moi partîmes aussitôt en exploration le long de la berge. En amont, hors de la vue des soldats, des bateaux transportaient des passagers de l'autre côté du fleuve vers Phnom Penh. Pendant la saison sèche, le fleuve se réduisait à un étroit canal, d'autres personnes essayaient de traverser à la nage. Un plongeon dans l'eau me tentait, je n'avais pas pris de bain depuis des jours.

Il y avait des entrepôts de l'autre côté, complètement pillés, mais je dénichai quand même un sac de cinquante kilos de haricots secs. Nous avons réussi à le transporter à la nage de l'autre côté du fleuve.

Des gens proposèrent aussitôt de nous en acheter, ils payaient en riels de Lon Nol. Je refusai : pas question de prendre l'argent d'un régime qui n'existait plus. Par contre j'acceptai un sac de sucre en échange de la moitié des haricots.

Les infirmières préparèrent ce soir-là un délicieux plat de riz et de haricots rouges. La nourriture volée a toujours meilleur goût, comme j'allais le découvrir plus tard.

Le jour suivant, nous avons quitté la nationale 1 en direction de l'est, vers une région bordée par le Mékong et le fleuve Bassac. Je m'arrêtais chaque fois que je reconnaissais des collègues médecins. Je racontais ce qui m'était arrivé au bloc opératoire et leur conseillais de dissimuler leur profession. Beaucoup avaient conscience du danger, mais d'autres pensaient, sans le dire, que j'exagérais.

Le lendemain, nous sommes arrivés à Boeng Sor, le quartier réservé de Phnom Penh, sur les berges inondables du Mékong. La route était surélevée et passait entre les bordels et les night-clubs bâtis sur pilotis. Une cité de maisons flottantes, construite sur de gros radeaux de bidons et de bambous, s'étalait à leurs pieds.

Avant la révolution, les hommes venaient ici passer du bon temps avec leurs maîtresses ou avec des prostituées. On y jouait gros jeu et on y buvait beaucoup. C'était terminé : les femmes maquillées, l'alcool, le jeu, la corruption, tout avait été interdit par le nouveau régime. Il ne restait plus à Boeng Sor que des squatters qui avaient envahi les bordels désertés.

Au-delà, la route continuait, chargée de réfugiés poussant leur charrette ou portant leurs biens sur des planches à ressorts. Tout le monde allait dans la même direction et la circulation était plus facile. Des cadavres de soldats pourrissaient sur le bord de la route, on n'y faisait même plus attention. Par contre, les marchands avaient ouvert des magasins de fortune qui attiraient les réfugiés. On trouvait de tout sur les bâches déployées : des gâteaux, des cigarettes, des brochettes de poulet, des œufs, de la volaille vivante, du poisson frais ou séché, de la viande, des fruits et des légumes frais, des livres et des cassettes d'enregistrement.

Les Khmers rouges avaient beau avoir brûlé les marchés, ils n'avaient pas fait disparaître les marchands. C'était plutôt encourageant.

A la fin de l'après-midi, nous sommes enfin arrivés dans un immense campement d'exilés, le Wat Kien Svay Krao, du nom d'un grand temple érigé sur les bords du Mékong.

Les réfugiés avaient construit des cabanes, dressé des tentes n'importe où. Dans le village, entre les temples, sous chaque arbre, dans les champs et même sur les îlots au bord du fleuve. Nous n'étions pas trop éloignés de Phnom Penh. Nous avons décidé d'y rester.

On s'est installé sous un grand manguier chargé de fruits verts. On mange, au Cambodge, les mangues vertes en légumes et cet arbre nous assurait de bonnes réserves. Je repérai, à proximité, un bosquet de cocotiers et de bananiers et un peu plus loin des champs pour le fourrage. Le Mékong pourrait nous fournir du poisson et nous avions du riz et des haricots pour faire du troc. Le toit et le couvert ne me préoccupaient pas beaucoup.

Par contre, je n'avais toujours pas de nouvelles de Huoy et de ma famille, pourtant je rencontrais énormément de gens de ma connaissance.

Je tombai un jour sur mon ami Sam Kwil. Comme beaucoup de journalistes, il détestait l'autorité et la censure et n'avait jamais été très heureux sous le régime de Lon Nol. Il était encore plus malheureux sous les Khmers rouges qui avaient interdit tous les journaux. La passion de Sam avait toujours été de découvrir des informations qui échappaient aux autres. Il m'apprit que ces bruits d'avion que nous entendions régulièrement étaient ceux d'appareils de reconnaissance américains, volant à très haute altitude, et qu'au Viêt-nam, les provinces du Sud tombaient les unes après les autres aux mains des Nord-Vietnamiens. « Bientôt tout le pays sera communiste. »

Kwil avait encore des réflexes de journaliste, même s'il n'avait plus de journal. Il parcourait le camp de Wat Kien Svay Krao dans tous les sens, transportant en bandoulière son sac d'appareils photos et ses carnets.

Un jour, alors que nous ramassions des bananes, nous aperçûmes un convoi de camions bâchés venant de Phnom Penh par la nationale 1. Nous avions déjà remarqué ces mystérieux convois qui empruntaient la route menant à la frontière vietnamienne.

Caché derrière les feuilles de bananiers, Kwil avait sorti son appareil photo. Le convoi s'approchait, précédé d'une Jeep d'escorte. « Sois prudent ! » lui soufflai-je en vain. La Jeep nous dépassa puis les premiers camions de fabrication chinoise. Les bâches mal fixées volaient au vent laissant apparaître les cargaisons de meubles, de réfrigérateurs, d'appareils à air conditionné, de ventilateurs, de téléviseurs et de gros cartons fermés. Les Khmers rouges pillaient la ville et envoyaient le butin au Viêt-nam.

Sam Kwil s'avança sur la chaussée pour prendre des photos du convoi. Il n'avait pas vu la Jeep qui venait en serre-file après le dernier camion. Trois Khmers rouges sautèrent en hurlant du véhicule; je reculai à l'abri dans la bananeraie. Sam n'eut pas le temps de faire un geste, il était encerclé. « Qui t'a autorisé à prendre des photos ? Tu es un espion, un espion de la CIA ! » Avant qu'il ne puisse dire un mot, les soldats lui avaient tordu les bras dans le dos et s'acharnaient sur lui à coups de crosse. Il s'écroula en sang. Les Khmers rouges lui attachèrent les poignets et le balancèrent dans la Jeep qui démarra pour rattraper le convoi.

La scène n'avait duré que quelques secondes. Hébété, j'entendais sans y croire le grésillement des cigales et le chant des oiseaux. Je restai accroupi derrière un bananier, regardant la Jeep et mon ami s'éloigner, puis disparaître.

Wat Kien Svay Krao

J'errais sans but, marchant à travers le camp, les pieds lourds, la tête vide, scrutant machinalement les visages. Je refusais d'y croire.

Mon pauvre Kwil! N'y pense pas, continue à avancer. Tu ne pouvais rien faire. Marche. S'il n'est pas encore mort, il le sera bientôt! Oublie. Contrôle tes émotions. Tu dois rester en vie. Ils l'ont pris et tu n'as pas fait un geste! Concentre-toi, tu dois retrouver Huoy. Tu dois retrouver tes parents. Ils l'ont frappé avec les fusils! Il n'y avait rien à faire.

D'abord, ce soldat abandonné sur la table d'opération. Ensuite, l'homme abattu comme un chien au carrefour. Puis le suicide de cette famille dans la voiture. Et maintenant Kwil. Assez! Tu es battu, tu es impuissant. Ils sont trop forts!

Non, reprends-toi. Marche... pour vivre.

Mes jambes m'avaient ramené devant le manguier. Je comptai instinctivement les membres de mon petit groupe :... sept, huit, neuf. Ils étaient tous là étendus sur des nattes. A quoi bon les bouleverser? Cela ne ramènerait pas Sam Kwil.

Je devais m'occuper d'eux. Je repartis sur les chemins en traînant ma peine. Au bout du village, je tombai sur une famille s'apprêtant à quitter un campement dressé entre les pilotis d'une maison abandonnée. C'était plus confortable que le manguier en cas de pluie.

J'y installai rapidement mon groupe. Les infirmières aménagèrent la cuisine, posèrent des moustiquaires au-dessus de leur couche. Je choisis comme lit, un char à bœufs oublié, l'étroite plate-forme entre les deux roues était idéale pour dormir.

Le camp de réfugiés commençait à s'organiser. Un barbier avait installé une chaise et une glace en guise de salon de coiffure. Les bouchers et les poissonniers agitaient des palmes au-dessus de leurs étals pour chasser les mouches. Un restaurateur offrait de la soupe de nouilles chinoises à 5 000 riels le bol. Quelques mois auparavant, elle n'aurait coûté que 500 riels et il y a deux ans, 150 riels seulement. L'inflation galopait, les Khmers rouges n'avaient aucun sens économique, ils n'avaient même pas créé de monnaie de remplacement.

A côté du temple, je découvris un écriteau : « Soldats de Lon Nol, inscrivez-vous ici. Angka a besoin de vous. Fonctionnaires, militaires, Angka vous donnera du travail. Inscrivez-vous. Les professeurs, les instituteurs et les étudiants s'inscriront plus tard. » Une longue file de soldats en civil s'était formée. Les hommes plaisantaient, heureux de retrouver une organisation. Ils allaient continuer à servir le pays et à gagner leur vie.

Des cadres communistes les interrogeaient et notaient leurs réponses sur des formulaires : d'anciens lieutenants se disaient capitaines et les capitaines prétendaient être commandants.

Des camions attendaient; les hommes sautaient dedans en criant : « Prévenez mes parents, je suis parti travailler pour Angka! »

En les regardant s'éloigner, je fus envahi de pénibles soupçons. Pourquoi le nouveau régime ne recrutait-il pas de professeurs ou d'étudiants? Ni de médecins? Ni d'ingénieurs? Il en aurait certainement bien plus besoin que de soldats pour reconstruire le pays. Bien que je fusse moi-même officier, je me gardai bien de me mêler aux files d'attente. Un ancien soldat, à côté de moi, observait aussi la scène avec méfiance. Ses amis l'interpellèrent d'un camion :

« Pourquoi tu ne viens pas avec nous? » Aussitôt des Khmers rouges entourèrent l'homme et, malgré ses protestations, l'entraînèrent fermement devant les recruteurs. Il avait l'expression d'une bête prise au piège [1].

Je m'éloignai discrètement du centre de recrutement lorsqu'un Khmer rouge s'approcha de moi : « Eh toi, donne-moi tes lunettes! »

Passablement inquiet je lui tendis mes verres, il les essaya, en clignant des yeux.

« Elles me font mal! Je n'y vois rien du tout!

– Camarade, elles ne sont pas adaptées à tes yeux, autrement je te les donnerais. Je suis myope et j'en ai besoin. »

Il me rendit mes lunettes et jeta un coup d'œil à mon poignet. J'avais depuis longtemps enlevé ma montre. J'avais aussi caché la bougie de ma Vespa pour qu'on ne me la vole pas.

Le code des Khmers rouges interdisait aux soldats de dépouiller les civils. Tous ne l'appliquaient pas.

1. J'appris, longtemps après, que ces soldats étaient abattus au cours du transport, pendant une halte. Pratiquement tous les officiers de l'armée de Lon Nol périrent ainsi.

Je m'éloignai du soldat aussi vite que possible en suivant une petite route poussiéreuse qui longeait la berge. Des réfugiés se baignaient en sarong dans le fleuve. Un peu plus bas, des bateaux chargés de passagers partaient pour des provinces lointaines selon le programme décidé par les Khmers rouges. Des milliers de gens quittaient ainsi, tous les jours Wat Kien Svay Krao sans qu'on s'en aperçoive.

Mes journées s'écoulaient, monotones, à errer dans le camp et le long de la nationale ou à traîner dans le village. Phnom Penh était bien loin. Les nouvelles étaient vagues et contradictoires. Un jour, on nous annonçait qu'Angka allait distribuer des terres pour les cultiver. Le lendemain, que nous allions être déportés ailleurs. On ne savait jamais rien de précis.

Thoeum et moi allions chaque jour glaner de la nourriture, pêcher dans le fleuve ou faire du troc. Comme pendant mon enfance. La vie n'était pas trop pénible, elle aurait pu même être agréable, ailleurs que dans le camp de Wat Kien Svay Krao.

Vers la fin du mois d'avril, un lointain cousin m'apprit que ma famille se trouvait dans la cour d'un temple que je n'avais jamais exploré.

J'y courus aussitôt. Je repérai tout de suite deux des camions-citernes remplis de bagages et de cages à poules. Comment avais-je pu les manquer ?

Pheng Huor m'aperçut le premier. « Où étais-tu passé ? » dit-il avec une nuance d'agacement comme si j'étais en retard à un rendez-vous. « Tout le monde t'a cherché ! Es-tu avec Huoy ? »
« Non, je l'ai perdue. Où est papa ? »

Pheng Huor me désigna une tente fabriquée avec une bâche suspendue sous un arbre. C'était bien papa, avec ses poches sous les yeux, son gros ventre et ses shorts trop grands ! Un large sourire m'accueillit.

« Pourquoi n'es-tu pas revenu à la maison ? Nous t'avons attendu jusqu'à trois heures de l'après-midi. Ensuite, les Khmers rouges nous ont forcés à partir. Es-tu seul ?

– Non, père. J'ai emmené mes huit infirmières et le gardien. Mais je n'ai pas pu retrouver Huoy. »

Toute la famille se rassembla autour de moi. Ma mère s'approcha en riant, ses cheveux étaient tirés en arrière et il me sembla qu'elle avait quelques cheveux blancs supplémentaires.

« Nous ne savions pas ce qui était arrivé à tes infirmières dit-elle. Je me faisais du souci, elles n'ont pas d'homme pour les aider. »

Mon père l'interrompit : « As-tu assez de riz ? »

Il prit 50 000 riels dans sa poche et me les compta. J'acceptai l'argent – pour lui faire plaisir – et lui proposai de venir s'installer dans la maison située au-dessus de mon campement, elle devait bientôt se libérer.

Quelques jours plus tard, mes parents, trois de mes frères, leur femme et leurs enfants emménagèrent dans leur nouvelle maison.

C'était une construction typique du style rural cambodgien. Dressée sur des pilotis de deux mètres quatre-vingts, elle était construite en planches. Une longue plate-forme surélevée permettait de poser des nattes et des moustiquaires. A l'arrière, la cuisine était bien aérée.

Mes frères et les chauffeurs poussèrent les véhicules depuis le temple jusqu'en face de la maison : deux camions-citernes vides, une Land Rover, une Jeep et une Mercedes. Les chauffeurs, les employés et leur famille préférèrent rester dans la cour du temple où il y avait plus de place.

Maintenant que la famille était réunie, j'étais presque heureux. La vie a plus de sens lorsqu'elle rassemble le passé et l'avenir, les parents et les enfants. Il y avait aussi des avantages pratiques, mon père avait emporté un énorme stock de nourriture et nous nous sentions, tous ensemble, plus en sécurité.

Mon prestige personnel avait grandi car j'avais réussi à abriter toute la famille. Mon père ne perdait pas la face : il était, littéralement, juché au-dessus de moi. Pourtant je n'étais pas totalement heureux. Huoy me manquait.

Je n'étais pas trop inquiet pour sa vie, les Khmers rouges ne persécutaient pas des femmes comme elle et sa mère. Pourtant d'angoissantes questions m'assaillaient en permanence. Est-elle encore en vie ? Où peut-elle se trouver ? Peut-être a-t-elle pris la nationale 2 et attend-elle à la scierie ? Ou bien a-t-elle été évacuée dans une autre direction ? Ces questions sans réponse me torturaient.

La vie à Wat Kien Svay Krao devenait de moins en moins agréable. Il y faisait très chaud et la plupart des gens mangeaient et dormaient dehors, assaillis par des nuées de mouches.

Les nouvelles de l'extérieur n'étaient pas encourageantes. La radio annonçait que les Nord-Vietnamiens se rapprochaient de Saigon, ce qui aggravait notre isolement. On entendait toujours dans le ciel le bang des avions supersoniques américains. Mais on ne pouvait plus croire que les États-Unis viendraient nous aider alors qu'ils laissaient tomber le Sud-Viêt-nam.

Mon père était très stoïque : « Il faut nous y faire, c'est la fin d'un mode de vie. Maintenant, il n'y aura plus qu'une seule classe sociale, comme en Chine. » Et il se tournait vers moi, d'un air mécontent :

« Tu aurais dû quitter ce pays quand tu en avais la possibilité. Je voulais que tu ailles terminer tes études médicales en France mais tu ne m'as pas écouté.

– Père, lorsque Samrong Yong est tombé, je t'ai conseillé de vendre tes propriétés et de quitter le pays. Tu aurais pu vivre à l'étranger tout à fait confortablement jusqu'à la fin de tes jours. Tu ne m'as pas écouté non plus! »

Mon père et moi n'avions pas tardé à reprendre nos éternelles disputes.

Comme si les chamailleries familiales et l'ennui des longues journées désœuvrées, n'étaient pas suffisants, mon groupe commença à se disloquer. Il était devenu comme une seconde famille pour moi. Srei avait retrouvé sa famille, elle fut la première à partir. Je lui donnai des médicaments, du riz et de l'argent. J'étais bouleversé par son départ, les autres infirmières sanglotaient. Elles avaient travaillé ensemble pendant des années dans le « bonheur ». Tout de suite après, une autre infirmière nous quitta.

Je continuais inlassablement mes recherches, cheminant sur les sentiers poussiéreux entre le village, le temple et la nationale. Je n'avais plus beaucoup d'espoir, le flot des réfugiés avait beaucoup baissé. Ce jour-là, j'allais sans but, mon *krama* à carreaux enroulé autour de la tête, lorsque j'entendis une petite voix familière qui criait : « Chéri! Chéri! Mère, je l'ai retrouvé! »

Comment avait-elle pu me reconnaître? Elle était de l'autre côté de la route, le bras gauche levé maintenant un panier d'osier sur sa tête, un seau d'eau en plastique pendait à sa main droite.

« Mère, mère, je l'ai retrouvé... Mon chéri... Mon chéri... »

Elle portait un pantalon imprimé à fleurs et un vieux tee-shirt vert. Sa mère marchait derrière, un panier sur la tête et un pot de riz à la main. Elles étaient couvertes de poussière et semblaient épuisées. Huoy déposa son panier et courut vers moi. Nous nous sommes embrassés. Longtemps. Elle ne disait plus rien. Je sentais son cœur contre ma poitrine qui battait à tout rompre.

Sa mère s'approcha de nous, les yeux humides, la voix étranglée.

« Nous vous avons cherché partout...

– Moi aussi. Où étiez-vous? Vous allez bien? »

Huoy fit oui de la tête, elle ne pouvait plus parler. Nous nous sommes mis sur le bord de la route. J'embrassai Huoy, encore et encore. Ma s'essuyait les yeux avec son *krama*. Je l'entendais à peine au milieu des sanglots. « ... cherché partout... peur que vous ayez été tué... Vu beaucoup de corps, les mains attachées dans le dos... »

Huoy et moi aurions voulu rester enlacés comme ça pour toujours.

Mais ce n'est pas convenable dans notre pays. Les gens s'attroupaient déjà, étonnés de ces manifestations publiques. Quelqu'un demanda si nous n'étions pas malades. Une autre voix répondit : « Mais non, ils viennent de se retrouver. Quel bonheur ! Moi je suis toujours séparé des miens. »

Je ramassai leurs bagages et nous traversâmes le village jusqu'à la maison. Je grimpai les marches en courant, retirai mes sandales et entrai chez mon père. Il se reposait.

« J'ai retrouvé Huoy ! »

Le visage de ma mère s'éclaira d'un grand sourire. « Préparez un repas ! » ordonna-t-elle aux femmes de la cuisine.

Mon père se leva, le regard plein de gaieté. « Qu'on prépare une fête ! » dit-il en se dirigeant vers la porte.

Huoy attendait au bas des marches.

« Comment allez-vous ? » demanda papa en descendant les escaliers pour aller à sa rencontre.

Huoy avait joint ses deux poignets et les éleva vers son front. Elle avança le pied gauche et fléchit les genoux. Mon père la releva aussitôt dans ses bras.

Mes frères et leur épouse, les infirmières, tous avaient vu Huoy s'agenouiller devant Père. Tous furent touchés de ce geste. Tout le monde pleurait. Ma mère tendit la main vers Ma : « Venez vivre ici avec nous. Vous y serez en sécurité. »

Les serviteurs apportaient en courant de l'eau et de la nourriture. J'étais enfin comblé. Huoy était avec moi. Ma famille l'avait acceptée.

Des médicaments pour Angka

Huoy me raconta ses aventures depuis la prise de Phnom Penh par les Khmers rouges ce funeste 17 avril.

En arrivant au lycée, elle avait découvert qu'il était fermé. Les autres professeurs n'étaient pas là, les grilles étaient closes et les élèves avaient disparu. Des coups de feu retentissaient un peu partout en ville. Elle parvint heureusement à trouver un téléphone et put appeler Sok, mon chauffeur, qui la conduisit à l'appartement. Il était à peu près huit heures et demie et tout le monde savait que la ville allait tomber. Des gens agitaient des mouchoirs blancs aux fenêtres et l'avant-garde khmère rouge pénétrait déjà dans les faubourgs.

Huoy demanda à Sok d'aller chercher sa femme et ses enfants et de les ramener à l'appartement. Tout le monde y serait en sécurité.

Les Khmers rouges donnèrent l'ordre à la population de quitter la ville pendant que Huoy et sa mère attendaient Sok. Au bout de deux heures, il n'était toujours pas revenu. Vers midi, deux guérilleros armés, entrèrent dans la maison, frappant aux portes et forçant les gens à déguerpir. Les deux femmes n'eurent que quelques minutes pour prendre leurs affaires; les deux soldats attendaient dans le couloir en hurlant.

Huoy rafla toute la nourriture disponible dans la cuisine, rassembla les photos qu'elle avait prises de moi et emporta enfin un petit coussin doux avec lequel elle dormait depuis son enfance. Sa mère réunit dans un panier quelques vêtements. Elles sortirent, fermèrent la porte à clé et descendirent dans la rue, accompagnées par les soldats.

Huoy voulait aller chez mes parents mais la foule se dirigeait vers le sud, il était impossible de se frayer un chemin à contre-courant.

Elle était pourtant résolue à me retrouver et décida d'aller à la clinique. Elle était prête ensuite à continuer jusqu'à la scierie et jusqu'à mon village natal s'il le fallait, quitte à montrer ma photo aux passants.

Elle ne réalisa que beaucoup plus tard qu'elle avait oublié tous ses bijoux, son or et ses objets de valeur dans l'appartement.

Huoy parvint péniblement à se rapprocher de la clinique mais, lorsqu'elle voulut couper par une rue transversale, un officier braqua un pistolet sur sa tête. « Tu veux te reposer ici définitivement ? Moi, je vais t'endormir avec ça ! » Huoy, terrorisée, perdit toute détermination.

Les deux pauvres femmes se joignirent au mouvement général, semblables à deux fétus, entraînées par le courant au-dehors de la ville. Elles suivirent le même trajet que moi avec quelques jours de retard.

J'écoutais son histoire en frémissant mais nous étions à nouveau réunis et c'était l'essentiel. Je la regardais, habillée du même pantalon et de la même blouse que le jour de l'évacuation, regrettant qu'elle n'ait pas emporté davantage de vêtements. Mais comment lui en faire le reproche alors qu'elle n'avait pensé qu'à une seule chose : mes photographies.

Huoy et sa mère vinrent habiter dans mon campement sous les pilotis, avec Thoeum et les infirmières. Nous n'avions aucune intimité et je continuais à dormir seul sur mon char à bœufs.

Il y avait tout de même du changement dans nos relations. Nous étions tacitement reconnus comme mari et femme bien qu'il n'y ait pas eu de cérémonie de mariage. Les infirmières la traitaient avec respect et considération et ma famille était très aimable avec elle. Du moins, au début. A présent que j'étais débarrassé de mon principal souci, retrouver mes proches, il était temps d'analyser la situation et d'en tirer le bilan général. Pas très brillant.

Bien sûr, le cas de ma famille n'était pas désespéré si on le comparait à celui de milliers de Cambodgiens séparés, errant sans ressources dans le dénuement le plus complet.

Le bilan était plus sombre si l'on considérait les efforts fournis par mon père pour se tailler une place dans la société, le dur labeur à la scierie, mes longues années d'études.

Nous n'étions pas pour la révolution, nous n'étions pas contre non plus. Aujourd'hui, elle nous avait laminés, sans nous laisser l'espoir de reconstruire une nouvelle société sur les ruines de l'ancienne.

J'avais obtenu mon diplôme de docteur en médecine quelques mois avant la prise du pouvoir. La récompense de sept années de travail. J'avais exercé comme médecin militaire et comme praticien dans une clinique dont j'étais propriétaire. A quoi pouvait bien servir tout cela sous un régime qui avait décidé de supprimer les médecins !

J'étais aussi un homme d'affaires, propriétaire d'une entreprise de distribution d'essence, avec 17 millions de riels en banque, de quoi s'acheter deux camions supplémentaires. Tout cela ne valait plus rien. Les Khmers rouges n'avaient pas de monnaie et je doutais qu'on me laisse récupérer mes économies à la banque. Si elle existait encore.

Chaque jour les haut-parleurs annonçaient que nous allions être envoyés à la campagne.

Nos seuls biens étaient ceux que nous avions emportés, les camions, les voitures et la Jeep. J'avais aussi ma petite Vespa mais tous ces véhicules étaient sans valeur pour le moment. Il n'y avait plus d'essence à acheter ou à échanger...

Tiens, tiens! Échanger, voilà peut-être la solution. Faire du troc! Dans toutes les périodes incertaines, le troc est la clé des échanges économiques... Mais qu'avions-nous à offrir?

Il faudrait de l'or et des bijoux. De l'or, surtout, qui garde, quoi qu'il arrive, une valeur reconnue par tous et partout. Et des médicaments, aussi, pour notre propre usage; ils pouvaient en outre devenir une monnaie d'échange. J'en avais emporté un lot de la clinique, il faudrait s'en procurer d'autres.

Nous avions aussi besoin de vêtements; pas pour faire du troc, mais simplement pour nous vêtir correctement. Je portais toujours le même pantalon et la blouse de femme empruntée à l'hôpital le 17 avril. Huoy n'avait pas de vêtements non plus. Nous ressemblions déjà à des mendiants. Que faire?

Les véhicules garés devant la maison se rapprochaient de jour en jour de ces monuments du passé, immobiles et inutiles. Un passé auquel je ne voulais pas renoncer : on avait eu assez de mal à se les offrir!

Assis sur mon char à bœufs, j'étais arrivé au bout de mes réflexions : d'une façon ou d'une autre, il fallait retourner à Phnom Penh.

Chaque jour, dans le camp, les Khmers rouges se rassemblaient pour réciter une sorte de bréviaire, les douze commandements communistes.

1. Tu aimeras, honoreras et serviras les travailleurs et les paysans.

2. Tu serviras le peuple là où tu iras avec tout ton cœur et toute ton intelligence.

3. Tu respecteras le peuple sans léser ses intérêts, sans toucher à ses biens ni à ses plantations. Tu t'interdiras de voler, même un grain de poivre et tu prendras soin de ne jamais avoir de mots offensants.

4. Tu demanderas pardon au peuple si tu commets une erreur. Si tu lèses le peuple, tu devras réparation.

5. Tu observeras les coutumes du peuple, en parlant, en dormant, en marchant, assis, debout, en t'amusant ou en riant.

6. Tu ne feras rien de sale avec les femmes.

7. Tu ne prendras rien d'autre comme boisson ou comme nourriture que des produits de la révolution.

8. Tu ne joueras jamais d'argent, d'aucune façon.

9. Tu ne toucheras pas à l'argent du peuple ni à un grain de riz ni à un médicament appartenant à l'État.

10. Tu te conduiras avec douceur envers les travailleurs, les paysans et la population. Tu réserveras ta haine, entière et vigilante, à l'ennemi impérialiste américain et à ses vils laquais.

11. Tu participeras à l'effort de production du peuple et tu chériras ton travail.

12. Tu combattras contre l'ennemi et contre les obstacles, avec détermination et courage, sans hésitations et sans repos, prêt à tous les sacrifices, même celui de ta vie, pour le peuple, pour les travailleurs, pour les paysans, pour la révolution et pour Angka.

Après la récitation du matin, les Khmers rouges retournaient à leurs postes de surveillance dans le camp.

C'était toujours le même jeune soldat qui était de garde dans notre secteur. Il dormait dans un hamac suspendu dans une remise derrière la maison et portait une vieille chemise verte de fabrication chinoise, un chapeau de style Mao et un pantalon troué aux fesses. Ses vêtements étaient déchirés et usés aux poignets, aux coudes et au col. Il n'avait pas de stylo dans la poche ce qui indiquait un grade subalterne.

Son apparence misérable n'attiédissait pas sa ferveur révolutionnaire. Plusieurs fois par jour, sans raison, il tirait des coups de feu en l'air en criant des slogans. Ta-ta-ta-ta-ta-!

« Longue vie à notre victoire! A bas les impérialistes américains! Longue vie au Cambodge indépendant, paisible, neutre, non aligné... euh... paix... euh pacifique, souverain... euh... paisible et neutre! »

Il se trompait souvent dans les longs slogans. Il n'était pas très malin et surtout ne comprenait pas la moitié des mots. Au début, ces coups de feu nous rendaient nerveux mais petit à petit nous nous y sommes habitués. Ce garde ne nous voulait pas de mal et son visage tout rond se fendait souvent d'un large sourire. Sous l'uniforme et l'endoctrinement politique, on devinait aisément le petit paysan analphabète.

Je n'ai jamais su son nom, je l'appelais simplement *mit* (camarade), lorsqu'il traînait autour de notre maison, attiré par toutes les jeunes femmes qui s'y trouvaient. Il faut reconnaître qu'il se conduisait correctement avec elles, les soldats khmers respectaient sur ce point leur code de conduite.

Toutefois je recommandai à Huoy et aux infirmières d'être très prudentes. De ne jamais lui adresser la parole les premières et de rien dire qui pourrait lui donner une indication sur ma profession. Je ne voulais pas non plus qu'elles partagent leurs repas avec ce soldat, je lui réservais une portion et nous mangions ensemble, à part. Cette tactique fonctionna parfaitement.

Lorsque le *mit* avait quelque chose à dire, il passait par moi et il n'y avait pas de problèmes. A plusieurs reprises, il nous apporta du porc et des légumes, c'était sa manière de « servir le peuple ». Je veillais à ce qu'il reçoive une portion généreuse des plats cuisinés par les femmes.

Je m'arrangeai pour entrer insidieusement dans ses bonnes grâces. Je lui parlais amicalement en imitant son accent, évitant toujours de lui poser des questions directes. Il devait être originaire de la province de Svay Rieng à la frontière vietnamienne. Plusieurs villages y avaient été rasés par les bombardements.

J'espérais bien que si nous étions déportés à la campagne, il nous suivrait et que je pourrais utiliser ses bonnes dispositions à mon égard.

« Quels sont les projets d'Angka pour la nation ? » lui demandai-je un soir pendant le dîner.

Il sortit sa cuillère, l'essuya sur son pantalon et se servit du riz. Avec son fusil, cette cuillère en acier inoxydable était son bien le plus précieux. Les soldats khmers rouges n'utilisaient pas de fourchettes ni de couteaux pour manger mais appréciaient étrangement ces cuillères américaines, en dépit de leur aversion pour ce pays.

« Il y avait beaucoup trop de gens en ville. Angka va les forcer à devenir paysans. Angka a une nouvelle doctrine pour construire une nouvelle société.

– Qui est Angka, camarade ?

– Je ne sais pas ! »

La question ne le gênait pas, il semblait n'y avoir jamais pensé.

« As-tu vu Angka pendant toutes ces années de combat contre les capitalistes ?

– Non, je ne l'ai jamais vu, mais j'en ai entendu parler tout le temps. »

Et il enfourna dans sa bouche une énorme cuillerée de riz au porc. C'est toute l'information que j'ai pu recueillir sur l'organisation dirigeante des Khmers rouges.

Quelques jours plus tard, le *mit* m'apercevant dans le campement s'approcha. Deux infirmières avaient retrouvé leur famille et s'apprêtaient à nous quitter. Elles faisaient leurs bagages et j'avais sorti les médicaments de leur cachette pour qu'elles prennent leur part.

« Vous avez beaucoup de médicaments ! A quoi ça sert ? »

Les infirmières lui expliquèrent qu'ils pouvaient guérir de nombreuses maladies. Moi, je faisais semblant de ne rien y connaître. Le *mit* s'empara de quelques ampoules en verre – des vitamines d'après ce que je pouvais voir – et demanda à quoi on les utilisait. Je répondis vaguement que ça servait à tout.

Il vint s'asseoir auprès de moi. « As-tu du sérum pour les transfusions ? »

Le sérum était un terme général qu'on utilisait pour parler des injections intraveineuses, glucose, solutions salées, vitamines, plasma... etc.

« On a des tas de produits ici, je ne sais pas...

– Pourrais-tu m'en donner, Angka manque de sérum. Quand nous faisons des transfusions, on utilise du jus de coco.

– Bien sûr que tu peux avoir du sérum. J'en ai beaucoup, mais pas ici. Si tu m'emmènes à Phnom Penh je t'en donnerai autant que tu veux. »

La perplexité se peignit sur son visage !

« Tu es sérieux ?

– Bien sûr, des amis m'ont confié un stock de médicaments. Beaucoup. Je les gardais chez moi. Si j'avais la possibilité d'aller à Phnom Penh, je te les donnerais. »

Le *mit* me quitta en promettant d'y réfléchir. Je me demandai s'il trouverait une solution, de toute façon, ça valait le coup d'essayer.

Je me mis à penser à ce qu'il m'avait dit à propos des transfusions au jus de coco. Cela me faisait penser irrésistiblement à des singes voulant jouer au docteur ! Plus sérieusement j'envisageai cette possibilité sous un angle scientifique, le jus de coco pouvait effectivement être utilisé en cas d'urgence.

Lorsqu'on coupe à la machette une noix de coco fraîche, on trouve à l'intérieur un liquide plus ou moins clair, légèrement sucré. C'est le jus de coco. Un produit sain et naturel, parfaitement stérile – si la lame de la machette n'introduit aucun germe – et rien ne s'oppose à l'utiliser comme substitut de fortune à du glucose. Pour nourrir, par exemple, un blessé affaibli par une opération.

Avec un grand « mais » ! Je ne pouvais pas imaginer les Khmers rouges stérilisant leurs machettes : injecter un produit contaminé dans le sang d'un malade est en général mortel. De plus, la densité de sucre varie d'une noix à l'autre et, depuis l'enfance, j'avais appris qu'à deux mois, les noix ne sont pas mûres, qu'à cinq mois elles sont bien sucrées et qu'à sept mois, le jus commence à s'aigrir et se coagule en filaments blanchâtres.

D'après ce que je savais du respect des Khmers rouges pour les pratiques médicales et pour les médecins, j'étais très perplexe sur l'efficacité de ce sérum végétal.

S'ils recherchaient maintenant du sérum occidental, c'est vraisemblablement parce qu'ils avaient perdu pas mal de blessés après ces transfusions à la noix de coco.

Le lendemain, le *mit* revint et me demanda si j'étais bien sûr de trouver du sérum à Phnom Penh. Je lui confirmai mes affirmations de la veille.

« Mais comment aller le chercher à Phnom Penh ? »

Je répondis en haussant nonchalamment les épaules : « Nous pourrions prendre mon scooter, camarade, mais je n'ai pas d'essence. Il faudrait au moins quatre ou cinq litres. »

En fait j'en avais, mais je l'avais cachée avec la bougie pour pouvoir m'enfuir rapidement avec Huoy en cas de danger grave.

« Nous irons en ville demain ! dit-il d'un ton neutre et il partit rendre compte à ses supérieurs. Je nettoyai et revissai la bougie, j'inspectai complètement la Vespa : tout était en ordre.

Au petit matin, le *mit* arriva accompagné d'un officier. Il était habillé d'un uniforme de fabrication chinoise, déchiré mais raccommodé, portait un ceinturon avec un pistolet automatique et un *krama* à carreaux bleus et blancs noué autour du cou. Un stylo accroché en évidence sur sa poche poitrine indiquait son grade. Pour le reste, « Un-stylo » avait une physionomie plutôt sympathique.

Ils avaient apporté dix litres d'essence, deux fois plus que ce dont j'avais besoin. Je ne fis aucun commentaire et versai le précieux carburant dans le réservoir. Le moteur démarra du premier coup.

Pour la première fois depuis l'exode, je n'allais pas être obligé de pousser cette sacrée machine. Toute la famille et les infirmières me regardaient de loin, Huoy me lança un regard suppliant. Je lui fis un clin d'œil pour la rassurer. Je nouai mon *krama* comme celui d'« Un-stylo » pour ressembler à un Khmer rouge et enfourchai la Vespa. L'officier s'installa au milieu et le *mit* derrière. Tous les trois bien serrés sur la selle. Je mis les gaz.

Le scooter cahotait sur les nids-de-poule, soulevant une poussière infernale. J'accélérai en arrivant sur la nationale, mon *krama* claquait au vent comme un drapeau ! Quelques piétons marchaient sur le bord de la route, les abords étaient encombrés de campements de fortune.

Un convoi de camions se rapprocha, chargé de butins pour le Viêt-nam et nous doubla sans incident. En une demi-heure, j'avais parcouru la distance qu'il nous avait fallu couvrir, à pied, en plusieurs jours.

Les Khmers rouges avaient installé un contrôle avant le pont

Monivong, une tente dressée dans un nid de mitrailleuses, entourée de sacs de sable et de chevaux de frise.

Je m'arrêtai et coupai le contact. « Un-stylo » descendit et rentra sous la tente. Il ressortit presque immédiatement.

« Ils ont accepté le laissez-passer, camarade ?

– Pas de problèmes. Tant que tu es avec moi, tu n'auras jamais d'ennuis. »

Nous sommes repartis entre les chicanes de fil de fer barbelé; il y avait des mitrailleuses en batterie couvrant les deux rives du fleuve, d'autres barrages et d'autres contrôles sur la route. Nous sommes enfin arrivés à Phnom Penh.

Sur le boulevard Norodom où habitaient jadis les familles les plus riches, des soldats se prélassaient au balcon des maisons. D'autres se promenaient dans les rues, au milieu d'un amoncellement d'ordures, de poubelles, de livres moisis, de bouteilles cassées, de vêtements déchirés, de débris de meubles... Des motos renversées avaient été abandonnées le réservoir à sec, des carcasses de voitures incendiées, des camions, pneus crevés et pare-brise cassé, rouillaient sur place.

Je voulais me concentrer sur ma mission mais le spectacle de ce quartier abandonné et en ruine me souleva le cœur. Malgré sa corruption Phnom Penh avait été une très jolie ville, elle était maintenant abandonnée aux mouches! Devant l'ancienne résidence de Lon Nol, les soldats avaient installé un contrôle, je ralentis et manœuvrai entre les chicanes de fil de fer barbelé.

Le *mit* se contenta de crier gaiement à la sentinelle : « Salut camarade! » Mais le garde tira un coup de feu en l'air en nous ordonnant de stopper.

Je freinai immédiatement. Le soldat s'approcha de nous. Je gardais la tête baissée, les mains sur le guidon et je serrais les fesses.

« A quelle unité appartenez-vous ? » me demanda-t-il.

C'est « Un-stylo » qui répondit : « A la 207e! » « Ah bon! Eh bien la prochaine fois, ne m'interpelle pas comme ça. Cette zone est sous mon contrôle et je ne veux pas y entendre de cris de la 207e ou d'une autre compagnie! Tu as compris ? »

Le *mit* s'excusa. Je respirai un bon coup et repartis. J'entendais derrière moi « Un-stylo » râler et jurer contre la stupidité et l'arriération mentale des unités occupant Phnom Penh!

Il m'ordonna de tourner dans une rue : une demi-douzaine de civils poussaient une vieille voiture devant les bâtiments abandonnés de l'ambassade américaine. Il sauta de la machine et se précipita vers le petit groupe qu'il se mit à injurier.

« Vous n'avez rien à faire ici! Vous devez quitter la ville immédiatement et aller à la campagne... » Et ainsi de suite. Lorsqu'il eut terminé de déverser sa colère sur ces innocents, il remonta sur la Vespa.

« C'est bon! Maintenant, fais-moi visiter la ville! »

J'entamai donc une hallucinante visite guidée du Phnom Penh, ville fantôme. Le bruit du moteur résonnait dans les rues désertes, répercuté par les façades mortes sous le bourdonnement d'une mouche prise au piège sous une cloche de verre. Il n'y avait vraiment plus personne, à part, de temps à autre, un Khmer rouge marchant silencieusement avec ses sandales en caoutchouc.

Je descendis le boulevard Norodom, passant devant le palais royal et le vieux stade. En arrivant devant l'ambassade de France, je remarquai quelque chose d'inhabituel : la cour et les jardins étaient remplis de monde, pour la plupart des Occidentaux. Malheureusement, il y avait des gardes à l'extérieur, et je n'ai pas osé m'arrêter pour demander ce qui se passait.

Je passai ensuite devant l'École de médecine et le Marché central puis j'empruntai le boulevard Charles-de-Gaulle. Nous étions arrivés devant la maison d'Huoy.

Je coupai le moteur, le silence nous enveloppa comme un linceul. Le petit café où nous prenions souvent nos repas avec Huoy était fermé, les tables et les chaises bien rangés.

J'ouvris la porte et j'invitai les autres à me suivre. Je n'étais pas très rassuré et en montant les escaliers, nous parlions bas, impressionnés par cette paix glaciale. Au moment où j'arrivais au troisième, un craquement me fit sursauter.

La porte, en face de celle d'Huoy, s'entrouvit sur le visage tout ridé d'une petite vieille. Je la connaissais, c'était la mère d'un pilote des lignes commerciales cambodgiennes.

En voyant que je n'étais pas seul, elle referma brusquement sa porte. Elle devait se cacher là depuis le début des événements.

Les Khmers rouges entendirent le grincement, mais ne cherchèrent pas plus loin, ils étaient probablement aussi impressionnés que moi.

J'ouvris l'appartement de Huoy, leur fis visiter et m'arrêtai devant un placard : « Les médicaments sont là-dedans. Je vais vous donner quelque chose pour les transporter. »

J'agis alors dans un état second, sachant parfaitement et lucidement ce que je voulais faire. Je rapportai un sac de voyage pour eux et un gros sac de camping pour moi. Pendant qu'ils inspectaient attentivement les étiquettes des bouteilles écrites en français, je glissai la main au fond d'une étagère. Je sentis sous mes doigts un paquet entouré de tissu, c'était lourd : l'or et les bijoux de Huoy!

« Sais-tu ce qu'il y a dans ces bouteilles? » demanda « Un-stylo ».

« Je n'en suis pas vraiment sûr, camarade. On devrait tout emporter et vérifier plus tard. »

Je saisis le paquet de tissu noir, l'enveloppai discrètement dans un chemisier d'Huoy, et le glissai au fond du sac. Ensuite, tout en parlant avec les deux hommes pour distraire leur attention, je pris son coffret à bijoux et j'enfournai dans le sac autant de vêtements que je pus. Ça ne m'avait pas pris plus d'une minute.

Ils n'y avaient vu que du feu, et continuaient à ranger soigneusement les flacons et les médicaments dans leur sac. Au moment de partir, je raflai une boîte de biscuits sur la table de la cuisine et la leur offris. Ils voulaient savoir ce que c'était : j'expliquai la fabrication des gâteaux occidentaux. Ils avaient peur que ce ne soit empoisonné : j'en mangeai un devant eux.

Enfin, ils en prirent un chacun et se mirent à grignoter. Leur visage s'éclaira aussitôt de satisfaction. Je pense qu'ils n'avaient jamais goûté de sucreries auparavant.

La tournée n'était pas terminée. Je repris la Vespa, direction mon appartement de célibataire. Pendant le trajet, je répétais mentalement ce que je devais faire. En rentrant chez moi, je me dirigeai tout de suite vers l'armoire à médicaments et fis disparaître une bague en or posée dessus.

Je commençai à sortir les produits pharmaceutiques, conseillant aux Khmers rouges de les emporter tous.

Pendant qu'ils étaient à nouveau absorbés par cette tâche, j'ouvris les tiroirs de ma commode. Dans celui du haut, je pris plusieurs boîtes de bétel remarquablement sculptées d'animaux sauvages, de tigres, d'éléphants, de crocodiles... Elles pourraient servir de troc.

Dans l'autre tiroir, il y avait une enveloppe contenant 2 600 dollars américains. Dans ma poche ! J'ouvris les autres tiroirs et entassai des vêtements, me gardant bien de leur laisser voir mes uniformes.

« Un-stylo » avait trouvé un panier à sonde avec des flacons à l'intérieur, il me demanda si c'était du sérum. Je répondis que nous le saurions au camp. Il n'y avait presque plus de place dans leur sac. Je pris une serviette-éponge et fis une sélection des médicaments d'urgence : antibiotiques pour les infections, chloroquine pour la malaria, produits antidiarrhéiques, pilules contre la dysenterie, vitamines, mercurochrome, des seringues et de la Xilocaïne contre la douleur. Je fis un paquet avec la serviette.

« Un-stylo » tentait toujours de déchiffrer les étiquettes, essayant de deviner l'effet des pilules selon leur taille ou leur couleur. Le *mit*, lui, avait abandonné !

« Avez-vous de l'eau ici ? demanda-t-il.

– Oui, camarade, sers-toi, dis-je distraitement. »

J'aidais « Un-stylo » à terminer ses paquets quand nous parvint de la salle de bains un grand bruit d'eau et les jurons du *mit*.

Il était complètement trempé! En voulant boire, il avait ouvert les robinets de la douche. Je lui montrai le lavabo, mais il refusa de s'en approcher, là aussi, il y avait des robinets. Il repéra l'eau de la cuvette des WC et se pencha pour boire en la recueillant au creux de sa main.

« Ça a le même goût que l'eau du puits! »

Il se releva en se léchant les babines. Je dus me forcer pour ne pas éclater de rire. J'étais partagé entre l'hilarité et la consternation en réalisant que ce pauvre garçon ne savait pas à quoi servent les toilettes.

Il était temps de partir. Je planquai ma serviette-éponge dans la sacoche de la Vespa et je posai mon sac entre mes pieds. Mes passagers s'installèrent et je démarrai, accompagné par l'écho sourd du moteur dans les rues vides.

Nous sommes passés devant le lycée Tuol Svay Prey désert; des herbes poussaient dans la cour de récréation. Quelques mois plus tard, ce nom deviendra synonyme d'horreur, lorsque les Khmers rouges y installeront la prison des forces de sécurité. Baptisé S-21 ou Tuol Sleng, ce camp symbolisera les atrocités des Khmers rouges.

Nous avons continué notre chemin par le boulevard Monivong, passant devant la faculté de droit transformée en caserne. Des soldats prenaient leur repas autour d'un petit feu sur la chaussée. Ils nous arrêtèrent. « Un-stylo » dit simplement : « Médicaments pour Angka! » Des camions américains récupérés par les Khmers rouges entraient dans la fac de droit remplie de soldats qui saluaient leurs camarades en criant des slogans : « Longue vie à notre splendide victoire sur les impérialistes! Longue vie à la Révolution du Kampuchéa! » Je remarquai que le *mit* ne se joignait pas à leurs exclamations alors qu'il criait les mêmes slogans à Wat Kien Svay Krao. Il devait y avoir du tirage entre leurs unités.

Nous arrivions sur la nationale 1. Après toute cette tension, je ressentis une sorte d'euphorie : j'avais réussi mon coup!

Huoy et moi avions des vêtements neufs, j'avais récupéré de l'or, des bijoux, des médicaments et de l'argent. De quoi faire du commerce et du troc.

En outre, j'étais parvenu à manipuler les Khmers rouges : une petite vengeance qui m'avait rapporté gros!

Retour au village

Thoeum et les quatre infirmières qui restaient me demandèrent la permission de retourner dans leur village. Pour eux, j'étais toujours « *luk* docteur », la révolution n'avait pas encore ressuscité leur libre arbitre ! Je n'avais aucune raison de refuser, la guerre était terminée, la paix régnait : il était naturel qu'ils veuillent retrouver leur famille.

Thoeum partit le premier. Je le regardai s'éloigner, sa tête agitée de tics, poussant la moto sur la berge. Il disparut dans la foule qui s'était agglutinée autour d'un gros bateau battant pavillon rouge, amarré sur le Mékong.

Les infirmières partirent à pied, leur gros balluchon sur la tête. J'étais triste mais pas trop inquiet : les Khmers rouges ne violaient pas les femmes, ils ne les dévalisaient pas non plus. Quant aux autres, ils avaient une telle frousse du nouveau régime que la criminalité avait pratiquement disparu.

Les filles comptaient rejoindre leur province d'origine en empruntant un itinéraire assez compliqué. Comme beaucoup de réfugiés avaient pris la même décision, Wat Kien Svay Krao se vidait peu à peu.

Il était temps d'en faire autant. Nous avions de l'or et des médicaments, rien ne nous obligeait à rester. Autant choisir une destination avant qu'on ne nous l'impose ! Huoy, sa mère et moi avions décidé de nous rendre à Kampot, la province de la famille Chang, le long du golfe de Siam. Un des cousins de Huoy y faisait du cabotage avant la révolution. Jusqu'en Thaïlande. Je pensais qu'il pourrait nous emmener sur son bateau dans ce pays ami, de religion bouddhiste. La Thaïlande, soutenue par les États-Unis n'était pas tombée aux mains des communistes comme le Sud-Viêt-nam, le Cambodge et le Laos.

Mon père lui, avait un autre projet. Il voulait que toute la famille retourne à la scierie, pensant que les Khmers rouges auraient besoin de l'ancien propriétaire pour la remettre en marche. Sinon, il comptait poursuivre jusqu'à Tonle Bati, son village natal, une région plus favorable à l'agriculture que Samrong Yong.

Ce plan ne me plaisait pas. Que nous allions à la scierie ou à Tonle Bati, nous restions sous le joug des Khmers rouges. J'acceptai néanmoins un compromis : j'irais avec lui jusqu'à la scierie – c'était dans la bonne direction – et j'aviserais sur place.

En réalité, je n'avais pas très envie de rester en famille. Leurs bonnes dispositions envers Huoy s'étaient dégradées sous l'influence pernicieuse de ma belle-sœur Nay Chhnun. Elle profitait du fait que nous ne soyons pas officiellement mariés pour persécuter Huoy et l'incertitude dans laquelle nous vivions tous faisait le reste.

Il valait mieux s'en aller rapidement.

Ce départ prenait les allures d'une expédition. Nous étions en tout une trentaine de personnes : tout le clan Ngor, les deux femmes Chang, les domestiques et les chauffeurs avec leur famille. Le convoi était composé des deux camions, de deux voitures tout terrain, de la Mercedes et de mon scooter attelé à une remorque.

Pour économiser l'essence, nous poussions les véhicules à la main. Tant que nous roulions sur la nationale ce n'était pas trop pénible. Dès que nous avons bifurqué sur un chemin transversal, les véhicules s'enlisèrent. On dut mettre les moteurs en marche pour se désensabler puis continuer à pousser lorsque le terrain devint plus ferme.

C'était un vrai calvaire, dans cette atmosphère de fournaise lourde, poisseuse et humide qui précède la saison des pluies. La tête baissée, je poussais la Vespa par le guidon, Huoy aidait, arc-boutée derrière la remorque. Nous avancions lentement, passant devant des maisons soufflées par les bombes et des palmiers décapités.

Nous avons mis trois jours pour arriver au fleuve Bassac. Une des sœurs de mon père habitait là. Le toit et le premier étage de sa maison avaient été détruits par un obus et elle vivait au rez-de-chaussée sous une tente dressée entre les piliers de béton. Elle nous accueillit avec gentillesse et prépara le meilleur repas possible, compte tenu des circonstances, à base de poisson frais du fleuve et de fruits de la forêt.

Nous devions trouver le moyen de franchir le fleuve.

Pheng Huor, qui était parti en reconnaissance sur une bicyclette, dénicha quatre pirogues. Leurs propriétaires n'acceptaient pas les billets de Lon Nol; ils voulaient du riz et utilisaient comme mesure des boîtes vides de lait en poudre Nestlé.

Le prix fut fixé à quinze boîtes par voyage. C'était la première fois que je voyais utiliser le riz comme de la monnaie. C'était logique, tout le monde en avait besoin et c'était un moyen d'échange parfait.

Les pirogues étaient trop légères pour transporter les camions de l'autre côté. Papa décida de laisser tous les véhicules chez sa sœur, sauf la Jeep. Ils nous encombraient plus qu'autre chose. Il en profita pour renvoyer les chauffeurs et leur famille, leur donna de l'argent et de la nourriture et leur fit ses adieux.

L'expédition prenait des allures de déroute, on avait installé la Jeep, les quatre roues sur des pirogues différentes, les piroguiers poussaient avec leur perche. Les Ngor et les Chang transportaient les bagages, la nourriture et le reste d'essence sur le dos. Moi, je maintenais ma Vespa en équilibre précaire.

Lorsque nous avons abordé l'autre rive et installé le campement, tout le monde était fatigué et de mauvaise humeur.

La fille de Pheng Huor renversa maladroitement un des pots de riz dans le feu. Agacé, je lui donnai une tape derrière la tête. Nay Chhun, sa mère, se mit en colère et secoua son doigt sous mon nez – ce qui, chez nous, est un geste menaçant – en hurlant : « Je t'interdis de toucher à ma fille! Ne recommence plus sinon... » Je lui répondis sur le même ton que ses enfants étaient mal élevés et qu'ils avaient bien besoin d'une correction! Nous nous sommes sérieusement engueulés. Si bien que les cris ne tardèrent pas à attirer un soldat khmer rouge. « Silence! Angka n'autorise pas les disputes! Si vous ne cessez pas, je vous emmène à Angka Leu! »

Je n'avais jamais entendu parler de Angka Leu, ce qui voulait dire textuellement « Organisation supérieure ». Le soldat en parlait comme d'une menace sérieuse. Nay Chhun battit en retraite en me jetant des regards assassins.

Lorsque je fus calmé, Huoy me demanda de ne plus gronder les enfants de mon frère même s'ils en avaient besoin. « Sans connaître Angka Leu, il vaut mieux l'éviter! »

Nous n'avons jamais pu atteindre la scierie. Le pont pour y parvenir était occupé par des soldats. Mon père avait beau expliquer qu'il voulait remettre en marche son entreprise pour aider le nouveau régime, les Khmers rouges ne l'écoutaient même pas.

Moi, j'avais déjà décidé de quitter la famille. Je ne pouvais plus supporter de vivre en permanence avec eux. Même si j'avais mûri, je restais toujours un garçon querelleur et au sang chaud. Mon instinct me dictait de m'éloigner de ma famille comme il me poussait à fuir les Khmers rouges. Je devais vivre selon mes propres règles.

J'allai voir mon père, assis à côté du barrage, la mine sombre et lui annonçai mon intention. Il m'autorisa à partir de mauvaise grâce.

Une heure après, Huoy, sa mère et moi prenions la nationale 2. Nous marchions d'un bon pas lorsque trois soldats nous arrêtèrent. C'étaient des enfants d'une dizaine d'années, armés de fusils. Ils fouillèrent les bagages, entassés dans la remorque. J'avais bien caché les médicaments dans un sac de riz, mais ils ont facilement découvert mon appareil photo, des instruments chirurgicaux et mes livres de médecine dont je ne me séparais jamais.

Un des enfants-soldats ouvrit l'un de ces livres, écrit en français. Il s'exclama d'une voix pointue : « Tu es de la CIA! »

Je mis une seconde avant de comprendre. Puisque j'avais des livres écrits dans une langue étrangère, je travaillais pour l'étranger, donc j'étais membre de la CIA!

« Hein? Qu'est-ce que c'est la CIA, camarade, je n'en ai jamais entendu parler?

– Où as-tu trouvé ces livres? Et ça! A quoi ça sert? Il tenait un spéculum et des pinces chirurgicales.

– Je ne sais pas, je les ai trouvés dans la rue. Les gens jettent n'importe quoi... Les livres aussi. Je ne sais pas lire, je les ai pris pour envelopper mes affaires avec le papier. Vous pouvez les prendre, si vous voulez.

– Ouais, c'est une bonne idée, on peut utiliser le papier pour rouler des cigarettes. »

Ce qu'il fit sur-le-champ en déchirant une page de mon livre de pharmacologie. Il la plia en quatre, mit du tabac et roula une cigarette qu'il alluma avec un briquet en or.

Un autre prit mes livres d'anatomie-pathologie et une poignée d'instruments médicaux en disant : « Angka a besoin de cela aussi! »

Ils nous laissèrent repartir s'intéressant déjà aux réfugiés suivants. Il y avait d'autres contrôles sur le chemin, chaque fois les Khmers rouges nous disaient de quitter la route, de nous installer à côté et de commencer à cultiver les champs. Heureusement, je connaissais bien tous les noms des villages de cette région et à chaque contrôle je m'arrangeais pour convaincre les soldats que j'allais justement au prochain village.

Nous sommes arrivés à Samrong Yong l'après-midi suivant. Au nord du village, quelques maisons étaient encore debout, mais aucune n'était intacte. Le marché avait complètement disparu, l'herbe avait poussé entre les bancs cassés et brûlés. Le vieux blockhaus français était rasé, les arbres coupés ou arrachés. Tous mes repères avaient disparu, je ne savais même plus où se trouvait la maison de mon enfance. Je la retrouvai enfin. Mais dans quel état! Les plaques de béton des murs s'étaient effondrées à plat les unes sur les autres, comme des cartes à jouer. La végétation avait envahi le jardin. De l'herbe et des arbustes poussaient entre les fissures.

Cette nuit-là, nous avons campé dans les ruines. Il n'y avait plus personne aux alentours, le village était aussi désert que s'il avait été abandonné depuis des années. Un jeune soldat khmer rouge s'assit au carrefour, son fusil entre les jambes.

Les Cambodgiens, même ceux qui ont émigré en ville, gardent toujours un fort attachement pour leur village natal. Samrong Yong, c'était chez moi. J'étais bouleversé de le voir anéanti, comme si on avait détruit un morceau de moi-même. J'essayais de refouler mes émotions pour ne pas peiner Huoy et sa mère mais elles savaient ce que j'endurais.

De Samrong Yong, nous avons continué jusqu'à Chambak. Il n'en restait que quelques escaliers dressés dans le vide.

C'est alors que nous fûmes arrêtés par un barrage tenu par de jeunes Khmers rouges aux pieds nus. Pour la première fois, on me demanda ma profession. Je répondis sans hésiter : chauffeur de taxi. Ils demandèrent à Huoy si elle avait travaillé pour le gouvernement. Je la sentis perdre pied. Je répondis à sa place qu'elle vendait des légumes au marché et que sa mère s'occupait de notre bébé. Huoy confirma d'une petite voix tremblotante.

Les soldats fouillèrent la remorque. J'avais caché le reste de mes instruments médicaux sous l'essieu, mais ils trouvèrent d'autres livres.

« Plus de livres capitalistes, maintenant! Les livres étrangers sont des instruments de l'ancien régime qui a trahi le pays. Pourquoi as-tu des livres, tu es de la CIA? Plus de livres étrangers sous Angka! »

Ils les jetaient dans la poussière, les piétinant de rage. Je racontai ma petite histoire mais ils ne m'écoutaient pas.

« Angka ne veut plus de déplacements sur les routes. Quel que soit le village où vous voulez aller, ce sera pareil qu'ici! Ils sont tous détruits! Vous devez vous arrêter là et vous mettre au travail!

– Je vous en prie, nous avons un nouveau-né. Ma sœur l'a emmené à Kampot, il faut qu'on le retrouve! Je t'en supplie camarade, le bébé n'a plus de lait, il a besoin de sa mère!

– Angka a parlé et ne parle qu'une fois! Plus de voyages! Non c'est non! »

Nous nous sommes assis tristement sur le bord de la route. Les soldats contrôlaient d'autres familles, confisquaient leurs biens, les questionnaient, pleins de soupçons sur leurs origines.

J'étais déprimé, je connaissais bien cette mentalité d'Asiatiques analphabètes, serviles avec leurs supérieurs, arrogants avec ceux qui sont sous leurs ordres. Pour eux, écouter simplement, c'est perdre la face.

On nous envoya sous la surveillance de deux soldats sur une route transversale poussiéreuse qui se transforma en un sentier sinueux et sablonneux. J'avais de plus en plus de mal à pousser la Vespa et la remorque dans le sable.

Je sentis soudain que Huoy me donnait un coup de main. Je me retournai et vis son visage tiré et couvert de sueur. Ses yeux hagards m'inquiétaient. Elle était sur le point de s'effondrer.

« Laisse-moi pousser tout seul, Huoy!

– Non, je veux t'aider!

– Je suis capable de le faire tout seul. Arrête-toi! »

Elle céda et rejoignit sa mère sur le bord du chemin, marchant la tête basse. Les soldats nous conduisirent dans un petit village à la lisière de la jungle. Les maisons sur pilotis n'avaient pas été endommagées par la guerre. Ses habitants étaient en effet des *moultan chab* – les anciens ou vieux compagnons de route –, c'est-à-dire la population qui avait aidé les Khmers rouges pendant la guerre civile. Ils bénéficiaient d'une place particulière dans la société révolutionnaire entre les Khmers rouges eux-mêmes et les *moultan thmai* – les nouveaux – qui comme Huoy et moi étions tout au bas de l'échelle. Ce statut intermédiaire leur avait permis de rester chez eux et d'échapper à l'exode.

Ils montrèrent leur hospitalité dans la tradition cambodgienne, nous offrant des gâteaux de sucre de palme en écoutant avec sympathie l'histoire de notre bébé à Kampot. Ils n'avaient malheureusement pas le pouvoir de nous laisser repartir.

Au matin, les Khmers rouges ordonnèrent à tous les « nouveaux » de se mettre au travail. Huoy et moi avons laissé Ma dans le campement installé entre les pilotis d'une maison et avons suivi nos gardiens. Le chantier était au pied d'une montagne, Phnom Chiso, à une heure de marche. C'était une carrière que je connaissais bien pour y être allé souvent chercher des pierres avec mon père.

Un contremaître nous distribua des marteaux et nous conduisit devant un tas de gros cailloux qu'il fallait réduire en gravillons pour remettre en état une foie ferrée. Des éclats volaient dans tous les sens, je dis à Huoy d'enrouler son *krama* autour du visage et je fis de même; mes lunettes me protégeaient les yeux. Je découvris rapidement qu'il fallait frapper les pierres dans un certain sens pour les faire éclater plus facilement. J'enseignai le truc à Huoy. Malgré tout, marteler pendant des heures en évitant de se taper sur les doigts, au milieu des éclats, à flanc de montagne sous un soleil de plomb, c'était vraiment un travail de forçat.

Au début de l'après-midi, on nous donna notre premier repas : un bol de bouillie de riz salé. Sans viande ni légumes. « Angka est pauvre, vous devez vous sacrifier pour la nation », expliqua le contremaître. « Il faut reconstruire le pays que nous venons d'arracher aux mains des oppresseurs capitalistes. »

Je regardais mes mains, mes mains capitalistes. Elles étaient couvertes d'ampoules. Celles de Huoy étaient encore pires ! Ses petites mains de professeur n'avaient jamais tenu un instrument plus lourd qu'un morceau de craie. Toute la matinée, les larmes avaient coulé de ses yeux sans qu'elle puisse les retenir. Ce n'était ni la douleur, ni la rigueur du travail mais tout simplement, parce que l'univers s'était écroulé autour de cette femme douce, timide et maternelle dont la seule ambition était d'avoir des enfants et de s'occuper de son foyer.

Nous avons repris le travail à la fin de ce maigre repas. Une fois que nous avions rempli un panier de gravier, je le transportais sur ma tête jusqu'au camion garé à l'entrée du chantier.

Je me rappelais, enfant, avoir attendu à l'ombre dans le camion de mon père, pendant que des hommes brisaient les pierres et nous apportaient les paniers. Je considérais alors ce travail comme tout à fait normal. Maintenant que j'étais à leur place, je me souvenais d'eux avec respect : c'est dur de casser des cailloux pour gagner sa vie.

Nous sommes rentrés au village à la tombée de la nuit. Le dîner était un peu plus consistant : un bol de riz, de la soupe de légumes et du poisson, mais pas en quantité suffisante pour récupérer notre force de travail.

Alors que nous soignions nos mains, croyant la journée terminée, un soldat s'approcha : « Angka vous invite à un *bonn* ! »

C'est le mot qui désignait une cérémonie religieuse dans un temple. Je demandai donc au soldat de me laisser le temps de me laver, de me changer et de préparer une offrande pour les moines. Il refusa nous pressant de venir comme nous étions.

A contrecœur, nous le suivîmes dans la forêt jusqu'à une clairière où nous attendait une *mit neary*. La camarade femme n'avait pas plus de dix-huit ans et nous emmena encore plus loin dans une autre clairière où attendait une vingtaine de « nouveaux ». Nous nous sommes assis devant un bosquet de bambous.

Comme ses sœurs, la *mit neary* faisait tout pour cacher sa féminité. Elle n'avait qu'une ambition, être conforme à l'image imposée par Angka et lui obéir avec zèle.

La tunique boutonnée jusqu'au cou, les cheveux coupés courts avec une raie au milieu et les oreilles bien dégagées, elle avait sur le visage, comme ses camarades, une expression d'insondable mépris pour les « nouveaux » assis en face d'elle.

Elle prit la parole d'une voix dure, sans un mot de salutation : « Angka a gagné la guerre ! Certainement pas en négociant ni en faisant le *sompeab* – elles mimaient de petits saluts ironiques – devant Lon Nol ou devant les capitalistes. Nous avons gagné en combattant! Au début, nous étions les mains vides. Nous n'avions ni fusils ni munitions. Mais nous avions des frondes, des arcs, des flèches, des arbalètes, des couteaux et des haches. Nous avons pris nos faux, nos pioches et nos bâtons et nous avons combattu les capitalistes jusqu'à la victoire. Nous n'avions pas peur, ni des Américains, ni des grandes puissances! »

Qu'est-ce qu'elle raconte? pensais-je en l'écoutant. Ils avaient des AK-47 et des armes lourdes achetés à des généraux de Lon Nol corrompus!

La *mit neary* continua, levant les poings en hurlant : « Nous étions comme des fourmis attaquant un éléphant! Le gouvernement américain regardait cette fourmi de haut en se moquant d'elle! Mais le gros éléphant est tombé, tué par la morsure mortelle de la fourmi! Nous n'avons pas peur de l'éléphant ni de personne! »

Un moustique volait près de mon oreille. Je l'écrasai contre ma joue. Jamais je n'avais entendu une histoire aussi ridicule que celle de l'éléphant mordu par une fourmi! « Nous avons gagné la révolution, mais la guerre continue! Nous sommes maintenant dans une nouvelle phase de combat. Je vous préviens que ce ne sera pas facile! Nous devons lutter contre tous les obstacles. Si Angka ordonne de briser les rochers : nous briserons les rochers! Si Angka veut qu'on creuse des canaux : vous creuserez ces canaux! Si Angka dit qu'il faut labourer : vous devrez labourer! Lutter contre les éléments, réduire les obstacles en poussière, c'est la seule façon de libérer le pays et le peuple! »

Je me demandais à quelle heure la cérémonie religieuse était prévue. On avait bien été invité à un *bonn*!

« Ne pensez plus au passé, ne pensez plus à vos maisons, aux grosses voitures, à manger des nouilles, à regarder la télévision ou à donner des ordres aux domestiques! Cette époque est révolue. Les capitalistes ont ruiné le pays, notre économie est détruite; il vous faut la reconstruire! Vous devez avoir une attitude révolutionnaire et garder votre esprit fixé sur les principes qui nous guident et que l'on nomme les " Trois Montagnes ". Premièrement : gagner l'indépendance et la souveraineté. Deuxièmement : avoir confiance en nos propres forces. Troisièmement : prendre notre destin entre nos mains. Voilà les trois montagnes que vous devez gravir! »

Il faisait maintenant tout à fait nuit. Les moustiques attaquaient en force. Je me frottais continuellement les chevilles, les bras et le cou pour tenter de me protéger. La *mit neary* avait embrayé sur le développement de l'économie qui allait, bien sûr, entraîner de gros sacrifices.

Ce fut une longue soirée. En rentrant vers minuit au village, je ne trouvais plus d'eau pour me nettoyer. Je me sentais crasseux!

« Chérie, nous venons de faire le premier pas en enfer... »

Pendant plusieurs jours, Huoy et moi avons continué à casser des rochers et à subir, le soir, les fameux *bonn*. Je commençais à élaborer un plan d'évasion en apprivoisant le seul chien du village et en cachant une longue perche de bambou derrière la maison... Lorsque, le cinquième jour, le contremaître décida d'envoyer Ma à la carrière, je décidai de passer à l'acte. La mère de Huoy n'était pas assez forte pour travailler, de plus elle ne pourrait plus rester au campement et garder nos affaires. Si quelqu'un en profitait pour fouiller les bagages, on découvrirait mon passé.

La nuit suivante, pendant que tout le monde dormait, nous avons fabriqué deux gros balluchons que j'ai attachés aux extrémités de la perche. Les femmes porteraient le reste des affaires : j'étais contraint d'abandonner la Vespa et la remorque.

Nous nous sommes glissés hors de la maison en silence et pendant qu'elles partaient en avant, je calmai les grognements du chien. Puis, je chargeai mon fardeau sur les épaules et filai dans la bonne direction. Personne.

« Chérie! Ma, où êtes-vous? » Je ne pouvais pas crier. Elles s'étaient trompées de chemin. Je les retrouvai enfin et l'un derrière l'autre, nous prîmes le sentier qui menait à la lisière de la forêt. La pleine lune éclairait les rizières et les champs comme en plein jour. Au loin, les phares des voitures défilaient sur la nationale 2, nous avons coupé à travers la campagne. Un village nous obligea à faire un long détour et les aboiements des chiens accompagnaient notre fuite.

Les muscles de mes épaules étaient enflés et tuméfiés par le poids de la perche; en arrivant à proximité de la route je tombai dans l'herbe à bout de souffle.

Je me sentais pourtant plein de courage. Je savais où nous étions, où étaient installés les barrages et malgré notre fatigue j'avais confiance. Les femmes ne se plaignaient pas, au contraire, elles étaient pleines d'attentions pour moi. Ma, enroula un tissu autour du bambou pour soulager mes épaules et nous sommes repartis.

Nous avons traversé Chambak puis les ruines de Samrong Yong pour, à l'aube, nous cacher dans un temple à demi écroulé à la sortie du village. Mes épaules étaient dans un triste état. Huoy me fit des compresses et je rechargeai mes balluchons. Je devais m'arrêter tous les cent mètres pour souffler un peu et changer la position de la perche.

Nous avons marché ainsi à travers champs et forêts empruntant des chemins déserts pendant toute une journée et toute une nuit.

Nous sommes arrivés à Tonle Bati au petit matin.

La première personne que je vis à l'entrée du village était mon père. Nous n'étions partis que depuis une semaine et nos aventures auraient déjà pu remplir une vie.

Le crocodile hors de son marais

Tonle Bati est construite sur les rives d'un lac étroit et tout en longueur. Cette ville est célèbre dans le pays pour son *wat* (temple), une merveille architecturale érigée au centre d'un étang couvert de fleurs de lotus où nagent des poissons rouges. On accède au portail monumental par un grand escalier de pierre que ferme une grille en fer forgé où se dressent des *nagas,* les serpents sacrés à sept têtes, la coiffe déployée et la gueule ouverte. Leur attitude menaçante effraye les mauvaises gens et protège les fidèles pendant leurs dévotions.

A côté du temple se trouve la *sala,* lieu de réunion ouvert à tous vents et surmonté d'un toit à plusieurs étages reposant sur de légers piliers. Certaines dépendances du temple datent de l'empire d'Angkor et sont construites en blocs de pierre rouge sculptés. On peut voir dans l'une d'elles une énorme statue de Bouddha en bronze : celle que mon père avait ramenée de Thaïlande sur sa camionnette, pendant mon enfance.

Ce temple a autant d'importance pour nous qu'une grande abbaye ou une cathédrale en France au Moyen Age. C'est là que les enfants apprenaient à lire et à écrire; c'est au temple ensuite qu'ils vivaient une période provisoire comme moines, rite initiatique du passage à la vie adulte. En échange, le temple et les moines étaient entretenus par toute la communauté et, sur le plan religieux autant que dans la vie de tous les jours, le *wat* était depuis des générations le cœur de Tonle Bati.

A la mi-mai 1975, au moment où ma famille et moi sommes arrivés, les moines avaient été chassés par les Khmers rouges; on leur avait enlevé leurs robes couleur safran pour les remplacer par des pyjamas noirs. Le nouveau régime les considérait comme des parasites, subsistant grâce aux aumônes. Une *mit neary* nous avait ainsi expliqué : « Les moines respirent avec le nez des autres. Angka dit : “ Respirez avec votre propre nez! ” »

Les Khmers rouges étaient bien décidés à éliminer le bouddhisme pour imposer la nouvelle religion d'Angka.

Au début de la saison des pluies, à l'époque où normalement les jeunes gens se rasent la tête pour rejoindre les moines, des soldats pénétrèrent dans le temple abandonné pour enlever les statues de Bouddha. Ils firent rouler les plus grandes au-dehors et les enterrèrent dans le sol après les avoir décapitées. Les autres furent jetées dans l'étang. Mais s'ils pouvaient détruire les symboles de notre religion, ils ne pouvaient pas faire disparaître notre foi. Je notai même avec satisfaction qu'ils n'avaient pas pu déménager la statue de bronze installée par mon père. Il avait fallu toute son ingéniosité pour qu'elle passe par l'étroite porte de pierre et les Khmers rouges n'avaient pas réussi à la sortir ni à la démolir.

Un soir, les cadres communistes organisèrent un *bonn* spécial dans la *sala* près du temple. Les sessions ordinaires avaient lieu d'habitude dans la forêt. Ils avaient installé un système de micros et de haut-parleurs alimentés par les batteries de camion et toute la population avait été « conviée » au meeting. Nous nous sommes assis sur le plancher à l'abri d'une petite pluie fine. L'un des dirigeants en pyjama noir avec un bandeau rouge autour de la tête prit la parole :

« Dans le Kampuchéa démocratique, sous le régime glorieux d'Angka, nous devons penser à l'avenir. Le passé est enterré, les " nouveaux " doivent oublier le cognac, les vêtements coûteux et les coupes de cheveux à la mode. Il faut oublier les Mercedes. Que pouvez-vous faire d'une Mercedes maintenant? Vous ne pouvez pas l'utiliser pour faire du troc, vous ne pouvez pas vous en servir comme garde-manger ni comme hangar pour le riz! Par contre, vous pouvez mettre du riz dans une petite boîte que vous aurez fabriquée vous-mêmes avec une feuille de palmier! Nous n'avons pas besoin de la technologie des capitalistes, pas du tout! Dans le nouveau système, plus besoin d'envoyer les enfants à l'école. Notre école, c'est la campagne. La terre est notre papier, la charrue notre stylo : nous écrirons en labourant! Les certificats et les examens sont inutiles; sachez labourer et sachez creuser des canaux : voilà vos nouveaux diplômes! Et les médecins, nous n'en avons plus besoin non plus! Si quelqu'un a besoin qu'on lui enlève les intestins, je m'en chargerai moi-même! » Il fit le geste d'éventrer quelqu'un au couteau au cas où nous n'aurions pas saisi l'allusion.

« C'est facile vous voyez, il n'y a pas besoin d'aller à l'école pour ça! Nous n'avons pas besoin non plus de professions capitalistes comme les ingénieurs ou les professeurs! Nous n'avons pas besoin de maîtres d'école pour nous dire ce qu'il faut faire; ils sont tous corrompus. Nous n'avons besoin que de gens qui veulent travailler dur dans les champs! Cependant, camarades... il y en a qui refusent le travail et le sacrifice... Il y a des agitateurs qui n'ont pas la bonne mentalité révolutionnaire... Ceux-là, camarades, sont nos ennemis! Et certains sont ici même, ce soir! »

L'assistance fut envahie d'un sentiment de malaise qui se traduisit par des mouvements divers. Le Khmer rouge continuait en regardant chaque visage devant lui. « Ces gens-là s'accrochent au vieux mode de pensée capitaliste! On peut les reconnaître : j'en vois parmi nous qui portent encore des lunettes! Et pourquoi mettent-ils des lunettes? Ils ne peuvent pas me voir si je leur donne une gifle? »

Il s'avança brusquement vers nous, la main levée : « Ah! Ils reculent la tête, donc ils peuvent me voir, donc ils n'ont pas besoin de lunettes! Ils portent des lunettes pour suivre la mode capitaliste, ils croient que ça les rend beaux! Nous n'en avons pas besoin : ceux qui veulent être beaux sont des paresseux et des sangsues qui sucent l'énergie du peuple! »

Je retirai aussitôt mes lunettes et les mis dans ma poche. Les autres faisaient la même chose. Ma vue n'était pas trop mauvaise, j'étais un peu myope mais je pouvais tout de même reconnaître les gens à une certaine distance, les détails restaient dans le flou.

Après cette démonstration, l'orateur quitta le micro pour rejoindre la rangée de cadres alignés en face de nous. Un sifflement sortit des haut-parleurs, suivi d'une musique martiale d'origine chinoise à base de carillons et de gongs, du même style que celle qu'on nous avait diffusée pendant l'exode. Un des cadres s'avança et entama une pantomime, levant et abaissant les bras en cadence comme s'il utilisait une binette.

Au deuxième couplet, changement de thème : il se mit à serrer des boulons sur une machine imaginaire. Tout le monde était très surpris de voir une danse à la gloire du travail manuel.

Après un nouveau discours sur la nécessité de travailler dur pour Angka, une seconde danse était prévue au programme. Cette fois-ci les camarades femmes en file indienne mimèrent le repiquage du riz sur une musique nasillarde.

Discours et danses se succédèrent pendant des heures. Enfin, tous les cadres se mirent sur une seule ligne hurlant d'une seule voix : « LE-SANG-VENGE-LE-SANG! » En prononçant le mot « sang », ils se frappaient la poitrine avec le poing; en criant « venge », ils saluaient le bras levé, le poing tendu. « LE-SANG-VENGE-LE-SANG! LE-SANG-VENGE-LE-SANG! »

Le visage figé dans une détermination sauvage, ils hurlaient les slogans au rythme des coups sur leur poitrine, terminant cette terrifiante démonstration par un vibrant : « Longue vie à la révolution cambodgienne! »

Le message était clair : les Khmers rouges avaient l'intention de prendre leur revanche et de venger la mort des milliers de leurs soldats tués par les avions américains et les troupes gouvernementales. Le sang venge le sang!

Plusieurs des frères et sœurs de mon père avaient rejoint leur village natal de Tonle Bati après la chute de Phnom Penh. Pendant les années Lon Nol, mon père avait toujours été très généreux avec eux, particulièrement avec sa demi-sœur Ngor Pheck Kim à qui il avait offert le commerce de surplus militaires. J'avais aussi aidé Tante Kim en soignant son mari et ses enfants et en lui fournissant du riz à bas prix. Un geste que je regrettais, tant il dénotait la cupidité et le manque de scrupules de cette femme.

A Phnom Penh, Tante Kim nous avait flattés obséquieusement. A Tonle Bati, elle adulait un certain Neang, un « ancien » qui avait été nommé chef de village par les Khmers rouges. Ses relations nous permirent cependant d'obtenir provisoirement un toit jusqu'à ce que nous ayons construit notre propre maison. Tante Kim me mettait mal à l'aise.

Un jour, le clan Ngor organisa un conseil de famille. Des oncles et des tantes que je ne connaissais pas pour la plupart y assistaient, ainsi que de nombreux cousins et le mari de Tante Kim, tuberculeux, allongé un peu à l'écart. Un des cousins posa la question qui hantait tout le monde. Était-il possible d'échapper aux Khmers rouges et de quitter le Cambodge pour un autre pays?

« Oh non! C'est impossible, s'exclama Tante Kim en pointant le doigt vers moi. Ngor Haing a déjà essayé de s'échapper, il voulait se rendre en Thaïlande en bateau. Ils l'ont rattrapé! Vous voyez bien que c'est impossible! »

Tous les regards se tournèrent vers moi, m'examinant avec curiosité. Je restai impassible mais j'étais furieux! Quelle idiote! Je tenais par-dessus tout à ce que personne n'ait vent de cette tentative ratée ni de mes intentions de quitter le pays! J'étais servi, maintenant tout Tonle Bati allait le savoir! Comment lui faire encore confiance pour garder un secret : si les Khmers rouges apprenaient que j'étais médecin, ce serait ma fin.

En y repensant, je crois que Tante Kim nous en voulait à mon père et à moi, d'avoir dû à une époque accepter nos faveurs. Elle estimait avoir réglé cette dette en nous facilitant l'obtention d'une maison semblable à celle que nous occupions à Wat Kien Svay Krao.

Ma famille occupait l'étage et moi je campais entre les pilotis. A proximité se trouvait un lotissement où l'on avait assigné à chaque couple marié, un terrain vierge pour y construire sa maison. Tante Kim et ses fils avaient eux aussi des lots dans la même rangée que mon père, mes frères et moi. Les Khmers rouges nous allouaient généreusement quelques heures par semaine après le travail, pour bâtir nos pénates. Nous allions tous ensemble en forêt pour abattre des arbres et ramener du bois que chacun entreposait sur son propre terrain.

Un beau matin, Tante Kim s'aperçut que son tas de bois avait disparu. Son fils Haing Seng, avec qui je m'étais pourtant lié d'amitié à Phnom Penh, m'accusa aussitôt de l'avoir volé.

« Haing Seng, tu accuses celui que tu appelais ton frère!

– Il n'y a plus de frère maintenant! Je veux savoir qui a pris ce sacré bois.

– Très bien, nous ne sommes plus frères. Mais avant de m'accuser, je te conseille d'aller voir sur place. Mon tas de bois n'a pas augmenté! »

C'était à une cinquantaine de mètres, ma pile était un peu plus importante que les autres parce que j'avais coupé plus de bois. Haing Seng évalua son volume et donna un grand coup de pied dans le tas.

« Pourquoi as-tu fait ça?

– Ingrat! Nous voler après ce que ma mère a fait pour toi! »

Haing Seng se croyait chez lui à Tonle Bati, il s'imaginait peut-être que nous étions ses obligés et que je lui devais un respect particulier! « Espèce de bâtard, fiche-moi le camp tout de suite! »

Il fila se plaindre à sa mère. Mon père avait entendu les éclats de voix et descendait péniblement l'escalier pour se rendre compte de la situation. Il n'était pas arrivé en bas que ma tante se précipita sur moi comme une folle et me balança une paire de claques.

« Ah! mon fils est un bâtard! C'est comme ça que tu traites les membres de ta famille! »

Mon père, essoufflé, se hâtait; je me retournai vers lui en criant : « Papa, tu as vu qu'elle m'a giflé! Je lui pardonne la première parce que c'est ta sœur. Je lui pardonne la deuxième parce qu'elle est plus âgée que moi. Mais je te préviens que si elle recommence... »

« Tu es arrivé ici comme un étranger! Si ça dépendait de moi, je te ferais déguerpir, tu as oublié tout ce que j'ai fait pour toi! »

Elle cracha à mes pieds en ajoutant : « Tu n'es qu'un crocodile qui a perdu son marais! »

Ce vieux proverbe cambodgien signifie : malheur à celui qui a quitté son milieu naturel, il est vulnérable comme un crocodile hors de l'eau.

« Assez! Arrête de m'insulter et de me menacer!

– J'arrêterai quand je voudrai!

– Espèce de sale bonne femme! Qu'est-ce que tu racontes avec tes histoires de crocodiles? Quand tu as atterri à Phnom Penh, on t'a nourrie, on t'a donné de l'argent, j'ai soigné tes enfants, j'ai donné des médicaments à ton misérable mari! Quel est le crocodile qui a perdu son marais, hein? »

Mon père arrivait, tentant de reprendre son souffle :

« Kim, Kim, le sort de toute ma famille est entre tes mains. Si tu veux faire quelque chose contre nous ou contre mon fils, je ne peux pas t'en empêcher : nous sommes impuissants ici. Mais s'il te plaît, n'oublie pas que nous t'avons aidée un jour! »

Haing Seng revenait, accompagné de ses frères, ils avaient des bâtons et des couteaux à la main. « Viens ici, salaud, viens te battre! »

Je lui répondis de foutre le camp. Il resta à quelques pas agitant son gourdin, les yeux fous! Où étaient donc mes frères lorsque j'avais besoin d'eux? Je sentis qu'on me tirait par le bras. C'était Huoy. « Viens chéri, viens! Ne te bats pas avec eux! »

Sa mère m'attrapa l'autre bras en disant : « Si tes cousins veulent le bois qu'ils le prennent, ça ne vaut pas la peine de se battre! »

Tante Kim regarda Huoy d'un air méprisant et grommela quelque chose dont je ne compris qu'un mot : « ... traînée! » Je m'élançai sur elle. Mon père me bloqua la route, Huoy et sa mère se cramponnaient à moi. Je cédai et me laissai tirer en arrière.

Nous sommes restés un bon moment devant le tas de bois, à échanger des insultes avec Tante Kim et ses fils jusqu'à ce que, lassés, ils se retirent.

Ma colère était tombée, le soleil était déjà haut dans le ciel, j'étais en retard à mon travail.

« Tu vois de quoi est capable ta sœur, papa. Elle mord la main qui l'a nourrie!

– Fils, laisse passer le temps. Oublie tout cela! »

Il soupira, son front était plissé par les préoccupations qui se reflétaient aussi sur son visage, sombre et intelligent. Il était mécontent de l'attitude de sa sœur mais il m'en voulait d'avoir mis en danger la sécurité de la famille. La situation était suffisamment dramatique à cause des Khmers rouges sans qu'on l'aggrave par des haines et des rancœurs familiales. Il tourna les talons et se dirigea lentement vers la maison.

L'administration locale avait divisé Tonle Bati en deux sections : les « anciens » et les « nouveaux ». Nous étions dans une sous-section de deux cents « nouveaux » d'origine chinoise malgré notre sang chinois et khmer.

Nos voisins étaient d'anciens commerçants de Phnom Penh à la peau claire et aux cheveux lisses qui méprisaient discrètement ceux qui avaient la peau plus sombre.

Deux fois par jour, à l'heure des repas, nous nous mettions en ligne devant la cuisine commune installée à côté du temple. Nous recevions chacun un bol de riz salé mélangé à de la bouillie, quelquefois à des légumes. Nous mangions à la cuillère à la manière des Khmers rouges. Leur repas terminé, mes voisins rentraient chez eux pour préparer discrètement d'autres plats avec des provisions apportées de Phnom Penh. Ils avaient du vrai riz, cuit à la vapeur, du porc salé et du poisson séché qu'ils mangeaient avec des baguettes, levant leur bol jusqu'à la bouche en faisant de petits bruits de succion et un rot à la fin du repas, signe de politesse chinois.

Le travail de notre équipe – environ deux cents personnes – consistait, pendant la saison, à repiquer les plants dans les rizières. Le reste du temps, nous creusions un canal destiné à l'irrigation des champs. Nous avions commencé la tranchée à partir du lac en fouillant le sol d'une pelle paresseuse. Il fallait remplir des paniers de terre que les femmes transportaient sur leurs têtes et vidaient sur les bords de la tranchée.

On ne travaillait pas très dur et quand les soldats cessaient leur surveillance, on ne travaillait plus du tout. On s'asseyait à l'ombre pour bavarder. Le contremaître, un « ancien », que la révolution n'avait pas vraiment fait changer de mentalité, se joignait à nous. Il ne voyait pas l'utilité de nous faire travailler aux heures chaudes de la journée. Nous partagions ce point de vue.

Pendant les pauses qui duraient parfois plusieurs heures, les commerçants chinois se contentaient de dire : « Pourquoi s'éreinter au travail ? Ils nous donnent exactement la même ration de soupe, qu'on en bave ou qu'on se la coule douce ! » Le chef d'équipe haussait les épaules en approuvant de la tête.

Les contrôles étaient très laxistes à cette époque, les Khmers rouges consolidaient encore leur régime et faisaient des plans pour remodeler la société. A Tonle Bati, une seule personne par foyer devait se présenter au travail ; Huoy me remplaçait chaque fois que j'avais autre chose à faire, aller couper du bois par exemple. De plus, il était facile de se faire porter malade, si bien qu'à certains moments, personne n'allait travailler.

J'utilisais mon temps libre pour aller fouiner aux alentours des autres villages, exactement comme lorsque j'étais petit. J'empruntais les sentiers de mon enfance croisant des gens qui me reconnaissaient alors qu'ils ne m'avaient pas vu depuis vingt ans. J'échangeais avec eux des chiffonneries, écoulant mon stock de sarongs en coton et quelques boîtes de béthel en argent ciselé. Ces villageois avaient du riz, des légumes, de la viande en quantité et plein d'autres objets utiles. Je dénichai, dans le village où je m'étais enivré de vin de palme, des bâches de plastique bien utiles à la saison des pluies.

Quand je ne faisais pas de troc ou de cueillette de fruits sauvages, je construisais ma maison. J'avais cloué des perches pour monter une charpente solide et mon père, spécialiste de la construction en bois, me fabriqua des panneaux rectangulaires pour le toit et les murs. Il tressait habilement des feuilles de palmier sur des tiges de bambou et réunissait ensuite ces panneaux. Son travail était bien meilleur que le mien : mes études de médecine m'avaient mal préparé au travail manuel.

La maison n'était qu'une hutte d'une seule pièce que j'améliorai en construisant un plancher de bambous recouvert de la bâche de plastique. Cela nous permettait à Huoy, sa mère et moi, de dormir au sec et au chaud.

Nous nous entendions très bien tous les trois. Ma se rendait utile en remplissant les petites tâches ménagères et nous la traitions avec le respect dû à son âge.

Une fois par semaine, Ma allait à ma place au *bonn* pour que ses enfants aient un peu d'intimité. C'était le seul avantage de ces *bonn* : l'occasion pour Huoy et moi d'être mari et femme.

Une nuit, alors que nous dormions tous les trois à l'abri sous la grande moustiquaire, j'entendis un léger craquement sur le sentier. Je me levai en silence pour regarder entre les fissures de la cloison. C'était Neang, le chef de village.

« Que voulez-vous ?

– Ngor Haing, je sais que vous êtes médecin ! Mon enfant est malade, je vous en prie aidez-moi. »

Je restai silencieux, le cœur battant. Je parvins à articuler : « Non, je ne suis pas médecin... »

« Votre tante m'a dit que vous l'étiez ! Que vous étiez même médecin militaire avec le rang de capitaine dans l'armée ! Ça m'est égal mais aujourd'hui mon enfant a de la fièvre, il est très malade ! Venez et sauvez mon petit garçon, il n'a que onze mois ! »

Tante Kim avait parlé, j'étais découvert !

« Je n'étais qu'étudiant... pas médecin... »

Neang perdait patience : « Tout le monde le sait ici ! Mais n'ayez pas peur, Angka ne connaîtra pas votre passé et je suis le chef ici, je m'occuperai de vous. »

« Donnez-moi une minute, j'arrive. »

Je réfléchis à toute vitesse. Neang était venu seul, sans soldat. Il avait bonne réputation dans le village. Je me souvenais que dans la matinée il était venu au canal pour demander des médicaments. Personne n'avait répondu. Pourtant il savait alors que j'étais médecin mais il ne s'est pas directement adressé à moi. Il avait attendu la nuit pour venir discrètement me chercher... Huoy s'était réveillée.

« Que se passe-t-il ? Ils veulent t'emmener ?

– Non, ne t'en fais pas, tout va bien se passer, dors ! »

J'enfilai un pantalon et suivis Neang jusque chez lui. Il y avait de la lumière, une lanterne éclairait la pièce. Je n'étais pas seul ! Neang avait appelé deux guérisseurs qui administraient au bébé un liquide vert à base de sucre de palme, de poivre noir et autres mixtures... Après lui avoir aspergé la tête d'eau miraculeuse, ils chantaient pour éloigner les mauvais esprits.

Il y avait aussi, et c'était plus grave, deux jeunes femmes médecins khmères rouges, les cheveux courts, sanglées dans leur uniforme noir. L'une d'elle aspirait dans une seringue le contenu d'une ampoule que j'identifiai comme de la Thiamine.

« Elles ne vont pas lui injecter ça quand même », criai-je silencieusement.

Le bébé était étendu sur la table, enveloppé de couvertures. Je m'approchai pour l'examiner : ventre gonflé, peau brûlante, tremblements spasmodiques... Sans analyses je ne pouvais être formel, mais ça ressemblait fichtrement à une méningite aggravée par la fièvre.

« Comment puis-je sauver mon fils ? murmura Neang.

– Il faut enlever les couvertures. Il a trop chaud, il faut le rafraîchir. Mouillez un tissu avec de l'eau froide et tapotez-lui le corps.

– Non ! ordonna la *meat neary*. Le bébé a la fièvre parce qu'il a froid. N'enlevez pas la couverture ! »

Je n'osai pas la contredire. Elle s'approcha de l'enfant la seringue à la main. Elle essuya l'aiguille avec les doigts ! Je faillis intervenir. Pas seulement pour l'aiguille non stérilisée, mais aussi à cause de la Thiamine. On utilise toujours cette vitamine B en association avec d'autres vitamines et à des doses très faibles. La *mit neary* avait aspiré une ampoule complète de 5 cc. Une dose beaucoup trop forte !

Elle fit pénétrer l'aiguille sous la peau du bébé et injecta la totalité du liquide.

Les guérisseurs continuaient leur mélopée, les femmes médecins attendaient, l'air maussade et ennuyé, Neang me regardait anxieusement. Je restais silencieux, un peu en arrière, n'osant pas croiser son regard. Les lampes à huile projetaient sur les murs nos ombres déformées.

L'enfant se mit à trembler doucement puis son corps fut pris de convulsions horribles. Il tomba dans le coma, les yeux grands ouverts, respirant faiblement. Cinq minutes après, il était mort.

Je m'excusai et sortis. J'avais envie de hurler. Je m'obligeai à respirer profondément. Le chœur des grillons et le coassement des grenouilles emplissaient la nuit. Je me détestais, je détestais la terre entière.

C'est vrai que si j'avais dit à Neang de ne pas faire la piqûre, les médecins khmers auraient ignoré mon intervention. Si j'avais insisté, elles auraient fait un rapport et j'aurais terminé à Angka Leu.

Pour elles tout ce qui est dans une ampoule est un médicament : si le patient meurt, c'est sa faute! Quelle société, quelle révolution si c'est pour passer de guérisseurs ignorants à des singes savants! En même temps je m'en voulais de ne pas être intervenu. Si j'avais été plus énergique, si mon attitude avait inspiré de l'autorité et de la confiance, si j'avais écarté les *mit neary*, si.., et si... l'enfant ne serait peut-être pas mort! J'aurais peut-être risqué ma vie mais j'aurais pu sauver la sienne. Je ne l'avais pas fait!

Je haïssais ce nouveau régime, ce pays gouverné par des ignares qui obligeaient des gens comme moi à ramper pour sauver leur vie ou à marcher à quatre pattes pour obtenir quelques faveurs. Je haïssais ceux qui, comme ma tante, étaient devenus des collabos, utilisant leur maigre influence pour satisfaire de vieilles rancunes.

Je restai dans l'ombre de la nuit en tremblant de rage, sans savoir que tout ce que j'avais déjà vu et vécu n'était rien comparé à ce qui allait suivre.

Nouvelles directions

Une semaine après la mort du fils du chef de village, nous fûmes convoqués, à un *bonn* nocturne.

Une *mit neary* annonça qu'Angka avait pris de nouvelles décisions : « Nous avons pratiquement atteint les objectifs que nous nous étions fixés ici », dit-elle. Pourtant les travaux du canal venaient à peine de commencer. « Angka a de nouveaux projets. Vous allez encore lutter contre les éléments pour aider au développement du pays. Mais ailleurs, dans une nouvelle direction ! »

L'idée de devoir quitter Tonle Bati fut mal accueillie par les « nouveaux ». Nous avions commencé à nous installer, à construire, à semer... mais nous n'avions pas encore récolté. Les Khmers rouges prétendirent alors que nous allions être renvoyés dans nos villages. Des camions nous emmèneraient à destination, il suffisait de se rendre à un point de rendez-vous à quelques heures de marche. C'était déjà mieux.

A l'exception de quelques familles comme celle de Tante Kim – elle habitait Tonle Bati depuis longtemps et y restait –, tout le monde devait être rapatrié. Une bonne occasion : les Khmers rouges ne connaissaient pas mon lieu de naissance. J'allais pouvoir mettre mon plan à exécution, rejoindre la côte et filer en Thaïlande par la mer.

Mes parents projetaient de se rendre dans la province de Battambang à l'ouest et de passer la frontière à pied. Toute la famille était décidée à quitter le pays, sauf mon frère numéro 4, Hong Srun. Sa femme venait tout juste d'accoucher et ils ne pouvaient entreprendre un si long voyage.

Huoy, Ma et moi avons quitté avec regret notre petite hutte. Nos bagages s'étaient encore réduits, deux balluchons sur une perche et le reste dans des paquets portés sur la tête. Mon père abandonnait sa Jeep, dernier vestige de sa superbe. Il fallait voyager léger.

Le trajet jusqu'aux camions ne devait pas excéder une demi-journée. Nous sommes partis à pied à travers les vastes étendues sablonneuses qui entourent Tonle Bati. Sous le poids du fardeau, je m'enfonçais dans le sable brûlant. J'enlevai mes chaussures mais mes plantes de pieds ne pouvaient supporter une telle chaleur.

Huoy aussi avançait péniblement. Elle ressemblait, avec ses sandalettes de cuir, à une citadine à la mode égarée dans la campagne. Sa mère, un peu boulotte, semblait la plus affectée par cette marche forcée mais refusait de se plaindre.

Nous sommes enfin arrivés dans la forêt. Une longue file de milliers de personnes marchait les unes derrières les autres, escaladant et descendant les collines, contournant les obstacles par des sentiers exigus. Les habitants des villages alentour nous avaient rejoints, convergeant vers le nord-ouest.

Soudain, dans l'après-midi, on nous fit bifurquer vers le sud. « C'est ce que les communistes appellent prendre une nouvelle direction ! » pensai-je à part moi « Emprunter, sans aucune raison, le plus long chemin. »

Nous sommes arrivés le soir dans une petite vallée où se nichait une gare de chemin de fer. Une foule de « nouveaux » campait déjà au milieu de ses bagages. Balluchons, sacs, valises, paniers s'entassaient partout.

Sur la voie ferrée, des locomotives à vapeur passaient lentement en soufflant, tirant des wagons à bestiaux pleins de gens. Des grappes de passagers étaient accrochées aux portes et sur les marchepieds, d'autres étaient juchées sur les toits. Ils ne faisaient aucun signe et semblaient complètement abattus.

Nous avions compris maintenant qu'il n'était pas question de retourner dans nos villages.

On a attendu quatre jours près de cette gare où ne s'arrêtait aucun train, regardant défiler les convois chargés de milliers de personnes entassées comme du bétail. Il semblait que les Khmers rouges évacuaient toute la région vers l'est.

Il y avait eu erreur nous concernant. On nous fit repartir vers un autre village où l'on nous embarqua le lendemain dans des camions militaires chinois. Certains se mirent à crier le nom de leur village. Les soldats leur ordonnèrent de la fermer.

J'avais été vraiment stupide de croire les Khmers rouges après tous les mensonges qu'ils avaient inventés pour nous faire quitter Phnom Penh !

Entassés par dizaines dans les camions, on rebondissait comme des paquets à chaque ornière sur cette route bourrée de nids-de-poule. Nous roulions vers le nord par la nationale 3, traversant des régions ravagées par la guerre : maisons rasées, moignons de murs calcinés, cocotiers décapités, arbres noircis par le feu. Sur les bases militaires de Lon Nol, des camions et des Jeeps renversés, des tanks éventrés témoignaient de la violence des combats. Ces casernes étaient désertes, seuls quelques morceaux de tôle se balançaient en grinçant au vent.

Mon camion se trouvait au milieu du convoi. Un frisson d'espoir parcourut mes compagnons alors que nous nous approchions de Phnom Penh par la route de l'aéroport. Des cris de joie retentirent même dans les autres camions.

Nous sommes entrés dans la capitale au crépuscule, empruntant les rues désertes à toute vitesse. Aucune lumière, aucun mouvement. La même ville fantôme que j'avais déjà parcourue en avril.

A mesure que nous nous éloignions du centre en direction du nord, l'espoir s'évanouit. Les camions continuaient leur route à travers la campagne le long du fleuve Tonlé Sap dont on apercevait de temps en temps les reflets calmes et argentés.

Nous avons atteint Pursat, le lendemain vers midi. La ville, capitale de province, avait été vidée de ses habitants. Le marché était fermé, les rideaux des magasins baissés, une foule de voyageurs remplissait les rues autour de la gare. Les haut-parleurs annoncèrent qu'Angka allait distribuer à manger : la foule se précipita. Je parvins difficilement à me procurer du riz, du sel et du poisson séché.

La famille s'était installée un peu à l'écart, à côté d'un étang où poussaient des lys et des plantes aquatiques, près d'une bananeraie. Huoy avait fait du feu et mis à cuire le riz. Nous étions exténués par ce voyage, nous avions le visage brûlé par le vent et le soleil.

Ma était épuisée mais gardait le silence. Lorsqu'elle eut fini de dîner, elle se leva, drapa son sarong autour de la taille et partit vers l'étang. Huoy et moi continuions de manger, essayant de récupérer nos forces.

« Où est ma mère ? demanda Huoy brusquement.

– Elle doit discuter avec quelqu'un. Veux-tu que j'aille la chercher ? »

Je me levai et me dirigeai vers l'étang. Personne. Où est-elle passée ? En baissant les yeux, je vis sur la berge ses sandales de caoutchouc. Mon cœur se mit à battre à tout rompre. Je scrutai le rivage et l'eau noire. Pas une ride ! « Huoy, Huoy viens vite, ta mère est tombée à l'eau ! »

Je me jetai dans l'étang, battant l'eau glacée autour de moi. Des herbes gluantes s'enroulaient autour de mes chevilles. Des sangsues se collaient sur mes bras. Je ne les sentais pas. Mon père accourut et malgré son âge, se mit aussi à chercher, dans l'eau à mi-corps. Je plongeai à plusieurs reprises dans des trous sombres.

Soudain, je sentis sous les lys quelque chose de doux. Je tirai Ma jusqu'à la berge. Elle ne respirait plus. J'appuyai sur son estomac, de l'eau et du riz s'écoulèrent de sa bouche mais elle ne respirait toujours pas. Ses membres étaient doux et souples, son pouls avait cessé de battre. Je lui fis du bouche-à-bouche, j'essayai la respiration artificielle et même un massage cardiaque en frappant sa poitrine avec mes deux poings.

Rien n'y fit. Je m'acharnai. Les visages anxieux de la famille m'entouraient. A quoi bon... ce n'était plus la peine.

« Attention, attention camarades! Angka veut que vous réunissiez vos bagages et que vous montiez en voiture. Le train va partir. » Ma était morte et les haut-parleurs continuaient à débiter leurs messages péremptoires.

Huoy s'effondra, folle de douleur. J'étais paralysé, je ne savais plus quoi faire.

Mon frère Pheng Huor prit les choses en main. Il emporta le corps flasque dans une remise, le plaça sur une planche, et alluma un petit feu au-dessous.

Selon une vieille croyance khmère, l'étincelle de vie subsiste tant que le corps n'est pas raide. La chaleur du feu peut le ramener à la vie. Malgré toutes mes études médicales, je n'avais pas la force de m'opposer à cette superstition et j'attendais comme les autres, espérant un miracle.

Deux soldats armés nous observaient. Pheng Huor ajouta du bois dans le feu et se mit à masser les bras et les jambes de Ma. Elle ne bougeait pas.

« C'est l'heure, vous devez partir! ordonnaient les soldats. Et pas de pleurs, Angka ne veut pas de pleurs! »

Nous pouvions enterrer Ma selon la tradition chinoise ou l'incinérer selon les rites bouddhistes cambodgiens. Je ne pouvais pas choisir, incapable de me décider. Elle était morte et je ne pouvais l'accepter. Je pris Huoy dans mes bras, elle pleurait à gros sanglots convulsifs.

Près de la bananeraie, les paysans avaient creusé un grand trou pour y planter des arbres. Mes frères emportèrent le corps sur les planches et le déposèrent au bord de la fosse.

Huoy caressait les cheveux de sa mère, lui donnait des baisers et la secouait dans ses bras comme pour la réveiller. Mon père s'approcha d'elle et l'attrapa par les épaules pour l'emmener. Huoy ne put le supporter et piqua une crise de nerfs. Elle se tordait sur le sol, frappant la terre de ses petits poings et de ses jambes, au comble du désespoir.

Nous n'avions pas de bougies. J'ai planté dans le sol des brindilles de bois enflammées et Huoy, un peu calmée, s'est mise à prier à mes côtés. Ma famille s'est placée derrière nous.

« Mère, tu m'as abandonnée! Tu m'as laissée toute seule! Étais-tu fâchée après moi? Mère dis-moi! Demande-moi ce que tu veux! Mère, oh mère, je veux aller avec toi. Je t'en prie, je t'en prie, prends-moi avec toi! »

Elle tomba sur sa poitrine en pleurant. Les soldats criaient : « Elle est morte, ça ne sert plus à rien! Dépêchez-vous! »

Nous avons alors prié sans retenir nos larmes, les mains jointes en signe de *sompeab*. Puis, après avoir posé les paumes à plat sur le sol, nous nous sommes prosternés touchant du front le dos de nos mains.

Huoy parlait à sa mère une dernière fois : « Ma, si tu ne peux m'attendre au ciel, reviens à la maison. Je te soignerai comme ma propre fille, comme tu l'as fait avec moi! »

Les soldats s'énervaient : « Il faut partir! Vous serez punis si vous manquez le train! »

Mes frères et moi avons déposé Ma dans le trou et nous l'avons recouverte de terre. Puis nous sommes partis vers la gare, ne réalisant pas que nous la laissions derrière.

C'était incroyable. Elle était avec nous, autour du feu, il y a quelques minutes encore. Elle nous avait quittés pour aller chercher de l'eau... elle avait dû glisser sur la berge abrupte... et elle s'était noyée...

Pourquoi avait-elle retiré ses sandales? Ma était une vieille dame trop intelligente pour qu'un accident aussi stupide lui arrive. Peut-être avait-elle ses raisons...

Les wagons du train étaient pleins à craquer. Les derniers passagers grimpaient sur le toit et nous aidèrent à trouver une place. Huoy était assise à côté de moi et je faisais de mon mieux pour l'empêcher de sauter du train et de courir sur la tombe de sa mère.

La locomotive poussa un sifflement perçant et le convoi s'ébranla lourdement, quittant la gare de Pursat.

Je tenais Huoy serrée dans mes bras pour la protéger du vent. Depuis sa naissance elle avait vécu entourée de l'amour et de l'affection de sa mère. Aujourd'hui, il ne lui restait plus que moi.

Le train siffla, accélérant sur la voie toute droite. Il traversa des paysages monotones où des rizières s'étendaient jusqu'aux collines bleues, à l'horizon. La terre était sèche et déserte, les canaux endommagés par la guerre n'irriguaient plus les champs nus. Peut-être nous envoyait-on ici pour planter du riz?

La lumière de cette fin d'après-midi prit des teintes jaune orangé et le soleil se coucha. La pleine lune se leva. Huoy était inconsolable.

Le train se dirigeait vers Muong et s'arrêta à Phnom Tippeday, au pied d'une montagne de la province de Battambang.

Huoy et moi, nous nous sommes éloignés de la foule. Nous avons trouvé, près des ruines d'un moulin détruit par la guerre, un monceau de paille de riz. Nous y avons étendu notre natte de plastique et, avec quelques bougies offertes par des voyageurs charitables, des bols de riz et d'eau, j'ai élevé un petit autel.

Nous avons allumé les bougies et prié pour l'âme de Ma.

La charrue

Nous les Cambodgiens croyons dans le *kama,* concept religieux qui désigne le sort ou la destinée. Le *kama* d'un individu dépend de ses actes durant son existence et ses vies antérieures. S'il a mal agi, il souffrira tôt ou tard, dans cette vie ou dans la suivante; s'il s'est bien conduit, il en sera récompensé. Le cycle des naissances et des renaissances se poursuit indéfiniment et les âmes emportent leur *kama* avec elles.

Le *kama* de Ma était excellent, elle avait toujours été bonne et ses mérites, acquis par sa dévotion, lui seraient comptés : sa prochaine vie serait bien meilleure.

Elle nous manquait mais nous n'étions pas inquiets pour son âme. Huoy et moi nous faisions beaucoup plus de soucis pour nos propres vies.

Je ne pouvais pas m'empêcher de m'interroger sur ce que nous avions bien pu faire dans une existence antérieure pour être punis de la sorte?

Plusieurs personnes appartenant à des sectes bouddhistes très mystiques pensaient que le pays était châtié pour des péchés commis il y a bien longtemps. Ils abdiquaient devant les Khmers rouges à contrecœur mais sans protester, se soumettant à leur destin.

Je n'étais pas d'accord : avec un bon ou un mauvais *kama,* il fallait se battre contre les Khmers rouges. Puisqu'on ne pouvait pas s'opposer ouvertement et physiquement au nouveau régime, on devait le combattre de l'intérieur et surtout mentalement.

Le lendemain, je rencontrai deux médecins le long de la voie ferrée et j'entamai une discussion sur ce sujet.

– Bien sûr, nous sommes croyants, disait l'un d'eux, mais nous avons aussi une formation universitaire. Nous sommes capables d'observer et de tirer des conclusions. C'est trop facile de tout mettre sur le dos du *kama,* ce sont les événements internationaux qui ont favorisé la prise du pouvoir par les communistes. Sihanouk nous avait guidés sur une voie neutre, ensuite nous avons basculé d'un extrême à l'autre. D'abord un gouvernement de droite dirigé par un homme corrompu et maintenant une bande de gauchistes complètement dingues. Si nous sommes punis de quelque chose, c'est bien d'avoir abandonné la voie du centre.

– Je suis d'accord avec vous, renchérit Huoy. J'ai lu beaucoup de livres sur l'histoire de l'Europe et de l'Asie. Jamais je n'ai entendu parler d'un régime semblable. Ils mentent sans arrêt et sont complètement incohérents.

– Je le pense aussi, intervint l'autre médecin. Même les autres régimes communistes ne mentent pas autant que les Khmers rouges. Regardez en Chine, les communistes se sont emparés du pouvoir, ont supprimé la propriété privée et envoyé des citadins à la campagne mais ils trouvent un certain appui dans le peuple. On n'a pas le sentiment que le gouvernement chinois se soit retourné contre le peuple comme l'ont fait les Khmers rouges.

– Oui, mais sans la Chine, ils ne pourraient pas survivre. Pékin leur fournit des armes, des uniformes et doit attendre quelque chose en échange. A la limite, ils pourraient mettre Sihanouk à la tête du régime.

– Mon ami, je ne pense pas que la Chine influence les Khmers rouges. Ils sont bien trop jaloux de leur indépendance et veulent garder le contrôle de leur propre révolution.

– Vous faites erreur, dis-je, si vous croyez que les communistes contrôlent ce qu'ils font. Regardez la confusion qu'a entraînée l'évacuation de Phnom Penh; toutes ces souffrances inutiles et stupides comme évacuer les malades des hôpitaux. Pensez-vous qu'ils puissent bénéficier d'un soutien populaire après ça? Et tous ces mensonges... Je pense que ceux qui sont à la tête des Khmers rouges comme Khieu Sampham sont intelligents et instruits mais leurs troupes sont analphabètes. Ils ne savent pas où va la révolution, ils ne savent même pas qu'ils sont communistes!

– Bien sûr qu'ils le savent!

– Non! Les avez-vous entendus déjà dire le mot communiste?

– C'est vrai, remarqua le médecin au bout d'un moment de réflexion. Mais alors que sont-ils?

– Des *kum-monuss*, dis-je en riant. Des péquenots revanchards. La chienlit des campagnes qui se venge de la ville. Voilà ce qu'ils sont : une bande de *kum-monuss* dirigée par des communistes.

Nous progressions lentement le long de la voie ferrée dans la lumière du petit matin, au milieu des flaques d'eau boueuse. Plusieurs personnes étaient allongées sur les bas-côtés, malades d'avoir absorbé cette eau polluée mais, faute de médicaments, nous étions impuissants à les soulager.

Nous sommes arrivés à Phum Chhleav vers midi. Des milliers de réfugiés nous y avaient précédés et d'autres suivaient : 7 800 personnes y furent recensées un peu plus tard.

Phum Chhleav était une voie de garage où se trouvaient en tout et pour tout trois maisons sur pilotis construites près d'un pont au-dessus d'un canal d'irrigation à sec. Les gardes et les cadres Khmers rouges occupaient les maisons et nous avaient assigné un vaste champ planté de manguiers, de l'autre côté de la voie.

On nous ordonna de choisir un lopin et d'y construire des abris. J'empruntai un couteau et partis couper du bambou, des joncs et des lianes. J'avais trouvé une place sous un manguier, et Huoy et moi nous sommes mis à construire notre maison. Des bambous et des joncs entrelacés attachés avec les lianes, voilà pour les murs. Du chaume – échangé contre un des sampots de soie de Ma – recouvert de la bâche en plastique, voilà le toit.

Nous avons reculé pour voir le résultat. Ce n'était pas très brillant, cette hutte était pire que celle de Tonle Bati. Une seule pièce avec un toit très bas qui semblait devoir s'envoler au moindre coup de vent et des murs de joncs disjoints qui laissaient passer la lumière et la pluie.

Trois pierres où poser un pot pour la cuisine et un matelas de joncs avec des touffes d'herbe par-dessus comme chambre à coucher, c'était tout notre mobilier.

Mon père et mes frères avaient construit à côté des huttes de même style. A peine mieux réussies que la mienne.

Quelques jours plus tard, des centaines de cabanes avaient poussé à Phum Chhleav, formant un immense bidonville. Alors, les Khmers rouges convoquèrent tous les chefs de famille à un grand meeting.

Nous étions environ un millier assis à même le sol à côté de la voie ferrée. Il était tôt mais la chaleur était déjà lourde, nous attendions sans bouger la venue d'un responsable. Au loin, vers le sud, les montagnes Cardamon se découpaient sur le ciel gris clair. Vers l'ouest, un plateau de terre ocre et aride s'élevait doucement jusqu'à la ligne d'horizon, on pouvait y apercevoir un monument funéraire dressé à côté d'un temple bouddhiste.

Un cavalier se dirigeait vers nous à travers les rizières abandonnées. Il montait à cru, sans selle et sans étriers, un cheval efflanqué qui avançait sans se presser entre les buttes de terre. Ses sabots résonnaient sourdement sur le sol séché.

Le visiteur sauta à terre et nous fit face. C'était un homme âgé à la peau sombre, sans chemise ni chaussures. Il parcourut l'assemblée du regard et sourit. Il ne lui restait que quelques dents noires plantées dans des gencives aussi roses que celles d'un nouveau-né.

« Bienvenue à Phum Chhleav! Angka vous a fait venir ici pour construire une nouvelle société. Vous devrez travailler dur, mais soyez patients! Pour l'instant Angka est pauvre, quelquefois la nourriture ne sera pas très abondante, quelquefois elle se fera attendre. »

J'écoutais et mes dernières bribes d'espoir s'évanouissaient : si les Khmers rouges admettaient ne pas pouvoir fournir assez de nourriture, c'était la famine.

« Vous devez comprendre que nous venons seulement de nous délivrer des oppresseurs capitalistes. Sihanouk nous a aidés à nous libérer de Lon Nol et de ses laquais. »

Un murmure parcourut la foule en entendant ce nom.

« Nous sommes libres maintenant, mais la situation économique du pays est mauvaise. Nous devons donc nous sacrifier, en suivant le principe des Trois Montagnes. Pour atteindre l'indépendance et la souveraineté, il faut faire confiance à nos propres forces et prendre notre destin en main. Cela signifie que chacun doit travailler dur pour manger. Ceux qui ne feront rien n'auront rien! »

J'attendais qu'il dise autre chose sur Sihanouk. Comme tout le monde j'espérais son retour à la tête du gouvernement. Mais le vieil homme avait mentionné son nom en passant, Sihanouk n'était qu'une péripétie de l'histoire et il poursuivit son discours. Il insista sur l'importance pour nous, gens de la ville, d'apprendre auprès des paysans à construire nos maisons et à faire pousser le riz. Nous commencions les mains vides à construire une société nouvelle.

J'avais déjà entendu tout ça des dizaines de fois, et je préférai observer le vieil homme.

Il avait l'habitude d'être obéi, ce devait être un ancien chef de village devenu responsable chez les Khmers rouges. Il portait un *krama* fané autour de la taille et, sur son short noir, un sarong retroussé au-dessus des genoux. C'était la tenue favorite des paysans à cette différence que son sarong était en soie. Avant la révolution, peu de gens avaient les moyens d'en porter à moins d'élever des vers à soie. À présent j'avais remarqué que de nombreux Khmers rouges se drapaient dans des sarongs et des *kramas* de soie pour symboliser leur nouveau statut. Ils les confisquaient aux réfugiés.

Je remarquai aussi qu'il avait l'accent de Battambang, une région riche, célèbre pour ses récoltes de riz, capable avant guerre de nourrir tout le pays.

On nous a amenés à Phum Chhleav, pensai-je, pour cultiver les rizières et refaire de Battambang le grenier à riz du Cambodge. La proximité de la voie ferrée permettait d'expédier les récoltes dans tout le pays et nous étions assez loin de la ville pour éviter toute tentation.

On était complètement isolé et je n'avais qu'à regarder ce responsable – camarade Ki – pour comprendre que nous étions désormais prisonniers de la campagne.

Le travail démarra le jour suivant. On nous distribua des binettes avec comme mission de briser la croûte séchée à la surface des rizières, trop longtemps négligées. La journée fut longue et pénible. Le soir il n'y eut pas de distribution de nourriture. La ration par personne était d'un pot de riz cru tous les deux jours. Je calculai qu'à ce rythme on ne pourrait survivre longtemps.

Dans la confusion d'un grand campement comme le nôtre, il était facile de disparaître.

Le lendemain matin, Huoy et moi accompagnés d'un autre couple, nous nous sommes éloignés discrètement de Phum Chhleav à travers les rizières en friche, déjouant la surveillance des soldats. Dans les champs nous étions en sécurité : des tertres surmontés de joncs, de bambous et d'arbres s'élevaient au milieu des rizières comme des îlots dans la mer. Ces monticules étaient en fait des termitières qui nous arrivaient à la taille ou au-dessus de la tête et mesuraient parfois jusqu'à dix mètres de long. Les chevelures de broussailles formaient un écran de verdure. Le but de notre escapade était de trouver de la nourriture en suivant le proverbe cambodgien : « Mange tout ce qui a deux pattes sauf les échelles; tout ce qui a quatre pattes sauf les tables; tout ce qui vole sauf les avions. »

Le fait est que le paysan cambodgien n'est pas très difficile et ne manque pas d'ingéniosité pour survivre. Il mange par exemple des termites qui apportent un complément de protéines. Malheureusement, pendant la saison sèche – très longue à Battambang –, les termites s'enfoncent sous terre. Nous avons donc décidé de chasser des mulots. J'installai des bouts de filet à l'entrée des trous creusés dans le talus. Je m'aperçus au bout de plusieurs heures d'attente infructueuse que les mulots ont toujours plusieurs entrées à leur terrier. Dans mon enfance aventureuse, je n'avais jamais chassé de mulots.

Nous nous sommes mis alors à la recherche de fourmis rouges celles qui tissent leur nid dans les branches d'arbres. Les paysans les font cuire dans la soupe pour la rendre croustillante et l'enrichir en protéines. On mange aussi les œufs blancs et moelleux bien qu'un peu amers, en guise de caviar.

La difficulté, c'est d'attraper les fourmis sans se faire mordre. Ces sales bêtes se dressent sur leurs pattes de derrière et projettent leurs mandibules, en suivant tous vos gestes. Par rapport à leur taille, ce sont les animaux les plus féroces que je connaisse.

Malgré ce que nous avait raconté la *mit neary* pendant le *bonn*, les fourmis ne peuvent tuer un éléphant mais leurs morsures laissent des marques aussi douloureuses que des piqûres d'épingles. A la différence des mulots, je savais comment chasser les fourmis rouges : il fallait faire tomber le nid avec un bâton, dans un peu d'eau au fond d'un seau. Les rescapées grimpaient sur le bâton pour me mordre les mains mais je les avais frottées de cendres et elles retombaient, inoffensives.

Tout en ramassant des fourmis, j'entendis un cri caractéristique tout proche : « *to-kay, to-kay* ! » Les *tokays* sont des lézards de 30 centimètres de long dont la chair, une fois cuite, ressemble à celle du poulet. Il était caché dans le trou d'un arbre, j'eus juste le temps de voir le bout de sa queue disparaître. Nous avons secoué le tronc tous les quatre jusqu'à ce qu'il tombe dans mon filet.

A la fin de l'après-midi, en revenant à Phum Chhleav, nous avions des nids de fourmis rouges, plusieurs *tokays* et une moisson de pousses de bambous, de volubilis d'eau et autres plantes comestibles.

Nous ramenions de la nourriture de paysans et nous ressemblions à des paysans : j'étais pieds nus, sans lunettes, sans montre, portant sur le dos un balluchon accroché au front par mon *krama*. Huoy avait enroulé le sien autour de la tête comme un turban. L'autre couple avait la même allure.

Nous nous approchions de la voie ferrée lorsque Huoy s'accroupit brusquement en chuchotant : « Des soldats, baisse-toi ! »

Je me jetai par terre, rampai derrière une fourmilière essayant de voir à travers les broussailles.

Sur le sentier qui longeait la voie ferrée, deux soldats et deux hommes en civil marchaient les uns derrière les autres. Les soldats, leur fusil en bandoulière, encadraient deux prisonniers, les coudes liés derrière le dos. Le soldat de tête les traînait au bout d'une corde. Je les reconnus. C'étaient mes deux amis médecins.

Huoy rampa vers moi. Il y avait quelque chose d'irrévocable, de définitif dans cette scène, je sentis un froid glacé envahir mes os. Je voyais ma propre fin. Nous les avons regardés disparaître le long de la voie ferrée. J'étais désespéré : « Les soldats les emmènent parce qu'ils sont médecins. Demain se sera mon tour, tout le monde est au courant pour moi. »

Nous avons attendu, craignant à chaque instant d'entendre une rafale de fusil d'assaut.

« Peut-être les a-t-on emmenés parce qu'ils ne voulaient pas travailler dans les rizières », dit Huoy sans conviction.

Elle avait peut-être raison.

Huoy insista depuis ce jour pour que je me présente tous les jours au travail. Il vaut mieux avoir faim que mourir. On nous envoya réparer des routes. Nous partîmes à une trentaine, nos binettes sur l'épaule à travers les rizières et la jungle sur une vieille route défoncée par les inondations. Nous avons travaillé huit jours de suite, transportant de la terre dans des paniers pour remblayer la chaussée. Nous étions éloignés de tout, presque sans nourriture.

Lorsque nous sommes rentrés à Phum Chhleav, Huoy m'attendait, assise devant la hutte.

« Tu as beaucoup maigri, chéri !

Elle se leva et m'embrassa tendrement, s'accrochant à moi de toutes ses forces. Elle était restée seule, inquiète, pleurant mon départ et la mort de sa mère.

– Angka t'a battu ?

– Non, mais nous avons beaucoup travaillé !

– Je t'ai préparé à manger. Devine quoi ? »

Ce devait être quelque chose d'exceptionnel.

« Je t'ai préparé des mulots ! Je savais que tu reviendrais aujourd'hui. »

C'était exactement comme si je rentrais d'un voyage d'affaires et que ma tendre épouse m'ait préparé une viande succulente ou un poisson choisi.

Elle avait échangé des vêtements de sa mère contre les mulots. Jamais à Phnom Penh, je n'aurais pensé manger du mulot un jour mais ici c'était un plat recherché. Même si les portions n'étaient pas très épaisses, la viande était délicieuse et j'étais profondément touché par son geste.

Le jour suivant, je suis retourné travailler à la rizière. Huoy et moi étions dans le même groupe d'une centaine de personnes. Les Khmers rouges ont distribué les binettes aux femmes pour qu'elles terminent de casser la croûte de terre sèche. Deux jeunes soldats emmenèrent les hommes dans la partie déjà binée où se trouvaient huit charrues de bois et quatre bœufs.

« Il n'y a pas assez de bœufs pour le moment, annonça l'un des soldats, mais on doit labourer les champs. C'est le seul moyen pour que le riz pousse et pour que vous mangiez. »

Je compris tout de suite. « Ce n'est pas possible, ils vont utiliser des hommes comme bêtes de somme ! Leur société avancée passe par le retour aux temps préhistoriques ! »

Le regard du soldat était vide et méprisant, il faisait claquer un long fouet sur sa main. « Toi, et toi... et toi aussi, à la charrue ! » J'espérais qu'il ne pointerait pas son doigt vers moi. Mes compagnons juraient en dialecte chinois. Il me désigna du fouet : « Toi ! Prends cette charrue et mets-toi ici ! »

Je m'attelai au joug, à la droite d'une vieille vache qui ruminait en agitant la queue pour éloigner les mouches.

– En avant!

Il fit claquer la lanière du fouet au-dessus de nos deux têtes. Je me mis en marche, poussant le joug avec mes bras, la vache à mes côtés tirait sur son licol, le soldat marchait derrière, guidant la charrue. Mes pieds s'enfonçaient dans les blocs d'argile, le sol était mou en surface, mais les pluies légères n'avaient pas ameubli la terre au-dessous.

Arrivé au bord du champ, le soldat enfonça le soc d'un coup sec dans le sol craquelé. La charrue s'arrêta sur place. Je poussai de toutes mes forces pour la faire avancer, la vache aussi. Elle était plus forte que moi, et l'attelage tirait vers la droite. J'étais obligé de pousser comme un damné pour rester en ligne.

Nous avons tracé le premier sillon péniblement et lorsque nous sommes arrivés au bout du champ, j'étais épuisé. Il fallait pourtant continuer.

Je m'arc-boutais sur le joug mais il était trop haut et m'arrivait à la hauteur du cou. Il aurait fallu qu'il soit plus bas pour que je puisse y poser correctement les mains et soulager la tension dans mes épaules et dans mes reins. Je sentais mes ampoules s'ouvrir et laisser échapper un liquide chaud.

Autour de moi, d'autres hommes labouraient attelés avec des bœufs et un peu plus loin, les femmes travaillaient à la binette. Mes pensées s'élevèrent vers le temple sur le plateau : « Dieu Bouddha, aide-moi, aide-nous tous. Donne-nous la force de terminer cette journée. »

– Plus vite, plus vite, se mit à crier le soldat. Si tu n'avances pas plus vite, tu vas tâter du fouet!

Je penchai de nouveau la tête en avant. Le cou et la tête de la vache remplissaient mon champ de vision, elle ruminait toujours et de la bave coulait de ses naseaux. Les taons la harcelaient et de temps en temps elle penchait la tête en avant pour se lécher la patte d'un coup de langue vigoureux, me déséquilibrant complètement.

J'entendais sa respiration lente et le frottement de sa queue sur ses flancs. Comment une bête aussi stupide pouvait-elle être aussi forte?

La transpiration coulait sur tout mon corps, je dégageai une main pour m'essuyer le front avec un pan du *krama*. Je songeai à la douce vie de Phnom Penh, tout en luttant pour garder le même rythme que la vache, j'essayai de me concentrer sur ma respiration, scandée par le bruit de mes pas et celui des sabots. Les oiseaux chantaient tout autour. Ils sont bien plus heureux que nous et volent d'un arbre à l'autre. Ils ne sont pas obligés de devenir des bêtes de trait, leur *kama* est bien meilleur que le mien... Ma, elle aussi est libre, elle a compris ce qui allait se passer. Elle a préféré se noyer dans l'étang, quelle sage vieille dame...

Clac!

Une douleur fulgurante au milieu du dos.

– Hé! Pourquoi me fouettez-vous ? Laissez-moi plutôt me reposer un peu, je n'en peux plus!

– Finis d'abord le champ, tu te reposeras ensuite!

Après quelques longueurs, il s'arrêta pour se rouler une cigarette, j'en profitai pour reprendre quelques forces.

Je regardai en direction des femmes; l'une d'entre elle, immobile, sa binette sur le côté, tenait sa main devant sa bouche comme pour s'empêcher de crier. C'était Huoy, mais sans mes lunettes je ne voyais pas l'expression de son visage

Le soldat avait fini sa cigarette, nous nous sommes remis à labourer. Le soleil était encore bas dans le ciel. Je ne pouvais pas croire qu'il mettait tant de temps à bouger.

Le soldat me fouetta encore deux ou trois fois et, après une éternité, j'entendis un gong résonner : l'heure du déjeuner! Les gardes se dirigèrent vers leur cantine située dans l'une des trois maisons. Une *mit neary* en noir nous apporta notre repas : une bouillie grise où nageaient quelques grains de riz.

J'avais des ampoules sur les paumes, sur les doigts et entre le pouce et l'index où la peau est si fragile. J'avais mal au dos, aux épaules, dans les reins; mes mollets étaient enflés et les marques du fouet me cuisaient. Je n'étais qu'une seule souffrance!

– Mange ma part, chéri!

– Non ça va aller... Je n'ai pas très faim...

– Je t'en prie, prends-la, il faut que tu manges pour garder des forces!

Après le déjeuner, le soldat et moi avons placé une herse à la place du soc pour briser les mottes de terre et aplanir les sillons. Le soldat ne parlait pas, tout juste articula-t-il : « On n'a même pas labouré un champ entier! »

Tout l'après midi, il se tint debout sur la herse pour bien enfoncer les pointes. Avec son poids, c'était encore plus difficile de tirer. J'avançais comme un automate, les yeux fixés sur le soleil immobile. Je ne voyais plus rien, n'entendais plus rien, j'étais devenu une bête de somme.

Au coucher du soleil, le gong me délivra de cette torture et je me traînai jusqu'à la hutte.

Huoy me fit des compresses chaudes en pleurant. Elle avait plus mal que moi, j'étais trop fatigué pour ressentir la douleur. « J'ai prié ma mère pour qu'elle nous emmène avec elle! On ne peut pas se laisser traiter ainsi : les Khmers rouges n'ont qu'à nous tuer tout de suite! » Je ne répondis pas, tout en pensant que Ma avait eu bien raison de se suicider.

Il a plu cette nuit-là. Une longue pluie accompagnée d'éclairs et de roulements de tonnerre. L'intérieur de la hutte était tout trempé.

Au matin, je suis retourné labourer. Les soldats avaient compris leur erreur et attelèrent deux hommes pour un bœuf, ou quatre hommes seuls.

La saison des pluies était arrivée sur Battambang. La pluie tombait, froide et régulière. Au bout de quelques heures, mes doigts étaient devenus blancs et ridés, la peau se détachait en lambeaux.

Des escargots apparurent sur le sol : je me baissai pour en ramasser. Clac! Coup de fouet! Le soldat se mit à crier : « On n'a pas le temps de ramasser des escargots, il faut terminer ce champ! Tu n'aimes pas la nourriture d'Angka? Elle n'est pas assez bonne pour toi ? »

Je ne pouvais rien répondre sans insulter Angka, aussi préférai-je me taire. Je ne voyais pas pourquoi je me priverais de ramasser des escargots.

Aussi, dès la nuit tombée, je pris une petite lampe à huile et je partis en chasse. Autour de la maison, il n'y avait que de petites grenouilles et quelques escargots. Pourtant, en entendant des rafales provenant de la maison des gardes, je renonçai à aller en chercher dans les rizières où ils se trouvaient en quantité.

J'avais perdu une quinzaine de kilos et commençais à avoir des douleurs intestinales. Je crus, au début, qu'il s'agissait d'une simple diarrhée, puis je m'aperçus que c'était plus grave.

Je réalisai vite que j'étais très malade.

Maladie

Je n'étais pas le seul à être malade à Phum Chhleav, loin de là! Le travail pénible, le rationnement de la nourriture, les conditions de vie insalubres et la quasi-absence de médicaments multipliaient les maladies. Au point que le nombre des bien-portants était largement inférieur à celui des malades : je n'avais jamais rencontré une telle situation au cours de ma carrière.

La plupart restaient allongés dans les huttes, rongés par la fièvre ou dévorés par la dysenterie, membres gonflés et intestins tourmentés. Les autres allaient laborieusement travailler dans les rizières. Chaque jour, on voyait des processions serpenter sur la colline, jusqu'au cimetière.

La malnutrition était le facteur le plus important de la propagation de la maladie. Les Khmers rouges nous donnaient matin et soir un unique bol de bouillie salée et quelques cuillerées de riz. C'était tout. Il était défendu de ramasser de la nourriture et de faire la cuisine. On passait outre cette interdiction chaque fois que l'on pouvait, mais avec une telle alimentation, les résistances de l'organisme s'affaiblissaient dangereusement.

D'autres facteurs venaient s'ajouter : le travail de la terre imposé à des citadins, la fatigue chronique après douze heures d'un labeur de bête de somme, l'absence d'immunité naturelle aux virus de la région de Battambang – l'eau était infectée de bactéries –, le manque de toilettes et de WC. Pour couronner le tout, les Khmers rouges n'avaient pas de médicaments et ne laissaient pas les médecins comme moi pratiquer ouvertement.

Jusqu'à ce que je tombe malade, j'avais continué à exercer clandestinement, comme mes deux amis médecins avant que les soldats ne les arrêtent. J'allais en visite dans les huttes de mes patients, à l'aube ou au crépuscule, mon stéthoscope et mon tensiomètre cachés sous mes vêtements. Sans analyses de laboratoire, il n'était possible de baser les diagnostics que sur l'observation des symptômes. Je prescrivais des médicaments que les malades devaient ensuite se procurer au marché noir en payant en riz ou en or.

Le symptôme le plus courant était l'œdème généralisé, un gonflement dû au manque de protéines et aux fortes doses de sel dans la bouillie quotidienne. Au lieu de maigrir, les malades enflaient. Cela commençait par les jambes. En phase extrême, ils étaient incapables de les croiser ou de les joindre. Les hommes devenaient énormes, la peau de leur scrotum se distendait et provoquait des douleurs infernales. Le traitement était simple : le retour à une nourriture normale. Mais ceux qui avaient des réserves les gardaient pour eux.

Les maladies infectieuses étaient légion : coupures qui ne cicatrisaient pas, lésions cutanées dues à des fongosités – en travaillant en permanence sous la pluie, la peau n'a pas le temps de sécher –, furoncles, etc. Il y avait aussi des cas de malaria, de pneumonie et de tuberculose mais les désordres intestinaux constituaient le lot commun.

Tous les réfugiés avaient au moins la diarrhée, elle évoluait pour certains en dysenterie amibienne, une infection de l'appareil intestinal très dangereuse pour l'organisme.

C'est ce que j'avais attrapé. Certainement en buvant de l'eau contaminée alors que mes défenses étaient au plus bas.

J'avais déjà utilisé tous mes antibiotiques et tous mes médicaments antidysenterie pour soigner mon père et mes frères qui étaient tombés malades avant moi. Huoy se mit en quête de remèdes et finit par trouver des antibiotiques, 15 gélules de tétracycline qu'elle paya 40 grammes d'or.

Je pris les gélules deux fois par jour. En temps normal j'aurais prescrit le double avec de la tifomycine, un antidiarrhéique. A défaut, j'essayai des remèdes de bonne femme : les paysans cambodgiens pour se soigner, mâchent les feuilles tendres au goût amer des goyaviers. Huoy me prépara des tisanes avec ses feuilles et des décoctions d'écorce de goyave.

Rien n'y fit.

Je restai à la maison, faisant la navette entre le matelas de roseaux et les feuillées que Huoy avait creusées spécialement au fond de notre petit jardin. Je n'avais plus les pensées très claires et je devais faire un effort pour me concentrer.

La dysenterie empirait.

Mon univers se réduisait à la hutte et au jardin. J'étais incapable d'aller ailleurs et toute ma vie se ramenait à l'écoute des bruits de l'extérieur. Le monde n'était plus que sifflement de locomotives à vapeur, martèlement des roues sur les rails ou cliquetis des plates-formes actionnées par les cheminots. Tous les matins je voyais passer devant ma porte les processions funéraires. Les morts, enveloppés dans des bâches de plastique ou dans des morceaux de tissu cousu, se balançaient doucement sous une longue tige de bambou au rythme du pas des porteurs.

Au bout d'une semaine, la tétracycline était terminée, je suppliai Huoy d'aller en chercher. « Vends des affaires, cherche encore au marché noir! Je t'en prie! »

Dans l'état d'affaiblissement et de confusion dans lequel je me trouvais, je la soupçonnai de ne pas faire le maximum.

– Tu n'as pas confiance en moi, chéri. Pourtant je fais de mon mieux pour trouver ces médicaments. C'est difficile, il n'y en a plus.

Elle repartit néanmoins, mais ne put rien trouver.

Il y avait un autre remède à tenter : faire brûler des aliments pour obtenir du carbone qui arrête les gaz comme le charbon dans un filtre de cigarette. En fait, le carbone réduit seulement les symptômes et n'a qu'un effet secondaire sur l'infection.

Le problème était que nous n'avions pas d'aliments à faire brûler, n'ayant déjà pas grand-chose à manger. Mon père trouva un peu de porc, que Huoy fit soigneusement griller dans le feu jusqu'à ce qu'il soit pratiquement cramé. J'en mangeai un peu et vomis aussitôt.

Cela faisait bien longtemps que j'avais perdu tout sentiment de honte, la dysenterie est une maladie humiliante qui réduit l'homme à son tube digestif. Nuit et jour, plusieurs fois par heure, je me traînais de mon grabat jusqu'au trou, remontais les bords de mon sarong et m'installais pour de longues minutes. En me relevant, je jetais un coup d'œil au liquide plein de pus et de sang, espérant que mon état s'améliorait.

A la fin de la deuxième semaine, il n'y avait aucun changement. Étendu sur mon grabat, j'entendais le sinistre gargouillis et les clapotements de mes intestins. Parfois, je les voyais même bouger dans mon ventre sous l'effet des gaz. J'étais exténué par cette guerre entre les amibes et mon organisme.

Vers le dix-huitième jour, je ne sentais plus rien. Je restais couché sur le côté, me vidant sans même m'en apercevoir. Seule l'humidité me signalait ce triste état. Il me restait huit sarongs propres que j'utilisais comme langes.

Le vingtième jour, je ne pouvais plus marcher. Je rampais jusqu'au jardin. Huoy demanda l'autorisation de ne plus aller travailler pour s'occuper de moi.

C'était une infirmière dévouée. Elle me donnait un bain, jour et nuit, me nourrissait à la cuillère en me tenant la tête sur les genoux, elle me caressait le visage et les cheveux avec une expression d'intense tristesse.

Dans cette position, je ne voyais que ses grands yeux, ses sourcils bien dessinés et son joli visage éclairé par la lumière qui filtrait entre les roseaux tressés.

Les autres huttes me semblaient très loin, celles de mon père et de mes frères aussi. Je ne songeais même pas à y aller. Mes frères ne me rendirent visite qu'une seule fois, ce qui me mit en colère. Je leur avais donné des médicaments quand ils étaient malades et eux m'abandonnaient sans même essayer d'en trouver au marché noir. Les liens familiaux n'avaient plus aucun sens, l'égoïsme était la règle. Et puis je cessai de leur en vouloir : j'étais bien trop faible pour cela.

Je perdais de plus en plus de poids, mes clavicules saillaient, on pouvait compter mes côtes, mes jambes ressemblaient à des allumettes et mes chevilles à des nœuds. Je ne pesais plus que trente-cinq kilos.

Une mouche se posa sur mon visage, je ne pouvais pas la chasser. Je sentis ses petites pattes se déplacer sur ma joue, elle se dirigeait vers le coin de mon œil. Puis je devinai la présence de Huoy et le déplacement d'air lorsqu'elle chassa l'insecte. Elle ajusta la moustiquaire.

J'entendis les grondements de l'orage, la pluie tombait sur moi. Huoy sortit sous l'eau et colmata la brèche avec du tissu.

Je ressentais mon corps comme éclaté. Si je voulais lever la jambe, j'y pensais puis mon esprit se mettait à vagabonder sans que je puisse l'arrêter. Ensuite je me souvenais de mes velléités, je me concentrais sur ma jambe et la regardais se lever. Elle semblait appartenir à quelqu'un d'autre. Je ne la reconnaissais pas, elle était trop maigre!

Je ne dormais plus, je somnolais. J'entendais mon intestin faire des bulles et j'évacuais un peu de liquide toutes les cinq minutes. Rien ne pouvait plus l'empêcher. Les poisons sortaient et j'en fabriquais d'autres à l'intérieur avec de gros gargouillements. Il y en avait chaque fois plus : la nourriture ne faisait qu'empirer les choses. Avec une ration un peu plus importante, j'aurais pu peut-être calmer mon estomac mais, à nous deux, nous n'avions droit qu'à un bol de riz. Huoy mangeait la bouillie salée et me laissais sa part.

Le trentième jour, j'eus une intuition inexplicable : j'allais survivre!

Mais, le lendemain matin, il y eut un changement dans mon organisme. Je décidais de prendre mon pouls. J'avais l'esprit un peu vague. Où était Huoy? Je ne l'entendais plus. Je tournai la tête et l'aperçus : elle décrochait des sarongs secs de la corde à linge. A quoi étais-je en train de penser? Ah oui, mon pouls! Il faut que j'amène ma main droite jusqu'à mon poignet gauche. Si je dis à ma main de bouger, elle va obéir. Si je le fais tout de suite, je ne vais pas oublier. Je vais le faire tant que Huoy ne me voit pas.

Je regardais mon bras droit bouger et les bouts de doigts se poser sur mon poignet. Pas là! Voilà! Oui. Le battement était très faible.

Mon cœur ralentissait.

Dans quelques heures, il s'arrêterait.

Huoy entra avec les sarongs pliés et les rangea. Puis, elle s'agenouilla près de moi, me caressa le front et baigna mon visage avec un tissu humide.

– Je ne me sens pas bien. Je crois que je vais mourir. S'il te plaît, va chercher mon père.

– Non, tu ne vas pas mourir, nous allons vivre ensemble encore longtemps, toi et moi.

Elle n'y croyait pas. Elle alla chercher mon père et ils s'assirent tous deux, près de moi. Papa me regardait avec son visage tout ridé. J'évoquai son image, celle d'un homme jeune et fort.

Je lui dis que j'allais mourir dans les prochaines heures et que je voulais qu'il prenne soin de ma femme.

– Huoy s'est bien occupée de moi, mais elle est incapable de survivre toute seule. Si quelqu'un te dit du mal d'elle, ne le crois pas. Je veux que maman et toi vous la preniez avec vous : ne la laissez pas avec un autre membre de la famille. Prenez soin de vous et de Huoy et que les dieux vous bénissent.

Mon père me dit de ne pas me faire de souci, que je n'allais pas mourir. Mais, une fois dehors, il alluma des bougies et de l'encens sous le manguier et se mit à prier.

Huoy resta auprès de moi.

– Continue à lutter, sois fort dans ta tête et tu ne mourras jamais!

Elle caressait mon visage, me passait un linge mouillé sur le corps. Elle ne retenait plus les larmes qui coulaient sur ses joues.

– Si je meurs, sois heureuse!

J'entendais mon père dans la cour prier à voix haute.

– Faites que mon fils aille dans un merveilleux paradis! Faites que la vie lui soit douce, qu'il ait assez à manger et suffisamment de médicaments.

Je soufflai à Huoy : « Même mort, je continuerai à te protéger, je resterai avec toi pendant toute ta vie. »

Ma mère rejoignit mon père. Ils prièrent ensemble. Puis maman pénétra dans la hutte, s'assit à mes côtés et me massa les jambes et les bras. Huoy et elle m'enlevèrent mon sarong et voulurent me mettre des vêtements propres pour mourir.

– Non, ça ne sert à rien. Gardez le pantalon, vous pourrez l'échanger après ma mort.

– Cela m'est bien égal, chéri. Si tu meurs, je n'aurai plus besoin d'échanger quoi que ce soit. Je mourrai aussi.

Je me retournai sur le côté et j'attendis.

En début d'après-midi, un bruit de pas et un brouhaha me firent reprendre conscience.

– Venez chercher vos ignames! Une personne par famille. Venez chercher vos rations!

L'homme qui criait ainsi était un des cadres de Phum Chhleav, il était suivi d'une foule excitée qui criait en faisant de grands gestes. C'était la première nourriture distribuée par les Khmers rouges depuis trois jours.

Huoy et mon père allèrent chercher leur part.

Je m'étendis sur le dos et pensai aux ignames, ces gros tubercules tout tordus qui poussent dans les pays tropicaux. Ils contiennent des minéraux, des vitamines et surtout des glucides. Dans le feu, ils se charbonnent.

J'attendis le retour de Huoy; l'eau de la théière posée à côté de moi sur un petit feu se mit à bouillir. Je réussis à l'enlever, mais je n'eus pas la force de faire du thé.

Au bout d'un moment, Huoy revint avec une igname pas plus grosse que son poignet.

Elle la regardait fixement : depuis combien de temps n'avait-elle pas fait un véritable repas? Deux semaines, trois peut-être... Depuis le mulot, qu'avait-elle mangé?

– Chérie, donne-moi l'igname, je crois que ça va m'aider. Je sais que tu as aussi faim que moi, mais nous avons encore une provision de riz. Mange-le!

C'était notre dernière ration. Pourquoi l'économisions-nous? Je n'en savais trop rien : nous ne pouvions guère avoir plus faim que maintenant.

Huoy me regarda d'un air triste et hocha la tête.

– Je ferai ce que tu veux. Il faut que tu restes en vie. Nous serons encore heureux ensemble.

Je lui demandai de mettre l'igname dans les flammes. Lorsque le tubercule fut complètement brûlé, elle le fit refroidir, enleva les cendres et le coupa en petits morceaux. L'igname était noire, à part ses petites graines jaunes et molles. Je mangeai tout à la cuillère, la tête sur les genoux de Huoy.

Je me sentis mieux.

Mes voyages jusqu'au jardin s'espacèrent. Le lendemain, je n'y allais plus que deux fois par heure et, le surlendemain, la fréquence tomba à un déplacement toutes les heures.

L'igname brûlée avait retourné la situation et permis à mes défenses naturelles de reprendre le dessus.

Quelques jours plus tard je pouvais à nouveau supporter la nourriture solide. Huoy m'aida à me lever, mit mon bras sur son épaule. Avec un bâton en guise de canne, je pus faire quelques pas et me dégourdir les jambes.

Le jour suivant, je fis le tour de la hutte.

Il y avait cinquante mètres jusqu'à la voie ferrée. Cela devint un but, je m'en approchais chaque jour davantage et je pus enfin l'atteindre en m'arrêtant deux ou trois fois en chemin.

Nous nous sommes assis sur les rails à côté du point d'eau. J'étais fatigué, mais fier de moi. Huoy souriait, tout heureuse. Une jeune femme d'un autre village s'approcha de nous, un sac sur l'épaule, marchant d'un bon pas sur le remblai. Elle nous entendit nous appeler « chéri » et se retourna surprise. A cette époque, même les époux devaient se dire « camarade ».

– C'est votre mari ? demanda la jeune femme d'une voix agréable et courtoise avec l'accent de Phnom Penh.

– Oui. Il a été très malade, mais il va mieux maintenant.

La femme posa son sac et en retira un fruit à la peau très épaisse qui, comme les feuilles de goyave, a des propriétés médicinales.

– Chère sœur, donne-lui un peu de ceci, c'est bon pour lui.

Elle partagea le fruit en deux et nous en tendit la moitié. Je joignis mes mains et les levai jusqu'à mon front.

Elle demanda si nous étions de Phnom Penh. Je lui répondis que j'y étais médecin. Je découvris au cours de la conversation que son oncle avait été mon professeur à l'école de médecine. Nous avons parlé du bon vieux temps en utilisant le langage raffiné et les nombreuses formules de politesse de la langue khmère.

Avant de partir, elle plongea sa main dans son sac et nous offrit un épi de maïs. Ce geste me remonta le moral. Cela me rassurait qu'en dépit des Khmers rouges, une jeune femme – que je ne connaissais pas et que je ne devais jamais revoir – garde cette compassion propre à la culture cambodgienne. Nous l'avons regardée s'éloigner le long de la voie ferrée jusqu'à ce qu'elle disparaisse à l'horizon.

– Chérie, je vais vivre !

Le soleil allait se coucher, l'air était frais, je mangeai un morceau du fruit et lui donnai le reste. Ensuite, nous nous sommes baignés ; Huoy me frictionna partout pour enlever la poussière et la crasse de la maladie.

Ce soir-là, nous avons fait cuire l'épi de maïs et je l'offris grain par grain à Huoy en geste de reconnaissance pour l'igname dont elle m'avait nourri.

J'aimais et je respectais Huoy plus que jamais : elle m'avait sauvé la vie.

La procession des égoïstes et des agonisants

Lorsque j'eus repris mon poids normal, on me renvoya travailler dans les rizières.

Le simple fait de marcher sur les terres fertiles de Battambang me faisait du bien. Les plants de riz étaient superbes, bien touffus et plus hauts que moi. Lorsque la brise soufflait sur cet océan de verdure, l'odeur était si douce et si appétissante que j'en avais l'eau à la bouche. Tant de riz!

Dans quelques mois, ce sera la moisson, nous pourrons manger du riz à satiété! C'est du moins ce qu'on nous a promis.

Nous étions à la fin de la saison des pluies et le travail était plus facile. Il suffisait de surveiller le niveau de l'eau : lorsqu'elle menaçait de déborder, j'allais avec une équipe creuser des trous dans les talus pour que le trop-plein puisse s'écouler d'un champ à l'autre. Ensuite, on reconstituait les petits talus de terre à grands coups de binette.

Nous étions trempés et couverts de boue toute la journée, mais ce n'était pas un travail trop pénible. Les soldats ne venaient que rarement jusqu'aux rizières, on pouvait même ramasser de la nourriture. Lorsque les champs sont pleins d'eau, il s'y développe toute une faune grouillante de grenouilles, d'escargots, de petites crevettes, de poissons et de crabes.

A Phum Chhleav, les crabes sont très faciles à attraper. (Pour ceux qui connaissent la technique.) Il faut d'abord bien choisir son moment. Le matin de bonne heure ou en fin d'après-midi, l'eau est trop fraîche : les crabes se réfugient dans les plants de riz et se cramponnent aux tiges avec leurs pinces. Si on s'approche, ils se laissent tomber au fond de l'eau et s'échappent à toute vitesse. Mais, au milieu de la journée, lorsque l'eau est bien chaude, les crabes viennent se mettre à l'abri dans leurs trous, creusés dans les talus. On les attrape au moment où ils rentrent. Il faut faire vite sans se faire pincer.

Je mettais mes prises dans les poches de ma chemise et, le soir, Huoy faisait cuire les crabes dans la hutte après le repas collectif de gruau de riz et l'inévitable réunion politique. Toutes les familles de Phum Chhleav avaient quelqu'un qui travaillait dans les rizières et tout le monde mangeait des crabes en cachette. Quand je pouvais – par extraordinaire – me procurer un peu de poisson ou de viande, nous mangions la chair et mettions les os et les arêtes dans un petit pot pour plus tard. Ces déchets sont riches en protéines et en calcium, et je ne voulais rien perdre.

La nourriture, c'est le pouvoir.

En dépit de tous les discours révolutionnaires sur une société égalitaire, on pouvait constater que ceux qui se trouvaient en haut de l'échelle mangeaient raisonnablement et que les autres étaient mal nourris. Chaque jour, à l'heure du déjeuner, une *mit neary* apportait dans les champs une cuve de riz gorgé d'eau et servait à la louche cette bouillie dans nos bols. Pendant ce temps, les soldats se rendaient dans leurs quartiers – les trois petites maisons à côté de la voie ferrée – et l'on voyait la fumée s'élever au-dessus des toits. Pas besoin de nous expliquer ce qui se passait à l'intérieur : les soldats ressortaient contents et repus en se léchant les babines.

Ces hypocrites se servaient alors ostensiblement une louche de gruau comme s'ils mangeaient la même chose que nous. Ils avalaient leurs bols avec force bruits en disant : « Regardez, ça nous suffit bien à nous ! Vous n'êtes qu'une bande de paresseux : vous devriez travailler davantage pour prouver votre gratitude envers Angka ! »

Avec ou sans fusils, les soldats détenaient le pouvoir comme des caïds de banlieue. Nous en avions peur et personne n'osait les affronter. Aussi, chacun continuait à ramasser des crabes en douce en attendant la récolte miraculeuse qui devait nous permettre de manger à notre faim.

Les Khmers rouges avaient malheureusement d'autres projets. Un matin, alors que je creusais un chenal dans une rizière, j'aperçus une silhouette au loin. C'était le vieil homme sur son cheval. Il avançait au pas le long de la voie ferrée, venant de Phnom Tippeday ; son sarong en soie remonté jusqu'à la taille découvrait son pantalon noir. Il s'arrêta devant le QG des soldats et pénétra dans l'une des maisons.

Le camarade Ik ne venait pas jusqu'à Phum Chhleav sans une bonne raison.

Quelques heures plus tard, après le déjeuner, il entreprit une inspection dans les rizières, contrôlant l'état des plantations, mesurant le niveau d'eau. Je m'arrangeai pour être en permanence à l'opposé et j'évitai de croiser son chemin. Il finit par remonter à cheval et par s'éloigner.

« Ça ne présage rien de bon ! » pensai-je.

Les décisions du camarade Ik filtrèrent rapidement par l'intermédiaire du chef de groupe. Il nous annonça pompeusement la nouvelle le lendemain pendant le travail : « Nous allons quitter Phum Chhleav bientôt. Nous ne savons pas quand exactement, mais Angka nous donnera prochainement une date précise. »

Je ne laissais transparaître aucune émotion sur mon visage : je n'avais aucune confiance en ce chef de groupe, même s'il était de Phnom Penh. Il était bien mieux nourri et en meilleure santé que nous autres et je me demandais où il pouvait bien trouver sa nourriture ! Mes compagnons ne lui faisaient pas confiance non plus et attendirent qu'il ait le dos tourné pour faire leurs commentaires.

– Vous voyez, ça recommence ! remarqua un homme que j'avais connu à Tonle Bati. Ils prétendent toujours que nous aurons à manger si on travaille. Maintenant que nous avons fait pousser ce riz, ils nous chassent avant la récolte. Pour aller où ? De quelle récolte allons-nous profiter, si ce n'est pas de la nôtre ?

– Oui, renchérit un autre. Il y a des soldats qui tuent avec des balles : les Khmers rouges tuent avec du riz ! Ce n'est pas possible : je n'ai jamais vu autant de riz de ma vie et, jamais, je n'ai eu aussi faim !

Je préférai ne rien dire même si j'étais entièrement d'accord avec eux. Avec autant de riz et autant de gens affamés, nous renvoyer avant la récolte était la plus cruelle des tortures. Je n'en étais pas pour autant surpris : le véritable problème était de savoir s'ils avaient décidé de nous exterminer ou si c'était seulement par manque de coordination.

Il y avait quelque chose de caractéristique chez les Khmers rouges : leur incapacité à effectuer une planification correcte. Ils élaboraient sans arrêt de nouveaux projets qu'ils étaient incapables de mener à terme.

Découragés, nous avons ralenti la cadence dans les champs : si on ne pouvait pas profiter de notre travail, inutile de nous crever à la tâche.

Les événements tournaient au vinaigre : les Khmers rouges ne faisaient plus confiance à personne. Deux jours plus tard, des soldats emmenèrent notre chef de groupe, les mains liées dans le dos : il avait été surpris en train d'acheter de la viande au marché noir.

Le jour suivant, l'exode reprit.

Huoy et moi avons enlevé la bâche du toit, plié la moustiquaire, les nattes et les vêtements pour en faire des balluchons pour un nouveau voyage.

Depuis la révolution, nous ne faisions que nous déplacer à travers le pays. De Phnom Penh à Wat Kien Svay Krao, puis Tonle Bati, Phum Chhleav... Et maintenant ?

Les Khmers rouges racontaient qu'on allait sur le « front » mais sans expliquer où il était, ni même ce qu'ils voulaient dire par « front ». Nous aurions pu aussi bien aller sur la lune!

Je soulevai la perche avec un grognement, la charge était lourde et mes forces avaient décliné depuis ma dysenterie. En plus, par entêtement, j'avais emporté mes livres de médecine que Huoy m'avait demandé de laisser. Elle portait la théière à la main et un gros balluchon sur la tête.

Nous avons suivi les autres sur les sentiers boueux. La terre était détrempée; des déchets et des excréments flottaient dans les flaques d'eau. Il faisait frais ce matin-là : les gens en sortant de leur hutte s'enveloppaient dans leurs *kramas* et se frictionnaient les bras pour se réchauffer. Nous nous dirigions vers la voie ferrée. En passant devant une hutte, j'aperçus une vieille dame étendue, inconsciente, contre la paroi. Ses jambes étaient affreusement enflées par un œdème et une odeur pestilentielle se dégageait du tas d'ordures où elle gisait. Elle était couverte de mouches. Incapable de marcher et trop lourde pour être portée : on l'avait abandonnée.

En montant sur le ballast – le seul endroit au sec –, j'assistai à ce spectacle effroyable : une procession de malades au visage amaigri, aux yeux hagards, aux membres filiformes ou déformés par les boursouflures. Appuyés sur des cannes ou soutenus par un parent, ces pauvres gens avançaient en économisant leurs pas, au dernier stade de l'épuisement. Je comprenais maintenant pourquoi il y avait aussi peu de travailleurs dans les champs : les Khmers rouges, en vidant les huttes, avaient jeté sur la route une véritable cour des Miracles.

A côté de moi, une femme toute décharnée posa par terre le bout d'un hamac qu'elle portait, fixé à une perche. Une faible voix sortit du tas de chiffons : « Chérie, chérie emmène-moi avec toi! Ne me laisse pas! » Mais la femme, sans se retourner, fit non de la tête et continua sa route. L'homme qui tenait l'autre bout eut un moment d'hésitation puis haussa les épaules, déposa la perche à son tour et suivit le mouvement. Personne ne s'approcha du hamac. Moi non plus. C'était une question de survie : nous avons poursuivi notre marche.

Le soleil projetait nos ombres loin devant nous. Tous les cent mètres je changeais mon fardeau d'épaule, il me semblait avoir parcouru des kilomètres. Pour d'autres, chaque mètre pesait des tonnes. Les gens autour de nous étaient vêtus de haillons. Tous étaient couverts de boue, certains avaient mouillé leur entrecuisse et souillé leur pantalon. Bon nombre de ceux qui s'arrêtaient pour se reposer, ne pouvaient pas se relever et s'abandonnaient là, harcelés par les mouches.

Un adolescent assis par terre ne parvenait pas à se remettre debout. Ses bras maigres n'étaient pas assez forts : il poussa un grand coup... souleva ses fesses du sol... ramena ses jambes sous lui... et réussit à se redresser, tremblant de tout son corps. Il fit un pas, trébucha... en fit un autre en vacillant... Nous l'avions déjà dépassé.

Le pire, c'était cette indifférence. On mettait un pied devant l'autre, on entendait les gémissements et les plaintes des autres, on continuait à avancer. Pas à pas, concentré sur l'effort sans prêter attention à autre chose qu'à sa propre survie. Nous avions tous vu la mort auparavant; au long de cet exode, l'atroce devenait habitude.

Personne n'a fait le bilan exact, mais j'estime qu'à peine la moitié des 7 800 personnes déportées à Phum Chhleav quittèrent ce camp et qu'une bonne partie mourut en route.

Ceux qui ne se relevaient pas étaient en bonne compagnie : tout le long de la voie ferrée gisaient les cadavres des déportés qui nous avaient précédés. Ces morts abandonnés viraient au mauve foncé, leur peau enflée éclatait sous les vêtements. La plupart gardait un bras ou une jambe dressée vers le ciel. Et, dans cette odeur infecte, des essaims de mouches s'agglutinaient autour de la bouche, des yeux et de l'anus.

En les regardant, j'éprouvais plus de pitié que d'horreur. Ce n'était pas leur faute s'ils étaient étendus là, offerts en spectacle. C'était celle des Khmers rouges et de leurs familles qui n'avaient pas pris la peine de les ensevelir.

Je ressentis une bouffée de colère.

L'homme change vite, il a tôt fait d'abandonner son vernis d'humanité pour retrouver ses origines animales. Autrefois – il y a tout juste six mois –, personne n'aurait abandonné les morts. Dans notre religion, ne pas respecter les rites funéraires condamne les âmes à errer éternellement.

Tout avait changé maintenant : nos traditions, mais aussi nos croyances et notre comportement. Nous n'avions plus de moines, plus de temples, plus d'obligations familiales : les enfants laissaient mourir leurs parents, les épouses abandonnaient leurs maris, les plus forts continuaient leur chemin sans se retourner. Les Khmers rouges avaient brisé notre culture et ne laissaient que cette procession d'égoïstes et d'agonisants. La société s'écroulait devant mes yeux.

Ma propre famille aussi. Des huit enfants de mon père, trois de ses fils étaient encore avec lui et c'est à peine si je leur parlais : ils n'avaient pas fait un geste pour m'empêcher de mourir. Huoy et moi marchions loin d'eux, tout en ne les perdant pas de vue.

En fin d'après-midi, nous sommes arrivés à la gare de Phnom Tippeday. Les soldats nous distribuèrent deux bols de riz chacun : une aubaine! Puis nous avons continué notre route vers le sud, traversant un village du nom de Phum Phnom (le village de la montagne); les Khmers rouges avaient installé leur QG dans l'ancienne mairie.

Ce soir-là, nous avons campé sur un tertre dans les rizières. Une famille chinoise partageait cet îlot, au sec, avec mes parents et mes frères. La nuit bruissait du chant des grenouilles et des grillons; le vent agitait les arbres. Je ne pouvais pas dormir. Je me levai à plusieurs reprises pour m'asseoir devant le feu, m'imprégner de sa chaleur et observer les flammes. Huoy qui se faisait du souci pour ma santé n'arrêtait pas de m'appeler pour que je revienne me coucher. C'est ce que je finis par faire.

Au matin, nous avons découvert que le Chinois était mort à côté de nous. Dans le noir, personne ne s'en était aperçu.

Quelque chose se brisa en moi. Je n'en pouvais plus : cette marche vers la mort, la famine, l'incertitude de notre destin... Je ramenai Huoy et le reste de ma famille dans un coin ombragé au bord de la route, mais je n'avais pas une idée bien claire de ce qu'il fallait faire.

Je rencontrai d'abord un homme, Pen Tip, qui avait exercé à Phum Chhleav même s'il n'était pas médecin. J'avais fini par me souvenir où je l'avais déjà rencontré. C'était à Phnom Penh, alors que j'étais étudiant : Pen Tip était infirmier en radiologie. C'était un petit homme trapu, d'un peu moins d'un mètre cinquante, sûr de lui et intelligent. Je ne lui avais jamais adressé la parole.

Pen Tip était content : il venait d'obtenir l'autorisation de résider dans un village à proximité. Il pensait qu'il valait mieux rester près de la voie ferrée plutôt que de s'enfoncer davantage dans la campagne. Tout était préférable au « front ».

– Je pense la même chose. Je ne sais pas ce qu'est ce front, mais ça m'inquiète. En plus dans les montagnes vers le sud, il doit certainement y avoir de la malaria.

– Vous avez raison, docteur!

– Ne m'appelez pas docteur s'il vous plaît! Je vous remercie du conseil.

Je quittai Pen Tip et continuai à flâner. Je rencontrai une femme, une « ancienne », originaire de Chambak, près de mon village natal. Elle fut plutôt aimable avec moi – nous étions du même pays – et m'emmena voir un homme qui pourrait me prendre avec lui. Un « ancien » du nom de Youen, chef de section dans un hameau à proximité de là.

Youen était un Khmer à la peau sombre, aux cheveux courts et aux dents cassées. Il portait des culottes attachées autour de la taille par une ceinture de cuir. Pendant que nous parlions, il sortit une blague de tabac doux et des morceaux de feuilles de bananier, confectionna une cigarette en roulant la feuille de bananier et en alluma l'extrémité avec son briquet. J'étais fasciné par sa dextérité.

Je lui dis que mon nom était Samnang – le chanceux –, que ma femme s'appelait Bopha – fleur en khmer comme Huoy en dialecte chinois – et que j'étais chauffeur de taxi à Phnom Penh. Que je venais d'une famille modeste et que Bopha et moi voulions travailler. Nous étions prêts à faire n'importe quoi pour rester avec lui et servir Angka ici.

– Parlez-moi davantage de votre passé, demanda-t-il.

Je lui expliquai que j'avais vécu à Samrong Yong toute ma vie, comme un paysan jusqu'à ce que la guerre nous entraîne à Phnom Penh. Que ma femme et moi étions très pauvres sous le régime de Lon Nol et qu'elle vendait des légumes au marché. Apparemment, il me crut et m'autorisa à résider dans sa petite communauté. Je le remerciai vivement et courus chercher Huoy et mes parents.

J'étais heureux d'avoir trouvé un coin perdu à l'abri de la famine et de la révolution où nous pourrions subsister sous la protection de Youen. Je recommandai à mes parents de m'accompagner : ils trouveraient bien quelque chose à faire.

Mon père et mes frères échangèrent un regard.

J'avais seulement invité mes parents à m'accompagner, pas mes frères. Mes raisons étaient d'abord d'ordre pratique : il était impossible de nous cacher tous chez Youen, le groupe aurait été trop voyant. De plus je ne ressentais aucune obligation envers mes frères, ils m'avaient abandonné et leurs femmes détestaient Huoy.

Mon père accepta ma proposition.

Mais tout n'était pas encore joué. Les Khmers rouges avaient fini par réaliser qu'ils perdaient trop de travailleurs dans l'exode et avaient envoyé des chars à bœufs pour ramasser les survivants. Mon frère Pheng Huor trouva une charrette pour sa famille. Nous le vîmes s'éloigner avec sa femme, ses deux filles et son fils. Ce petit garçon de trois ans était le préféré de son grand-père et, voyant qu'il restait sur le bord du chemin, il se mit à pleurer.

C'en était trop pour mon père.

« Attends, attends ! » cria-t-il. Pheng Huor arrêta le char à bœufs et, sans un mot, mon père et ma mère se précipitèrent vers le véhicule avec leurs bagages.

Nouvelle organisation

Youen, le chef de ce hameau à côté de Phum Phnom, n'était pas très malin : il savait cultiver la terre, obéir aux ordres mais ne brillait ni par son intelligence ni par sa force de caractère. Il était pourtant d'accord pour nous prendre Huoy et moi sous sa protection : tant qu'elle durerait, il pouvait compter sur ma loyauté.

Son hameau était occupé par des « anciens » et rien ne semblait y avoir changé depuis l'avant-guerre. Un véritable îlot en plein milieu de la tempête révolutionnaire. A Phum Phnom, les Khmers rouges avaient installé leur poste de commandement régional, de l'autre côté il y avait Phum Chhleav – que je ne regrettais pas d'avoir quitté – et vers le sud, ce mystérieux « front » où je ne voulais pas mettre les pieds.

En échange de sa protection, Huoy et moi étions devenus les serviteurs de Youen, travaillant chez lui, chez sa sœur et chez sa fille qui habitaient à proximité. Huoy faisait la cuisine et le ménage; je balayais la cour, remplissais les citernes d'eau et faisais paître les vaches dans les champs. Lorsque je passais devant un membre de la famille Youen, j'inclinais respectueusement la tête et s'ils étaient assis, je m'arrangeais pour leur parler en me plaçant plus bas qu'eux. C'est une attitude déférente tout à fait courante chez les domestiques au Cambodge.

A Phnom Penh, en tant que médecin, je ne me serais jamais abaissé devant un simple fermier analphabète. Au contraire, c'est lui qui aurait dû me manifester sa déférence. Aujourd'hui, je lui apportais de l'eau les yeux baissés, offrant la tasse de mes deux mains jointes en l'appelant *Puk* (Père). Pour lui et sa famille, je n'étais que Samnang, l'ancien chauffeur de taxi, le mari de Bopha. Huoy et moi jouions notre rôle jour et nuit, attendant d'être seuls pour nous murmurer des confidences.

Aussi étrange que cela puisse paraître, nous étions heureux.

Comme quelqu'un qui tombe d'une falaise et se rattrape à une corniche. Nous nous habituions à notre nouvelle condition, bien contents de ne pas nous être écrasés au pied de la falaise. Au fond, cette vie était supportable, le travail n'était pas trop dur et notre santé s'améliorait grâce à la nourriture que nous avions enfin en quantité suffisante.

Au début, Youen donnait quelques boîtes de riz en paiement de notre peine. Mais, très vite, il ajouta nos noms sur la liste des rations. C'était un premier pas vers une assimilation à sa petite communauté.

Il m'envoya au dépôt des Khmers rouges pour chercher ma part. Je revins en chancelant sous le poids d'un sac de vingt-cinq kilos de riz, un sourire radieux sur les lèvres. Imaginez un peu ma satisfaction d'avoir de la nourriture pour plusieurs semaines... offerte par les Khmers rouges, de surcroît! Ce riz non décortiqué, était encore recouvert d'une cosse brune non comestible. Yin, la sœur de Youen me prêta un broyeur à manivelle permettant de moudre le grain entre deux pierres plates. Il en sortait un mélange de riz blanc, de cosses vides et de grains écrasés. Huoy versait le tout sur un grand panier plat, lançait le grain en l'air et le rattrapait au vol. Le riz retombait dans le panier et les cosses plus légères étaient entraînées par le vent. Quelques grains étaient encore recouverts de leur pellicule et Yin nous montra comment les polir sur un vieil appareil en bois. Ce polissoir ressemblait à un mortier dont le pilon était attaché à un levier commandé au pied.

C'était la manière ancienne de moudre, de vanner et de polir le riz à la campagne. Pour une citadine comme Huoy habituée à acheter son riz blanc au marché, la méthode était tout à fait nouvelle, mais elle ne se débrouillait pas trop mal.

Une fois le riz poli, elle se sentait davantage dans son élément. Elle faisait chauffer de l'eau dans un pot, frottait les grains dans ses mains pour retirer les impuretés et écumait la surface de l'eau bouillante. Ensuite, elle changeait le bouillon, rajoutant de l'eau fraîche jusqu'à couvrir complètement le riz, puis elle le remettait au feu, couvert. Une fois à ébullition, elle baissait le feu en retirant du bois, jusqu'à ce que l'eau soit totalement absorbée et que de grosses bulles viennent crever à la surface.

C'était parfait, les grains bien séparés dégageaient une saveur délicieuse, ni trop secs, ni trop mous.

Avant le repas, Huoy alluma trois bâtons d'encens à la mémoire de sa mère et pria à voix haute en agitant ses mains dans la fumée, à la manière chinoise.

– Mère, nous avons de la bonne nourriture à présent, nous pensons à vous et vous nous manquez. Je vous en prie, mangez la première.

Après l'offrande, nous avons commencé notre repas, il n'y avait que du riz mais on s'en est mis jusque-là, au point d'en avoir une indigestion. Nous étions ravis.

Une fois inscrits sur la liste de rationnement, Yin nous proposa de demander l'autorisation d'avoir une résidence permanente et de construire notre maison. Yin, Youen et moi nous trouvions sous l'arbre où je dormais avec Huoy. Je laissai faire Yin; c'était une femme remarquable, d'une quarantaine d'années, divorcée. Elle avait la voix grave des fumeurs invétérés et les bras aussi musclés qu'un homme. Plus forte que Youen, plus intelligente aussi : elle avait la trempe d'un chef. Son frère se grattait la tête en étudiant notre proposition, mais Yin interrompit ses réflexions d'une voix impatiente.

– Si Samnang ne sait pas comment construire une maison, je lui montrerai!

Et joignant le geste à la parole – sans attendre la décision de son frère – elle prit une hache, m'en tendit une et se mit en marche. Je jetai un coup d'œil à Youen : devant le fait accompli, il se contenta d'acquiescer d'un signe de tête.

Je suivis Yin le long d'un sentier qui serpentait entre les rizières jusqu'à le forêt. Elle avait de gros mollets musclés et de grands pieds plats tournés vers l'extérieur.

J'avais le plus grand mal à la suivre. Elle s'arrêta enfin devant un bosquet et pour se donner plus d'aisance, releva le bord de son sarong, le roulant comme un short sur ses cuisses courtes. Les jambes bien écartées comme un bûcheron elle attaqua le tronc d'arbre. Je fis de même, mais elle termina bien avant moi, considérant mon travail d'un œil critique. Le retour au village me fut plutôt pénible, je devais m'arrêter souvent pour reprendre mon souffle. Yin marchait sans changer de pas, le tronc sur l'épaule un mégot derrière l'oreille.

Nous sommes retournés chercher du bois le lendemain, elle parlait tout en marchant.

– Vous mangez tout. Vous n'aurez plus de graines à planter l'année prochaine.

Je restai silencieux, craignant de l'avoir offensée la veille en engloutissant mon repas avec autant d'avidité. Mais je me rendis compte qu'elle parlait des « nouveaux » en général et qu'elle critiquait indirectement les méthodes du régime.

Yin avait vu passer l'exode en direction du front.

– Je n'avais jamais vu autant de gens mal en point, jamais. Je ne sais pas où nous allons. Avant on pouvait, en travaillant, gagner un peu d'argent et s'acheter des médicaments au marché. Maintenant ce n'est plus possible. Il n'y a plus de marché, plus de médicaments, plus d'argent...

Elle fit demi-tour, installa le bois sur son épaule comme si c'était un fétu et me regarda de ses petits yeux.

Je haletai.

– Je n'ai jamais rien vu de semblable, c'est la faute de ce riz plein d'eau, ce n'est pas assez nourrissant. Les gens comme vous deviennent maigres et faibles. On ne peut pas faire grand-chose dans cet état. Vraiment pas grand-chose!

Je baissai les yeux pour m'examiner. Elle avait raison, on pouvait compter mes côtes à travers ma chemise. Je répondis humblement :

– Oui, nous n'avons pas toujours de quoi manger suffisamment. Mais Angka nous demande de nous sacrifier pour reconstruire la nation.

Yin me regarda comme si j'étais un imbécile et cracha par terre.

– On faisait pousser ici beaucoup plus de riz que maintenant. Les gens ne veulent plus travailler. Pourquoi le feraient-ils d'ailleurs? Ils ne peuvent pas planter ce qu'ils veulent, ni manger ce qu'ils produisent. En plus il y a beaucoup plus de bouches à nourrir. Comme vous et votre femme.

– Tante Yin, je vous demande pardon pour cette nourriture que nous prenons, ma femme et moi. Nous ne voulons pas être une charge.

– Ce n'est pas votre faute, fils. C'est Angka qui commande ici, c'est Angka qui possède tout. J'ai planté ces manguiers et je dois demander la permission de manger les mangues! Je n'ai jamais vu un tel gouvernement!

Yin poursuivit son chemin en répétant : « Je n'ai jamais vu un gouvernement pareil! » Et elle cracha par terre.

Je courus pour la rattraper. Ses réflexions étaient pleines de bon sens : elle pouvait rester chez elle sans risquer d'aller au « front », elle ne souffrait pas de la famine et pourtant, elle n'aimait pas cette révolution. C'était réconfortant.

Lorsque Yin et moi eûmes coupé assez de bois, nous avons ramassé des roseaux qui poussaient sur le bord des rizières pour les réunir en bottes. Nous avons ensuite construit la maison : une grande pièce grossière, mais bien imperméable. Elle n'était pas très belle mais elle était mieux construite que la hutte de Phum Chhleav ou celle de Tonle Bati.

Huoy et moi avons aménagé une cache dans le sol de terre battue pour y mettre les livres et nos autres trésors. Nous avons ensuite recouvert le sol avec la bâche de plastique.

Cette maison nous permettait de devenir des membres à part entière de la communauté, mais quelque chose me disait que ça n'allait pas durer : des retardataires émaciés rôdaient encore dans les environs et les Khmers rouges leur faisaient la chasse. Chaque jour je voyais des estafettes à bicyclette ou à mobylette transporter des messages dans toutes les directions. Les Khmers rouges s'agitaient beaucoup, les chefs effectuaient continuellement des tournées d'inspection, en Jeep ou à cheval : ils préparaient visiblement quelque chose. Toute la campagne était mobilisée.

Le jour que je redoutais arriva trop vite. Youen rassembla tout le monde et annonça que Angka recrutait tous les couples sans enfants pour aller sur le « front ».

La nouvelle me fit l'effet d'un coup de masse. Je pensais avoir conclu un accord avec Youen, nous étions ses employés, il devait nous protéger. Il me prit à part.

– Il vaut mieux vous préparer. Ils veulent que vous n'emportiez qu'un hamac, une binette, de la corde et des paniers pour transporter de la terre. Vous n'aurez besoin de rien d'autre.

– Comment irai-je sur le front? Je n'ai pas cet équipement, c'est ridicule, je n'irai pas!

Youen ne s'attendait pas à ce que je m'oppose à lui aussi vertement. Il prit le temps de réfléchir.

– Peut-être qu'Angka vous fournira le matériel sur place...

– Non, j'ai besoin de cet équipement avant de partir!

Je résistai à son autorité et je le défiai. Je savais qu'il avait un fils marié sans enfants et qu'il l'avait protégé. Maintenant que la pression s'accentuait, il préférait se débarrasser de nous.

Youen éleva la voix.

– C'est la loi d'Angka, ce n'est pas une décision personnelle. Tous ceux qui doivent partir, partiront!

Yin s'approcha de moi, tournant le dos à son frère et me souffla :

– Fils, nous n'avons pas le choix. J'aimerais bien vous garder, vous m'êtes sympathiques. Mais vous devez obéir, sinon tout le monde aura des ennuis.

Je savais qu'elle avait raison, Yin était honnête et avait du cœur mais je discutai quand même jusqu'à ce que Youen me donne deux sacs de chanvre pour fabriquer un hamac, une binette et une corde. Puis je lui demandai une autre binette et des paniers. Je voulais gagner du temps pour que Huoy puisse déterrer nos affaires cachées dans la maison. Enfin, elle sortit avec les bagages et nous nous sommes mis en route avec un autre couple, escortés par des soldats. Nous avons pris lentement la direction du sud pour rejoindre cette nouvelle expérience de réorganisation sociale.

Le trajet nous prit environ une heure et nous étions toujours en vue de la gare de Phnom Tippeday. Bien que je ne le sache pas encore, c'est là que j'allais passer les trois prochaines années. Tous ces lieux dont j'ai parlé jusqu'à présent, Phnom Penh, Phum Chhleav, Phnum Phon, ne sont d'ailleurs qu'à quelques heures de marche : notre univers se réduisait à une quinzaine de kilomètres carrés.

Les soldats nous conduisirent jusqu'à un tertre où se trouvaient les bâtiments administratifs, les entrepôts et la cuisine de campagne de la « coopérative du front ». On nous distribua d'autres outils et on nous désigna un tertre comme lieu de repos.

Huoy cousit rapidement un double hamac avec les deux sacs de chanvre que je suspendis entre deux arbres. J'installai la moustiquaire au-dessus. Nous faisions partie d'une section de deux cents jeunes couples, avec ou sans enfants. Deux ou trois mille personnes campaient sur ce site, dans les rizières à sec. Notre tâche principale consistait à creuser des canaux d'irrigation et le campement se déplaçait chaque semaine en fonction de la progression du chantier.

Nous creusions chaque jour du matin au soir et quelquefois de nuit. Avant de dormir : réunion politique! Je n'avais jamais travaillé autant et dormi si peu de ma vie. Pas un seul jour de repos, pas de vacances ni de festivités.

C'est ici sur le « front » que j'ai vraiment compris le plan des Khmers rouges pour réorganiser la société cambodgienne. Ils nous avaient conduits par étape : d'abord l'évacuation des villes, puis le contrôle progressif de la population et enfin un deuxième ou un troisième exode en fonction des nécessités.

En ce février 1976, ils mettaient en pratique leurs théories révolutionnaires de façon définitive.

Le concept clé, comme on nous le rabâchait dans les meetings, était indépendance-souveraineté. Cela signifiait pour eux être totalement indépendant, ne subir aucune influence culturelle ou humanitaire étrangère. Nous, les Khmers, allions nous débrouiller tout seuls, en réorganisant, en catalysant l'énergie de notre peuple et en éliminant tout ce qui pouvait nous distraire de notre travail. Nous deviendrions ainsi une nation avancée et développée, presque du jour au lendemain.

Ce « grand bond en avant » nécessitait notre « exacte compréhension révolutionnaire ». Ces termes et ces expressions devenaient un nouveau langage. Il y avait par exemple le concept de « lutte ». C'était un terme militaire, comme celui de « front » qui reflétait l'idée que la nation était toujours en guerre.

Sur le « front » nous « luttions » ou nous « lancions des offensives » pour cultiver « vigoureusement » les rizières! Nous « luttions pour creuser des canaux avec un grand courage »! Il fallait « lutter pour résoudre le problème des engrais »! On devait « lancer une offensive pour planter des ressources stratégiques ». Tout cela devait être exécuté « avec un zèle révolutionnaire »!

L'objectif était évidemment « la victoire »! Nous décrochions « une victoire sur les éléments »! Nous devenions « les maîtres des rizières, des champs et des forêts », nous obtenions la « maîtrise de la terre, de l'eau et des canaux », ce qui nous donnait « une grande victoire sur les inondations »!

Pour acquérir cette maîtrise et effectuer ce grand bond en avant, il fallait nous « sacrifier ». Cela voulait dire travailler sans se plaindre, sans tenir compte des obstacles, accepter de creuser 18 à 20 heures par jour avec simplement un bol de gruau dans le ventre.

Ils voulaient que nous devenions des « fanatiques du travail » comme le disait une de leurs chansons : « Nous n'avons pas peur de la nuit, du jour, des vents, des tempêtes, de la pluie et des maladies. Nous nous sacrifions avec joie pour Angka et pour montrer notre soutien à la révolution. »

Les cadres nous poussaient à nous débarrasser de nos biens et de tout ce qui pouvait rappeler l'ancien régime.

– Jetez les produits occidentaux que vous possédez encore; le maquillage, les beaux vêtements, les livres, l'or! Vous n'en avez plus besoin! Si vous conservez ces objets, votre esprit restera contaminé par le passé et vous ne pourrez pas bien travailler. Débarrassez-vous aussi des ustensiles de cuisine et de vos objets personnels, sinon vous serez considérés comme des capitalistes et comme des ennemis de la communauté. Il n'y a plus de propriété privée aujourd'hui.

Tout appartenait à Angka. Heureusement, leur propre code interdisait aux soldats de nous fouiller et c'est sur nous que Huoy et moi cachions notre or, comme tous les autres d'ailleurs.

J'avais enterré mes livres de médecine et ils ne les trouvèrent pas malgré la vérification de nos bagages. En rentrant du travail, nous nous sommes aperçus un soir qu'ils avaient emporté les blouses de soie de Huoy, ses soutiens-gorge, son nécessaire à maquillage, la plupart des vêtements de sa mère et les pots pour cuire le riz. Ils avaient laissé la théière, le seul ustensile autorisé.

Après avoir aboli la religion, détruit les statues de Bouddha, défroqué les moines, ils voulaient aussi supprimer la famille. Nos attachements personnels affaiblissaient notre adoration pour Angka. Les enfants devaient quitter les parents; les vieillards, leurs fils et leurs filles. Même les couples devaient accepter la séparation si le travail l'exigeait. C'était, selon Angka, une « libération » qui devait nous permettre d'accorder plus de soin à notre travail en nous dégageant des soucis de la famille. Ils avaient aussi, dans le même esprit, interdit les repas individuels : tout le monde mangeait à la cantine.

– Comme vous êtes heureux, s'exclamait Chev, le chef du « front », vous rentrez du travail et le riz est déjà prêt. Pas de problèmes, ni d'inquiétudes : Angka s'occupe de vos enfants et de vos parents. Tout le monde est heureux : même les jeunes n'ont pas besoin d'aller à l'école ! Pour Angka, l'école c'est la campagne ! Tout est gratuit, vous n'avez pas d'argent à dépenser pour l'instruction, ni pour rien ! Vous êtes vraiment heureux ! Sous le régime du grand fasciste, du grand impérialiste, du grand féodal Lon Nol, vous étiez opprimés ! Vous n'aviez jamais connu le bonheur d'être maître de votre pays ! Vous n'étiez que des esclaves ! Tout n'était que corruption, marchands âpres au gain et militaires fascistes ! Sous le glorieux règne d'Angka, vous êtes les maîtres de votre destinée. La vie est bien meilleure aujourd'hui, il n'y a plus de corruption, plus de jeux d'argent ni de prostitution. Vous apprenez auprès des paysans et des ouvriers qui sont la source du vrai savoir ! Ils ne sont pas comme les moines fainéants ! Le seul homme sage est celui qui sait faire pousser du riz !

Les Khmers rouges voulaient un bouleversement radical de la société. Tous ceux qui avaient dirigé le pays auparavant avaient disparu : Lon Nol s'était enfui en avion pour les États-Unis, Sihanouk ne donnait plus signe de vie et les moines n'existaient plus.(« Ceux qui apporteront secrètement du riz aux moines iront planter des choux. Si les choux n'ont pas poussé en trois jours, il ne leur restera plus qu'à creuser leur tombe. Les moines sont des sangsues impérialistes ! »)

Les familles étaient brisées, les enfants envoyés ailleurs pour être élevés entre eux. Il n'y avait plus de villes, plus de marchés, plus de magasins, plus de restaurants, plus de cafés, plus de lignes d'autobus, plus de voitures, plus de bicyclettes, plus d'écoles, plus de livres, plus de journaux ou de revues. Il n'y avait plus d'argent, plus de montres, plus d'horloges, plus de vacances et plus de fêtes.

Juste le soleil qui se levait et se couchait, les étoiles et, la nuit, la pluie qui tombait du ciel.

Et le travail !

Tout n'était que travail dans une campagne désolée.

Le nouveau gouvernement était bien mystérieux et nous n'en discernions pas les couches supérieures. Angka – quel qu'il soit – était au sommet de la pyramide : homme ou groupe de personnes, on n'en savait rien. Beaucoup préféraient croire qu'il s'agissait d'une entité toute puissante, presque divine.

« Angka a autant d'yeux qu'un ananas, disait Chev, il voit partout, vous avez intérêt à vous conduire correctement ! »

Le mystère sur l'identité d'Angka ajoutait à son pouvoir. Du dirigeant de haut niveau jusqu'au plus misérable mouchard, tous étaient Angka! Chev nous disait aussi quelquefois que nous étions nous aussi Angka!

Au-dessous des huiles, se trouvaient – je le supposais du moins – des chefs de régions correspondant, en gros, aux anciennes provinces. Battambang s'appelait maintenant région nord-ouest et son chef était vraisemblablement un officier que j'avais déjà vu lors des visites d'inspection à bord d'une Jeep. Toujours installé à côté du chauffeur, il roulait avec le bras à l'extérieur, la main cramponnée au toit mais je n'avais jamais pu le voir d'assez près pour distinguer ses traits.

Le camarade Ik, le vieil homme à cheval qui nous avait harangué à Phum Chhleav se trouvait sous ses ordres dans l'administration civile. Il devait être chef de secteur.

Ensuite, il y avait les chefs de village. Celui de Phump Chhleav, chargé du hameau de Youen, s'appelait Chev. Il avait aussi la responsabilité de la coopérative sur le front et commandait à quelques officiers et autres chefs de village.

Au-dessous se trouvaient les chefs de sections, en général des « anciens » à qui les Khmers rouges faisaient confiance. Enfin, il y avait les chefs de groupe, des « nouveaux » soigneusement choisis qui dirigeaient des groupes d'une dizaine de travailleurs.

Parfois, en observant, ma binette à la main, le spectacle de ces milliers de gens au travail, je devais admettre qu'Angka était en train de réussir son pari : réorganiser totalement le pays. Personne, avant la prise du pouvoir n'aurait pu imaginer une telle scène. D'autant que les Khmers rouges ne s'étaient pas contentés de fixer des tâches, ils avaient créé une nouvelle philosophie, réalisant certains objectifs comme la suppression de la corruption – sous Lon Nol, ç'avait été un véritable fléau – ou le regain de patriotisme, il y avait urgence à reconstruire notre pays ravagé par la guerre.

Des haut-parleurs fixés au sommet de pylônes diffusaient une musique martiale qui portait bien au-delà du chantier. Lorsque j'écoutais ses accents vigoureux et lorsque je voyais les grands drapeaux rouges claquer au vent, je me surprenais à croire qu'ils pouvaient réussir leur révolution.

En y regardant de plus près, l'illusion s'évanouissait vite. Les gens qui travaillaient sur ce canal étaient fatigués, mal nourris et leurs vêtements étaient en lambeaux. Les binettes se levaient et retombaient sans énergie et les visages reflétaient une tristesse et une terrible impuissance.

D'un seul coup d'œil, on se rendait compte que le pays avait pris une mauvaise direction.

Les Khmers rouges poussaient leur raisonnement aux limites du mensonge et de la forfaiture. Ils voulaient nous faire travailler de force et nous produisions de moins en moins, exténués par ce labeur. Ils voulaient purifier le pays de l'influence étrangère et détruisaient les temples de Bouddha, cette religion venue de l'Inde. Les villes étaient trop occidentalisés, ils nous obligèrent à les quitter. Leur but était l'élimination de tout ce qui n'était pas cambodgien.

De l'hypocrisie!

Les Khmers rouges, à part leur peau sombre, avaient tout emprunté à l'étranger. A la Chine. Leur idéologie du grand bond en avant était celle de Mao Tsé-toung. La décision d'envoyer les intellectuels à la campagne pour apprendre auprès des paysans, était inspirée de la révolution culturelle chinoise. Leurs AK-47, leurs casquettes, leurs uniformes vert olive, leurs camions étaient chinois. Même leur musique était chinoise avec des paroles en khmer!

Leur plus grande force était la propagande. Ils savaient qu'un grand mensonge passe mieux qu'un petit et leur système nous était tellement étranger que nous avions cédé sans même résister. Si nous avions pu protester publiquement – et c'était interdit – qu'aurions-nous pu faire ? A la première incartade le coupable était emmené et disparaissait définitivement. Il était inutile et dangereux d'ouvrir simplement la bouche.

Si, par exemple, je disais à Huoy qu'un gouvernement qui maintenait une telle oppression courait à sa perte, elle m'approuvait, mais qu'est-ce que cela changeait ? Le régime était toujours là et nous creusions toujours des trous à la binette. Nous étions fatigués, affamés et incapables de nous souvenir de la dernière bonne chose qui nous était arrivée. On nous avait trompés d'un bout à l'autre.

A l'infirmerie du « front » j'avais entendu une infirmière demander à une autre : « As-tu donné à manger aux esclaves de guerre ? » Cette réflexion fortuite me frappa plus que l'état des seringues souillées, que la crasse et l'indifférence qui régnaient dans cette clinique.

Elle expliquait l'attitude des Khmers rouges envers nous. Tous leurs discours sur la société sans classes, la construction d'une nouvelle nation, la lutte pour l'indépendance... C'était de la foutaise. En réalité, les Khmers rouges avaient gagné la guerre civile et nous étions leurs esclaves. Ils prenaient leur revanche, un point c'est tout!

Cloches

Ils sonnaient la première cloche à quatre heures du matin. Déjà fatigués, Huoy et moi sautions de notre hamac et cherchions la cruche à eau en nous frottant les yeux. Autour de nous, les silhouettes des autres couples se détachaient sur le ciel étoilé. Certains essayaient de grappiller quelques minutes de sommeil supplémentaires, mais il n'y avait pas moyen d'échapper à la cloche. Elle avait une sonorité implacable, pénétrante, qui n'admettait aucun recours.

Aussitôt, les haut-parleurs se mettaient à grésiller et à siffler avant que les premières notes de l'hymne national retentissent à travers tout le campement.

> Sang rouge et brillant qui couvre villes et plaines
> Du Kampuchéa, notre mère patrie,
> Sang sublime des travailleurs et des paysans,
> Sang sublime des révolutionnaires et des combattants,
> Hommes et femmes confondus.
> Sang de notre lutte implacable et résolue
> Qui, le 17 avril, sous le drapeau de la révolution,
> Nous a libérés de l'esclavage!
> Vive, vive le glorieux 17 avril!
> Victoire glorieuse et plus grande encore
> Que celle de l'époque du Temple d'Angkor.

Une nouvelle journée sur le « front » venait de commencer.

A quatre heures trente, la cloche résonnait d'abord lentement puis de plus en plus vite. Ils sonnaient toujours les cloches de la même façon, par volées de trois. Comme les moines, avant la révolution, battaient le tambour à coups lents et terminaient par des roulements. Trois fois de suite. C'est par ce signal qu'ils appelaient les fidèles à la prière. Inconsciemment sans doute, les Khmers rouges utilisaient le même rythme pour nous appeler au travail. Dans la nouvelle religion d'Angka, les corvées étaient la manifestation de la dévotion révolutionnaire.

A la seconde volée, Huoy et moi rejoignions notre équipe. Des petits groupes d'une dizaine de personnes se formaient et se dirigeaient en file indienne vers le chantier.

Je portais une binette sur mon épaule droite et une machette à ma ceinture. De l'autre côté, j'avais fixé un quart en aluminium de fabrication américaine, fermé par un couvercle et plein d'eau bouillie. Ma cuillère pendait autour de mon cou, attachée avec une lanière. J'avais caché dans de petites poches de ma ceinture, ma montre suisse, plusieurs pièces d'or et un vieux Zippo avec des pierres de rechange. J'étais pieds nus, ma chemise était déchirée et déboutonnée et je portais un chapeau de palmes pour me protéger du soleil. Pour l'heure, une lumière blafarde pointait à l'est, tout juste suffisante pour voir où nous mettions les pieds.

En arrivant au canal, mon groupe se dirigea vers notre poste de travail, délimité par des poteaux de bois. Le canal était à sec, de plus d'un mètre cinquante de profondeur et de trois mètres de large. Ses parois à pic, élevées avec le remblai argileux, dépassaient le niveau du sol et servaient de digue contre les inondations.

Je descendis au fond en soupirant et frappai mollement le sol de ma binette. J'étais courbaturé, il fallait que je me réchauffe d'abord avant de piocher à un rythme plus régulier en évitant les gros efforts. Le travail consistait à défoncer le sol et à remplir des paniers de terre qui passaient de main en main jusqu'au sommet du remblai.

Les canaux s'étiraient à perte de vue dans la lumière maussade et on entendait les autres équipes creuser à proximité, créant un véritable réseau serré d'irrigation.

Les Khmers rouges assuraient qu'ils recueilleraient le trop-plein d'eau pendant la saison des pluies pour irriguer pendant la saison sèche. Ils avaient une grande confiance en ce système. « Nous aurons trois récoltes par an! disait un cadre enthousiaste. Personne ne souffrira plus de la famine! Et si les États-Unis nous attaquent, nous creuserons un canal dans le Pacifique et nous envahirons l'Amérique! »

L'aube se levait, teintant l'horizon de rose. Près de moi, un homme soupirait, je savais à quoi il pensait : pas un moment de repos, pas un jour de congé, pas une minute de joie. Les travaux forcés à perpétuité pour rester en vie!

N'y pense pas, lève simplement ta binette et laisse-la retomber. Ne t'épuise pas, fais seulement semblant. Regarde ce piquet, quand on l'aura atteint, ils nous enverront ailleurs. Mais où? Dans la plaine ou dans les rizières? Les plaines sont plus faciles à creuser, mais dans les rizières il y a tant d'animaux! Ce serpent qui glissait dans son trou et que nous avons délogé à coups de binette. Comme Huoy etait contente lorsque je lui ai apporté ma part. C'était la première fois que je la voyais sourire depuis longtemps!

Chop! Chop! Chop! Le bruit des binettes frappant l'argile retentissait de tous côtés dans la chaleur de cette journée sans nuages. La transpiration coulait régulièrement sur mon corps, je ne la sentais même pas.

– Camarades, faites une pause!

Tout le monde laissa tomber les outils et sortit du canal. Je rejoignis Huoy qui m'attendait à l'ombre d'un *sdao*. Je cassai une branche dont je fourrai les feuilles dans ma poche avant de m'asseoir. Nous avons partagé l'eau bouillie que je transportais dans mon récipient, Huoy s'adossa au tronc et je m'allongeai contre ses jambes en frottant mes écorchures.

Pendant les pauses on avait le droit de fumer. La cantine donnait du tabac aux chefs de groupe qui nous le distribuaient. J'en roulais un peu dans du papier et tirais ostensiblement quelques bouffées pour continuer à toucher ma ration. En réalité, je l'échangeais contre de la nourriture à de grands intoxiqués qui préféraient fumer que manger.

Il y avait aussi quelques fumeurs de marijuana. Un vieil homme près de moi, tirait bruyamment sur sa pipe de bambou gardant la fumée aussi longtemps que possible dans ses poumons avant de l'exhaler dans un soupir de contentement. Fumer de la marijuana était une vieille tradition de la campagne reprise par quelques anciens soldats de Lon Nol. Les Khmers rouges n'attachaient pas grande importance à la drogue et n'avaient même pas pris la peine de l'interdire.

D'autant plus qu'après la pause, les fumeurs de marijuana semblaient travailler mieux. J'ai essayé d'en fumer une fois, espérant que cela aurait le même effet sur moi. Malheureusement, la drogue me donnait une irrésistible envie de dormir et je n'ai jamais recommencé.

– Au travail, camarades!

Je dégringolai au fond de mon canal en bougonnant.

En fin de matinée, le soleil tapait en plein sur ma tête. Ils branchèrent les haut-parleurs, la musique nous parvenait faiblement, mais clairement :

> Sang rouge brillant...

Je connaissais chaque mot par cœur pour l'avoir entendu des milliers de fois.

... Unissons-nous pour construire
Une Kampuchéa splendide et démocratique
Une nouvelle société d'égalité et de justice
En soutenant la ligne d'indépendance-souveraineté
Et de confiance en nous!
Défendons résolument
Notre mère patrie, notre terre sacrée
Et notre glorieuse révolution!

« Et notre terrible révolution » chantonnai-je en silence.

Vive, vive, vive
La nouvelle Kampuchéa démocratique
Dressons résolument vers les cimes
Le drapeau rouge de la révolution!
Construisons notre mère patrie,
Faisons-la avancer d'un grand bond en avant
Pour qu'elle soit plus glorieuse que jamais!

Après l'hymne national, on avait droit à une chanson intitulée : « Hourrah pour un groupe de soldats révolutionnaires, courageux, forts et merveilleux! » Ensuite ils enchaînaient sur : « La nouvelle sécurité d'un village sous la lumière de la glorieuse révolution! » suivi de « Nos splendides camarades combattants luttent pour étudier la façon de vivre révolutionnaire! »

Je les connaissais toutes et je les haïssais!

Je dessinai un haut-parleur dans le fond du canal que je réduisis en pièces à coups de binette, puis je recommençai...

Je m'aperçus rapidement que je frappais au rythme de la musique. Impossible d'y échapper, je connaissais chaque note, chaque intonation jusqu'à l'écœurement...

Après avoir distillé le remarquable : « Les sections révolutionnaires protègent la sécurité du Kampuchéa démocratique », il y eut un long silence qui nous permit d'entendre à nouveau le gazouillis des oiseaux.

Puis, « Le glorieux 17 avril » retentit à nouveau, venant clôturer le concert.

C'était l'heure du déjeuner, la cloche se mit à sonner et aussitôt de longues files se formèrent en direction de la cuisine communautaire.

Cette cuisine était installée sur un tertre déboisé, une corvée avait élevé une grossière structure en bambous et des panneaux de chaume. Des soldats avaient accroché leurs hamacs entre les poteaux des haut-parleurs tournés vers les quatre coins de l'horizon. Des fils reliés à la batterie d'un camion et un magnétophone complétaient l'installation. A la branche d'un arbre, la maudite cloche pendait comme un enjoliveur.

Les neuf membres du groupe s'assirent en cercle sur le sol pendant que le chef allait chercher les rations. Ils m'étaient indifférents; certains nous quittaient pour d'autres tâches, des nouveaux arrivaient des villages de « l'arrière ». On ne restait jamais suffisamment de temps ensemble pour pouvoir créer des liens d'amitié.

Le chef de groupe était un « nouveau » avec des pantalons déchirés et les cheveux emmêlés de sueur, comme nous. Il attendait son tour dans la longue file, se rapprochant peu à peu de la table où une *mit neary* distribuait les rations. C'était une femme d'une quarantaine d'années aux dents noircies par le béthel. Elle portait un bébé sur la hanche le soutenant du bras gauche, lui donnant le sein de temps à autre sans interrompre son travail. Ses gros seins bougeaient sous sa veste déboutonnée qui laissait apparaître les mamelons. Avec sa main libre elle puisait dans une grosse marmite des louches de riz avec une demi-noix de coco. Elle posait fréquemment sa louche pour essuyer un filet de jus de béthel au coin de sa bouche, passait sa main sur son pantalon crasseux et replongeait les doigts dans la bassine.

Cette *mit neary* était célèbre dans la coopérative : elle volait dans les bagages des nouveaux arrivés. Le soir, dans leur hutte, elle et ses camarades essayaient les fards et les soutiens-gorge à la mode occidentale qu'elles avaient dérobés, s'exhibant devant une glace. Au matin, elles reprenaient la tenue réglementaire des *mit neary*, cheveux tirés, vestes boutonnées jusqu'au col et pas de maquillage. Elle seule portait un cercle de rouge à lèvres sur les joues.

Le chef de groupe revenait avec notre pitance et une pile de bols rouillés. Nous attendions impatiemment, la cuillère à la main. Un des hommes l'interpella : « Mélange bien cette fois-ci! Pas d'injustice! » Le chef obtempéra, dix paires d'yeux étaient fixées sur le gruau blanc qu'il versait dans chaque bol.

– Allez, mangez maintenant!

– Non! Tu n'as pas bien mélangé. Regarde ce bol, il a beaucoup plus de riz que les autres. Tout le monde peut le vérifier.

On se pencha pour mieux voir. Sous la bouillie laiteuse, remplie de filaments semblables à des mucosités, on apercevait la couche de riz. Dans ce bol elle semblait effectivement un peu plus épaisse.

– C'est pas vrai! se plaignit une femme qui avait hérité du bol. Vous dites toujours que j'en ai plus que les autres. J'en ai assez, ces portions sont égales et je vais manger la mienne.

– Attendez!

Quelqu'un agrippa son poignet pour qu'elle ne puisse pas

commencer et tout le monde se mit à protester jusqu'à ce que le chef retire quelques grains de riz et les distribue dans chaque gamelle. Puis il répartit les parts de sel sur des feuilles avec précaution afin d'éviter les contestations. Je me levai pour rejoindre Huoy qui m'attendait un peu à l'écart. Nous nous sommes éloignés pour être seuls, loin des groupes où tout le monde se disputait les rations.

Je versai un peu de gruau dans son bol.

– Mange, il faut que tu économises tes forces!

– Non reprends ça, les hommes ont besoin de plus de nourriture que les femmes et tu travailles plus dur!

Tout le monde se chamaillait sur la nourriture. Nous aussi, mais c'était pour en donner un peu plus à l'autre. C'était un trait de nos relations : je n'avais pas oublié l'igname et je tentais toujours de la dédommager.

A la fin nous sommes parvenus, comme d'habitude, à un compromis et nous avons commencé à manger en mâchant des feuilles de *sdao* avec le riz. Elles ont le même goût que la quinine et ce n'est pas simplement une coïncidence puisque c'est un substitut de ce médicament contre la malaria. J'avalais chaque bouchée lentement, savourant un à un les grains de riz contre mon palais. Avant d'enfourner la dernière cuillerée je pris mon temps pour faire durer le plaisir.

Ding! Ding! Ding!

Tout le monde se leva pour aller rapporter les bols à la cuisine. Cette cloche me rendait fou!

Ding... Ding... Ding... ding-ding... ding-ding... ding-ding... ding-dingdingdingdingding...

L'après-midi ressemblait au matin, en plus long et en plus chaud. Il n'y avait pas un souffle de vent au fond du canal. Ma binette me semblait deux fois plus lourde, le travail du groupe n'avançait guère. Ils nous accordèrent une pause pour fumer et remirent la musique pour accélérer le rythme. J'aurais fait n'importe quoi pour qu'ils jouent autre chose, mais la coopérative n'avait qu'une seule cassette.

Sang rouge brillant...

Le pire moment de la journée arrivait : la fin de l'après-midi. Les soldats venaient arrêter des gens à ce moment-là. On ne savait jamais à l'avance combien de personnes allaient être emmenées et cette incertitude rendait l'attente encore plus insupportable.

Alors que je déposais ma binette pour transporter mon panier plein au sommet du remblai pour la millième fois de la journée, je les vis s'approcher dans le soleil couchant. Trois soldats marchant à travers champ et se dirigeant vers moi. Le cœur battant, je redescendis au fond avec mon panier vide. Mon tour était arrivé! Je remplis rageusement un nouveau panier et remontai. Les soldats avaient bifurqué dans une autre direction et s'étaient emparé de deux hommes qu'ils emmenaient, les mains attachées dans le dos.

Qu'avaient fait ces malheureux ? Il valait mieux ne pas poser la question.

La loi des Khmers rouges était la loi du silence. Il n'y avait pas d'autre tribunal que celui d'Angka Leu.

Ces hommes n'avaient peut-être pas bien travaillé, ou avaient volé de la nourriture. Un *chhlop* les avait peut-être dénoncés... Les gens disparaissaient, c'était tout. Je savais qu'un jour ce serait mon tour.

Après le coucher du soleil, la lumière disparaissait rapidement et la cloche sonnait la fin du travail.

Je sortis du canal et me dirigeai vers un réservoir, plongeant tout habillé pour me rafraîchir. Puis, les vêtements dégoulinants, je rejoignis la file d'attente devant la cantine.

Au dîner, il faisait bien trop sombre pour qu'on puisse mesurer la couche de riz au fond des bols. La nourriture était un peu améliorée, on nous donnait des volubilis – l'équivalent cambodgien des épinards – avec le riz et le sel. Huoy et moi mangions ensemble pour rentrer vite sur notre tertre. Nous comptions y faire une décoction de feuilles des *sdao* et y faire cuire quelques escargots trouvés pendant la journée.

Ding! Ding! Ding!

Lorsque la cloche sonnait à cette heure-là, c'était pour une réunion politique, sur le front on disait « meeting » – comme en anglais – et on prononçait mee-*ting,* en accentuant la dernière syllabe.

Nous nous sommes rassemblés dans un champ. Le premier orateur était Chev, le chef de la coopérative. Il avait une voix basse, un peu mielleuse et s'arrêtait souvent pour sourire au public. Tout le monde en était terrifié.

– Certains d'entre vous sont des paresseux! Ils ne veulent pas participer aux activités révolutionnaires parce que leur esprit passéiste regrette l'époque capitaliste. Ils ralentissent les projets et tentent d'arrêter la roue de l'Histoire. Nous n'avons pas besoin de ces gens-là! Nous n'en voulons pas! Ce sont des agents de la CIA et des contre-révolutionnaires! Ai-je raison ou tort?

– Vous avez raison! Oui, oui! avons-nous répondu en chœur, applaudissant pour bien montrer notre approbation.

Chev continua en disant que ces gens étaient nos ennemis, que nous devions les chasser et les éliminer. « Ai-je raison ou tort? »

Applaudissements. Comme nous étions heureux de vivre sous Angka. Les Cambodgiens avaient attendu des milliers d'années avant de pouvoir le faire. « Ai-je raison ou tort ? »

Huoy et moi étions assis derrière, adossés à un tronc d'arbre. Il faisait sombre et je rabattis mon chapeau sur mes yeux pour somnoler un peu. Une partie de mon esprit restait en éveil.

– ... ou raison ?

J'applaudissais automatiquement sans ouvrir les yeux.

Après Chev, ce fut le tour d'un cadre de rang moins élevé. Il prononçait des mots et des expressions sans même comprendre ce qu'il disait. « ...menant une grande offensive continuelle pour lancer une lutte et obtenir un grand bond en avant pour devenir maître des éléments... » Ce charabia n'était pas destiné à faire progresser quoi que ce soit; il démontrait uniquement leur orthodoxie. Dans ce régime où l'individualité était combattue, les cadres devaient montrer leur enthousiasme en imitant leurs chefs. Ils parlaient pendant que Huoy et moi rassemblions nos forces pour la suite.

La cloche sonna.

Traînant les pieds, nous nous sommes remis en ligne dans l'obscurité. Direction, le canal.

Nous avons travaillé au clair de lune. Ou plutôt, nous avons fait semblant, remuant juste assez de terre pour que les gardes ne s'approchent pas pendant que d'autres faisaient un somme, couchés sur le sol. Ils auraient pu nous laisser récupérer pour être en meilleure forme le lendemain, mais c'était impossible de l'expliquer aux Khmers rouges.

A minuit, la cloche sonna enfin au milieu du hululement des hiboux et du concert des grillons. Hébétés, nous nous sommes dirigés vers nos hamacs au milieu des arbres.

Quatre heures plus tard, la cloche nous réveillait de nouveau.

Manger et dormir. Nous ne pensions plus qu'à cela. Comment envisager autre chose quand on a l'estomac vide, qu'on est harassé de fatigue, avec la peur au ventre ? S'évader pour la Thaïlande, rejoindre les Khmers Serei (Khmers libres) dont on disait qu'ils vivaient le long de la frontière ? C'était au-dessus de nos forces. Les Khmers rouges mettaient des gardes tout autour de la coopérative pendant la nuit et personne ne s'y était risqué. Le sommeil était plus important que l'évasion et manger était plus vital que dormir.

Les kilos que j'avais récupérés dans le hameau de Youen avaient fondu. J'étais passé de nouveau en dessous des cinquante.

Les feuilles de *sdao* et les escargots ne suffisaient plus. J'essayais de glaner un peu de nourriture les soirs où nous n'avions pas de meeting mais, de nuit, ce n'était pas facile. Je préférais le faire le matin de très bonne heure alors que le ciel commençait à s'éclaircir.

Un jour – au bout d'un mois de front – je trouvai des marantas et en remplis un panier que je cachai dans les broussailles près du hamac. Lorsque je revins à ma cachette, à l'heure du déjeuner, le panier n'était plus là. Nous avons demandé à nos voisins mais personne n'avait rien vu. Huoy et moi avons mangé tristement notre gruau et nous nous sommes étendus dans le hamac.

Deux garçons sont arrivés près de nous; ils fumaient en nous regardant et tournaient leur cigarette entre leurs doigts, imitant maladroitement les vieux fumeurs.

– Camarade! Angka veut te voir, dépêche-toi!

Je m'assis dans le hamac le cœur battant.

Je savais qui ils étaient : des *chhlops*!

Angka Leu

Ils étaient un peu âgés pour des espions. Douze ans, à peu près. Ils portaient des pantalons flottants et rien d'autre. Alors qu'à Battambang, de nombreux garçons de leur âge avaient déjà revêtu l'uniforme khmer rouge. Leurs parents avaient dû intriguer pour différer leur incorporation.

C'est bizarre, pensai-je pendant que les deux *chhlops* m'observaient, aujourd'hui les jeunes garçons sont devenus des mouchards et les adolescents sont enrôlés comme soldats. Il n'y a plus d'enfance. Avant la révolution, ils auraient appris à cultiver les rizières de leur père, seraient allés à l'école ou dans un temple pour aider les moines. Ils y auraient appris à respecter leurs aînés.

– Dépêche-toi camarade!

On sentait dans le ton de leur voix stridente une bonne dose d'irritation et d'impatience. S'ils avaient été mes fils, je les aurais giflés!

– Une minute, s'il vous plaît! J'enfile ma chemise.

– Mon mari vous suit! Pourquoi lui parlez-vous comme ça? Il s'habille et va vous suivre!

Huoy retrouvait ses réflexes de maîtresse d'école : de nombreux enfants de leur âge lui étaient passés entre les mains.

– A bientôt, chérie!

Je partis d'un pas confiant, les deux garçons me suivaient. Je n'étais pas trop inquiet. Si la situation avait été vraiment grave, Angka aurait envoyé les soldats pour m'arrêter en fin d'après-midi. Les *chhlops* étaient trop jeunes pour qu'on leur confie une mission importante.

Ils m'emmenèrent devant une maison de style khmer rouge – un toit de chaume posé sur quatre piliers – où j'aperçus Chev, le chef de la coopérative assis dans un hamac.

Il était torse nu, les pieds posés sur le sol et tirait quelques bouffées d'une cigarette qu'il roulait lentement entre ses doigts. Il était maigre, la peau sombre avec des cheveux souples et lisses, et une large bouche aux lèvres épaisses. Il souriait.

– Camarade... ?

– Samnang !

– Très bien, camarade Samnang. Vous devez dire la vérité à Angka. Ce matin nos chhlops ont fait une tournée d'inspection sur les tertres et ont découvert chez vous un panier plein de marantas. Voici ma question. Pourquoi n'avez-vous pas apporté ce panier à la cantine collective ? Pourquoi ne l'avez-vous pas remis à Angka au bénéfice de la communauté ? Pourquoi vouliez-vous le garder ?

Ainsi donc, c'étaient les *chhlops* qui m'avaient volé le panier de marantas. J'aurais dû m'en douter !

– Camarade Chev, la nuit dernière je suis allé chercher de la nourriture, mais je n'ai trouvé que ces marantas. C'était bien insuffisant pour tout le monde.

– Vous vouliez donc garder des choses personnelles. Vous savez que c'est interdit.

Il était inutile de répondre.

– Les *chhlops* m'ont aussi appris que vous appeliez votre femme, « chérie ». Il n'y a plus de « chéries » ici. C'est interdit !

Des soldats arrivèrent en courant comme s'ils étaient en retard à une réunion importante. Chev restait assis calmement dans son hamac en souriant. Il ne m'avait accusé que de délits mineurs et je m'apprêtais à faire amende honorable et à promettre de ne plus recommencer.

Une grosse voix se fit entendre dans mon dos, une voix autoritaire, celle d'un soldat.

– Qui a donné la permission au camarade d'aller chercher de la nourriture ? Réponds, camarade !

– Personne, camarade. J'y suis allé de mon propre chef. J'ai mal agi, je suis désolé.

– Tu vois, tu as trop de liberté. Tu te crois libre comme un oiseau mais tu es en fait un réactionnaire.

– Camarades, je n'ai pas dis cela. Je respecte toujours les lois d'Angka. Si Angka dit que j'ai eu tort, j'accepte et je ne recommencerai plus !

Chev reprit la parole d'une voix doucereuse.

– Vous reconnaissez vous-même que vous avez eu tort. Mais ce n'est pas suffisant.

Le soldat à la voix grave intervint.

– Camarade Chev, il faut l'envoyer à Angka Leu ! A Chhleav !

Huoy observait la scène de loin. Elle s'approcha en voyant Chev faire un signe d'approbation. Les soldats commençaient à me lier les mains derrière le dos. Huoy demanda ce qui se passait.

– Votre mari a trahi Angka. Nous l'envoyons aux autorités supérieures pour qu'il soit jugé.

Par habitude, Huoy joignit ses mains en *sompeab* effectuant malencontreusement devant Chev le geste traditionnel de supplication. C'était le signe sans équivoque d'un passé réactionnaire.

– Ne tuez pas mon mari! Je vous prie, remettez-le en liberté! Faites ce que vous voulez de moi, mais ne l'envoyez pas à Angka Leu. Il n'a rien fait contre Angka!

– Ce n'est pas à moi de décider. C'est à Angka Leu.

– Alors, envoyez-moi aussi à Angka Leu, je veux rester avec lui.

– Non, c'est Samnang qui a mal agi. Pas vous. Ses cheveux sont sur sa tête, pas sur la vôtre. Les voleurs sont responsables de leurs actes, personne d'autre. Vous resterez ici!

Je m'étais laissé attacher sans protester et j'ordonnai à Huoy de faire attention. Le ton que j'employai, lui fit faire un pas en arrière, elle mit sa main devant sa bouche. Elle avait peur mais je ne voulais pas qu'elle soit davantage compromise.

Les soldats m'emmenèrent.

Nous avons pris un sentier dans la forêt en direction de Phum Chhleav. Les soldats marchaient derrière en me tenant au bout d'une longue corde qui empêchait le sang de circuler. Mes bras s'engourdissaient.

Nous nous sommes arrêtés avant Phum Chhleav dans une clairière que je ne connaissais pas. La prison était un long bâtiment étroit avec des murs de bambous, un toit de chaume et de tôle ondulée.

On me fit asseoir et les soldats s'éloignèrent.

Des bruits étouffés me parvenaient du bâtiment dont je sentais l'odeur répugnante. Des objets noirs que je n'arrivais pas à identifier pendaient du bord du toit.

Une heure plus tard, un gardien de la prison vint me chercher. Il me conduisit dans une plantation de manguiers. Les arbres étaient hauts, bien entretenus et plantés à intervalle régulier. Au pied de chaque manguier était attaché un prisonnier.

Je suivis le gardien le long d'une rangée d'arbres passant devant une femme écartelée, à plat ventre sur un banc de bois. Ses poignets et ses chevilles étaient attachés aux quatre coins. Son sampot et sa blouse, déchirés, la dénudaient de façon obscène. Elle tourna la tête et nous regarda avec des yeux hagards :

– Sauvez-moi! Je vous en prie.

Des fourmis rouges recouvraient ses mains et ses bras, le bout de ses doigts était ensanglanté.

Le gardien me conduisit à quelques mètres et desserra la corde. J'en profitai pour faire circuler le sang dans mes bras, puis il me fit asseoir le dos contre un tronc, m'attacha les mains derrière l'arbre et s'en alla sans un mot.

Je me mis à prier : « Si je dois mourir, que ce soit avec dignité... » Quelque chose grimpait sur mon cou. Piqûre. Une fourmi rouge! Je frottais la tête contre le tronc pour tenter de l'écraser. J'en sentis une autre sur mon épaule.

La fourmilière était au pied de l'arbre, j'étais assis dessus. Je me contorsionnais dans tous les sens pour m'en débarrasser. Je parvins à en écraser quelques-unes avec les doigts sur mes poignets liés, d'autres avec le menton sur mes épaules et sur ma poitrine, et d'autres en frottant mes mollets et mes pieds. Il en arrivait toujours, de plus en plus agressives.

Plus je me débattais, plus elles s'acharnaient sur moi. Je tentais de desserrer mes liens en ruant frénétiquement des jambes. Je sentais leurs morsures, même quand elles ne mordaient pas.

C'était déjà une torture épouvantable.

En fin d'après-midi, un homme s'approcha du bosquet. Il était grand, avec les cheveux frisés et portait un pantalon noir, des sandales de caoutchouc et une montre au poignet. Sous sa chemise noire, j'aperçus un polo bleu : un Montagut. Avant la révolution, les polos Montagut étaient très à la mode à Phnom Penh. (Comme les chemises Lacoste maintenant.) Ils étaient de fabrication française, frais et confortables : les Khmers rouges les avaient adoptés. Comme les *kramas* de soie, c'était la marque d'un certain statut. Eux qui haïssaient l'ancienne société en enviaient ses symboles!

L'homme aux cheveux frisés portait une hachette et une paire de tenailles. Il s'assit sur le banc à côté de la femme couchée comme un oiseau meurtri aux ailes déployées.

– Où est ton mari?

Leurs voix parvenaient jusqu'à moi.

– Tu dois dire la vérité à Angka! Quel rang avait-il dans l'armée? Capitaine? Lieutenant? Dis-moi la vérité.

– Je ne sais pas où il est. Mais il n'était pas soldat... ni capitaine... ni lieutenant... il n'était rien de tout ça.

– Tu mens toujours à Angka!

L'homme monta sur le banc, posa son pied sur la main de la femme, attrapa quelque chose et tira d'un coup sec.

Un hurlement désespéré emplit la clairière.

L'homme se redressa, un morceau sanguinolent pendait entre les mâchoires des tenailles.

– Si tu ne me dis pas la vérité, demain je t'arracherai un autre ongle. Si tu avoues, Angka te relâchera.

La femme se tordait de douleur sur le banc, son sampot retroussé jusqu'à la taille.
– J'ai dis la vérité! Tue-moi tout de suite! Maintenant! Je n'ai rien à te dire de plus! Oh mère, mère sauve-moi!
Nous Cambodgiens, invoquons l'esprit de nos mères lorsque nous sommes en danger.
L'homme la laissa et se dirigea vers moi. C'était bien une chemise Montagut bleue qu'il portait sous sa tunique noire. Il avait deux stylos dans sa poche poitrine. Il se pencha vers moi.
– Dis-moi la vérité. Qui t'a autorisé à aller chercher de la nourriture ?
– C'est moi seul, camarade. J'avais faim!
– Angka ne te donne pas assez à manger?
– Si, si... assez à manger, mais j'avais encore faim.
– Alors pourquoi es-tu allé chercher de la nourriture alors que les autres s'en dispensent? Tu es censé travailler! Si tu te balades, c'est injuste pour tes camarades!
J'allais répondre, mais il ne faisait pas attention à ce que je disais. Il me demanda soudain si j'étais vietnamien ou chinois. Je lui répondis que je n'étais ni l'un ni l'autre.
– Que faisais-tu avant? Tu étais soldat? Professeur? Tu avais des responsabilités dans le gouvernement de Lon Nol?
– Pas du tout. J'étais chauffeur de taxi.
– Quel modèle de voiture conduisais-tu?
– Une 404. Une Peugeot 404.
– Tu faisais quel trajet?
– Surtout de longues courses. Phnom Penh-Takéo ou Battambang. Là où les clients voulaient aller. Jusqu'à ce que les routes soient fermées à cause des combats. Après je restais à Phnom Penh.
– Non! Tu n'étais pas chauffeur de taxi! Tu mens!
– Si camarade, j'étais chauffeur de taxi! Vraiment! Ma femme vendait des légumes au marché. Quand il n'y en avait pas, elle vendait des sucreries et des gâteaux.
– C'est faux! Tu n'étais pas taxi! Tu dois dire la vérité à Angka si tu veux revoir ta femme.
– Je te dis la vérité, camarade.
Il appela un garde qui accourut aussitôt. Pendant que son aide me tenait la tête par terre, l'homme à la chemise bleue posa ma main droite sur une racine de manguier et l'écrasa avec le pied. Puis, il prit sa machette et, d'un coup me sectionna le petit doigt. Une douleur atroce remonta dans mon bras et vint exploser dans mon cerveau.
– Ne vole plus de nourriture. Si tu recommences, Angka sera sans pitié.

Ils me lâchèrent et je me redressai uniquement retenu par mes liens, la tête penchée en avant, des larmes plein les yeux. Le garde n'était pas satisfait.

– On devrait lui couper un orteil, ça l'empêcherait de courir ce gourmand!

– C'est une bonne idée. Tiens-lui la jambe!

L'homme aux deux stylos visa ma cheville et frappa avec la machette. Pas assez fort pour couper l'articulation, mais suffisamment pour mettre l'os à vif.

– Une chose encore : n'appelle plus ta femme « chérie »! Appelle-la, camarade-femme. Elle peut t'appeler camarade-frère.

Ils me laissèrent sur ces paroles.

Je regardais ma cheville : l'os blanc apparaissait entre les deux lèvres de la blessure pleine de sang. Je ne pouvais pas voir mon petit doigt. J'essayais de le remuer. Malgré la douleur diffuse, je sentais qu'il avait disparu. Les fourmis rouges attirées par le sang me dévoraient les mains. Je n'y attachais plus d'importance.

Je réfléchissais à toute vitesse : il fallait arrêter l'hémorragie et empêcher l'infection. Je frottai le talon de mon pied par terre et recouvris la blessure de ma cheville avec de la terre. Je fis la même chose avec le moignon de mon petit doigt malgré l'insoutenable douleur du nerf à nu.

Je ne me souviens plus du reste de la journée, si ce n'est des élancements dans ma main et dans ma jambe. Je somnolais lorsque je fus réveillé par des piqûres de fourmis autour des yeux. Je parvins à les chasser en frottant mon visage contre mes épaules.

Ce fut une longue, longue nuit. J'entendais les gémissements de la femme sur son banc et l'odeur de ses excréments me parvenait par bouffées.

Au matin, mon tortionnaire revint. Il me détacha les mains et me donna un bol de riz. Je vis enfin ce qu'il avait fait de mon petit doigt. Il en avait coupé la moitié : il ne restait plus qu'une phalange et demie. Le bout était plein de terre et on voyait l'os pointer au milieu.

Il m'ordonna de ne pas bouger. Sans risque : je n'avais pas la force de m'échapper et j'espérais encore qu'il allait me relâcher.

Je jetai un coup d'œil derrière l'arbre après son départ et j'aperçus mon bout de doigt par terre recouvert de fourmis rouges. Je n'en fus pas effrayé : il ne faisait plus partie de moi!

Je m'installai le plus confortablement possible et me mis à réfléchir.

Je palpai mes ganglions avec la main gauche : ils étaient enflés à force de lutter contre l'infection. Je déchirai un morceau de chemise pour bander ma cheville et mon doigt.

Les gardiens me rattachèrent dans l'après-midi. Ils amenaient un nouveau prisonnier : une femme enceinte. Alors qu'ils passaient devant moi, je l'entendais répéter que son mari n'était pas soldat. Cela semblait être la principale accusation dans cette prison. Elle les suppliait de l'épargner mais ils l'attachèrent à un arbre à côté de moi.

Au bout d'un moment, un Khmer rouge que je n'avais jamais vu s'approcha d'elle, un long couteau à la main et se mit à l'interroger. Je ne parvenais pas à entendre correctement, mais ce qui se passa ensuite me donne encore la nausée aujourd'hui. Je ne peux décrire la scène qu'en utilisant les termes les plus concis : il déchira ses vêtements, lui ouvrit le ventre et sortit le bébé.

Je me retournai pour ne pas voir. Mais il n'y avait pas moyen d'échapper aux cris de son agonie. Ils devinrent gémissements puis vint le silence. Elle était morte.

L'assassin passa tranquillement devant moi, tenant le fœtus par le cordon. Il le suspendit au toit de la prison, à côté des autres déjà tout secs, noirs et momifiés.

Chaque arbre avait son prisonnier et chaque prisonnier avait un châtiment différent. L'homme qui m'avait coupé le doigt et celui qui venait d'éventrer cette femme n'étaient que deux exécuteurs de basses œuvres parmi le personnel de la prison.

Je n'avais jamais vu d'assassinats prémédités, exécutés par des professionnels, devant des spectateurs terrifiés attendant leur tour. Jamais, jamais, jamais.

La cruauté existait sous Sihanouk et sous Lon Nol. Les troupes gouvernementales avaient infligé un traitement barbare aux civils d'origine vietnamienne et aux soldats khmers rouges. Mais rien ne pouvait égaler cette ignominie : ce plaisir à expérimenter autant de techniques de tortures et d'assassinats, de les exécuter avec autant de sang-froid.

Je restai éveillé toute la nuit. Une meute de *chhke-char-chark* – des loups de taille réduite – se glissa dans la plantation flairant le cadavre de la femme. Ils commencèrent à la dépecer avec force grognements et bruits de mâchoires. Je les voyais très bien au clair de lune, trois ou quatre, tirant des lambeaux de chair, grognant et se menaçant mutuellement. S'ils venaient de mon côté, je ne pourrais rien faire. Je ne pus contrôler ma peur : je fis dans mon pantalon.

Le tortionnaire au polo bleu revint le matin suivant et arracha un autre ongle à la femme sur le banc sans s'intéresser à moi. Dans l'après-midi, deux nouveaux gardiens s'approchèrent et me demandèrent ce que je faisais avant la révolution. Je répondis : chauffeur de taxi. Ils semblèrent satisfaits et me détachèrent. J'essayai de me redresser et parvins à me mettre à genoux. Ils me bousculèrent jusqu'à ce que je sois sur mes pieds.

Nous avons quitté la prison par le même chemin que j'avais emprunté à l'arrivée. Mon pied droit était enflé des orteils jusqu'au mollet. Chaque fois que je posais le pied par terre, la douleur m'élançait jusque dans la hanche. Pour marcher, je faisais porter tout mon poids sur le pied gauche, je ramenais le pied droit en avant, le posais légèrement sur le sol et je sautais à cloche-pied.

Nous marchions au milieu des rizières en friche et la prison avait disparu de notre vue lorsqu'un des gardes s'adressa à moi.

– Tu vois ce tertre ? Tu vas y monter et nous dire la vérité. Sinon, tu y dormiras très très longtemps.

S'ils voulaient me tuer, je m'en fichais pourvu que ce soit rapide. Je grimpai au sommet parmi les arbres et les broussailles emmêlés et continuai ma route.

– Nous nous arrêterons au prochain tertre !

Nous avons dépassé ce nouvel objectif sans nous arrêter. Ils me firent simplement la même menace pour le tertre suivant.

Nous avancions lentement en suivant les talus entre les rizières, ils me guidaient me demandant de tourner à gauche ou à droite selon leur fantaisie.

Je savais qu'ils n'allaient pas me laisser partir, le croire faisait partie de la torture. Mais ça m'était égal, un tertre en valait bien un autre. Je concentrais toute mon attention à faire un petit pas, puis un petit saut. Les gardiens suivaient, ils pouvaient bien faire ce qu'ils voulaient, je ne pouvais plus rien empêcher.

– Arrête-toi ici !

Je m'arrêtai. Ils me donnèrent un coup de pied et je tombai par terre.

– Maintenant tu vas nous dire la vérité. Dépêche-toi sinon on va te tuer !

J'articulai lentement.

– J'étais chauffeur de taxi. Voilà la vérité.

Ils dirent que je mentais et me donnèrent un coup de pied dans le flanc. Je roulai dans le fossé et restai là étendu avec les tiges de riz qui me piquaient le visage. Ils me traînèrent jusqu'au bord et je sentis qu'ils me mettaient un pied sur le cou en tournant comme pour écraser un mégot.

– Tu veux vivre ou tu veux mourir ? Si tu ne dis pas la vérité tu meurs dans la minute qui suit !

Je restai étendu sans dire un mot, respirant difficilement. Ils s'écartèrent, le canon de leurs fusils braqués vers le sol en citant le proverbe à la mode chez les Khmers rouges.

– Si tu vis on ne gagne rien. Si tu meurs on ne perd rien !

Après cette pause, ils me remirent sur pied et je boitais encore quelques dizaines de mètres jusqu'au tertre suivant.

– Arrête-toi!

Je m'arrêtai de nouveau.

– Tu veux rentrer chez toi ou quoi? Tu veux vraiment revoir ta femme?

Je me retournai pour leur faire face tout en gardant modestement les yeux baissés.

– Oui! Si vous m'autorisez à partir, c'est ce que je ferai. Ou alors vous ne m'en donnez pas la permission, et vous me tuez. C'est à vous de décider.

Ils détachèrent la corde. Apparemment j'avais fait la bonne réponse en reconnaissant qu'ils avaient le pouvoir de vie ou de mort. M'entendre le dire leur donnait autant de satisfaction que de me tuer.

– Avance. Ne regarde pas en arrière. Tu peux rentrer chez toi.

Je regardai le sommet de la crête au-dessus des arbres et vis les ruines blanches du petit temple qui me servait de point de repère.

« Rentrer chez moi! »

Mon dernier domicile était la coopérative du front, à environ un kilomètre et demi vers le sud. Je pouvais à peine avancer, j'avais du mal à respirer et mon petit doigt avait triplé de volume. Maintenant que je n'étais plus attaché, je pouvais bouger mon bras droit et la douleur se calmait un peu. Je trouvai un morceau de bambou et m'en servis comme canne.

Une flaque d'eau boueuse stagnait au fond d'un canal. J'enlevai mes vêtements et me laissai tomber dans l'eau avec délice. J'entrepris de faire ma toilette avec ma bonne main. Je commençai par enlever toute la poussière qui se trouvait sur mes blessures. Du sang coulait encore de mon moignon. J'avais les côtes pleines d'hématomes, mais rien de cassé. Des excréments tachaient mon pantalon, je le rinçai sans pouvoir le nettoyer à fond, et je me rhabillai. Les vêtements mouillés collaient à ma peau. J'attachai mon pantalon et me remis en marche.

Pied gauche. Arrêt. Petit pas léger du pied droit et saut en m'appuyant sur le bambou.

Pied droit, pied gauche. Pied droit, pied gauche.

Je m'arrêtais pour me reposer, et je reprenais la route. Mon corps s'enkylosait. Le soleil n'allait pas tarder à se coucher.

J'arrivai au camp au crépuscule. Le travail de la journée était terminé et les gens se reposaient sur les tertres. Ils n'étaient pas sûrs d'avoir le droit de m'aider et je ne leur demandais pas. Huoy était allongée dans notre hamac regardant dans le vide. Les voisins lui crièrent que j'étais revenu. Elle sauta sur ses pieds et courut vers moi, mit son bras gauche sous mes aisselles et m'aida à avancer jusque « chez nous ».

Tous ceux de notre tertre se rassemblèrent très excités. Quand ils virent dans quel état j'étais, le silence se fit. Ils avaient la réponse à leurs questions.

Huoy m'emmena jusqu'au hamac mais je refusai de m'y asseoir tant que je ne serais pas propre. Quelqu'un apporta une paillasse et je m'y étendis. Les voisins faisaient cercle en silence. Huoy sanglotait.

On fit bouillir de l'eau; Huoy et les autres femmes me nettoyèrent en utilisant leurs *kramas* comme serviettes. Toutes pleuraient maintenant. Elles savaient ce qui arrivait aux disparus : j'étais la vivante illustration des pires rumeurs.

On m'apporta des cadeaux : une gélule d'ampicilline et une autre de tétracycline, deux aspirines et des herbes médicinales. J'ouvris les gélules d'antibiotique et en répandit la moitié sur mes plaies, gardant le reste pour plus tard.

Une vieille dame qui m'avait apporté des plantes médicinales finit par dire tout haut ce que tout le monde pensait tout bas.

– Samnang, peut-être avez-vous fait quelque chose de très mal dans votre vie antérieure. Vous êtes peut-être puni pour cela.

– Oui. Ce doit être ça. Je crois que mon *kama* n'est pas très très bon!

Le temple

Chev m'accorda quelques jours de repos. Je restai allongé dans le hamac pour récupérer, dormant et observant les alentours. J'essayais d'oublier les moments que je venais de vivre : la torture, les loups, la femme enceinte... Mais les hématomes, les blessures infectées et mon doigt coupé se chargeaient de me rappeler que tout cela n'avait pas été seulement un mauvais rêve.

Je tentais d'analyser le système de justice de Khmers rouges, ou plutôt leur absence de justice.

Je ne connaissais pas l'existence de cette prison avant qu'on m'y amène, je n'en avais même pas entendu parler. Pour la simple raison que très peu de gens devaient en être sortis vivants. J'en avais réchappé. Pourquoi ? Je l'ignorais.

Je ne savais même pas pourquoi ils s'étaient donné la peine de me traîner jusque là-bas. Ils auraient pu tout simplement m'emmener dans la forêt et m'exécuter selon la méthode habituelle. Les soldats ne faisaient pas autre chose chaque après-midi.

Certains allaient en prison, d'autres étaient embarqués en « corvée de bois ». Pourquoi? La prison, était-elle réservée aux délits politiques alors que l'exécution sommaire constituait le châtiment des fautes plus légères. Comme refuser de travailler, par exemple. Mais alors pourquoi le simple fait de glaner un peu de nourriture était-il considéré comme un délit politique ? Pourquoi était-ce même considéré comme un crime qui méritait un tel châtiment ?

Je ne trouvais pas de réponses.

Peut-être y avait-il deux systèmes parallèles de répression. Un système carcéral, partie intégrante d'une bureaucratie, qui se nourrissait de lui-même pour justifier son existence; et un autre système, plus informel, qui donnait aux chefs de coopérative le droit de se faire justice. En fin de compte le résultat était le même pour les prisonniers.

Mais dans tous les cas, le chef de coopérative était responsable, puisque l'ensemble du front était sous son autorité.

Chev ne tuait pas en public et ne permettait pas à ses soldats de le faire. Un vieux reste du code des Khmers rouges quand ils essayaient avant la révolution d'obtenir l'appui du peuple. « Tu te conduiras avec une grande douceur envers les paysans, les ouvriers et la population. » Maintenant qu'ils avaient gagné la guerre, ils affichaient un tel mépris pour les « nouveaux », que je m'étonnais qu'ils respectent encore les apparences.

En réalité, la règle était de tuer sans témoin.

Chev n'était qu'un assassin. Plus d'une fois, alors que je récupérais de mes blessures dans mon hamac, je l'avais vu accompagner les soldats pendant les arrestations de l'après-midi. Il se tenait un peu à l'écart, faisait semblant d'inspecter les travaux. Lorsque les soldats et leur prisonnier étaient hors de vue, il les suivait nonchalamment, sa binette sur l'épaule avec des allures de promeneur effectuant tranquillement sa petite balade. Il n'y avait jamais de coups de feu : Chev utilisait sa binette pour tuer.

Le lendemain, il était invariablement de bonne humeur et plein d'énergie. Il tuait pour se sentir bien. Se débarrasser d'un ennemi ne troublait pas sa bonne conscience : il avait fait son devoir envers Angka.

Pour les Khmers rouges, du simple soldat au tortionnaire professionnel, en passant par Chev toujours souriant, tuer faisait partie de la routine. Un aspect de leur travail. Ils n'y pensaient même pas.

Il y avait pourtant des nuances selon le passé de chacun et les motivations. Les jeunes soldats, par exemple, n'avaient jamais été à l'école, et bien peu avaient la notion du bien ou du mal. Pendant la guerre, on les avait entraînés à tuer les soldats gouvernementaux et ils obéissaient sans faire la différence quand on leur demandait maintenant de tuer des civils.

Pour d'autres, le *kum monuss* agissait comme une motivation supplémentaire. Les tortionnaires de la prison étaient plus âgés et plus gradés que les soldats – celui qui m'avait tranché le doigt avait deux stylos –, ils ne tuaient pas simplement par obéissance ou par vengeance. Ils en jouissaient. C'étaient des sadiques qui torturaient et avaient ainsi la preuve ultime de leur propre pouvoir.

Pour Chev et les autres chefs du front, il y avait une autre raison, plus sophistiquée : la nécessité politique. Lorsqu'ils parlaient de tout sacrifier pour Angka, ce n'était pas uniquement des mots. Tout ce qui se mettait en travers de la route d'Angka devait être éliminé. Pour eux, nous n'étions pas tout à fait des êtres humains, nous n'étions qu'une forme de vie inférieure : l'ennemi. Nous tuer s'apparentait à détruire des insectes indésirables. De plus nous étions une source de déception permanente : on ne terminait jamais les projets dans les temps, on ne travaillait pas vingt-quatre heures sur vingt-quatre et on était constamment malades ou épuisés.

L'assassinat s'était banalisé. Le pire c'est qu'il était devenu inévitable.

Pour nous, esclaves de guerre, le passé avait disparu, nous l'avions presque oublié, comme s'il n'avait jamais existé. Privés de nos schémas de référence, nous n'avions plus rien à quoi nous raccrocher. Nous étions démoralisés, brisés comme des atomes détachés de leurs composants chimiques. Les Khmers rouges pouvaient faire ce qu'ils voulaient, personne ne ripostait. Pourtant, nous étions plus de deux mille hommes et femmes avec des binettes dans les champs, alors qu'Angka était représenté par deux ou trois adolescents armés et endoctrinés. Nous les laissions pourtant commander. Pourquoi ?

Parce que nous étions malades, faibles et morts de faim ? Parce qu'il était dans notre nature d'obéir aux chefs ? Parce que c'était le *kama ?* Nous n'en savions rien.

Un soir – avant mon arrestation –, quelques-uns d'entre nous s'étaient réunis autour d'un feu. Après avoir prêté serment de garder le secret, nous avons envisagé une insurrection armée contre les Khmers rouges. Notre chef s'appelait Thai, c'était un ancien soldat de Lon Nol, il y avait aussi Pen Tip, le petit assistant en radiologie dont la route croisait souvent la mienne depuis Phnom Penh. Nous avons évoqué la possibilité de nous saisir des armes, et de partir vers la frontière thaïlandaise rejoindre les Khmers Serei (les combattants de la liberté). Tout cela n'était que des mots. Alors que la soirée se prolongeait, nous fixions les flammes sans même construire de plan. La résistance était sans espoir, nous le savions : les Khmers rouges avaient déjà gagné. Il ne nous restait plus qu'à regarder le feu en laissant nos pensées vagabonder.

Mais, même vaincus, réduits chaque jour un peu plus en esclavage, quelques-uns – dont j'étais – n'avaient pas perdu totalement espoir. Huoy et moi avions survécu jusqu'ici. J'avais été en prison, mais j'avais réussi à m'en sortir. Nous avions quelques raisons d'espérer. Huoy avait été transférée du port des paniers de terre à la cuisine commune où elle préparait les repas. Le travail y était moins pénible, mais elle avait surtout de quoi manger. Pendant ma convalescence, elle m'apportait du riz deux fois par jour, qu'elle cachait dans la ceinture de son sarong. Pas du gruau, mais du vrai riz, celui que Chev et ses soldats mangeaient à satiété à chaque repas.

Comme pendant ma dysenterie, Huoy prouvait une fois de plus

qu'elle était une infirmière dévouée et douée. Sans savon ni antibiotiques, elle ne pouvait faire disparaître l'infection. Aussi changeait-elle mes pansements deux fois par jour, les faisant bouillir pour les désinfecter. Depuis la révolution, j'avais découvert un nouveau visage de Huoy qui forçait mon respect. Chaque fois qu'elle devait faire quelque chose de nouveau, elle apprenait sans aide. Elle s'était adaptée aux difficultés, mieux que la plupart des gens et mieux que moi. De nous deux, j'étais censé être le plus fort, en fait c'était toujours moi qui avais des ennuis ou qui tombais malade.

Quand je pus marcher sans canne, on me renvoya au travail dans une équipe mobile. Je ne connaissais aucun de mes huit compagnons. Le premier jour, Chev nous fit un petit discours à côté de la cuisine. J'apercevais Huoy qui préparait le riz dans de grandes cuves : elle fronça les sourcils dans ma direction pour me conseiller de la fermer. Elle n'avait pas de souci à se faire : j'avais bien trop peur de Chev pour oser dire quelque chose. Par contre, je ne pouvais pas me dissimuler. D'un coup d'œil, il avait repéré ma cheville bandée et mon doigt coupé, il savait ce qui s'était passé à Angka Leu. Je gardais un visage dépourvu d'expression et je fuyais son regard. C'était mon expression habituelle.

Chev souriait, et me fit un signe de tête en plaisantant.

La coopérative avait besoin de construire un pont, mais nous n'avions pas de bois de charpente. Notre tâche consistait à nous rendre au vieux temple en haut de la colline, à démonter le toit et à rapporter les poutres.

« Je suis sûr que vous pensez : c'est un plan excellent ! Ai-je raison ou tort ? »

– Vous avez raison, répondit le groupe en chœur.

– Très bien. Il vaut mieux détruire un temple inutile que de ne pas avoir de pont. Nous n'avons pas besoin de Bouddha, mais nous avons besoin d'un pont. Les dieux ne peuvent pas construire de ponts, il faut donc prendre notre destin entre nos mains.

Mon visage reflétait un parfait assentiment, alors que je pensais en moi-même : « Espèce de fou, c'est maintenant que nous avons le plus besoin de Bouddha ! » Chev continuait à nous regarder en souriant de ses épaisses et larges lèvres. « Salaud, Bouddha t'a-t-il fait du mal ? Si tu détruis son temple, Bouddha se vengera. Peut-être pas dans cette vie, peut-être pas dans la prochaine, mais un jour sûrement. J'espère que ce sera bientôt, parce que je voudrais te voir souffrir. Je veux que tu meures d'une mort aussi atroce que celles des prisonniers de Chhleav ! »

Il nous regardait attentivement les uns après les autres, me scrutant particulièrement pour voir si j'avais bien compris la leçon en prison.

Nous sommes partis sans escorte vers Phnum Phnom, un sentier qui passait devant le QG khmer rouge nous amena à la lisière de la forêt au pied des collines. Nous avons atteint le plateau après plusieurs heures de marche, il restait encore quelques maisons sur pilotis construites en dur par les moines. Un peu plus loin, d'autres maisons en bois avaient déjà été démantelées par les démolisseurs. On entendait le tintement des clochettes qui carillonnaient dans le vent.

C'était une belle journée de fin de saison sèche. Le paysage était magnifique, piqueté de fleurs jaunes. Des pigeons et des tourterelles voletaient de branche en branche parmi les arbres. Plus bas, par-dessus la forêt, on apercevait les méandres du fleuve dans la vallée. Un train à vapeur sifflait au loin, il avançait en serpentant comme un jouet d'enfant, tiré par une locomotive à vapeur qui crachait des nuages de fumée noire. Le même train nous avait amenés de Battambang, il y a une éternité.

Nous nous sommes arrêtés pour nous reposer. C'était bizarre de n'avoir personne pour nous surveiller, et de pouvoir s'asseoir à notre guise.

Nous sommes montés ensuite jusqu'au temple. Il y avait un grand *stupa* (monument funéraire) à côté. C'était le plus petit des deux points blancs que j'avais repérés pendant que je labourais attelé à la charrue. De près, c'était une construction gracieuse : deux cubes à la base, surmontés de meules circulaires convexes et concaves formant une cloche; une flèche au sommet complétait le *stupa.* Les cendres d'un personnage important devaient y reposer. Peut-être celles du généreux donateur qui avait fait construire ce temple.

Le temple lui-même avait une quinzaine d'années. Il était construit en ciment, de lourds madriers soutenaient un toit de tuiles aux couleurs fanées. Il était en piteux état et ce spectacle me remplit de chagrin. Les statues de Bouddha avaient été brisées, les morceaux gisaient sur le sol. Des mauvaises herbes et de la vigne avaient poussé tout autour. Les abords étaient parsemés de morceaux de tissu safran, celui qu'utilisaient les moines pour faire leurs robes et qui entourait le tronc des *bodhi,* les arbres sacrés. Un mur était détruit : les Khmers rouges avaient récupéré les fers à béton pour fabriquer des clous.

Les portes de bois sculpté avaient disparu ainsi que les encadrements de portes et de fenêtres. A la place, il n'y avait plus que des trous béants. Les rampes de fer forgé représentant des nagas sacrés et qui décoraient les escaliers avaient été volées. Les démolisseurs avaient détruit la partie basse du toit pour récupérer le bois de charpente et avaient abandonné les tuiles en vrac sur la terrasse.

Nous sommes entrés à l'intérieur : des fientes d'oiseaux, des débris jonchaient le sol et des pigeons volaient en liberté. Sur le mur du fond, là où auraient dû se trouver toutes les statues de Bouddha disposées en ordre croissant, il ne restait plus qu'une grande statue au milieu. Les vandales lui avaient coupé la tête et le bras droit, mais avaient été trop paresseux pour détruire le reste.

Nous nous sommes arrêtés tous les huit, en haillons, pieds nus et, sans un mot, nous sommes tombés à genoux. Je me suis mis à prier en silence.

« Dieu Bouddha, pardonne-nous ce que nous allons faire. Nous ne voulons pas détruire ton temple, nous ne mettrons pas de cœur à cet ouvrage. Notre cœur t'appartient. Nous obéissons pour sauver notre vie parce que nous sommes faibles et que nous avons peur. Je t'en prie, ne nous punis pas, protège-nous. Frappe ceux qui donnent de tels ordres, punis ceux qui nous ont envoyés ici pour faire autre chose que t'adorer et nettoyer le sol de ton temple. »

Personne ne pouvait nous voir alentour.

De mauvaise grâce nous nous sommes mis au travail. Les démolisseurs précédents avaient laissé des échelles de bambou dehors. Nous sommes montés jusqu'au toit en faisant des gestes d'excuse en direction du bouddha décapité et nous avons détaché les chevrons à coup de haches. Le moins possible. Puis, nous avons quitté le temple rapidement en poussant les madriers devant nous sur la pente.

Heureusement, on ne nous obligea pas à retourner au temple le jour suivant. Les autorités avaient une fois de plus changé d'avis.

Je fus affecté à la construction du canal et retrouvai la routine : les cloches, le matin et le soir, la musique des haut-parleurs, les repas en file indienne... Trop de travail, pas assez de repos, pas assez de nourriture, pas d'amis... J'avais un peu plus de chance que les autres, parce que j'avais Huoy. Nous partagions tout, il y avait entre nous un lien aussi fort que celui qui unit les couples d'animaux.

Le plus dur, c'était la terreur quotidienne. J'avais connu la prison et chaque matin je me demandais ce qui allait m'arriver pendant la journée. Chaque soir je m'endormais en priant pour passer une nuit tranquille, pour qu'aucune voix d'enfant ne me convoque devant un cercle d'accusateurs. Tout le monde éprouvait la même chose, personne ne pouvait s'habituer à la terreur. Elle était gravée dans nos cœurs. Nos bras et nos jambes pouvaient devenir aussi frêles que des tiges de bambous, nos cheveux pouvaient blanchir, on ne montrait aucun signe extérieur de crainte. C'était à l'intérieur. Cette terreur à l'idée que les soldats pouvaient nous emmener n'importe quand, nous habitait en permanence.

On murmurait entre nous : « Soyez prudents, les gens disparaissent » ou bien « Dam doeum kor » (Plante un kapokier sur ta langue) c'est-à-dire : tais-toi! Ces avertissements étaient clairs : « Il y a des soldats dans le coin, ne leur donne pas de raisons de te remarquer. » Chaque fois que mon groupe risquait de croiser des soldats, nous changions de direction.

Sauf pour répondre aux questions, je ne leur avais jamais adressé la parole depuis ma virée à Phnom Penh en Vespa. Sur le front, les simples soldats étaient tout à fait semblables au *mit* que j'avais emmené pour cette expédition. La peau mate, analphabètes, pas très propres, peu familiarisés avec les objets modernes, ils parlaient avec l'accent de Battambang en faisant traîner la voix. Ils pouvaient marcher des heures avec leurs pieds trop larges pour leurs sandales taillées dans des pneus. Ils en étaient très fiers, comme de leurs uniformes, de leurs *kramas* de soie et de leurs polos Montagut. La plupart d'entre eux n'avaient jamais eu un costume complet avant de rejoindre les Khmers rouges.

Les « nouveaux », eux, se déplaçaient lentement, comme des vieillards : pas un mouvement de trop, pas de gestes brusques, pas d'activités inutiles. On économisait notre énergie.

Certains avaient disjoncté, ils chantaient de vieilles rengaines puis éclataient en sanglots ou s'asseyaient par terre en riant. Les soldats les emmenaient aussi en fin d'après-midi. On éliminait les fous et les suspects politiques de la même manière, en faisant disparaître les corps.

Sur les conseils de Huoy, je travaillais plus dur que jamais. Elle pensait que nous n'aurions la vie sauve qu'en devenant des travailleurs modèles : « Chev aura la preuve que tu t'es amendé en prison. » A sa demande, je cessai également de ramasser de la nourriture. Maintenant qu'elle travaillait à la cuisine, nous n'en avions plus besoin. Je continuai pourtant à faire semblant d'en chercher pour que mes camarades ne soupçonnent pas qu'Huoy ramenait du riz à la maison.

Mon énergie au travail me valut d'être nommé chef de groupe. Il n'y avait pas de privilèges ni de rations supplémentaires attachés à cette promotion. Sinon que j'étais maintenant le responsable de la répartition des portions et que je devais subir les récriminations de mes neuf autres camarades. Je devais en outre me rendre à des réunions de chefs de groupe pour écouter les recommandations de nos supérieurs, les chefs de section. J'étais invariablement d'accord avec ce qu'ils disaient, même si ça n'avait aucun sens.

Les autres chefs de groupe étaient eux aussi fondamentalement opposés à la révolution : ils obéissaient pour rester en vie. Il n'y en avait qu'un, dont je n'étais pas sûr : Pen Tip. Il avait reçu la même promotion que moi.

C'était un garçon étrange qui marchait en canard comme Charlie Chaplin. Il aimait fréquenter les « anciens » et les Khmers rouges, plaisantait avec eux, les flattait. Il s'en sortait plutôt bien, d'autres avant lui s'étaient retrouvés de « corvée de bois » à ce petit jeu-là. Mais Pen Tip savait manipuler les gens au point qu'ils devenaient ses obligés. Il donnait l'impression que puisqu'il était en bons termes avec Angka, nous, les autres chefs de groupe étions sous sa coupe. Je commençais à l'éviter le plus possible.

Je savais que Pen Tip ne pouvait pas raconter à Angka nos réunions clandestines nocturnes, car il en avait lui-même fait partie. Par contre il pouvait me dénoncer. Il m'avait vu dans les hôpitaux de Phnom Penh et savait que j'étais médecin, même s'il ne connaissait ni mon vrai nom ni les détails.

Un jour qu'il était assis près de la cuisine sur un banc de bambou que les soldats utilisaient quelquefois, il m'appela auprès de lui. Il était si petit que ses pieds ne touchaient pas le sol et il balançait ses jambes en faisant rouler une cigarette entre ses doigts.

– Dis-moi... euh... Samnang...

Il prononçait mon nom avec une ironie délibérée en bougeant les sourcils. Il lançait des regards tout autour de lui sans me regarder en face.

– Euh... dis-moi la vérité, tu étais bien médecin à Phnom Penh. Allons, tu es un chic type et je t'aime bien!

Il tira une bouffée de cigarette. Je n'avais pas besoin qu'il en dise plus : il menaçait de me dénoncer si je ne lui donnais pas de pots-de-vin.

– Écoute Pen Tip, j'ai aidé des gens malades à Phum Chhleav comme toi. Je ne suis pas médecin, pas plus que toi. Je m'inquiétais simplement, comme toi, de la santé des gens.

– J'ai entendu dire que tu avais eu des ennuis récemment avec ta propre santé.

Il fixait le bout de mon doigt. Je me mis à transpirer.

– Je n'ai pas le temps de discuter, il faut que je trouve des paniers pour mon équipe. Tu te trompes à mon sujet alors : « Dam doeum kor! »

– Des gens disparaissent... répondit-il.

Je m'éloignai calme en apparence, mais j'étais furieux. C'était déjà assez dur de baisser la tête devant les Khmers rouges. Je n'allais pas en plus me coucher devant un autre « nouveau ». Je n'aimais pas les collabos. Tante Kim à Tonle Bati... Pen Tip ici... Ces gens-là me rendaient malade.

Les semaines suivantes, Pen Tip s'arrangea pour extorquer quelque chose aux autres chefs de groupe sous un prétexte ou un autre. Il obtenait de la nourriture, du tabac ou simplement des signes de respect. Moi, je tenais bon. Ça tournait à l'épreuve de force. J'évitais d'en parler à Huoy pour ne pas l'inquiéter.

Un après-midi, pendant la pause-cigarette, alors que les groupes se reposaient sur les tertres, Pen Tip révéla publiquement notre secret.

Il n'y avait pas de soldats et nous nous détendions en fumant nos cigarettes et en plaisantant sur ce que nous faisions sous le régime précédent. Un homme affirmait en riant : « Moi, j'étais roi, mais j'ai abdiqué pour devenir gardien de chiottes. » Un autre renchérit : « Moi, je suis très heureux d'être l'adjoint de l'inspecteur des chiottes. » Tout le monde riait et inventait des histoires de plus en plus ridicules.

– J'en ai une bien bonne, dit Pen Tip. Je vais vous dire quelque chose de drôle : Samnang, lui, était médecin !

Le ton de sa voix fit cesser les rires.

– Non, Pen Tip, dis-je d'une voix fatiguée. C'est faux. Ne dis pas cela, Angka pourrait me tuer.

– Ne t'en fais pas, tout le monde sait que tu es médecin.

– Camarade Pen Tip, ne dis pas ça. Si Angka te croyait, j'aurais les pires ennuis. Alors arrête cette plaisanterie.

La pause se termina et nous sommes retournés au travail. A partir de ce jour, tout le camp était au courant : j'avais été accusé publiquement d'être médecin.

Une semaine plus tard, alors que je me reposais sur ma natte avec Huoy, deux jeunes soldats arrivèrent. Je ne les avais jamais vus, ils ne venaient pas de la coopérative. L'un d'entre eux tenait une corde à la main. Je fis tout ce que je pus pour changer de pantalon. Il y avait de l'or caché dans celui que je portais, et je préférais qu'Huoy le garde puisqu'il était évident qu'ils venaient m'arrêter.

Ils m'attachèrent les coudes derrière le dos et me donnèrent des coups de pied pour que je tombe. Huoy était hystérique. Je partis, le visage ensanglanté. Des centaines de gens me virent passer devant la cantine.

Je n'aperçus pas Pen Tip.

Le Roi de la Mort

Les soldats me guidaient à travers les rizières et la forêt. Je n'eus bientôt plus aucun doute : nous nous dirigions vers la prison de Phum Chhleav. En chemin, on s'arrêta, le temps que six ou sept autres prisonniers accompagnés de leurs gardiens nous rejoignent. Et, attachés en file indienne nous reprîmes notre marche.

D'autres prisonniers nous attendaient devant la prison, c'était une véritable rafle.

Les gardiens désserrèrent un peu nos liens mais nous enchaînèrent tous ensemble. On était assis le long du mur du bâtiment construit mi-chaume mi-tôle ondulée essayant de ne pas regarder en direction des manguiers où se trouvaient les malheureux à divers stades de torture.

– Qu'avez-vous fait? demandai-je à la femme assise à mes côtés.

– Rien, je ne sais même pas pourquoi ils m'ont emmenée ici. J'ai pourtant bien travaillé sur le front!

Elle était enceinte. Apparemment c'était la seule des cinq femmes du groupe. Personne ne savait pourquoi on avait été arrêtés.

Un jeune gardien d'une quinzaine d'années nous demanda dédaigneusement si nous avions faim. Tout le monde avait très soif et il apporta un grand bol rempli d'eau. Il le tendit vers le premier de la file qui se pencha, trempa son visage dedans, et se mit à boire comme un cheval. Puis le gardien mit le bol entre les mains – liées dans le dos – du prisonnier qui se tourna pour faire boire le deuxième de la file. Celui-ci prit le bol à son tour pour faire boire le troisième et ainsi de suite jusqu'au bout de la rangée.

– Personne ne vous aidera, comptez sur vos propres forces! ajouta le gardien récitant l'un des slogans favoris du régime.

Nous avons passé la nuit en prison, dans le long bâtiment étroit. Il y avait deux rangées de prisonniers avec une allée au milieu. Nous

nous sommes étendus sur le dos, la tête contre le mur et les pieds entravés dans des fers fixés à un madrier. Entre chaque prisonnier, il y avait une petite séparation de bois comme dans une porcherie. Le sol était jonché d'excréments et l'air chargé d'une forte odeur d'ammoniaque. Il était difficile de respirer. De dormir aussi. Nous étions environ quatre-vingts prisonniers. Beaucoup gémissaient déjà!

Le lendemain matin, de bonne heure, j'entendis le bruit d'une mobylette. Elle ralentit et s'arrêta. Je pensai aussitôt que quelqu'un d'important venait d'arriver. Dans cette région, les messagers et les simples soldats allaient généralement à bicyclette ou à cheval. Les cadres se déplaçaient à mobylette. Seul le gratin de la hiérarchie avait droit à une Jeep. Le motocycliste devait être quelqu'un comme... un officier de l'appareil de sécurité, décidai-je. Nos arrestations avaient dû être planifiées et l'interrogatoire devait commencer aujourd'hui. J'avais raison. On emmena notre groupe à l'extérieur, et j'aperçus une Honda 90 garée derrière l'un des bâtiments.

Dans la religion cambodgienne, l'une des figures traditionnelles est celle du Roi de la Mort. C'est le juge qui décide si les âmes vont en enfer ou au paradis. Il sait tout, sur tous. On ne peut rien lui cacher et ceux qu'il envoie en enfer – les *pret* –, les esprits des damnés, sont victimes de tortures sanglantes et éternelles en châtiment de leurs mauvaises actions.

Observant notre petit groupe, effrayé, vêtu de haillons puants, je me dis que nous étions déjà des *pret* et que notre destin était scellé. Le Khmer rouge à la Honda qui nous regardait à présent en souriant, était le Roi de la Mort.

C'était un homme musclé et bien nourri avec des dossiers et un carnet noir sous son bras. Il portait une casquette verte à la Mao et un vieux *krama* vert et blanc autour du cou. Son uniforme noir et ses sandales de caoutchouc étaient couverts de poussière. Il se mit à une petite table et nous fit asseoir par terre, pendant qu'il scrutait ses dossiers. De nombreux gardiens, l'étui à revolver à la ceinture, se tenaient à ses côtés.

– Je vous prie de dire la vérité à Angka. C'est le seul moyen de ne pas être puni. Angka ne tue jamais quand ce n'est pas nécessaire. Angka ne tue pas les innocents. Ceux qui diront la vérité seront simplement renvoyés au front.

Les prisonniers défilaient les uns après les autres devant lui. Il consultait ses dossiers et nous appelait pour la plupart par notre nom. Les accusations étaient toujours les mêmes : agent de la CIA, officier de Lon Nol, femme d'officier, membre du gouvernement... etc.

Tous les accusés niaient. A un signal du juge, que je n'arrivais pas à déceler, les gardiens s'approchaient du prisonnier et le bourraient de coups de pied. Ils ne frappaient pas tout le monde, mais ils rossèrent la femme enceinte, lui donnant des coups de pied dans les côtes et dans le ventre.

Et puis ce fut mon tour.

Je m'assis par terre en face du juge, mon chapeau posé sur mes genoux et mon *krama* plié soigneusement sur les cuisses. Je n'apercevais que le bas de son pantalon et ses sandales en caoutchouc.

– Samnang! Angka sait qui tu es! Tu étais médecin militaire, et capitaine dans l'armée de Lon Nol. Je t'en prie, avoue à Angka : ce sera mieux pour toi!

J'étais maintenant certain que Pen Tip avait donné des renseignements sur moi. A Phnom Penh, très peu de gens savaient que j'étais militaire, car je ne portais que rarement l'uniforme. Depuis lors, je n'en avais soufflé mot à personne. Seul un ancien employé de l'hôpital pouvait savoir qu'un médecin de mon âge avait le rang de capitaine. La seule chose que Pen Tip ne savait pas, c'était mon vrai nom. Et Angka ne le connaissait pas non plus.

Je ne répondis pas.

– Si tu dis la vérité, Angka oubliera le passé et te donnera le rang qui te revient. Angka t'autorisera à opérer et à enseigner la médecine aux jeunes générations. Tu seras un héros. Par contre si tu mens, tu devras en subir les conséquences.

J'éclaircis ma voix.

– Camarade, je n'étais ni capitaine, ni médecin. J'étais chauffeur de taxi. L'immatriculation de ma voiture était 213755. (C'était le numéro de la plaque de ma mobylette.) Je faisais la navette entre Takéo, Battambang, Kampot et tous les autres endroits où voulaient aller mes clients. Je dis la vérité. C'est la seconde fois qu'on m'envoie en prison et Angka ne me croit toujours pas. Je travaille dur pour la collectivité. Je lutte contre les éléments pour Angka. Je fais tout pour Angka et je ne pose aucun problème. Pourquoi Angka ne me croit-il pas?

– Parce que tu es un menteur! Dis la vérité et Angka te donnera un très bon travail. Tu as fait des études, tu peux être cadre! Veux-tu participer au développement du pays? Tu peux nous aider à construire l'indépendance-souveraineté!

– Camarade, si j'étais médecin, je te le dirais. Je veux aider Angka. Si tu ne me crois pas, va à Phnom Penh et vérifie dans les dossiers de l'école de médecine. Si tu constates que je suis vraiment médecin, alors Angka pourra faire ce qu'il veut de moi!

Pan! Le coup de pied me cueillit dans les côtes. Puis un autre gardien me frappa de l'autre côté. Pan! Je me pliai en deux sous la douleur. Ils frappaient alternativement jusqu'à ce que le juge donne un coup sec sur la table. Ils me traînèrent par les jambes jusqu'au fond de la pièce.

Je comptais mes hématomes pendant que le juge continuait l'interrogatoire des autres prisonniers. Les gardiens avaient frappé dans les côtes, dans les épaules, les cuisses et la base du cou. C'étaient des professionnels. De tels coups sont très dangereux même pour quelqu'un en bonne santé.

Puis, on nous conduisit dehors. En file indienne nous avons traversé la plantation de manguiers, un autre jardin d'arbres fruitiers et nous sommes arrivés devant une rizière abandonnée.

Il y avait des structures en bois dressées comme des buts de football, mais plus haute et plus étroites. Il y en avait une double rangée avec au centre, un monticule de cosses de riz et du bois coupé.

Je ne compris pas tout d'abord de quoi il s'agissait. Puis j'aperçus en bout de rangée des prisonniers suspendus par les bras à la barre transversale, leurs pieds pendaient à un mètre du sol. Dessous, brûlait un petit feu.

Les soldats commencèrent par nous attacher à ces chevalets.

J'espère que Huoy ne saura jamais ce qui s'est passé ensuite. Je ne lui avais jamais raconté les détails de mon premier séjour en prison. Comment ils avaient ouvert le ventre de la femme enceinte. Je ne veux pas qu'elle sache. Elle ne pourrait pas le supporter, elle est si tendre. Elle m'a sauvé la vie. Je l'aime tant.

Si je meurs, qui va s'occuper d'elle ? Dieux, je vous en prie, sauvez Huoy et protégez-la de toutes ces tortures. A-t-elle une chance ? Les soldats recherchent les épouses d'anciens militaires. C'est une question de temps, ils la prendront. A moins que les dieux n'interviennent. Dieux, je vous en prie, lorsque je serai en enfer ou au paradis, gardez-moi loin des Khmers rouges. Lorsque je renaîtrai, envoyez-moi loin du Cambodge. Si j'ai fait quelque chose de mal dans ma précédente vie, je vais payer aujourd'hui. Mais, Dieux, je vous en prie, faites que ce prix soit suffisant. Laissez-moi être heureux dans ma prochaine vie.

Les soldats me liaient les mains, je me mis à hurler : « Tuez-moi tout de suite! Donnez-moi un coup de fusil! Tuez-moi! » Je me débattais, mais ils étaient trop nombreux.

Ils m'attachèrent à la barre transversale, me hissant jusqu'à ce que mes pieds soient juste au-dessus du tas de cosses de riz. Une fois qu'ils eurent attaché tous les prisonniers, ils mirent le feu aux petits bûchers.

Les cosses de riz ont la même consistance que la sciure. Elles se consument pendant des jours en dégageant une fumée épaisse et âcre.

D'après la position du soleil, je me trouvais face à l'ouest, derrière moi, il y avait le petit jardin d'arbres fruitiers. Loin sur ma gauche, je distinguais le toit d'un bâtiment où les Khmers rouges enfermaient les adolescentes qui avaient eu des relations sexuelles avant le mariage. En face se trouvait le champ de riz et la vue horrible de ces chevalets supportant d'autres suppliciés.

Certains étaient morts de faim et de soif, principalement des femmes. Leur tête était tombée sur la poitrine, les corps ne bougeaient plus et leurs pieds brûlés étaient couverts d'ampoules. Leurs sarongs avaient glissé autour des cuisses. Incapables de se contrôler, ils avaient fait sous eux. Les petits feux couvaient toujours.

Oh Huoy! Huoy! Je suis heureux que tu ne sois pas ici.

Mes pieds étaient à 90 cm du bûcher de bois et de cosses, le feu ne s'était pas encore étendu, mais la fumée pénétrait dans mes narines et me brûlait les yeux.

Notre groupe était silencieux maintenant. Nous avions trop soif pour parler et nous étions trop occupés à prier.

Les rayons du soleil me frappaient par-derrière. Le poids de mon corps tirait sur les cordes qui liaient mes membres. Je ne sentais plus mes jambes, je pouvais tout juste bouger mes doigts engourdis. De grosses mouches vertes tournoyaient autour de ma tête. Je tentais de les éloigner, mais elles revenaient se poser au coin de mes yeux. Je soufflais sur elle : elles continuaient à bourdonner autour de moi, attirées par mes blessures.

Le bourdonnement des mouches était le seul bruit. A ma droite, une jeune femme d'une vingtaine d'années se mit à gémir, appelant sa mère. Elle était enceinte et son ventre déjà bien rond. Je ne pensais pas qu'elle pourrait tenir bien longtemps.

Peu à peu, le feu atteignit le bois. Il n'y avait pas beaucoup de flammes, mais je sentis une odeur différente. Je baissai les yeux : les poils de mes jambes étaient en train de griller. Mes pieds devaient brûler et se couvrir d'ampoules, pourtant je ne ressentais rien. Mes yeux larmoyaient en permanence.

Les gardiens avaient allumé les feux de manière à ce qu'ils dégagent un maximum de fumée plutôt que des flammes. Leur objectif n'était pas de nous faire brûler vifs, mais seulement d'intensifier la torture du chevalet.

Dans l'après-midi, j'avais le soleil en plein dans les yeux. Le vent changea de direction et écarta la fumée de mon visage; malheureusement, il activait aussi le feu. Les flammes étaient plus hautes : je sentais la chaleur sur mes cuisses.

J'entendis un crépitement sur ma gauche. Un homme pissait dans son pantalon espérant apaiser les flammes. Cela ne servit à rien.

L'urine tombait goutte à goutte de ses pieds et se vaporisait aussitôt.

Les mouches, pour se protéger du vent, se collaient à mes bras et à mes jambes.

Le soleil descendait à l'horizon.

Le vent tomba et les moustiques arrivèrent.

Je les entendais bourdonner autour de mes oreilles. Je n'avais plus la force de les chasser.

Oh Huoy, tu m'as sauvé la vie lorsque j'étais malade. Tu m'as sauvé la vie. Que les dieux et les vents t'apportent ce message : je suis toujours vivant et mon esprit veille sur toi.

La lune était presque pleine cette nuit-là. Elle se leva dans mon dos, projetant loin l'ombre de mon corps suspendu entre les poteaux. A chaque risée, les charbons se rallumaient et le feu s'activait. Lorsque le vent retombait, les moustiques s'acharnaient sur ma peau.

La lune avança dans le ciel, et les ombres raccourcirent. Le vent faisait bouger le sommet des arbres et les suppliciés pendaient dans la nuit comme à l'étal d'une monstrueuse boucherie.

Oh mère, je t'en prie, sauve-moi!

Vous les dieux! Tous les dieux qui pouvez m'entendre, sauvez-moi. Dieux hindous! Allah! Jésus! Bouddha! Esprits des forêts et des rizières! Esprits de mes ancêtres! Dieux entendez-moi! Je n'ai jamais tué personne. Jamais. Jamais. J'ai sauvé des vies, celles des soldats de Lon Nol et du Viêt-cong! Je me foutais bien de savoir pour qui ils se battaient. Alors pourquoi me faire souffrir?

Esprits du vent! Si les dieux ne peuvent m'entendre, portez-leur mon message. A n'importe quels dieux! Dites-leur ce qui m'arrive!

Et toi Huoy, tu pleurerais si tu me voyais. Dieux, je vous en prie, épargnez-la, elle est innocente. Je suis damné. Je suis en enfer. Pourquoi? Je n'ai jamais trahi mon pays. Si j'ai tué ou torturé dans une vie antérieure, punissez-moi, mais finissons-en. Que ma prochaine vie soit libre!

Au matin, les gardiens détachèrent ceux qui avaient été suppliciés avant nous. Ils mettaient des assiettes de riz devant ceux qui étaient encore vivants puis leur posaient des questions. Ensuite, ils leur mettaient une poche en plastique sur la tête. Les corps des prisonniers se mettaient à s'agiter spasmodiquement. J'étais bien trop faible pour m'en soucier. Tout ce que je savais c'est que le soleil brûlait mon cou, que ma bouche était sèche comme de l'étoupe et mes lèvres craquelées. Tout ce qui se passait à quelques mètres de moi, m'apparaissait incroyablement lointain.

Je ne m'aperçus même pas que les gardiens avaient retiré les cadavres et mis de nouveaux prisonniers entre les poteaux.

Je n'étais plus qu'un cœur meurtri, une bouche ouverte et des yeux brûlés par la fumée et le soleil. Je priais.

Après quatre jours et quatre nuits, sans nourriture et sans eau, ils me descendirent et défirent mes liens. Le sang qui se remettait à circuler dans mes membres provoqua une douleur pire que l'engourdissement. Je tombai sur le dos et ne bougeai plus.

Ils me rattachèrent les pieds et les mains. Ils voulaient que je me mette à genoux mais je retombais toujours en avant. Ils m'agrippèrent par les cheveux en me secouant la tête jusqu'à ce que je voie l'assiette posée devant moi. Une belle assiette de riz avec deux petits poissons salés sur le dessus.

– Es-tu médecin ? Médecin-capitaine ? demanda une voix lointaine.

J'essayais de former des mots avec mes lèvres, mais ma langue refusait de fonctionner.

– Non... donnez-moi de l'eau et tuez-moi.

– Si tu dis la vérité à Angka, tu auras du riz et de l'eau !

J'avais du sang plein la bouche à cause de mes lèvres gercées.

– Tuez-moi ! Je vous en prie. Je n'en peux plus. Si Angka ne me croit pas, tuez-moi ! Je serais content de mourir, tuez-moi !

– Grande gueule !

Les gardiens me maintenaient en position assise. L'un d'entre eux me mit un sac de plastique sur la tête, et l'attacha autour de mon cou. Je ne voyais plus rien. Je tombai sur le côté. Quand j'essayai de respirer le sac se plaqua sur ma bouche. Je suffoquais. La panique m'envahit. J'étais fou de terreur... tentai d'arracher le sac... mon corps arc-bouté... mes jambes tressautaient spasmodiquement.

Soudain, ils retirèrent le sac. Je remplis mes poumons d'air.

La femme enceinte à côté de moi avait subi le même traitement. Lorsqu'ils lui enlevèrent le sac, c'était trop tard. Elle était morte. Un gardien déchira sa blouse et baissa son sarong. Il ouvrit ses cuisses et fit pénétrer sa baïonnette dans le vagin. Il essayait de lui ouvrir le bas-ventre, mais l'os du pubis arrêtait la lame. Il retira la baïonnette et l'enfonça dans le ventre, tranchant du sternum jusqu'au nombril. Il sortit le fœtus, et le jeta sur un tas de débris humains où l'on reconnaissait aussi d'autres fœtus. Il découpa ensuite le foie et les seins avec sa lame.

– De la bonne viande ! dit-il en riant. Eh, regardez !

Il s'était penché et désignait la blessure sanguinolente entre les jambes de la femme.

– Son con se fend la gueule !

Les autres gardiens s'approchèrent en ricanant. Les mouches se précipitaient sur le corps de la pauvre femme dont le seul crime avait été d'épouser un soldat de Lon Nol.

Je m'allongeai. Ils allaient m'éventrer aussi pour s'amuser. Rien qu'une lubie, et ça allait être mon tour. Les secondes passaient. Je ne bougeais plus.

Je les entendis s'éloigner avec le foie et les seins de leur victime.

– On a assez de viande pour ce soir!

– Oui, c'est suffisant.

Le temps s'écoulait. Cinq minutes ou cinq heures. Je sentis qu'on me donnait un coup de semelle sur l'épaule. Je me retournai et vis un gardien qui se tenait au-dessus de moi.

– Celui-ci est toujours vivant. Passez-moi de l'eau.

C'était pour me la verser dans les narines. Mais je regardais avec reconnaissance ce mince filet d'eau boueuse qui tombait du seau. Une partie me pénétrait dans le nez, et le reste glissait entre mes lèvres. Je me mis à tousser et à cracher, mais en même temps je parvins à en avaler un peu. Je n'avais rien goûté d'aussi bon.

Une injection de force vive.

L'autre continuait à verser lentement, dirigeant le jet vers mes narines. Je parvins en bougeant légèrement à faire en sorte que la plus grande partie atterrisse dans ma bouche. Je buvais comme un fou, sans me soucier des gouttes qui m'entraient dans le nez et dans les yeux.

Lorsque le seau fut vide, le gardien me quitta : je me sentais bien mieux.

A l'aube, les soldats détachèrent les survivants et nous traînèrent jusqu'à la prison. Nous n'étions plus que cinq de notre petit groupe initial. Toutes les femmes étaient mortes. Mes pieds et mes jambes étaient couverts d'ampoules qui éclataient à chaque pas.

On nous donna une écuelle de riz à l'eau. Après quatre jours de jeûne, ce fut un festin. On nous mit à nouveau aux fers. Le lendemain, je pensais qu'ils allaient enfin me tuer, mais ils me donnèrent un bol de bouillie. Ce fut pareil le jour suivant.

On me mit au travail.

Je passai la journée à jardiner et à balayer autour de la prison, regardant les nouveaux arriver et comptant ceux qui en ressortaient vivants. Une toute petite minorité.

Des charognards volaient en permanence au-dessus de nos têtes, et la nuit on entendait les *chhke-char-chark* se disputer les morceaux de chair humaine.

Puis, un jour, on m'emmena sur une charrette dans une autre prison. Là, les prisonniers labouraient les champs, gardaient les vaches et avaient droit à des rations de bouillie de riz. C'était comme au front, mais plus dur. Nous étions tous très maigres avec des bras et des jambes épais comme des baguettes. J'y passais deux longs mois, survivant au jour le jour.

Et ils me libérèrent.

Des soldats me conduisirent – avec d'autres – jusqu'à la coopérative du front. Elle avait changé de place.

On nous mena à la cuisine collective où on nous fit asseoir pendant que les soldats allaient faire leur rapport à Chev.

Huoy nous avait vu arriver, mais elle ne m'avait pas reconnu. Je ne disais rien, la regardant couper des légumes pour le repas. Ensuite, elle s'assit par terre, me tournant le dos et se mit à découper d'épaisses tranches de bananier. Avant la révolution, c'était la nourriture favorite des cochons, mais sur le front, cela donnait de la consistance à la soupe.

Chev sortit et lut la liste des noms. En entendant le mien, Huoy eut un frisson, elle se retourna d'un bloc et se leva en tremblant. « Mon mari est ici! Mon mari est ici! Où est-il? » Elle ne pouvait plus se contrôler.

Chev se tourna vers moi :

– Vous pouvez aller voir votre femme. Elle vous attend.

Nous nous sommes précipités l'un vers l'autre. Nous avions peur de nous embrasser. Je mis mon bras autour de son épaule et la tirai à l'écart en murmurant quelques mots à son oreille.

– J'ai survécu. Ne t'en fais pas, je vais rester ici.

– Dieux! Qu'ont-ils fait de toi?

– Ne parle pas maintenant. J'ai survécu c'est l'essentiel.

Après dîner, quand elle eut terminé son travail, Huoy m'emmena au canal. Je ne sais pas comment elle avait pu se procurer du savon – du vrai – mais elle me donna un bain et me frotta tout le corps. Elle essayait de retenir ses larmes en découvrant que ma peau collait à chacune de mes côtes, que l'infection à ma cheville avait empiré et que mes jambes, mon cou et mon menton étaient couverts de blessures. Elle me demanda ce qui s'était passé.

– Ne me pose pas de questions. Je ne veux pas te voir pleurer.

Huoy insistait.

– Si tu m'aimes, ne me demande rien. Je t'aime et je ne veux rien te dire.

Elle laissa mes vieux vêtements tremper dans le courant d'eau boueuse et me donna un sarong propre. Nous sommes rentrés en marchant lentement jusqu'à l'endroit où elle dormait. Une longue hutte étroite sans murs avec juste un toit de chaume. Elle n'avait qu'un hamac à une place. Quelqu'un lui donna un sac de riz et elle eut vite fait de coudre un double hamac.

Cette nuit-là, elle se blottit tout contre moi. Elle me murmura à l'oreille qu'elle m'avait cru mort. Il y avait eu une grande purge m'expliqua-t-elle, des centaines de gens avaient été emmenés sans raison apparente par les soldats. Peu d'entre eux étaient revenus. Leur place avait été prise par des gens d'autres coopératives. Elle prononça quelques noms.

Je restai étendu, les yeux ouverts dans le noir. Il y avait des centaines de personnes autour de nous couchés sur le sol ou dans leurs hamacs. Nous ne pouvions pas parler librement : il fallait attendre.

J'étais stupéfait d'être toujours vivant. Que les dieux m'aient permis une seconde fois de pouvoir remettre mes bras autour du corps si féminin et si doux de Huoy. De sentir sa respiration; de la tenir contre moi, si généreuse et si réconfortante. Elle m'avait aussi donné de bonnes nouvelles.

Mon père était en vie.

Le père de Haing Ngor, Ngor Kea, dans les jours heureux d'avant la révolution. *(Collection Haing Ngor)*

La seule photo de Chang My Huoy, la femme de Haing Ngor, dans le médaillon d'or qu'il avait fabriqué pour elle. *(Collection Haing Ngor)*

Haing Ngor (avec les lunettes de soleil) en compagnie de trois de ses camarades de l'école de médecine. Aucun n'a survécu au régime de Pol Pot. *(Collection Haing Ngor)*

Le prince Sihanouk *(au centre)* au Laos en 1972, flanqué des dirigeants communistes du Laos et du Nord Vietnam. *(Collection Roger Warner)*

Saloth Sar, plus connu sous son pseudonyme révolutionnaire de Pol Pot. *(Collection David Hawk)*

Trois enfants-soldats Khmers Rouges. Les Khmers Rouges encourageaient la pratique de la fumée ; même les travailleurs forcés avaient droit à des pauses-cigarettes. *(Collection Roger Warner)*

Le travail forcé tel qu'il est dépeint dans *la Déchirure.* Haing Ngor est au centre. *(Collection Haing Ngor)*

Un prisonnier arrivant à Tuol Seng, ou S. 21, le centre d'extermination où vingt mille personnes furent tuées. *(Collection David Hawk)*

Le bandeau est encore autour de ces crânes retrouvés dans une tombe collective ; plus d'un million de victimes périrent sous les Khmers Rouges. *(Collection David Hawk)*

Les « libérateurs » vietnamiens envahirent le Cambodge en 1978 et mirent fin au régime de Pol Pot. Ils ont, depuis lors, été engagés dans une guerilla avec les Khmers Rouges et d'autres groupes de résistance. *(Collection Roger Warner)*

Une pause pour l'équipe pendant le tournage de *la Déchirure (de gauche à droite :* John Malkovich, Sam Waterston, Julian Sands, Haing Ngor). *(Collection Haing Ngor)*

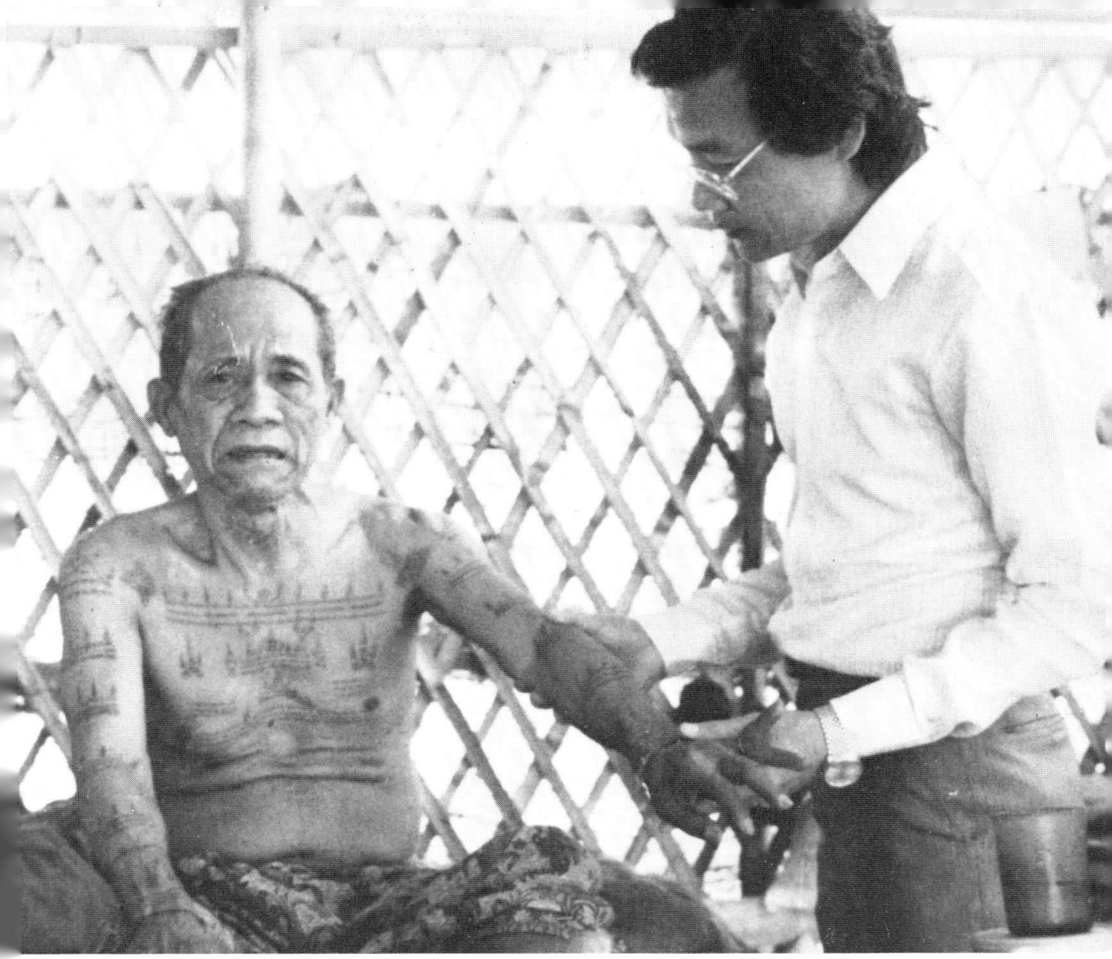

Haing Ngor se rend régulièrement dans les camps de réfugiés sur la frontière entre la Thaïlande et le Cambodge *(AP/Wide World Photos)*

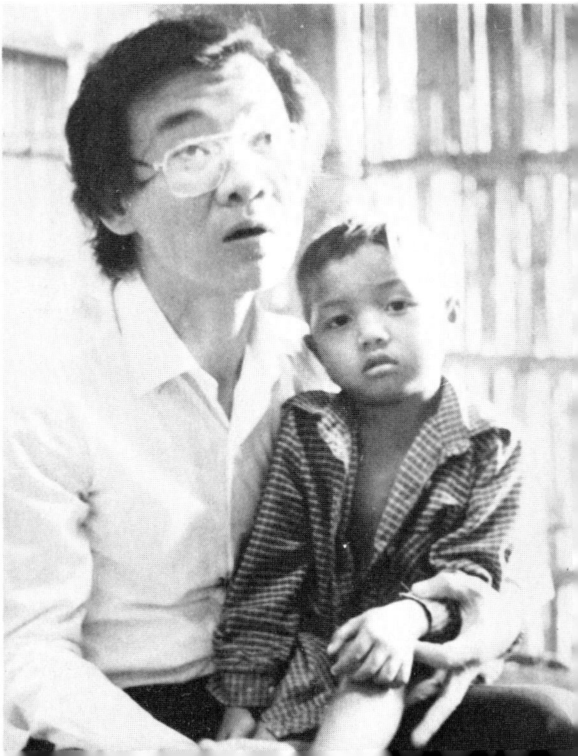

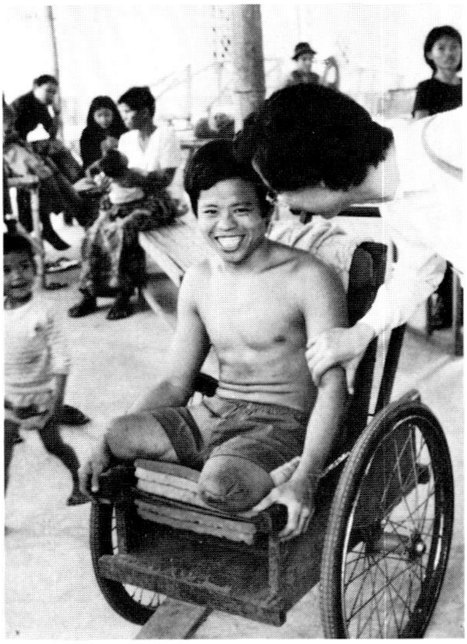

Les mines enterrées ont fait des ravages : le spectacle des victimes d'amputations est courant au Cambodge. *(Collection Roger Warner)*

Haing Ngor, Elie Wiesel et Dith Pran au cours d'un meeting destiné à réclamer la comparution des dirigeants Khmers Rouges devant un tribunal international. *(Collection David Hawk/ Larry Busacca)*

Bougies

La dernière fois que j'avais vu mon père, il courait avec ma mère, sur la route, pour rattraper le char à bœufs de Pheng Huor et de sa famille. Ils avaient échoué un peu plus tard dans une coopérative du front, plus au sud que la mienne, au pied des montagnes Cardamon. Ça n'avait pas été fort pour eux.

D'abord les trois enfants leur avaient été enlevés. Angka les avait envoyés dans un mouvement de jeunesse pour les endoctriner. Puis, ma mère avait été mutée dans un camp de travail pour personnes âgées dans la jungle. On n'avait plus jamais entendu parler d'elle.

Il restait trois adultes, papa, Pheng Huor et sa femme Nay Chhun. Par la volonté d'Angka ou des dieux, ils avaient été transférés dans ma coopérative pendant mon séjour en prison. Mon père habitait dans une baraque surpeuplée, Pheng Huor et sa femme se trouvaient dans une autre et Huoy dans une troisième. Deux cents personnes logeaient dans chaque bâtisse et le camp comptait environ 2 400 déportés. Mon père était assigné à un groupe de travail pour vieillards. Il passait sa journée à fixer des manches de binettes, à fabriquer des paniers et à effectuer d'autres tâches qui n'exigent pas d'effort physique.

Il avait vite repéré Huoy à la cuisine où son visage plein de chagrin exprimait parfaitement ce qu'elle ne pouvait dire clairement : j'étais mort. Mon père la consola comme il put, lui demandant de garder espoir. Il rendait visite à Huoy chaque après-midi. Lorsqu'elle rentrait du travail elle le trouvait assis à côté du hamac sur un morceau de plastique blanc. Leurs sentiments s'étaient renforcés et avaient acquis la force de ceux qui unissent un père et sa fille. Ils passaient ensemble les meilleurs moments de la journée. Huoy racontait des histoires, raccommodait ses vêtements et il tentait de lui remonter le moral. Après les repas, Huoy laissait volontairement les croûtes de grains de riz dans la grande cuve collective. Papa et ses amis venaient ensuite gratter ces restes. Pour un ancien millionnaire, gratter les fonds de pot n'était pas très glorieux. Mais ça le maintenait en bonne santé.

La vie au front avait comme excellent effet de faire disparaître l'accessoire pour ne garder que l'essentiel. Mon père avait fini par reconnaître la vraie valeur de Huoy. Il lui était maintenant égal qu'elle soit riche ou pauvre : elle n'avait montré jusqu'ici que respect, amour et dévouement.

Papa se mit à la comparer à sa belle-fille, Nay Chhun, si gentille avec lui tant qu'il était propriétaire d'une scierie prospère et qui maintenant n'avait plus de temps à perdre avec un esclave de guerre.

Le lendemain de mon retour, je me reposais dans le hamac lorsque mon père arriva. Il était encore plus maigre qu'auparavant. Les joues creuses et le ventre plat, il était habillé d'un pantalon bleu soigneusement reprisé et d'un tee-shirt noir délavé.

En m'apercevant, il se mit à pleurer.

Je lui racontai mes séjours en prison, omettant les détails par trop horribles comme je l'avais fait avec Huoy. Il m'écoutait en secouant la tête et en soupirant. Il pleurait, marchant de long en large.

Il avait changé. Pendant ma jeunesse, je l'avais toujours connu dur, sévère et sceptique. Il s'était adouci avec les années et était devenu plus compréhensif. Mais, il était toujours le chef de famille. Il s'assit près du hamac et me donna un conseil.

– Fils, il suffit de te regarder pour s'imaginer ce que tu as dû endurer. On revient rarement d'où tu viens. Tu as eu deux fois cette chance, alors dorénavant tais-toi : « Dam doeum kor! » Quoi qu'il arrive, ne leur donne plus de raison de t'emmener. Lorsque tu étais jeune, tu avais le sang chaud. Depuis ta rencontre avec Huoy tu t'es calmé, mais il y a encore trop de rancœur en toi. Tu dois contrôler tes émotions, garder ton sang-froid. Tu as réussi à tromper beaucoup de gens, mais pas tout le monde. Si tu étais aussi intelligent que tu le crois, ils ne pourraient pas t'arrêter.

– Oui, papa.

– Autre chose encore. Pen Tip! Tu ne m'as rien dit, mais tu veux te venger : c'est inscrit sur ton visage. N'en fais rien! Tu as de l'instruction, lui pas. Il t'a fait du mal : laisse les dieux le punir. Ne le fais pas toi-même! Sinon, les Khmers rouges découvriront la vérité et là, ils te tueront. Si tu le rencontres, fais comme s'il ne s'était rien passé.

C'était dur à accepter. Pourtant en y réfléchissant j'admis qu'il avait raison.

– D'accord papa.

– Les Khmers rouges sont fous et analphabètes. Pour survivre, tu dois être patient et très, très intelligent. Utilise ton cerveau, fils. Regarde autour de toi. Les canaux qu'ils construisent vont être emportés aux premières pluies. Tu le sais, tu y as travaillé. Ils ne résisteront pas aux pluies de Battambang. Tout ce que les Khmers rouges vont entreprendre sera un échec : ils n'ont pas le soutien du peuple. Plante un kapokier sur ta langue, fils! Sois patient, sois calme, sois lucide. Un jour, tôt ou tard, la révolution va échouer. Le régime changera et nous serons libres à nouveau.

Je l'écoutais attentivement. Il avait certainement raison sur un point : ce régime ne pouvait pas durer bien longtemps. La meilleure façon de le combattre c'était de se faire tout petit et de le laisser s'autodétruire.

Épargner Pen Tip était plus difficile. Pendant de longues nuits en prison, j'étais resté éveillé en pensant à ce que j'allais pouvoir lui infliger, si je m'en sortais vivant. J'en avais suffisamment appris sur la torture pour savoir m'y prendre à mon tour. Mes pensées étaient si horribles que je n'aurais jamais osé les exprimer devant quelqu'un. Mon père les avait devinées.

Mais il avait raison : il était plus important d'éviter de futures souffrances que de me venger de celles du passé.

Pour cela, il fallait que je devienne le meilleur des comédiens.

La visite de ma belle-sœur cet après-midi-là me permit de mettre en pratique ces bonnes résolutions. Nay Chhun et moi nous nous détestions. Nous n'avions pas eu de rapports depuis la révolution et elle ne m'avait pas rendu visite pendant ma maladie. Je décidai de rétablir un semblant de courtoisie entre nous. Lorsqu'elle me demanda comment j'allais, je répondis poliment : « Pas trop mal, merci. » Et je m'enquis aussitôt de sa santé et celle de mon frère. Elle remarqua que j'avais perdu du poids. « Qui n'en perd pas de nos jours! » rétorquai-je. Bref, une conversation polie et superficielle.

Ce qui m'intéressait, c'était l'attitude de mon père. Depuis l'arrivée de Nay Chhun, il était silencieux et froid. Je savais qu'il l'évitait lorsqu'elle n'était pas accompagnée de mon frère. Papa avait enfin découvert son véritable caractère. Dès qu'elle s'éloigna, il se détendit, essuya même une larme. Il était heureux, pensai-je, que j'ai pu parler avec elle.

Quel changement! Lorsqu'il était riche, il remarquait à peine Huoy. Il était embarrassé par le choix que j'avais fait d'une femme pauvre. A cause de lui, Huoy et moi n'avions pas pu nous marier comme nous le voulions, en grande cérémonie, avec les moines, nos deux familles réunies et la moitié de Phnom Penh invitée à la fête!

Huoy avait payé cher de ne pas être mariée. Elle avait subi en silence les insultes de Nay Chhun, de Tante Kim et des autres... Mais le passé n'avait plus d'importance. Nous étions tous maintenant égaux. Mon père était visiblement heureux lorsque Huoy rentrait de la cuisine l'après-midi. Son comportement changeait, un grand sourire éclairait son visage ridé. Dire qu'il avait fallu subir tous ces malheurs pour qu'il l'accueille dans la famille!

Mais, c'est sans doute mon destin que de me remettre d'un drame avant de basculer dans un autre.

Je retournai au travail. Les premières pluies commençaient à tomber. Il faisait chaud et humide comme toujours avant que la saison des pluies ne s'installe.

Chev ordonna à mon groupe de créer de nouvelles rizières pour la culture à grande échelle. Il fallait élever des remblais et créer des champs plus vastes que ceux des paysans avant la révolution. En théorie, c'était une bonne idée : des champs plus grands nous permettraient d'augmenter la récolte en travaillant moins. Mais au lieu de se contenter de détruire une partie des digues pour créer un nouveau champ, Chev ordonna de tout casser et de reconstruire complètement le réseau. C'était un travail énorme, sans résultat, qui devait être réalisé rapidement. Chev voulait peut-être ainsi tester notre ardeur révolutionnaire.

Je travaillais dans la boue jusqu'au cou. L'air était lourd, la boue froide et les moustiques fondaient sur nous par escouade depuis les bois tout proches.

Lorsque je fus pris de frissons deux fois par jour aux mêmes heures, cela me sembla une bénédiction. J'avais une parfaite excuse pour ne pas aller travailler : il y avait de nombreux cas de malaria et tout le monde en connaissait les symptômes.

Dispensé de corvée, je me mis en quête de médicaments. Je cherchais surtout de la quinine ou de la chloroquinine, mais il n'y en avait plus au marché noir. Toutes les bâtisses étaient remplies de gens grelottant de fièvre dans l'odeur de l'urine et au milieu des mouches. Je tentai ma chance auprès des structures médicales d'Angka.

Les cadres supérieurs du régime avaient accès à un hôpital de style occidental à Battambang. C'était exclu pour moi. Les Khmers rouges de base et les « anciens » pouvaient aller à Phnum Phnom dans un petit hôpital régional. Je n'y avais pas droit non plus. Il ne me restait plus que les cliniques du front où les infirmières appelaient leurs patients, esclaves de guerre. Je m'y rendis. C'était une maison ordinaire, sur pilotis, près d'un jardin d'ignames.

Le personnel de la clinique distribuait la soupe : des dizaines d'esclaves de guerre, d'une maigreur pathétique, se bousculaient autour d'une table pour être plus près de la gamelle. Un malade commença à se battre avec un autre et une *mit neary* lui cassa sa louche sur la tête pour le calmer.

Dans cette infirmerie, il n'y avait que deux médicaments : des piqûres de vitamines et des pilules contre la malaria de fabrication locale. Les solutions à base de vitamines semblaient avoir été fabriquées à Phnom Penh par des spécialistes. Elles étaient conservées dans de vieilles bouteilles de Coca-Cola. Les infirmières procédaient normalement, en stérilisant les aiguilles hypodermiques dans de l'eau bouillante. Mais, avant de faire la piqûre, elles s'assuraient que les aiguilles étaient bien fixées en passant dessus leurs doigts sales. Résultat, presque tous les malades avaient un abcès à l'endroit de la piqûre et peu d'entre eux se remettaient de la maladie qui les avait conduits ici.

Les pilules contre la malaria étaient fabriquées à partir des ignames du jardin et de feuilles de *sdao*. La mixture était pilée dans un mortier, cuite dans des feuilles et moulée dans des douilles de M-16. On les appelait « crottes de lapin » en raison de leur forme et de leur couleur. On me donna une bonne poignée de « crottes de lapin » et je m'éloignai rapidement avant que les infirmières ne me fassent une piqûre! Les feuilles de *sdao* n'avaient que peu d'effet sur la malaria, c'était un remède de bonne femme. Par contre l'igname contenue dans les pilules m'intéressait beaucoup. L'igname, c'était de la nourriture.

Au fur et à mesure que l'infection attaquait mes globules rouges, je devenais de plus en plus faible. Je restais allongé sur ma natte de plastique. J'étais glacé et je ne pouvais pas m'empêcher de trembler. Je me souviens de Huoy assise à califourchon sur ma taille pendant que mon père me tenait les pieds. J'étais trempé de sueur. J'appris que je m'étais évanoui pendant des convulsions. Je ne me rappelais plus de rien. Tout ce que je savais, c'est que j'avais soif! Je bus sans m'arrêter des litres d'eau.

Mon père et Huoy s'occupaient de moi. Quand les « crottes de lapin » furent terminées, papa rapporta des feuilles et de l'écorce de *sdao* : je mâchais les feuilles et Huoy me faisait des infusions avec l'écorce. Mon père allait aussi à l'aube chercher des pousses de bambou encore couvertes de rosée. C'était un médicament cambodgien traditionnel. Il fabriquait aussi un remède chinois avec les pelures d'une corne d'animal, qu'il avait apporté de Phnom Penh.

Huoy, de son côté, cherchait inlassablement des médicaments occidentaux. Elle finit par dénicher huit gélules de 300 mg de quinine qu'elle paya un damleung d'or. Je prenais la moitié d'une gélule le matin et l'autre le soir avec l'infusion de *sdao*. Grâce aux soins dévoués de ma femme et de mon père, je guéris.

Je repris le travail. Les pluies étaient arrivées. L'eau ruisselait des collines remplissant les canaux qui se déversaient dans les rizières comme s'il n'y avait pas eu d'obstacles. Tout était inondé, à part les anciens remblais. Chev vint faire une tournée d'inspection, sa binette sur l'épaule. Il revint couvert de boue de la tête aux pieds. Sous la surface de l'eau, invisible dans la gadoue, on devinait les frêles pousses de riz.

– Si l'eau ne baisse pas en quelques heures, les semis vont pourrir.

Il parlait calmement mais en suivant son regard qui parcourait les champs, je me sentis bien impuissant. Ce n'était pas de notre faute, les canaux n'étaient pas assez profonds et nous étions trop peu pour élever de nouveaux remblais. On n'était plus que quatre dans le groupe : deux avaient la malaria, deux autres étaient partis en « corvée de bois ».

– Vous devez prendre fermement votre destinée entre vos mains! Si vous perdez cette bataille, vous en serez responsables! dit-il en s'éloignant.

Nous nous sommes remis à reconstruire des digues avec l'énergie du désespoir. Nous savions que de toute façon ce ne serait pas suffisant. Je priai et les autres aussi. Cet après-midi-là, grâce à la bonté des dieux, la pluie s'arrêta. Le niveau d'eau baissa dans les rizières et les tiges vertes réapparurent.

Le lendemain, les pluies reprirent. Chaque jour, le travail était une urgence absolue. Les canaux et les digues se rompaient, des rizières disparaissaient. Je me jetai à corps perdu dans le travail. Je voulais sauver ma propre vie mais aussi la future récolte, c'était la survie de la coopérative.

Une purge, encore plus importante que les précédentes, se préparait.

Les soldats arrêtaient des gens matin et soir. Au lieu de les emmener immédiatement, ils les exposaient maintenant en public pour servir d'exemple. Les prisonniers étaient attachés aux arbres et les soldats détaillaient à la cantonade le détail de leurs crimes. J'essayais de ne pas regarder ni d'écouter. J'avais suffisamment de préoccupations personnelles pour m'inquiéter des malheurs des autres. Je voulais terminer ma journée comme je l'avais commencée.

Un après-midi de cette saison de pluies de 1976, je rentrais donc au baraquement après mon travail sans faire attention aux vociférations des gardes. Il y avait des flaques d'eau par terre que je contournais en y regardant les reflets du ciel. Un jeune soldat hurlait.

– Regardez l'ennemi! Il est ici! Regardez les ennemis du peuple!

Angka les a surpris à voler de la nourriture! C'est à nous tous qu'ils volent de la nourriture! Regardez-les à présent! Tant que vous le pouvez encore, inspirez-vous de cet exemple!

Des prisonniers étaient attachés à un arbre aux pieds du soldat. Je ne voyais pas très bien leurs visages, je pensais à la ration de riz du dîner. Soudain je reconnus mon père.

Un frisson glacial me parcourut.

Mon père tourna la tête et me regarda tristement. Ses lèvres bougeaient : il voulait me dire quelque chose... Il voulait que je l'aide...

– Pourquoi t'arrêtes-tu? demanda le soldat. Continue ton chemin.

Les gens qui suivaient me rentraient dedans, j'entendais leurs commentaires comme dans un brouillard. « Ils sont déjà trop vieux. Pourquoi les faire souffrir? disait une voix. Le maigre, là, n'a pourtant pas l'air méchant. Pourquoi vont-ils le tuer? »

– Allez, avancez! criait le soldat.

J'étais comme devant l'entrée d'un tunnel : je ne voyais que les deux yeux de mon père agrandis par le chagrin et la peur. Il me fit signe de continuer.

Glacé, j'obéis.

Le visage de Huoy était bouffi par les larmes. Elle savait déjà. Un officier de haut rang qui visitait les nouvelles cuisines avait vu mon père racler le riz dans la cuve. Il avait demandé pourquoi les « nouveaux » cherchaient à manger au lieu de travailler.

Chev arrêta papa immédiatement.

Au coucher du soleil, la procession passa près de notre bâtisse. Papa était attaché au bout d'une corde avec deux autres prisonniers. Un soldat marchait derrière tenant le bout de la corde à la main. Mon père leva la tête et me regarda intensément. Il n'y avait aucun reproche dans son regard, juste une immense tristesse. Là où il allait, il n'y avait pas de retour.

« Plante un kapokier. » C'était son dernier conseil.

Je sortis de la baraque et je m'assis sur le sol. J'avais la gorge serrée et des larmes coulaient sur mes joues. Je ne prononçai pas un mot. Plante un kapokier...

Au bout de trois jours, Huoy et moi avons apporté nos rations du soir et quelques bougies à la baraque. Les voisins savaient ce que nous allions faire et s'éloignèrent discrètement. Tard dans la nuit, Pheng Huor et Nay Chhun nous rejoignirent. Nous avons allumé les bougies. Mon frère et sa femme, nos aînés, s'inclinèrent les premiers devant l'autel improvisé, joignant leurs mains et les posant par trois fois sur le sol. Ils se prosternèrent ensuite trois fois et se mirent en prière. Huoy et moi restions assis derrière eux. Quand ils eurent terminé, ce fut notre tour.

Je priai pour que mon père renaisse hors du Cambodge.

Jour après jour, la purge s'étendait. Certains étaient arrêtés pour s'être plaints, la plupart pour avoir volé de la nourriture.

Nous avons souvent essayé de comprendre pourquoi les Khmers rouges étaient pris d'une telle frénésie meurtrière. Nous n'avons trouvé aucune explication. C'était comme une envie qu'ils n'arrivaient pas à satisfaire : ils créaient des ennemis pour pouvoir les dévorer ce qui aiguisait leur appétit de meurtres... et ainsi de suite.

Choqués, horrifiés, abattus.

Avec la disparition de mon père, une partie de nous-mêmes était morte. Sous le contrôle de cette force qui nous était étrangère, nous agissions comme des automates, sans but, sans énergie, sans espoir.

Deux semaines plus tard, mon frère et sa femme furent emmenés les mains attachées dans le dos. Je n'ai jamais su pourquoi. Ils ne sont jamais revenus.

Huoy et moi avons effectué la même cérémonie que pour mon père. Nous avons rallumé les mêmes bougies presque entièrement consumées.

Et nous avons prié ensemble en nous demandant qui donc allumerait les bougies la prochaine fois.

Pour nous deux.

Pluies

A l'aube, le ciel était clair.

Les premiers nuages arrivèrent de l'ouest vers le milieu de la matinée, blancs et gonflés comme des fibres cotonneuses de kapokier. On entendit le tonnerre, au loin, qui grondait doucement comme les bombes de B-52. L'air se rafraîchit. Le vent se leva, couchant le riz dans les champs et tordant les arbres sur les tertres.

De petites tornades de poussière et de chaume couraient sur le sol. Les vêtements s'envolaient des séchoirs. Les panneaux de bambou claquaient sur les toits, toute la structure des cabanes grinçait. Les gens serraient leur *krama* autour de la tête se protégeant le visage avec les mains.

Pendant une minute ou deux, ce fut l'accalmie. Le vent tomba, les tiges de riz se redressèrent. Il faisait aussi sombre qu'au crépuscule. Dans ce silence surnaturel, le chant des oiseaux s'élevait avec une clarté magique. Les moineaux, à la poursuite d'insectes, traçaient des figures compliquées dans le ciel.

Puis, le ciel s'ouvrit.

La pluie tombait en biais. De grosses gouttes s'écrasèrent sur mon visage. Je baissais la tête, mais le vent rabattait le bord de mon chapeau sur ma joue. Les gouttes frappaient l'eau des rizières avec un bruit métallique, le choc formait à la surface de petits geysers de gouttelettes. Je distinguais à peine l'homme qui à côté de moi travaillait avec sa binette. Au-delà, les gens et le paysage étaient noyés sous un voile d'eau.

J'aimais la pluie. Elle rendait les verts du paysage plus brillants, et l'argile plus rouge. Des feuilles nouvelles apparaissaient sur les arbres, les rizières verdissaient, il y avait plus d'insectes, de poissons et de crabes.

La vie s'améliorait. On nous donnait davantage de nourriture, le travail de nuit était supprimé et les réunions politiques s'espaçaient. Les chefs n'aimaient pas se mouiller.

L'eau tombait de l'auvent jouant la plus douce des musiques, elle inondait les sentiers serpentant sur le sol en centaines de petites rigoles.

Huoy et moi avions mis la bâche de plastique au-dessus du hamac pour nous protéger de l'humidité. Les éclairs illuminaient la baraque comme en plein jour et le tonnerre grondait comme une pièce d'artillerie. Huoy m'entoura de ses bras et enfonça sa tête contre ma poitrine pour se protéger. Il plut pendant des jours, puis la pluie s'atténua jusqu'à devenir aussi fine et ténue qu'une bruine.

Pendant cette saison, de juillet à septembre environ, je travaillais dans une équipe mobile qui se déplaçait suivant les besoins. Nous avons construit des remblais, labouré des champs, planté et transplanté le riz, gardé les vaches et les buffles... Mais notre plus grande activité consistait à réparer les routes.

Les eaux avaient emporté la route menant au poste de commandement sur une trentaine de mètres. Un torrent d'eau boueuse y coulait inondant les rizières. Cela faisait plus d'une semaine que notre équipe n'avait pas vu le soleil. Nous étions huit à présent armés de hachettes et de binettes à couper de jeunes arbres pour construire un barrage. Il fallait boucher les interstices avec de la boue, des racines et des branches enchevêtrées qui résisteraient au flux.

C'est moi qui indiquait aux autres quels arbres couper et où mettre la boue bien que je ne sois pas officiellement le chef. Mon père avait l'habitude de dire : « Ne raisonne pas comme un subalterne, pense comme un patron ! » Il voulait dire qu'il vaut mieux être actif et utiliser sa tête plutôt que de rester passif à attendre les ordres. Je travaillais plus dur que tous les membres de l'équipe : ça maintenait mon cerveau en éveil et ça m'empêchait de penser à autre chose. J'arrivais à oublier – avec un peu de chance pendant plusieurs heures – le visage de mon père enchaîné et ceux de mon frère et de sa femme.

Un seul parmi nous travaillait autant que moi. C'était un homme d'une cinquantaine d'années, tatoué, trapu et musclé qui supervisait les travaux. Il s'appelait Seng. Il était chef de village et l'un des assistants de Chev.

Soudain nous avons entendu un bruit inhabituel : le moteur emballé d'une voiture embourbée. Seng leva la tête et partit voir ce qui se passait. Moi, je continuais à couper des arbres sans ralentir la cadence.

Oncle Seng comme il aimait qu'on l'appelle était un homme étrange. C'était le seul Khmer rouge qui semblait vraiment humain. Dernièrement, alors que nous gardions du bétail, je m'étais discrètement éclipsé pour manger un morceau, caché sur un tertre. Deux vaches en avaient profité pour s'échapper dans la forêt. Je les avais cherchées toute la nuit et ce n'est qu'au petit jour que j'avais pu les ramener. Si Chev l'avait appris, il m'aurait tué pour cette négligence. Oncle Seng se contenta de me donner un avertissement. Il n'avait jamais donné l'ordre de tuer quelqu'un.

Je n'allais pas jusqu'à lui faire entièrement confiance. S'il pensait que j'étais un travailleur modèle, très bien. S'il m'aimait bien, parfait. Ni lui, ni personne ne savait que je menais une double vie. On ne savait pas que presque toutes les nuits, je quittais ma baraque pour aller voler des légumes dans un village voisin. J'emportais ma hachette, prêt à me battre contre quiconque me surprendrait. J'étais prêt à mourir. Ils m'avaient déjà tout pris et Huoy et moi avions décidé de nous suicider le moment venu.

– Hé! Vous tous! Venez par ici!

Oncle Seng nous faisait signe de le suivre. Je plongeai dans le canal et traversai en nageant. Lorsque je ressortis de l'autre côté, je n'étais pas plus mouillé qu'avant.

Je suivis Seng avec les autres le long de la route. Une Jeep, modèle B-1, basse et large avec une capote de toile, était arrêtée en plein milieu.

Une seule Jeep ressemblait à celle-là à Tippeday, celle du civil Khmer rouge qui commandait la région. Je l'avais déjà aperçu qui circulait, le bras droit passé par la portière.

Une des roues était embourbée, le moteur ronflait, les roues chassaient des paquets de boue dans l'ornière. Le chauffeur, un soldat en uniforme Mao était livide, il emballait le moteur pendant que deux soldats poussaient le véhicule. En vain. Les roues s'enfonçaient dans l'ornière et la Jeep prenait une inclinaison bizarre.

– Arrêtez, je vous prie, dit l'homme d'une voix douce.

Il s'était penché pour regarder les dégâts, j'apercevais son uniforme noir et sa casquette Mao. Il semblait de bonne humeur. Lorsqu'il se redressa, je reconnus ses petits yeux étroits de Chinois et sa verrue sur la joue. C'était Chea Huon. Je me repris aussitôt : non, ce n'est pas possible.

– Que faut-il faire? demanda-t-il au chauffeur.

L'autre était bien trop timoré pour répondre : il valait mieux passer pour un imbécile plutôt que de contredire un supérieur. Attitude typiquement cambodgienne. Si on lui avait ordonné de cracher sur les pneus pour faire repartir la voiture, il l'aurait fait.

Je n'étais pas totalement sûr que ce soit Chea Huon. Il avait la même stature, les épaules voûtées et cette attitude gauche. La même verrue sur le visage. Si ce n'était pas Chea Huon, c'était son jumeau. Que faisait-il ici?

– Nous allons vous aider camarade. Nous sommes déjà couverts de boue! dit Seng d'une voix déférente.

Nous avons poussé avec les deux soldats sous le regard attentif de Chea Huon. Je lui lançai quelques coups d'œil : s'il les avait remarqués, il n'en laissa rien paraître.

Nous avons poussé de toutes nos forces, mais les roues tournaient dans le vide. Nous n'arrivions à rien.

– Oncle Seng, dis-je. Peut-être faudrait-il mettre des branches d'arbre sous les pneus.

Chea Huon marchait de long en large sur la chaussée.

– C'est une bonne idée, dit-il, en se tournant vers moi.

Seng nous fit un signe de la tête et nous avons ramassé nos hachettes. Je m'adressai à mes compagnons.

– Coupez des troncs le plus long possible, ramassez aussi des branches et des pierres si vous en trouvez.

Chea Huon me désigna un arbre un peu plus loin. Je commençais à couper les branches lorsqu'il s'approcha de moi.

Personne ne pouvait nous entendre. Je parlais à voix basse sans le regarder.

– Excusez-moi, *luk* professeur! N'êtes-vous pas Chea Huon, professeur à Takeo. Je reconnais la marque sur votre joue.

– Vous me connaissez?

– Vous avez été mon professeur en 1962 et 1963.

Je continuais mon travail. Il répondit au bout d'un bon moment.

– Oui, vous avez raison. Je sais qui vous êtes maintenant. Vous passiez votre doctorat en médecine, n'est-ce pas?

– Oui, *luk* professeur.

La pluie tombait toujours. Il se tenait bien droit, ses mains sur les hanches en hochant la tête. Il s'approcha de moi, me tapota sur l'épaule et me dit d'une voix amicale :

– Continuez à travailler et restez tranquille!

Les deux gardes s'étaient rapprochés et, bien qu'ils restassent à distance respectueuse, pouvaient maintenant nous entendre. Je me penchai pour couper le tronc. Encore quelques coups de hachette, et l'arbre tomberait. Je me taisais. C'était à Chea Huon de décider de la suite.

– ... et la récolte de riz, comment s'annonce-t-elle? L'irrigation est terminée?

– Cela marche bien, camarade, répondis-je plus fort qu'il n'était nécessaire. L'eau qui dévale les collines a coupé la route, mais sous le commandement d'Oncle Seng, nous avons lancé une offensive pour la réparer. Nous avons déjà remblayé plusieurs autres effondrements.

– Nous devons nous battre sur tous les fronts! Nous devons nous battre pour contrôler la nature! répondit-il hypocritement avant de s'éloigner dans les champs, avec ses gardes du corps, pour inspecter les plantations.

Je me mis à genoux dans la boue pour placer les branches sous les roues, et fis disposer des pierres et des rondins. Je m'assurais toujours qu'Oncle Seng approuvait mes initiatives afin qu'il soit bien clair que tout était fait selon ses directives.

Le chauffeur était un imbécile et ne comprenait pas qu'il fallait bouger sa Jeep d'avant en arrière pour que nous puissions mettre les branchages. Je devais pourtant être déférent : son rang était beaucoup plus élevé que le mien, et je devais éviter qu'il perde la face.

Tout en travaillant, je songeais aux jours anciens où Chea Huon m'enseignait gratuitement les mathématiques. Il vivait dans une maison sur pilotis à l'extérieur de Takeo, d'une manière simple et austère, toujours habillé d'un sarong, comme un paysan. C'était un pur, un intellectuel qui traitait tout le monde de la même façon. Je n'avais jamais soupçonné qu'il était communiste, jusqu'à ce qu'il soit jeté en prison en 1967. Je lui avais rendu visite à l'époque.

Pourtant, c'était tout à fait logique. Il était le prototype même des idéalistes qui avaient rejoint les communistes dans les années soixante avant de passer à la clandestinité dans les forêts. Oui, il avait suffisamment d'ancienneté pour avoir un rang élevé dans la hiérarchie khmère rouge.

Chea Huon savait que j'étais médecin. J'étais sûr qu'il ne me dénoncerait pas, mais j'étais décontenancé par cette rencontre. « Continue à travailler et reste tranquille », avait-il dit. C'est tout. Est-ce que ça voulait dire qu'il ne pouvait pas m'aider? Il avait pourtant des yeux pour voir. Il avait dû remarquer les blessures sur mes bras, mes jambes et mon visage! Il savait que j'étais médecin. Il avait le pouvoir de me faire installer une clinique – une vraie – pour soigner les malades sur le front. Il avait un rang plus élevé que Chev, il pouvait même me faire libérer et transférer loin du front! Pourquoi ne le faisait-il pas?

Grâce à nos efforts, la Jeep était enfin sortie de l'ornière.

Chea Huon revenait trempé de son inspection. Il remercia tout le monde en nous souriant à tous successivement. Puis, il se tourna vers Oncle Seng et me désigna du doigt.

– Celui-là, c'est un bon travailleur. Il a de l'initiative. Occupez-vous bien de lui!

Il remonta dans sa Jeep et s'éloigna, disparaissant dans la bruine.

Nous sommes restés là, nos hachettes et nos binettes à la main. La route était encore plus vide et la pluie plus froide après son départ.

Le reste de la journée et les jours qui suivirent, je m'interrogeai sur cette rencontre.

Chea Huon a de l'instruction, il est intelligent, il n'est pas comme les autres. Alors pourquoi permet-il à des gens comme Chev de tuer des innocents comme mon père ou mon frère ? Sait-il ce qui se passe ici ?

S'il le sait, pourquoi n'arrête-t-il pas les massacres ? Il est assez intelligent pour se rendre compte que la révolution court à l'échec. S'il n'est pas directement au courant des massacres, il a quand même dû en entendre parler !

Il est le dirigeant de toute la région. N'a-t-il pas assez de pouvoir pour les faire cesser ? Ou alors ne peut-il avoir recours à quelqu'un de plus haut placé ?

Il faut que je me rende à son QG pour lui parler. Il me recevra, il me connaît depuis longtemps. Si je pouvais le joindre, il pourrait changer toute la situation sur le front. Les dirigeants khmers rouges doivent se rendre compte du désastre dont ils sont responsables. Ils pourraient essayer de réparer.

Mais non. Ils ne voudront rien changer.

Penses-y : « Dam doeum kor. »

Tu ne peux pas aller au QG, c'est trop dangereux. Tu ne peux pas faire confiance à Chea Huon, il a fait tuer trop d'innocents. Il a dû tuer des gens : il est l'un des leurs ! La dernière chose que veulent les Khmers rouges c'est bien le changement. Ils appelleraient ça des jérémiades ou alors ils y verraient la preuve d'une mentalité bourgeoise. Ils te tueraient à coup sûr.

J'ai peur.

Et je crois que Chea Huon a peur aussi.

Riziculture

Après avoir réparé les routes, mon groupe fut affecté à la culture du riz.

Planter le riz était notre raison d'être sur le front. Tout y était lié. On creusait des canaux pour irriguer les champs pendant la saison sèche et pour éviter les inondations de la saison des pluies. On construisait les rizières pour produire du riz sur une grande échelle. On élevait des vaches et des buffles pour tirer les charrues. On labourait, on hersait pour préparer les champs. Enfin, on assistait à des réunions de propagande pour être bien persuadés que l'agriculture est une glorieuse aventure.

Pour quelqu'un qui a peu d'instruction, il est facile d'apprendre à travailler la terre. Lorsqu'un des hommes de mon groupe cassa l'embout de la charrue, je suis allé couper un arbre en forêt pour le remplacer. Une heure plus tard il recommençait à labourer. Lorsqu'on nous vola les rênes de l'attelage, probablement pour en manger le cuir – pratique courante sur le front –, je n'en fis pas toute une histoire.

Je coupai de la vigne sauvage, et je tressai de nouvelles rênes aussi solides que si elles avaient été en cuir. Un vieux paysan n'aurait pu mieux faire.

Je maudissais les Khmers rouges qui prétendaient que n'importe qui pouvait pratiquer la médecine. Il m'avait fallu sept ans d'études pour obtenir mon doctorat. Mais il n'y avait aucun aspect du travail agricole que je ne puisse apprendre en une journée. Quelle bêtise que de glorifier le savoir des paysans!

Pourtant j'aimais tout ce qui touchait à la terre. J'aimais par-dessus tout cultiver le riz. Après avoir labouré et hersé, nous mettions les germes de riz dans des seaux pour les faire lever. Après un jour ou deux, des bourgeons étroits et blanchâtres apparaissaient au-dessus de la surface. On les semait par poignée dans l'eau fertilisée avec des engrais.

Quelques jours plus tard, les germes devenaient vert pâle, d'un vert tendre difficile à décrire. C'était la partie la plus délicate de la culture. Une pluie trop forte pouvait les noyer en quelques heures, et le manque d'eau, les dessécher aussi vite. Nous restions à côté des semis avec nos binettes, prêts à fermer ou à ouvrir les canaux en cas de nécessité. Un mois plus tard, les jeunes plants atteignaient trente centimètres de haut et formaient un épais gazon.

Il n'y a pas de plus beau spectacle qu'un champ de riz en herbe sous le soleil. C'est comme une flaque de lumière rafraîchissante, reposante pour les yeux. Quand on marche le long des rizières, on sent ce parfum subtil, et on peut voir le ciel et les nuages se refléter dans l'eau entre les tiges. Si l'on se penche, c'est son propre visage qui apparaît jusqu'à ce que le vent ride la surface et fasse ondoyer les jeunes plants comme des vagues de verdure.

C'est au cours des matinées ensoleillées que je me sentais le plus heureux. L'air était frais, le paysage magnifique. Travailler dans les champs réveillait en moi un plaisir ancestral. Mes parents avaient planté du riz dans leur jeunesse, et je descendais d'une famille de paysans qui, génération après génération, avait cultivé le riz depuis les débuts de l'humanité. C'était presque suffisant pour me faire oublier les Khmers rouges...

Si seulement j'avais eu un peu de temps pour pêcher et glaner de la nourriture sans me cacher. Si seulement nous avions vécu sans cette menace mortelle. Si seulement ils nous avaient laissé le temps de faire l'amour à nos femmes, d'élever une famille avec dignité et de prendre soin de nos vieux parents..., si..., si..., si... J'aurais accepté mon destin et je serais devenu paysan de tout mon cœur et de toute mon âme.

La transplantation des semis constituait la phase la plus pénible. La plupart des gens étaient mobilisés, car nous utilisions une ancienne technique pour déraciner les jeunes plants. Debout, les genoux fléchis – pour éviter d'avoir mal au dos, il fallait attraper plusieurs plants d'un seul geste circulaire, les stocker dans la main gauche. Puis il fallait laver les racines dans l'eau, les battre contre la jambe et les empiler derrière soi. Une série de gestes mécaniques, exécutés tous ensemble sur une même ligne qui progressait lentement.

Puis venait le temps de replanter. Il fallait porter les gerbes de jeunes plants dans la saignée du bras gauche – en gardant les racines toujours humides –, attraper une pousse de la main droite et la repiquer d'un tour de main : un trou avec le pouce, les racines dans le trou, et mettre un peu de boue autour de la tige avec l'index. On plantait en quinconce : deux plants par rangée, un pas en avant, un plant dans la rangée suivante, un pas en avant, deux plants dans la troisième, etc. Le champ ne semblait jamais finir : le programme de plantation était extrêmement ambitieux.

Tous les projets sur le front étaient d'ailleurs ambitieux..., mais sans véritable plan et sans suivi. Les canaux sur lesquels nous avions peiné de si longues heures n'avaient pas le succès escompté. Les pluies avaient érodé les parois et le fond s'était envasé. A plusieurs endroits, l'eau était passé par-dessus les digues et avait emporté des pans entiers de rizière. Ce qui restait – un peu plus de la moitié de la surface plantée – était encore trop vaste pour que nos équipes réduites puissent assurer l'entretien. Il fallait désherber, construire des remblais, abattre des digues, contrôler le niveau d'eau en permanence. Nous étions des nains perdus dans un océan de riz. Chev avait beau nous menacer, nous ne pouvions faire face à tout. La plupart d'entre nous n'avaient même pas envie d'essayer. Nous savions que de toute façon, ça ne changerait pas notre ration de riz. Il n'y avait aucune émulation. Autrefois, les paysans plantaient moins, travaillaient moins mais mangeaient davantage : ils étaient plus productifs parce qu'ils pouvaient garder leur récolte.

Je travaillais dur pour maintenir mon esprit en éveil, mais les autres en faisaient le moins possible. Quand il n'y avait pas de gardien en vue, on faisait la chasse aux crabes et puis on s'asseyait et on parlait de bouffe. Les conversations tournaient toujours sur le même sujet.

– Ahhhhhh... Regardez tout ce riz! On le plante mais on ne peut pas le manger! disait Som, un homme au bras atrophié qui critiquait le régime en permanence.

– Bien sûr que tu peux le manger, répondis-je. Tu n'as qu'à mastiquer les tiges comme une vache.

– Vous vous souvenez de Phnom Penh ? Du riz tous les jours. On pouvait rentrer dans un restaurant et commander du riz frit, du riz à la vapeur...

– Moi, je préférais les nouilles, disait un autre. Chaque après-midi, je mangeais une soupe de nouilles avec du bœuf au curry et des boulettes de poisson. Très épicées pour donner du goût.

– Non, les nouilles frites sont meilleures avec du bœuf au gingembre...

Tout le monde s'y mettait.

– La spécialité de ma femme, c'est le poisson frit avec du gingembre et de la citronnelle...

– Qu'est-ce que je donnerais pour un poisson-chat grillé ou un morceau de porc.

– ... ou du poulet frit au jus, fourré d'herbes.

– Juteux et savoureux...

– Et les fruits. Vous vous souvenez du goût des papayes? Des mangues et des petites bananes frites sur le marché? J'avais l'habitude d'en acheter un plein sachet chaque matin.

– C'était délicieux. Hummm... Si bon.

Nous étions assis dans les champs à saliver et à nous lécher les babines pendant que nos estomacs se tordaient de famine.

– Non! Nooon! Arrêtez de parler de ça! Ça suffit, retournez au travail, criait le chef de groupe.

– Et le cognac au ginseng, continuait Som. J'en buvais avant d'aller au bordel pour avoir l'esprit en repos et la queue frétillante.

– Tais-toi! J'ai pas la force de parler de cul l'estomac vide.

– Au travail camarades! Je crois qu'un garde arrive.

– ... Du riz frit avec du porc et beaucoup de soja..., murmurait Som en prenant sa binette.

Lorsque les pluies s'arrêtèrent, il y avait encore trente centimètres d'eau dans les rizières. Les plantes se garnissaient de branches et penchaient sur le côté. On disait qu'elles étaient « enceintes ». Quand l'eau baissait, les bourgeons apparaissaient et les plantes prenaient une couleur jaune fauve.

La récolte approchait.

Oncle Seng nous fit construire des épouvantails pour chasser les oiseaux, et quand ça ne marchait plus c'est nous qui servions d'épouvantails. Nous étions aussi censés protéger le riz des voleurs. Les plus grands voleurs, c'était nous. Il fallait simplement faire très attention : un *chhlop* pouvait nous surveiller. Je ramassais les grains des tiges les plus basses, à demi couché dans la rizière. Je les mettais dans un récipient que je laissais sur place. Je revenais le chercher la nuit tombée.

La moisson commença en novembre 1976.

Chev nous apprit que le gouvernement allait vendre les surplus à d'autres pays et acheter des tracteurs et des bulldozers pour pouvoir cultiver plus de riz l'année prochaine. Nous, on espérait manger ce riz, bol après bol, toute l'année à la place du gruau infâme que la cuisine nous servait comme repas.

Tout le monde était mobilisé pour la récolte. Même Huoy quitta la cantine pour travailler à mes côtés dans l'une de ces longues files qui s'étalaient à perte de vue. On coupait les tiges pendant des heures, plaçant les gerbes derrière nous. D'autres équipes les ramassaient pour les apporter sur l'aire de battage.

Dès que le premier riz fut battu, la cuisine nous servit un véritable repas. Nous en voulions davantage. On s'est donc servi directement dans les champs. La fumée des foyers clandestins s'élevait sur chaque tertre. On utilisait des bâtons et des trous dans le sol en guise de mortier pour moudre le grain et on avalait à la hâte ce riz préparé en cachette. De petits enfants jouaient à imiter les adultes, pilant du riz eux aussi dans ces mortiers improvisés.

Les soldats tentèrent d'arrêter ces pratiques. Pour faire un exemple, ils se saisirent d'un enfant de quatre ans, l'attachèrent à un poteau et obligèrent ses parents à le regarder agoniser pendant des jours, sans pouvoir lui porter secours.

Même les horreurs d'un tel châtiment ne pouvaient nous arrêter. Tout le monde continua à voler.

Pendant le travail, les haut-parleurs diffusaient des chansons révolutionnaires en alternance avec les informations de la radio khmère rouge. On annonçait la « glorieuse victoire sur les éléments » qui avait apporté une récolte plus importante que prévu. « Bientôt nous reprendrons la lutte pour étendre la production à d'autres champs » disait le speaker en lisant une longue liste de tonnages récoltés dans différents endroits. Phnom Tippeday était mentionné en ces termes : « Femmes et hommes y sont très actifs et travaillent avec vigueur pour la récolte ! Ils sont très heureux, chantent dans les champs avant de rentrer chez eux pour se gorger de riz ! »

La réalité était bien différente. Non seulement, nous ne chantions pas, mais nous étions remplis de chagrin et de colère : les rations venaient de nouveau d'être réduites à cinq ou six cuillères de bouillie de riz.

L'année prochaine, promettait Chev, vous en aurez davantage.

Le cœur brisé, nous regardions au loin les soldats verser le riz dans de gros sacs de chanvre et les charger sur des camions. Une partie de la récolte était entreposée dans des hangars sévèrement gardés ; le reste disparaissait, emmené en camion, on ne sait où.

Au début de janvier 1977, alors que la récolte n'était pas encore terminée, nous étions de nouveau au régime du riz noyé d'eau.

Le barrage

Les Khmers rouges tenaient toujours des réunions avant le début de nouveaux projets pour s'assurer que nous comprenions correctement la signification révolutionnaire de notre travail. En janvier 1977, ils organisèrent un rassemblement de masse et nous donnèrent un demi-jour de congé pour y assister. Une faveur tout à fait inhabituelle pour un régime qui n'accordait jamais de week-end, de vacances ou de repos.

Le jour dit, j'ai mis mon repas dans ma gamelle de fer-blanc et j'ai suivi les autres qui se rendaient tous vers le lieu de rendez-vous. Huoy m'y attendait déjà. Nous nous sommes assis sur un tertre et avons posé son *krama* sur nos deux têtes pour nous protéger du soleil. J'avais apporté des volubilis et des plantes aquatiques, Huoy avait préparé un plat de crabes garni de tamarins et de poivre. Nous avons fait un bon repas étant donné les circonstances, même s'il aurait pu être meilleur avec du vrai riz.

C'était le plus grand rassemblement que j'aie jamais vu sur le front : plus de dix mille esclaves de guerre qui pique-niquaient et mangeaient de la bouillie de riz améliorée de tout ce qu'ils avaient pu trouver. Malgré notre nombre, nous nous sentions bien petits face au décor qui nous entourait. Vers l'est s'étendait un plateau argileux, morne et terne, dominé par deux collines. Au nord, la crête d'une montagne s'élevait presque verticalement, s'incurvant vers l'ouest. L'amorce d'un immense barrage se dressait en face de nous.

C'était une construction en argile rouge de 300 mètres de haut sur 300 m de large, qui était censée rejoindre ensuite la première colline, puis la suivante et se poursuivre en direction de la falaise incurvée pour former l'anneau d'un gigantesque réservoir.

De grands drapeaux rouges pendaient mollement au sommet des mâts le long du tracé et des soldats armés patrouillaient sur la crête et sur le barrage pour surveiller d'improbables mouvements d'une foule apathique. A l'endroit où la crête et le barrage se rejoignaient, on avait installé une estrade surchargée de feuillages et de drapeaux. A côté, on voyait une Jeep garée à l'ombre et un cheval attaché à un piquet. Un générateur d'électricité alimentait les haut-parleurs.

Sur la scène était assis Chea Huon, le camarade Ik, son adjoint – le vieil homme au cheval – et tous les chefs de village, y compris Chev et le sympathique Oncle Seng. Les chefs subalternes avaient parlé les premiers, exprimant leur allégeance dans d'interminables discours ponctués des slogans tant de fois entendus. C'était maintenant au tour du maître de cérémonie.

– Aujourd'hui est un jour historique, nous avons l'honneur d'écouter notre chef parler de la nouvelle offensive : la construction du barrage! Il parlera de l'esprit de lutte révolutionnaire et d'abnégation! Montrons-lui comment nous prenons fermement notre destin entre nos mains! Démontrons notre solidarité avec l'objectif d'Angka pour reconstruire le pays! Voici Sama Mit Vanh! Je vous en prie, applaudissons-le bien fort!

Tout le monde se mit à applaudir comme il se doit pendant que la fine silhouette s'approchait du micro. Parmi les dix mille personnes présentes, seuls Huoy et moi connaissions sa véritable identité. Chea Huon était pour les autres Sama Mit Vanh. « Vanh » était son nom de guerre. « Sama Mit » signifiait : camarade égal. C'était un titre donné à tous les officiers supérieurs. Je me demandais bien pourquoi les chefs étaient appelés « camarades égaux »! Une des nombreuses incohérences des Khmers rouges...

Chea Huon commença en hurlant des slogans, la montagne derrière lui, faisait écho à sa voix amplifiée par les haut-parleurs.

– VIVE LA RÉVOLUTION DU KAMPUCHÉA!

Nous nous sommes tous levés, frappant notre poing droit sur nos poitrines en criant :

– Vive la Révolution du Kampuchéa!

– VIVE LA RÉVOLUTION DU KAMPUCHÉA!

On s'est mis à hurler :

– VIVE LA RÉVOLUTION DU KAMPUCHÉA!

Il répéta une troisième fois. Puis enchaîna sur une série d'autres slogans que nous reprenions en écho, saluant de nos poings fermés.

– Vive la grande solidarité!

– A bas les capitalistes américains!

– Vive le grand bond en avant!

– Vive la grande prospérité!

– Vive la grande splendeur!

Puis tout le monde s'assit, et Chea Huon commença son discours. Il parlait d'une voix douce et pour donner un peu de relief à certains passages, levait les deux poings en l'air. C'était un geste familier dont j'avais gardé le souvenir lors de ses leçons à Takeo. Je n'arrivais pas à encaisser cette situation : mon ancien professeur était maintenant le chef de mes ennemis.

Ce n'est pas tant qu'il ait fait tuer mon père et mon frère.

La responsabilité ne pouvait intégralement lui incomber. Chev qui était assis à côté de lui en souriant et en hochant la tête était directement impliqué dans ces assassinats. Bien sûr Chea Huon aurait pu l'en empêcher mais sur le front les chefs de coopérative avaient une grande autonomie. La malchance voulait que nous ayons Chev comme chef plutôt qu'un homme juste comme Oncle Seng.

Non, ce qui me choquait, c'était le changement de caractère chez Chea Huon. Il était le premier intellectuel d'une intelligence supérieure que j'aie rencontré. Il ne pouvait quand même pas croire à ce qu'il était en train de nous raconter!

Il commença par le récit de la victoire sur les Américains. Il expliqua comment les patriotes avaient repoussé les envahisseurs américains, d'abord avec leurs mains nues, puis avec des machettes, des arcs et des flèches. C'était un mensonge et il le savait. Les Américains ne s'étaient pratiquement pas battus contre les Khmers rouges, ils n'étaient restés au Cambodge que quelques mois en 1970 pour combattre les Nord-Vietnamiens. Quant aux bombardements, ils avaient cessé en 1973, deux ans avant la prise de pouvoir par les communistes.

Mais les faits n'intéressaient plus Chea Huon.

Les Khmers rouges ressassaient ce mythe d'une victoire militaire contre l'armée américaine et finissaient par y croire. Ils avaient besoin d'y croire : c'était la base même de leur programme de développement du Cambodge. Avoir vaincu une superpuissance prouvait qu'ils étaient des êtres supérieurs, des « supermen ». S'ils avaient vaincu les Américains, ils pouvaient tout faire. Rien ne pouvait se mettre en travers de leur route. Ni la logique, ni le bon sens, ni même les lois de la physique. S'ils étaient des êtres supérieurs, nous les esclaves de guerre pouvions travailler vingt-quatre heures par jour sans nous plaindre!

Chea Huon affirma que les armes antiaériennes pouvaient abattre n'importe quel avion américain qui oserait voler au-dessus du territoire cambodgien et l'envoyer, en flammes, dans la mer.

Ah, oui, mon salaud! pensai-je, j'aimerais bien voir ce qui arriverait si les Américains revenaient. Je rêvais de voir les chasseurs voler au ras des arbres et bombarder l'estrade. Je m'en foutais de sauter avec.

Chea Huon continuait.

– Le Kampuchéa démocratique n'a pas peur de ses agresseurs. Nos soldats gardent nos frontières contre les envahisseurs impérialistes!

Ah oui! je leur souhaite bonne chance quels qu'ils soient! Parle-nous un peu des Khmers Serei, j'ai entendu dire qu'ils s'organisaient sur la frontière thaïlandaise! Pourquoi ne nous dis-tu pas qui sont ces envahisseurs?

Il parla pendant une heure, puis deux, il prononçait les mêmes mots qu'à la radio, la même propagande.

– Sous le régime du grand fasciste, du grand corrompu, du grand impérialiste Lon Nol, nous étions opprimés et malheureux. Sous le régime glorieux d'Angka, nous sommes entrés dans une ère nouvelle. Nous sommes maîtres de la nation, des terres, des eaux, des rizières et de notre destinée. Travaillons tous ensemble pour atteindre l'indépendance-souveraineté...

Chea Huon répétait mot pour mot ce qu'on nous avait inculqué jusqu'ici. Il ne faisait que prouver son orthodoxie, comme lorsqu'il m'avait parlé sur la route. Ces mots ne voulaient rien dire, sinon qu'il était dans la ligne d'Angka. Je me demandai pourquoi quelqu'un d'aussi haut placé que lui avait autant besoin de prouver son obéissance.

Enfin, au bout de la troisième heure, il parla du barrage.

– C'est un grand projet! Lorsqu'il sera fini et que nous aurons relié les montagnes, nous aurons un réservoir d'eau pour toute l'année. Nous utiliserons cette eau pour avoir deux ou trois récoltes par an. Nous n'aurons plus jamais faim, nous pourrons manger du riz jour et nuit.

Menteur! pensai-je.

– Mais le barrage ne sera pas simplement utilisé pour l'agriculture. Non, camarade! L'eau fera aussi marcher des turbines qui fabriqueront de l'électricité! Depuis ici jusqu'à la frontière thaïlandaise, les gens auront de l'électricité dans les villes, dans les villages et même dans les campagnes.

Je regardai la petite portion de barrage déjà construite et les kilomètres qu'il restait à faire. Nous n'avions pas de béton, juste de l'argile. Nous n'avions pas de bulldozer mais des binettes. Tous les autres projets du front avaient échoué : les canaux n'avaient pas arrêté l'inondation et les timides essais d'irrigation avaient échoué. Ce barrage était un projet démesuré : il devait avoir la taille des énormes barrages hydro-électriques construits aux États-Unis et en Europe. Huoy me donna un coup de coude et j'écoutai la suite.

– Une fois que nous aurons de l'électricité, nous construirons des usines. Nous n'aurons plus besoin de charrettes à bœufs! Nous construirons nos propres voitures et nos propres camions. Chaque famille aura au moins une voiture, chaque maison aura l'électricité que vous pourrez allumer et éteindre quand vous voudrez. Et ce n'est pas tout. Après les usines, nous construirons des gratte-ciel près du barrage. Tous ceux qui voudront un appartement y auront droit! Notre nation sera développée! Nos usines construiront des tracteurs et des bulldozers! Nous utiliserons des machines pour faire le travail et nous n'obligerons plus personne à travailler la terre! VIVE LA RÉVOLUTION DU KAMPUCHÉA!

Une armée de gens en haillons se leva en hurlant les slogans.

– VIVE LA GRANDE SOLIDARITÉ!

Sur l'estrade le vieil homme maigre et Chev se surpassaient pour montrer leur enthousiasme, saluant le poing fermé.

– VIVE LE GRAND BOND EN AVANT!

Sur le site de la future ville pleine de gratte-ciel, de voitures étincelantes et d'usines, il n'y avait en tout et pour tout que deux machines : un générateur poussif pour amplifier ses slogans et une vieille Jeep pour le transporter. J'espérais qu'il allait vite partir : le Chea Huon que je connaissais n'existait plus. Un pantin nommé Sama Mit Vanh avait pris sa place.

– VIVE LA GRANDE PROSPÉRITÉ!

Donne-nous à manger du vrai riz!

– VIVE LA GRANDE SPLENDEUR!

Donne-moi du riz et va au diable avec tes rêves stupides!

Pour fournir de la main-d'œuvre au barrage, le front fut réorganisé. De nombreuses coopératives fusionnèrent pour créer une super-coopérative dont le poste de commandement se trouvait sur le chantier.

Huoy perdit son travail à la cuisine et devint manœuvre sur le barrage. Elle portait des paniers de terre, c'était beaucoup plus dur, plus long et elle avait moins à manger.

J'avais plus de chance. Mon groupe était assigné à la construction de maisons à l'arrière. Maintenant que l'on construisait un barrage hydro-électrique et que la région entrait dans un stade de développement industriel, les villages voisins étaient censés avoir des logements permanents pour les « anciens » et les « nouveaux ». Les maisons étaient construites sur pilotis, et abriteraient deux ou trois familles au lieu d'une.

C'était un travail facile. Il suffisait de clouer de vieilles planches avec des clous de récupération. Si les pilotis reposaient sur terre au lieu d'y être enfoncés, si le toit n'était pas terminé avant qu'on change de secteur, ce n'était pas notre problème. Nous ne faisions qu'obéir aux ordres.

Ma vie était beaucoup plus facile. On ne travaillait pas le soir, on était dispensé de réunions politiques et on circulait d'un village à l'autre en dormant dans les maisons en construction. Ma santé était bonne, j'étais maigre mais solide et mes blessures avaient fini par cicatriser. Il n'y avait qu'un inconvénient : j'étais séparé de Huoy.

Je demandai l'autorisation de la rejoindre, je me portai volontaire pour le barrage : les chefs refusèrent. Ils ne prêtaient jamais attention à nos requêtes. Pour eux, les « nouveaux » étaient des êtres de deuxième zone, suspects politiquement. Des ennemis. Céder à leurs désirs aurait impliqué une complicité. Ils ne pouvaient pas m'accorder cette autorisation sans perdre la face.

Si Huoy et moi avions été un couple comme les autres, la séparation n'aurait pas eu une grande importance. La tension du travail, le manque de nourriture et l'absence de vie familiale avaient détruit la plupart des mariages. Il n'y avait plus grand-chose pour souder les couples. Les relations sexuelles n'avaient pas totalement disparu, mais il n'en restait plus grand-chose par manque d'énergie et d'intimité. Les gens éprouvaient une peur indicible. Ils ne se préoccupaient que de leur survie et ne faisaient confiance à personne, même pas à leur conjoint.

Huoy et moi étions une exception. Nous passions tout notre temps libre ensemble. Nous allions en promenade, discutions en cherchant de la nourriture. On partageait tout. Nous avions évidemment les habituelles querelles d'un mari et d'une femme, mais sans plus. Je n'avais jamais oublié comment elle m'avait soigné pendant ma maladie et après mes sorties de prison. J'avais besoin d'elle. J'avais confiance en son jugement et elle avait besoin de moi pour ne pas sombrer dans la terreur et le désespoir.

Au bout de quelques semaines de mon nouveau travail, je me rendis au barrage pour passer la nuit avec Huoy. Je n'en avais pas la permission. Si les soldats m'avaient pris, ils m'auraient tué. Mais le secteur était plutôt tranquille : les purges s'étaient calmées et les sentinelles de nuit avaient presque disparu. De toute façon, voir Huoy était ma seule raison de vivre et ce qui pouvait m'arriver m'était complètement égal.

J'effectuais mes déplacements nocturnes avec Som, un de mes compagnons de travail. Il voulait comme moi passer ses nuits avec sa femme qui travaillait dans le même groupe qu'Huoy sur le barrage.

Som était un intellectuel de Phnom Penh. Je m'en étais aperçu à sa manière de s'exprimer et à son accent. J'avais bien senti dès le début que c'était un idéaliste, rebelle au nouveau régime. Mais il en savait bien plus sur moi.

Un jour que nous étions seuls, Som avoua qu'il m'avait connu à l'hôpital militaire de Phnom Penh. Je sentis aussitôt mon estomac se serrer. Je répondis que c'était impossible, que j'étais chauffeur de taxi. Chaque fois que j'aurais pu admettre mon ancienne profession, je pensais à Pen Tip. Je le voyais partout et j'essayais de maîtriser ma colère.

Som remonta la manche de son bras droit et me montra une cicatrice. Il avait été blessé par un éclat d'obus et c'est moi qui l'avait opéré. Lorsque les Khmers rouges avaient envahi les hôpitaux, il était en rééducation. On l'avait forcé à partir et son humérus n'avait jamais guéri complètement. Il ne pouvait maintenant se servir de son bras atrophié qu'à 70 %.

Je ne me souvenais pas de l'avoir opéré et je pensais au début qu'il mentait. Mais peu à peu je compris que Som n'essayait pas de profiter de la situation. Il ne tentait pas non plus de gagner les faveurs des Khmers rouges. Au contraire, Som jurait dans leur dos. Il parlait aussi beaucoup plus que moi.

Il avait été moine bouddhiste pendant de nombreuses années, puis il avait laissé tomber la prêtrise pour faire des études. Il était doué en langues et était devenu interprète à l'ambassade américaine de Phnom Penh.

Ce n'était pas le genre de passé qu'un espion pouvait confesser. Avoir été moine était tout à fait contre-révolutionnaire, quant à avoir travaillé avec les Américains, cela justifiait un aller simple en « corvée de bois ». J'observai Som très attentivement, guettant tous les signes qui pouvaient faire de lui un *chhlop*. Il était clair, et nous sommes devenus bons amis.

Parfois lorsque nous étions seuls, il me parlait anglais. Pour moi, c'était comme écouter la voix de l'Amérique. Je ne comprenais pas ce qu'il disait, sauf quelques mots qui ressemblaient au français. Mais je voulais comprendre.

Parmi les livres enveloppés dans du plastique que j'enterrais dans une cachette, il y avait un manuel de base français-anglais. Je l'avais échangé contre des écrevisses à Phum Chhleav sans trop savoir pourquoi. Huoy me demandait souvent de m'en débarrasser : si on le trouvait, c'était l'exécution assurée. Maintenant, je savais pourquoi je l'avais gardé : je voulais apprendre l'anglais.

C'était complètement fou! Mais, je voulais apprendre quelque chose, n'importe quoi pour m'occuper l'esprit. Je devais entretenir mon cerveau pour qu'il puisse faire autre chose que planter des clous pour Angka. Mais j'avais aussi une autre raison. L'anglais était la langue de l'ennemi. L'apprendre était un acte subversif... Je demandai à Som de me l'enseigner.

Pendant toute la journée nous construisions les maisons avec une trentaine d'autres ouvriers. A la fin de l'après-midi, lorsque la cloche sonnait, nous déposions nos outils. Som et moi en profitions pour aller rendre visite à nos épouses.

Après un dîner rapide à la cantine, nous allions d'abord nous baigner dans un lac, puis nous filions par le canal, un long fossé rempli d'eau boueuse.

Lorsque nous étions seuls, tout en marchant, je prenais dans ma poche quelques pages déchirées du manuel. Nous en étions à la huitième leçon *. Je lisais sans effort les phrases en français : « Puis-je vous aider ? – Avez-vous du thé ? – Bien sûr. En voulez-vous ? » * Et je montrais à Som les phrases équivalentes écrites en anglais, en lui demandant de me les prononcer.

– Can I help you ?

– Can I help' you ?

– Have you got any tea ?

– Haf you enny tea ?

Tea était un mot facile. C'était la même chose que « thé » en français mais prononcé différemment. C'était d'ailleurs comme « té » en khmer et en téochiew et pas très éloigné de « cha » en mandarin. La leçon continuait, les phrases en anglais avaient chacune un numéro et les syllabes accentuées étaient écrites en gras. Som me fit remarquer que c'était la prononciation britannique.

– 3. Of course. Do you want some ?

– 4. Yes please. Give me two pounds. And a **pa**cket of **bis**cuits.

– 5. Do you want some beans ?

– 6. No thanks. We've got some at home.

– 7. Well, some bread ?

– 8. Yes please, two loaves. Oh, and a half pouds of **bu**tter.

– 9. That's all.

– 10. How much is that ?

– 11. That's one pound **twenty.**

– 12. Oh dear, I've only got one pound.

– 13. You can pay the rest next time.

– 14. Thanks **ve**ry much. Good **bye.**

– 15. Good **bye, ma**dam.

Tant de nourriture ! De la nourriture en abondance. Et les gens étaient si polis ! On pouvait même payer plus tard ! La façon dont les Anglais emploient les « pounds » comme unité de poids et comme monnaie était un peu compliquée mais Som m'assura que les gens qui parlaient véritablement anglais n'utilisaient pas ces termes.

– Ils parlent en dollars, lui dis-je en pensant aux 2 600 $ que j'avais ramenés de Phnom Penh sur ma Vespa avec les médicaments

* En français dans le texte.

et l'or. Plusieurs fois sur le front, j'avais acheté une igname avec un billet de 100 $. Ce qui m'étonnait, ce n'était pas que la monnaie américaine vaille si peu, mais surtout qu'une société puisse mettre l'argent hors la loi.

L'Amérique m'inspirait une foi et un espoir tout à fait particuliers. Quel endroit merveilleux, où il y a à manger en abondance et où les gens sont si polis.

– Yes, pliss. Too loaves. Oh, and haff a poond of but-ter.

Je trouvais tout naturel de marcher le long du canal avec Som et de lui poser des questions sur la prononciation anglaise.

Nous sommes ainsi arrivés au barrage, nous avons évité le meeting que les autres écoutaient résignés, et nous sommes entrés sans nous faire remarquer dans le baraquement.

Il était pratiquement vide. Je repérai le hamac de Huoy, m'y allongeai et tirai la moustiquaire au-dessus de moi.

Nous la traînions depuis Phnom Penh, elle était noire de fumée, déchirée et raccommodée à plusieurs endroits. Mais posséder une moustiquaire était un luxe. La plupart des gens se protégeaient des insectes en faisant des feux de cosses de riz. Le toit de chaume gardait la chaleur et la fumée remplissait la pièce.

Des applaudissements crépitèrent au-dehors et Huoy entra.

– Comment s'est passée ta journée, chérie? As-tu assez mangé, es-tu en bonne santé?

– Pas trop mal, merci. Ça fait longtemps que tu es arrivé?

– Non, à la minute.

Elle se lavait le visage et les mains avec son gant de toilette et du savon fabriqué par ses soins.

J'aimais beaucoup la voir se laver. Elle avait appris une recette traditionnelle pour faire du savon avec la cendre, riche en potasse, du fruit du kapokier. Elle était toujours nette, même ses vêtements étaient propres.

Elle changea son pantalon de travail noir et sa blouse pour un sarong, lava ses pieds et grimpa à mes côtés en serrant son petit coussin. Un voisin couché dans son hamac à moins d'un mètre de nous fit une réflexion.

– Quel joli petit couple! On rend toujours visite à sa petite femme, hein Samnang!

Je connaissais ce type, il était sympa, comme la plupart des camarades de travail de Huoy.

– Et pourquoi pas! Je donne bien 99 % de mon temps à Angka, je peux bien garder 1 % pour ma femme!

Un autre voisin répliqua.

– Eh bien j'espère que ce 1 % est suffisamment long et gros pour satisfaire ta femme!

Je souris dans la pénombre.

– Tu parles! Ma femme me déteste, elle ne veut pas que je la touche. Elle préfère être seule!

Il y eut un grand éclat de rire dans toute la baraque. J'aimais plaisanter avec eux; ça aidait à passer le temps et ça chassait les soucis.

En fait, le doux corps de Huoy était blotti contre le mien. Elle m'embrassait sur la joue. Depuis qu'elle travaillait au barrage, c'étaient nos seuls moments ensemble. Elle posa ses lèvres contre mon oreille et murmura.

– Comment étaient tes rations aujourd'hui?

Je soupirai.

– Pas mal. Un quart de boîte.

C'est-à-dire une boîte de conserve de riz et de bouillie à partager en quatre. Mais j'avais d'autres pensées dans la tête.

– Chérie, murmurai-je. Je veux aller en Amérique.

– Tu es fou, souffla-t-elle à mon oreille.

– Je sais, mais il faut que nous y allions un jour.

Les leçons d'anglais m'avaient décidé. En Amérique, les barrages étaient construits en béton, les maisons avaient l'électricité, les gratte-ciel existaient vraiment et il y avait suffisamment à manger pour tout le monde. C'était un pays développé, aussi différent du Cambodge que le paradis de l'enfer.

– Je préférerais être un chien en Amérique qu'un être humain au Cambodge.

Huoy me massa gentiment les tempes avec ses doigts et murmura :

– Comment le sais-tu, tu n'es jamais sorti du Cambodge.

– Je le sais, c'est tout. Laisse-moi rêver en paix!

En fermant les yeux, j'imaginais ma vie de chien américain. Comme ce serait merveilleux! Des mains me caresseraient, brosseraient ma fourrure. On ne me battrait pas, on ne me torturerait pas. Mon maître remplirait ma gamelle de bonnes choses que je pourrais manger à volonté. Si je tombais malade, il m'emmènerait chez le vétérinaire. Je n'aurais même pas à travailler...

– Veux-tu connaître mes rêves, soupira Huoy?

– Ouvrir une pâtisserie!

– Non, d'abord je veux avoir des bébés. Quand le régime tombera, je veux faire des tas de bébés et les élever avec toi dans une jolie maison où il y aura beaucoup à manger. Quand les enfants seront assez grands pour aller à l'école, j'ouvrirais une pâtisserie. Je veux faire la cuisine, avoir de bonnes choses à manger et vivre dans une ville.

– Moi, je préférerais être un chien américain.

Autour de nous, nos voisins grognaient et s'endormaient en poussant de profonds soupirs. La lueur des feux vacillait sur le toit de chaume. Les ronflements commençaient à emplir la baraque. Allongé contre Huoy je l'embrassais tendrement, mais elle bougeait à peine. Sa respiration était régulière : elle s'était endormie profondément.

C'était toujours comme ça. Je la rejoignais dans le hamac, nous parlions quelques minutes et elle s'endormait. Elle était épuisée.

Les nuits un peu spéciales étaient rares. Ces fois-là, Huoy et la femme de Som donnaient un peu de tabac à leur chef de groupe en guise de pot-de-vin et nous rejoignaient dans la nuit. Nous faisions ensemble un bon repas dans une des maisons en construction, avec tout ce qu'on avait pu ramasser. Ensuite Huoy et moi nous retirions d'un côté du plancher, Som et sa femme de l'autre.

Mais la plupart des nuits, lorsque Huoy rentrait dans sa baraque vers 10 heures, elle était si fatiguée qu'elle s'endormait sitôt allongée.

A deux heures du matin, nous étions réveillés par le chef de groupe.

– C'est l'heure! Allez, debout, au travail!

Pour finir le barrage, les terrassiers ne dormaient que quatre heures par jour. Le reste du temps, ils travaillaient ou assistaient à des réunions politiques.

Huoy se levait toute groggy, glissait ses pieds dans ses sandales en caoutchouc, se lavait le visage, mettait un sarong et une blouse propre et brossait ses cheveux. Elle s'était adaptée à cet emploi du temps et arrivait à le supporter. A petits pas pressés, portant sa binette et son récipient en plastique rempli d'eau bouillie, elle rejoignait son groupe de travail.

Je la suivais. Je ne reprenais mon travail que deux heures plus tard et j'aimais lui tenir compagnie.

Le groupe de Huoy, une trentaine d'hommes et de femmes, creusait derrière le barrage. Je les regardais faire, assis par terre, écrasant les moustiques sur mes bras et mon visage.

C'était comme pour le canal : les hommes fendaient l'argile sans enthousiasme à coups de binette et les femmes ramassaient les morceaux, les mettaient dans des paniers. Lorsqu'il y en avait suffisamment, le groupe formait une chaîne et se passait les paniers jusqu'au sommet du barrage. Puis, chacun revenait à sa place et s'asseyait, les coudes sur les genoux pour se reposer. Ils somnolaient et essayaient de grappiller quelques minutes de sommeil mais leur esprit restait en alerte au cas où des soldats s'approcheraient.

De tout le barrage parvenait le bruit étouffé du choc des binettes sur l'argile et le murmure des conversations. Des milliers de gens travaillaient là, mais dans le noir, on n'arrivait à distinguer personne. La silhouette d'un soldat isolé, portant une casquette Mao apparut, déambulant au sommet du barrage. Les esclaves de guerre protégés par l'obscurité ne se privaient pas de commentaires.

– Hé! Camarade, viens travailler avec nous, tu auras droit à une ration supplémentaire!

– Camarade, sois prudent en faisant ton grand bond en avant : tu pourrais te casser le cou en tombant dans un trou!

Le soldat continuait sa ronde sans répondre. Nous étions trop nombreux et il ne pouvait pas savoir qui l'apostrophait.

Je tirai ma montre de la petite poche de ma ceinture, scrutant le cadran à la lumière des étoiles. Bientôt quatre heures!

– Chérie, je dois y aller!

Un compagnon de Huoy m'entendit.

– Tu t'en vas trop tôt Samnang! Reste un peu avec nous pour écraser les moustiques et injurier les soldats.

Il savait que j'aimais bien la plaisanterie et je leur donnais souvent l'occasion de rigoler un peu.

J'étais, pour eux, un homme qui avait accepté son destin et n'hésitait pas à en plaisanter. Nous étions tellement épuisés que rien ne semblait plus devoir nous toucher. Même le travail semblait dérisoire. Si le Dieu de la Mort voulait prendre nos vies, nous ne pouvions l'en empêcher, mais comment nous interdire de rire, juste à ce moment-là.

– S'il vous plaît, voulez-vous vous retourner pour que j'embrasse ma femme.

Les réponses fusèrent dans le noir.

– Laisse-moi regarder! Je n'ai pas vu ça depuis un bon moment!

Une voix de femme renchérit.

– Embrasse-moi aussi! Je suis tellement excitée que je ne sais plus quoi faire!

– Pourquoi on se retournerait! Vous passez votre temps à vous donner des baisers et à vous léchouiller la couenne!

Je répondis en rajoutant.

– S'il vous plaît, bouchez aussi vos oreilles pour que je puisse lui dire que je l'aime!

– Aiiiie! Quel amoureux!

– Vas-y, dis-lui Samnang!

Huoy s'était à moitié détournée, toute confuse. Je lui murmurai à l'oreille :

– Je m'en vais à présent, chérie. Je te verrai ce soir.

Je rentrais à la baraque pour réveiller Som qui dormait toujours. Nous avons pris un raccourci : à cette heure-là, il y avait peu de chances que nous tombions sur des soldats.

Le ciel s'éclaircissait à l'est lorsque nous sommes arrivés. Je grimpai les escaliers d'une maison en construction, m'allongeai sur le plancher et m'endormis.

La cloche retentit à 5 heures et demie. Nous étions alors censés nous mettre au travail. Je donnai quelques coups de talon sur le plancher pour imiter les coups de marteau, volant ainsi quelques minutes de sommeil supplémentaires.

Les fissures apparaissent

1977 est certainement l'année où sont apparues les premières fissures du régime. Les Khmers rouges avaient essayé de réorganiser le pays trop vite et trop radicalement. A la base, le mécontentement était général et des signes de rébellion se manifestaient. Les chefs eux-mêmes dévoilaient au grand jour leurs rivalités.

Les jours passaient si lentement, de façon si monotone, qu'à l'époque je ne remarquai pas ces frémissements.

En dépit des leçons d'anglais de Som, je sentais que je m'abrutissais. Il me devenait difficile de penser à quoi que ce soit. La situation semblait immuable : les cloches rythmaient les heures du travail, des repas et des discours, sur fond de chansons révolutionnaires diffusées par haut-parleurs.

La nourriture restait notre obsession.

La quantité des rations ou un rab de légumes et de riz rendaient mémorables certains jours. Je me souviens de celui où un officier particulièrement stupide a suggéré de faire pousser les ignames dans le jardin potager. Et la nuit où j'ai fait de la soupe de queue de bœuf en coupant celle d'une vache vivante. Ou encore le jour où j'ai tellement mangé de légumes volés que j'ai vomi puis tout réingurgité. Ce n'est pas très agréable de se rappeler qu'on a mangé son vomi, mais ça montre bien à quelles extrémités un corps mal nourri est capable de vous pousser.

Il est vrai que Huoy et moi étions habitués à avoir faim. Mais du moins, j'avais le choix : crever ou voler.

Le pire était ce mélange de faim et de terreur toujours profondément ancré en nous. Surtout en fin d'après-midi à l'heure où les soldats ramassaient leurs proies. Ce sentiment de culpabilité permanent nous faisait, le soir, souffler nos petites lanternes pour éviter de nous faire remarquer. On passait aussi des nuits interminables à se demander laquelle serait la dernière.

Nous n'en parlions pas beaucoup. A quoi bon! Huoy et moi voulions vivre mais nous étions prêts à mourir. La terreur nous maintenait dans une situation de demi-vie ou de demi-mort parfaitement insupportable. On pouvait s'habituer à l'état d'esclave de guerre : la musique stridente, les réunions politiques ennuyeuses, les poux dans les cheveux, le travail épuisant et interminable, le gruau en guise de nourriture... mais la peur de mourir était pire que la mort!

J'essayais de combattre cette peur en plaisantant avec mes camarades, en apprenant l'anglais avec Som, en prenant délibérément des risques... mais tout ce que je faisais pour me rebeller contre ce pouvoir, confirmait simplement son existence.

Je n'avais véritablement foi qu'en Huoy. Nous étions très proches l'un de l'autre et ne faisions confiance à des étrangers qu'après beaucoup d'hésitations. Som était de ceux-là. Et ce fut une erreur.

Som et moi parlions librement de tout. Il était intellectuellement de même niveau que moi, et j'aurais bien voulu qu'il le soit physiquement. Mais il était handicapé par son bras droit mal guéri, et ce fut le drame.

Som fut envoyé avec un détachement couper du bambou dans la montagne. En raison de son bras atrophié, il en coupa moins que les autres. Il fut mal noté par un Khmer rouge qui, quelques semaines plus tard, supervisait un champ que nous labourions. (La construction des maisons avait été interrompue pendant la saison des labours.) Il n'avait pas encore assez plu pour que la terre soit souple et en utilisant toute ma force et mes ressources j'arrivais difficilement à tracer mes sillons droits. Som à cause de son bras labourait de travers.

Les soldats arrivèrent au moment du déjeuner alors que nous nous reposions avec sa femme et Huoy sur un tertre. Ils lui lièrent les bras dans le dos, le frappèrent et il tomba la tête la première sur le sol. Sa femme et Huoy pleuraient et criaient. Ils l'emmenèrent. Nous étions profondément choqués. C'était une grande perte pour moi : il était mon seul ami, et j'étais sûr qu'ils allaient le tuer.

Puis je me mis à réfléchir. Et s'ils le torturaient? Il leur dirait que je suis médecin! Il connaît tout mon passé.

Il était encore à portée de mon regard, silhouette courbée marchant vers la mort que, déjà, je cessais de penser à lui pour me préoccuper de moi.

Cette nuit-là, je ne pus dormir. Ni la nuit suivante. Les soldats allaient venir. J'étais obsédé par cette idée, même au travail. Une grosse pluie tombait et je conduisais l'attelage sans faire attention, lorsque le bœuf trébucha. Il nous entraîna la charrue et moi dans l'eau boueuse de la rizière. Le même Khmer rouge, qui avait envoyé Som à la mort, me regardait, ses yeux vrillés dans les miens. A l'heure du déjeuner, je fis mes adieux à Huoy. Mes mains tremblaient, j'attendais les soldats.

La cloche sonna. Je retournai au travail. Je labourai tout l'après-midi sans que rien ne se passe. Il n'y avait pas d'explications. J'avais obtenu un nouveau sursis.

Je savais que l'heure de ma mort était proche. Je pouvais la retarder, pas l'éviter. Dans quelques jours, dans quelques mois, je ferai une faute et c'en sera fini de moi. Je me sentais vieillir de jour en jour. Tout le monde éprouvait la même angoisse : un tel régime ne pouvait pas durer, comme disait mon père!

Les fissures commencèrent à apparaître clairement.

Un des premiers signes fut l'augmentation des vols dans les jardins communaux. Durant les deux premières années, peu de gens se seraient risqués dans les potagers gardés par des sentinelles. En 1977, j'avais fait des émules. Si j'apercevais dans le noir une silhouette, c'était toujours un autre voleur. Nous n'en parlions pas ouvertement dans la journée... pas encore du moins. Mais la nuit nous appartenait. Les soldats n'aimaient plus monter la garde seuls et sortaient maintenant en patrouille.

Un autre signe concernait les Khmers Serei. Les conversations et les histoires allaient bon train d'une coopérative à l'autre à propos des combattants de la liberté basés à la frontière thaïlandaise à moins de 150 kilomètres. Il y avait tant de rumeurs à leur sujet que les gens en arrivaient à scruter le ciel, s'attendant à voir apparaître les hélicoptères.

Je construisais des maisons à l'arrière lorsque la rébellion éclata. Le chef s'appelait Thai. J'avais discuté avec lui l'année précédente autour d'un feu, avec Pen Tip. Nous avions juré le secret.

Thai et ses hommes – des « nouveaux » et des « anciens » dont un adjoint de Chev – avaient agressé et tué une douzaine de soldats. Ils avaient volé leurs armes, les avaient cachées puis étaient retournés travailler, le jour suivant, comme si de rien n'était. La nuit suivante, ils tuèrent d'autres soldats et procédèrent de la même façon. Ce n'est que la troisième nuit qu'ils détournèrent un train en direction de Battambang pour rejoindre les combattants de la liberté en Thaïlande.

Ce fut un voyage terrible et dramatique.

Les Khmers rouges annoncèrent qu'ils avaient tué Thai et sa bande. Même si je n'en ai jamais eu la preuve, je suis tenté de les croire. Thai aurait dû détourner le train, la première nuit, alors que les Khmers rouges ne se doutaient de rien.

Une nouvelle purge commença sur le front.

Chaque après-midi, pendant une semaine, les soldats s'emparèrent d'une centaine de prisonniers pour les exécuter dans la forêt. J'avais des nouvelles par Huoy, elle m'apprit que Pen Tip essayait de se faire oublier en travaillant plus dur que jamais.

Même si cette rébellion avait échoué, elle avait porté un coup dur au mythe de l'indestructibilité des Khmers rouges. Angka était fort mais pas omnipotent.

Angka avait perdu la face.

Le régime ne fit rien pour attaquer le mal à la racine. Il n'y eut aucun changement de politique, aucune tentative pour corriger les excès. Des chefs politiques responsables auraient réalisé qu'ils avaient besoin de l'appui populaire.

Pas Angka. Au contraire, l'aliénation des esclaves de guerre ne fit que se renforcer. Par le biais des mariages, par exemple.

Auparavant, il suffisait aux couples de demander l'autorisation au chef de village khmer rouge. Si la réponse était positive, ils pouvaient se marier. Autrement, ils avaient des problèmes, surtout si un *chhlop* les découvrait pendant les rapports sexuels. J'avais vu en prison des quantités de jeunes femmes qui avaient désobéi aux lois puritaines d'Angka.

Les Khmers rouges voulaient contrôler la sexualité, comme le reste. Alors qu'ils tuaient des quantités de gens et que des milliers d'autres mouraient de faim et de maladie, Angka prônait l'augmentation de la population. Ils disaient qu'il fallait davantage de camarades « pour protéger la nation sur ses frontières et rejoindre la bataille de l'indépendance-souveraineté ».

Une cérémonie de mariage collectif fut annoncée par haut-parleur un beau matin. Le camarade Ik se promena dans les champs à cheval pour choisir les hommes et les femmes qui devaient s'accoupler. Certaines femmes plus malignes que les autres prétendirent être provisoirement séparées de leur mari : elles furent épargnées. Les autres étaient obligées d'obéir. Le camarade Ik ne se préoccupait pas de savoir si les couples qu'il formait s'aimaient ou se plaisaient.

A midi, lorsque la cloche sonna, les couples choisis s'assirent sur de longs bancs, les uns à côté des autres, face à la foule des travailleurs, couverts de transpiration et crottés jusqu'aux genoux.

Le camarade Ik prit le micro.

– Angka autorise aujourd'hui ces couples à se marier. Il les reconnaît comme étant légalement mari et femme. Que le peuple les reconnaisse aussi! Angka espère que ces gens ont un esprit révolutionnaire et un haut niveau de conscience prolétarienne. Ils devront travailler main dans la main, épaule contre épaule et se sacrifier pour mener à bien les objectifs d'Angka!

Chev, toujours souriant, et Oncle Seng avec ses épaules tatouées, étaient accroupis derrière lui ainsi que les autres chefs de village. Seul Chea Huon était absent de la cérémonie. Les nouveaux mariés restaient assis, sans expression, sur leurs bancs, le chapeau sur les genoux.

– L'homme nouveau doit comprendre notre révolution et ses objectifs. L'homme nouveau et la femme nouvelle créeront une société nouvelle!

Il enleva sa cigarette de sa bouche édentée et grimaça un sourire.

– Quant à vous les femmes, vous devrez rester calmes si votre mari se fâche!

En argot khmer, se fâcher signifie avoir une érection.

Le camarade Ik se pencha en avant et cria : « Vive la révolution du Kampuchéa! »

Tout le monde se leva et répéta en chœur, saluant le poing levé.

– Vive la grande solidarité!

– Vive les nouveaux mariés!

– Vive le grand bond en avant!

Il y eut d'autres slogans et pour finir : « Vive la révolution du Kampuchéa! »

– Vous pouvez prendre votre déjeuner maintenant, dit le camarade Ik avec un grand sourire.

Les nouveaux mariés rejoignirent les autres pour toucher leur maigre ration de riz à l'eau. Pas de festin, ni de lune de miel. Ils cousirent simplement un hamac à deux places et dormirent ensemble à quelques centimètres des voisins. Quelques-uns eurent le droit d'emménager dans les nouvelles maisons que nous avions construites ou de construire les leurs.

Peu éprouvaient de l'affection l'un pour l'autre. Au contraire ils ne se faisaient pas confiance et se disputaient la nourriture. Certaines épouses se débarrassèrent même de leur mari en le dénonçant aux Khmers rouges comme voleur! Ces unions étaient généralement stériles : femme affamée ne peut avoir d'enfant!

Je revis le camarade Ik quelques mois plus tard, au début de la saison des pluies 1977 au cours d'une réunion spéciale de tous les chefs de famille.

Il commença son discours par une harangue habituelle sur la nécessité de construire l'économie du pays.

– Vous les travailleurs de seconde ligne, vous devez aider ceux qui se trouvent sur le front! Vous devez planter davantage, vous devez travailler davantage!...

Il poursuivit sur les sacrifices nécessaires pour atteindre les objectifs fixés. Ce qu'il ne disait pas, et que tout le monde savait, c'est que la construction du barrage n'avançait pas comme prévu. A ce rythme, il faudrait bien cinq à dix ans pour qu'il soit terminé.

Puis il changea de sujet.

– L'autre raison pour laquelle je vous ai invités, c'est que je dois vous parler d'un traître. Angka ne savait pas qu'elle nourrissait depuis tant de temps un traître en son sein. Nous avions la plus grande confiance en lui, mais à présent, nous connaissons sa vraie nature. Je parle de Vanh!

Derrière moi, quelqu'un murmura.

– Ah, c'est pour ça qu'on ne voit plus le camarade Vanh depuis un bon bout de temps!

Des murmures parcouraient la foule. Moi je restai coi. Je voulais savoir ce qui était arrivé à Chea Huon.

– Nous avons capturé l'ennemi Vanh et nous débusquerons ses complices!

Il jeta un regard circulaire pour se faire bien comprendre.

– Ces gens-là ne pourront plus nous créer d'ennuis dorénavant. Si quelqu'un dans nos villages se prononce en faveur de Vanh, ne le croyez pas. Dénoncez-le. C'est un complice de Vanh et de ses collaborateurs. Ils sont l'ennemi! Ils ne sont plus autorisés à vivre dans notre pays. C'est tout. Maintenant vous pouvez applaudir!

Je regardai attentivement le camarade Ik en applaudissant. Il ne disait pas la vérité, ou du moins pas toute la vérité. Si Chea Huon avait été capturé vivant, il n'aurait pas besoin de notre aide pour découvrir ses collaborateurs. Ils auraient déjà obtenu ces informations par la torture.

J'étais heureux.

Chea Huon, révolutionnaire de la première heure, avait fini par reconnaître son erreur. Il savait qu'il ne pourrait pas arrêter cette folie et s'était enfui. Quand avait-il décidé de partir? Le savait-il lorsqu'il m'avait rencontré? Si c'était le cas, son conseil de me taire et de continuer à travailler était le seul cadeau à me faire. Oui! Si j'étais devenu son protégé, les Khmers rouges ne m'auraient pas raté par la suite.

La rumeur prétendait que Chea Huon s'était présenté à la frontière thaïlandaise avec sa Jeep, ses gardes du corps et des sacs remplis d'or et de dollars. Je ne savais pas si c'était vrai mais c'était possible. Chea Huon avait tous les laissez-passer possibles comme commandant de la région et il avait accès au butin récupéré par les Khmers rouges après la révolution Il était intelligent. Si quelqu'un avait pu passer la frontière c'était bien lui. De là, il avait pu rejoindre les Khmers Serei ou partir dans n'importe quel pays. Avec de l'or et des dollars, on pouvait faire ce qu'on voulait. Je n'ai jamais vraiment su s'il avait réussi ou échoué, ou s'il s'était exilé. Je n'en ai jamais entendu parler depuis.

Paradoxalement, alors que le régime se désintégrait, que les vols se multipliaient, que la rébellion grondait et que des défections se produisaient jusque dans les hautes sphères, Huoy et moi vivions beaucoup mieux qu'auparavant.

Ce fut une nouvelle crise de malaria qui provoqua ce changement bénéfique. Lorsque je tombai malade, je m'arrangeai cette fois-ci pour être envoyé à la clinique du front, où l'on fabriquait les « crottes de lapin ». Comme prévu, elle était surchargée et j'obtins l'autorisation d'aller me faire soigner chez Hok, mon plus jeune frère, dans un village de l'autre côté de la montagne, Phum Ra. Une fois sur place, j'obtins la permission que Huoy vienne me rejoindre pour s'occuper de moi.

Au bout de quelques jours de cohabitation, je sus que nous devrions déménager. Cela faisait longtemps que Hok et moi avions choisi des routes différentes. Il finissait son second cycle alors que je terminais médecine; il avait choisi un type de femme, j'en avais choisi un autre... Bref, un jour, son épouse raconta aux voisins que nous n'étions pas vraiment mariés et très vite les deux femmes ne s'adressèrent plus la parole.

Mais ce n'était pas le pire. Il y avait dans cette maison une ambiance de peur, des cris d'enfants affamés, l'atmosphère typique des baraques surpeuplées du nouveau régime. De plus, lorsque ma belle-sœur faisait la cuisine, elle nous tournait le dos croyant qu'on ne la voyait pas s'empiffrer en douce.

Mais Hok était mon frère et il était aussi surveillant d'un jardin potager. Dès que j'eus récupéré, il s'arrangea pour que Huoy et moi puissions travailler pour lui. Je devins son homme à tout faire. J'allais et venais de l'étang au jardin portant des bidons d'eau au bout d'une perche, arrosant les plantes pendant qu'Huoy enlevait les mauvaises herbes.

Un peu plus tard, lorsque je pus obtenir un emplacement et du matériel, le chef de village m'autorisa à construire une maison. Imaginez un peu!

Huoy et moi avions toujours eu une habitation précaire : entre les pilotis d'une maison à Wat Kien Svay Krao, dans une petite hutte à Tonle Bati, dans une cabane en roseaux à Phum Chhleav et dans une masure du village de Youen. Nous avions campé sur des tertres, dormi dans des baraquements sur le front... Et maintenant nous avions une vraie maison.

Nous étions chez nous.

A cette époque, j'étais devenu un constructeur expérimenté. Notre nouvelle maison était fraîche pendant la journée et confortable la nuit. Elle donnait sur les rizières et sur un vieux temple caché dans la montagne, nous avions de l'eau potable pas trop loin. Comme on était à l'arrière, nous avions le droit de planter notre propre potager à condition de donner une partie des légumes à la cuisine collective.

Tant que notre jardin ne produisit pas, je continuai à voler de la nourriture. Chaque soir, je priais Bouddha et lui expliquais que ce n'était pas par lucre, mais juste pour subsister.

Je ne volais pas beaucoup dans le jardin de mon frère, il y en avait de plus grands sur le plateau de la montagne. Je cuisinais les légumes en dehors du village pour éviter d'être repéré.

J'étais devenu aussi un voleur tout à fait qualifié et je n'eus jamais de problèmes. A plusieurs reprises Huoy et moi avons fait de véritables festins. Nous aimions vivre à Phum Ra. C'était merveilleux de vivre loin du front.

Ce ne furent pas mes vols qui m'apportèrent des ennuis : ce fut Pen Tip.

Gouttes d'eau

Pen Tip s'arrangea, comme moi, pour être transféré loin du front. Sa famille et lui vinrent habiter Phum Ra à peu près à la même époque que nous. A la différence près que j'étais moi simple porteur d'eau au jardin communal et que j'évitais au maximum d'avoir des contacts avec les Khmers rouges. Pen Tip, lui, cultivait à son profit de fructueuses relations avec les communistes. Du rang de chef de groupe, il passa rapidement à celui d'adjoint au chef de section, devenant le réfugié le plus important du village.

En d'autres circonstances, j'aurais pu trouver le bonhomme comique : il était presque nain, regardait tout le monde par en dessous, marchait en se dandinant à la Charlie Chaplin et ses sourcils bougeaient sans arrêt comme s'il était perpétuellement en faute.

Sa petite taille et son aspect bouffon avaient vraisemblablement influencé son caractère : Pen Tip était avide de pouvoir. Il flattait les « anciens » et les Khmers rouges, et méprisait les « nouveaux » faisant de moi sa cible favorite. Mon ancien rang social l'excitait, il me persécutait pour assurer sa domination.

En public, nous nous parlions toujours très courtoisement – Angka interdisait de se battre – et bien que je n'y fasse aucune allusion, il savait que je connaissais sa responsabilité dans mon séjour en prison. Il n'en parlait pas non plus, mais cette apparente civilité dissimulait une certitude : l'un de nous deux allait tuer l'autre!

Mon seul problème était de le prendre de vitesse. Dès que je le voyais, la main me démangeait d'attraper la machette et de lui courir dessus. Je réussissais à me contrôler. Autrement, les Khmers rouges m'auraient exécuté et Huoy serait devenue veuve : à quoi bon une vengeance sans espoir?

Il y avait une autre solution. Je la gardais pour moi car je n'avais confiance en personne. Les cambrioleurs utilisent un truc pour se débarrasser des chiens de garde, ils les empoisonnent avec une substance tirée d'un arbre, le *kantout*. On broie l'écorce, on la fait cuire dans du sucre et avec cette mélasse empoisonnée, on confectionnne des gâteaux. Ça marche avec les chiens et avec les humains.

Il y avait un ennui, je n'avais pas de sucre pour masquer le goût amer du *kantout*. Même si j'arrivais à faire des gâteaux, Pen Tip s'en apercevrait à la première bouchée. J'avais un autre problème, celui-ci d'ordre moral. Tuer Pen Tip me plaçait au même niveau que les Khmers rouges : si je l'empoisonnais ou si je le massacrais à la machette, je devenais comme eux, un *kum-monuss*. Cela me donna à réfléchir sur ma vraie nature. Au fond de moi existait une zone obscure et violente : sur ce point je n'étais guère différent des Khmers rouges.

Pourtant, mon éducation me poussait à mépriser ces bas instincts et à les combattre. J'étais médecin. Mon but dans la vie était de sauver des gens, pas de les tuer. J'étais aussi profondément bouddhiste et persuadé que si je ne tuais pas Pen Tip dans cette vie ou dans une autre, quelqu'un le ferait à ma place. C'était le *kama*. Cela ne voulait pas dire que je ne m'attaquerais pas à cet homme si j'en avais l'occasion, mais pour le moment il valait mieux attendre et être vigilant.

Pen Tip agit le premier. Pendant une réunion administrative, Uncle Pham, le chef de village demanda quelqu'un pour l'équipe de fertilisation. Pen Tip me proposa aussitôt pour cette corvée.

J'étais furieux en apprenant la nouvelle : porter des seaux d'eau n'était pas assez humiliant, j'allais transporter désormais des seaux de merde. En outre, cette activité était particulièrement dangereuse, plusieurs de mes prédécesseurs étaient morts d'infection généralisée après une simple coupure. En temps normal, on n'aurait jamais confié un tel travail à quelqu'un sans lui fournir des gants et des bottes de caoutchouc.

Moi, c'est pieds nus que j'allais aux toilettes publiques, pour vider la fosse avec un seau fixé au bout d'une perche. Puis, avec l'aide d'un autre réfugié, je transportais la merde dans une cuve suspendue à un bâton.

Je faisais partie maintenant de la caste la plus basse des esclaves de guerre. Ma déchéance était complète.

Pen Tip n'en avait pourtant pas terminé avec moi.

Un après-midi, après le travail, alors que je plantais des ignames derrière la maison, trois soldats m'encadrèrent. Ils firent jouer la culasse de leurs armes et à ce bruit, tout se déroula comme dans un vieux film dont je connaissais déjà le scénario.

Arrestation! Huoy éclate en larmes. Mon cœur bat à grands coups dans ma poitrine. Je supplie qu'on me laisse changer de pantalon, pour que ma femme récupère au moins l'or caché dans ma ceinture. Les bras violemment attachés dans le dos, le nez dans la poussière, je tressaute à chaque coup de pied. Huoy se jette sur moi pour me protéger. Les soldats la repoussent sans ménagement. Elle implore qu'on l'arrête aussi. Ils me redressent et m'emmènent.

Cette fois nous n'allons pas à la prison de Phum Chhleav. Les soldats m'entraînent en direction de la jungle, nous traversons la voie ferrée, nous marchons à travers les champs où broutent paisiblement des bœufs et des buffles d'eau.

Cette fois-ci, j'y suis! Mon cœur bat rapidement, provoquant une sorte d'euphorie : je me sens excité et en forme, je n'ai aucune peur, aucun regret sinon celui de laisser Huoy derrière moi. L'insupportable attente est terminée, mon destin m'attend au prochain tournant du sentier. Il doit y avoir un champ d'exécution, je n'en ai jamais vu, mais ça doit exister, je m'imagine des fosses communes, des tombes collectives, le carré des suppliciés...

Pourtant, on continue à marcher, la nuit tombe, et petit à petit renaît l'espoir.

Nous arrivâmes dans un vieux village avec des maisons sur pilotis et des bottes de paille de riz sous les bananiers. Il y avait même des *kantouts*, les arbres auxquels j'avais pensé pour empoisonner Pen Tip. Les soldats entrèrent dans une petite hutte pour faire leur rapport. J'aperçus au loin des rizières et des champs cultivés.

La prison était à la sortie du village, une longue bâtisse en terre recouverte d'un toit en tôle ondulée. Une horrible odeur s'en dégageait. Un soldat me poussa dans le couloir, la puanteur de l'air me soulevait le cœur, je pataugeais dans une boue fétide, mon pied glissa dans une rigole pleine d'eau et de matières infectes. Le soldat alluma une torche électrique, montra un endroit vide sur le sol et me fit m'étendre sur le dos.

Ma tête cogna contre quelque chose, un homme grogna dans le noir. Je m'excusai. Le soldat dirigeait sa torche vers mes pieds. Il allait m'attacher la cheville gauche, lorsqu'il vit qu'elle était pleine d'excréments. Il fit la grimace et enchaîna ma cheville droite à une barre de fer plantée dans un bloc de bois.

Me voilà de nouveau en prison! Pourquoi ne m'ont-ils pas tué tout de suite? J'étais prêt à mourir!

Je restais étendu les yeux grands ouverts. Un moustique bourdonnait contre mon oreille. J'entendais au loin le bruit des camions sur la route de Battambang. Les lumières des phares glissaient parfois sur les murs. J'entendais maintenant les gémissements et les râles des prisonniers au milieu du bourdonnement des insectes.

L'homme à ma droite toussa et remua, mais la femme à ma gauche était silencieuse.

A la faible lueur venant de l'extérieur, je m'aperçus qu'elle était mince, âgée et morte.

Je touchai son poignet, il était aussi froid qu'une pierre.

Un garde détacha son pied, puis le mien et celui de mon voisin. Nous transportâmes la vieille dame au-dehors. Je fis une courte prière pour son âme, mais je n'avais pas vraiment de peine : elle avait pris la meilleure porte de sortie.

Le lendemain, des soldats m'emmenèrent, mains liées, pour un interrogatoire dans la cabane des Khmers rouges.

– Quel est ton nom?

– Samnang, camarade.

– Tu as menti à Angka!

– Non, je n'ai jamais menti à Angka!

– Tu étais médecin militaire avec le grade de capitaine!

Pen Tip m'avait dénoncé : j'en étais sûr!

– Non, camarade, je suis déjà allé en prison pour ça, mais les accusations étaient fausses. Je suis un ancien chauffeur de taxi. Vous pouvez vérifier à Phnom Penh à la station de taxis.

Un soldat me donna un coup dans les côtes. Les autres se mirent de la partie, tapant avec des bâtons jusqu'à ce que je m'écroule par terre, ils continuèrent ensuite à coups de pied.

Je sentis qu'on glissait mes jambes dans un sac. Je me débattis mais, avec les mains liées, j'étais impuissant. Les soldats parvinrent à me faire pénétrer entièrement dans un grand sac de riz et à fermer l'ouverture. Je ne voyais plus rien, je sentis qu'on me traînait dehors. A travers le tissu je devinais le terrain, les pierres du sentier, le chaume des rizières, les fossés où je glissais avant de heurter durement le fond. Ils s'arrêtèrent et je fus hissé en l'air.

– Avoue que tu es médecin, avoue, avoue!

Je ne répondis pas.

Le premier coup me toucha en plein dos.

Le sac se balançait et tournoyait au bout d'une corde. Des coups, encore des coups! Je protégeai mon visage entre mes genoux. Je sentis mes os craquer comme du bois sec.

– Alors, tu avoues que tu es médecin!

Les coups, toujours des coups. Je gémis mais ne répondis pas. Les coups redoublèrent. Je ravalais mes cris, espérant qu'ils penseraient m'avoir tué.

Manque de chance, ils étaient forts et bien nourris, cet exercice au punching-ball leur plaisait beaucoup.

Ils ne m'abandonnèrent qu'au bout d'un long moment, enfermé dans le sac qui continuait à se balancer comme un pendule. Le vent et un peu de lumière entraient par les interstices de la toile.

La journée passa.

En fin d'après-midi, j'entendis des pas se rapprocher. Le sac tomba brusquement sur le sol. Une violente douleur me transperça la colonne vertébrale.

Les gardes me délivrèrent et je restai en position fœtale sur le sol, les mains attachées dans le dos. Quand j'ouvris les yeux, je vis que du sang avait coulé de ma tête et maculait mes genoux. Ils me laissèrent là dans le coucher de soleil.

Un vent frais soufflait, un oiseau gazouillait au-dessus de ma tête. Il volait d'une branche à l'autre sans interrompre son chant. Ce n'était pas un simple oiseau. C'était un esprit de la nature, un de ces génies qui vivent dans les rochers, dans le ciel, dans l'eau et dans la forêt. L'oiseau faisait ses trilles, il me disait de ne pas m'en faire, que tout allait s'arranger...

Je lui répondis silencieusement : « Mais les gardes vont revenir, ils vont me tuer. Esprit, dis-moi ce qui va m'arriver... »

L'oiseau reprit sa chanson, répétant le même message. Je fermai les yeux : « Me dis-tu la vérité ou veux-tu simplement me consoler ? »

Les gardes me ramenèrent en prison pendant la nuit. Je parvins à les suivre en boitant. Je n'avais pas d'os cassé, ni de vertèbres brisées, seul mon coccyx semblait sérieusement endommagé. Je m'étendis à ma place, écoutant les gémissements des autres prisonniers et le bourdonnement des mouches.

Ils m'interrogèrent à nouveau le matin suivant. Malgré les coups je n'avouai pas.

Alors, ils m'entraînèrent sous un arbre, et m'attachèrent les mains et les chevilles à une branche. J'attendis avec angoisse ce qui allait suivre. Un Khmer rouge arriva en portant quelque chose qui ressemblait à un étau de bois avec des mâchoires en acier, je n'arrivais pas à bien voir ce que c'était.

Il plaça l'engin sur ma tête, les deux mâchoires sur mes tempes. Je m'aperçus que l'étau était recouvert à l'intérieur de pointes de fer. L'homme commença à serrer, tout en observant attentivement mon visage. Je sentis les pointes pénétrer dans ma peau, prêtes à me transpercer le crâne. Ses yeux me scrutaient avec l'intensité de ceux d'un chercheur derrière son microscope. Je bougeai un peu la tête pour soulager la pression sur mes tempes. Aussitôt les mâchoires de l'étau se resserrèrent sans que mon bourreau y touche. Je renversai la tête en arrière, l'étau se resserra encore.

Je commençais à comprendre : il était actionné par des ressorts, chaque fois que je bougeais, l'étau me punissait. L'homme se mit à visser un écrou sur la mâchoire. Je me mis à pleurer et à pousser des cris : il était en train de régler la machine en fonction du seuil de douleur. L'étau n'était pas censé m'aplatir le crâne, il avait un objectif beaucoup plus ingénieux.

Mais ce n'était qu'une partie de la torture.
L'homme se redressa, satisfait, et suspendit un seau d'eau au-dessus de ma tête. L'eau s'écoulait par une fente au fond du récipient et tombait goutte à goutte dans la poussière à côté de mon visage. Il prit une paille de riz, la glissa dans la fente et l'ajusta soigneusement jusqu'à ce que les gouttes s'écrasent sur mon front.
Goutte!
Goutte!
Goutte!
Maintenant j'avais compris. L'eau tombait de plus de deux mètres, assez pour que l'impact de la goutte soit cinglant. Au cours d'une saison des pluies, j'avais vu de l'eau goutter d'un toit et percer des trous dans une cour en ciment.
Goutte!
Après les cinq cents premières gouttes, je fermai les yeux. Elles frappaient le même point au-dessus des sourcils, au milieu de mon front. Je sentais ma peau s'irriter et un martèlement dans mon crâne.
Goutte!
Goutte!
Goutte-goutte!
Un double choc. Une qui ne tombe pas...
Goutte!
Goutte!
Goutte!
Goutte!
Après la millième goutte, la douleur sur ma peau se transforma en mal de tête, comme une pression intolérable sur mon front. Je bougeai légèrement pour que la goutte tombe sur un autre endroit.
Grave erreur. Les pointes de métal s'incrustèrent dans mes tempes. J'avais ajouté au martèlement sur le front, la douleur sur les tempes. J'essayais de me contrôler, mais je ne pouvais pas m'empêcher de bouger. Chaque fois l'étau se resserrait davantage.
J'entendis une voix chuchoter au-dessus de moi : « Camarade, si tu avoues que tu étais médecin, j'arrête l'eau. »
– Je... je n'étais pas... médecin.
– Coriace, hein! Tant pis, je vais laisser l'eau s'écouler sur toi! Si tu en réchappes, ce n'est pas grave, si tu meurs, ce n'est pas une grosse perte.
Goutte!
Goutte!
Goutte!
Combien y a-t-il de gouttes dans un seau? Combien de temps peut durer une torture pareille?

Les gouttes devenaient des objets solides, comme des clous. Elles traversaient mon crâne en tombant.

Je gardais les yeux fermés. La douleur sur mon front et la douleur sur mes tempes s'intensifiaient. Elles finirent par n'en faire qu'une. Lorsque la goutte frappait ma peau, tout l'intérieur de mon crâne palpitait, je contractais mes pieds et mes jambes pour supporter le choc.

Le seau était sans fond, il contenait un lac.

La journée dura un siècle.

Je tentais de raisonner. Si le supplice continue toute la nuit, je vais mourir. La douleur va me tuer. J'en suis sûr.

Deux fois déjà, la dysenterie et la crucifixion en prison m'avaient mené aux portes de la mort. Depuis, j'avais développé un sens, une capacité à mesurer ma force vitale. Je savais ce que je pouvais endurer et ce qui pouvait me briser.

J'envoyais une prière au vent, aux arbres, aux oiseaux, aux rizières, partout où résident les dieux. Je devais payer les fautes d'une vie antérieure. Dieux, je vous en prie, que ma prochaine vie soit plus facile!

Goutte!

Goutte!

Goutte-goutte!

Goutte!

Goutte!...

J'agonise depuis des milliers d'années...

Je sentis que mon tortionnaire revenait. Il repoussa la paille de riz avec son doigt. Les gouttes s'arrêtèrent. Presque. Elles tombaient de temps en temps, toutes les minutes ou toutes les heures, et pas au même endroit, sur la tempe, sur le sommet du crâne...

J'ouvris les yeux, le soleil s'était couché mais le ciel était encore baigné d'une superbe lumière, au-delà de toute espérance. Je n'osai pas bouger la tête, mais j'avais la sensation d'être seul.

Je refermai les yeux et tentai de transmettre mes pensées à Huoy. Ma pauvre Huoy, de toute ma vie, je n'ai autant souffert, je ne crois pas que tu pourrais supporter de me voir comme ça. Que le vent te dise simplement qu'ils ont arrêté de me torturer pour l'instant. Je prie pour que le vent qui souffle dans la vallée et autour de notre maison t'apporte ce message. Je prie pour que les dieux te réconfortent.

Au matin, mon bourreau revint et mit de l'eau fraîche dans le seau. Il fit un faux mouvement et il en tomba un peu sur mon visage. Je léchai avidement ma peau mouillée.

Il me demanda si j'étais médecin.

Je répondis que non.

Il ajusta la paille, les gouttes glissèrent le long du fétu et tombèrent sur mon front.

Régulièrement.

Ce jour-là, ma mère et mon père m'apparurent et me parlèrent. Puis Huoy, puis la vieille Ma, et puis Huoy encore.

A chaque goutte, mon corps s'engourdissait pendant un bref instant, puis cette sensation disparaissait jusqu'à la prochaine goutte. Je m'évanouis.

Le soleil me réveilla dans l'après-midi, mais je ne me souviens plus de grand-chose ensuite. Seule une toute petite partie de mon cerveau savait encore que j'étais en vie.

Des hommes s'approchèrent de moi, se demandant si j'étais dans le coma. Je les entendis; et même si j'avais voulu, il m'était impossible de parler. Ils étaient loin de moi, si loin...

Je ne sais pas quand ils arrêtèrent de me torturer.

La première chose dont je me souviens, c'est du soleil, comme un gros ballon rouge juste au-dessus de l'horizon. J'étais couché sur le sol, le seau n'était plus au-dessus de ma tête et l'étau avait disparu.

Ma tête était tournée sur le côté, je ne pouvais pas la bouger, des fourmis me mordaient les bras et les jambes, je ne pouvais pas les chasser. A l'odeur, je compris que j'avais fait sous moi. Je refermai les yeux.

Il ne fallait surtout pas que je bouge, ni que je perde mon self-control, que je m'énerve ou que je me mette en colère. Je devais uniquement récupérer.

Je m'endormis. Une voix me réveilla, je sentis qu'on me donnait un coup de pied et qu'une main me secouait l'épaule. Je n'ouvris pas les yeux.

– Allez, réveille-toi, c'est l'heure du dîner!

Je tournai lentement la tête, ouvris les yeux, levai un bras... puis, fis semblant de retomber dans les pommes.

– Réveille-toi! Mange, mange!

Le soldat me donnait de petits coups de pied pour me secouer. Je répondis : « oui... » d'une voix mourante.

Le garde m'agrippa par le poignet et me redressa. Il avait déposé sur le sol un bol de riz plein d'eau. J'en avais envie, mais je m'affaissai de nouveau, jouant la comédie de l'épuisement total. Il me redressa encore et cette fois je consentis à manger, savourant chaque grain avec délice.

Puis je me rendormis, couché en chien de fusil.

Ils me ramenèrent en prison cette nuit-là. Je ne sentais plus ni les mouches, ni les moustiques. Cela n'avait pas d'importance : tout au fond de moi, je rassemblais mes forces pour survivre.

Je passai la journée suivante à récupérer. La prison abritait une double rangée de prisonniers couchés sur le dos, tête contre tête. Le sol était surélevé au centre de la longue pièce de façon à ce que les excréments puissent s'écouler jusque dans une rigole creusée le long des murs. J'étais attaché avec trois autres prisonniers à la même barre plantée dans un gros madrier. Un autre groupe de quatre prisonniers se trouvait près de la porte.

On nous servit à midi un peu de riz au fond d'écuelles souillées de merde. Des mouches aux yeux rouges volaient en essaim comme de minuscules hélicoptères, nous disputant cette maigre pitance. Sous le toit de tôle, la température devait dépasser les quarante degrés.

La nuit suivante, je ne dormis pas. Je somnolais, l'oreille aux aguets, écoutant les bruits de la nuit, le crissement des insectes, les grignotements d'un mulot, tous ces bruits de la vie, de la liberté...

Soudain un bruissement me fit tendre l'oreille. Cela se passait autour de la prison. Le bruit s'arrêta puis reprit. Ce n'était pas une souris, ni un serpent...

Les bruissements augmentaient : des gens se glissaient autour du bâtiment.

Que se passe-t-il ? Une soudaine sueur froide coule sur ma peau. La terreur m'envahit!

Écoute!

Je n'entendis plus rien, mais ma peur augmentait : un danger nous menaçait.

Je donnai des coups de coude à mes voisins.

– Réveillez-vous, la prison est encerclée, il va se passer quelque chose!

Les autres prisonniers se passèrent le mot.

On n'entendit plus que le grésillement des grillons.

D'un seul coup des flammes jaillirent, embrasant le chaume, les bambous secs éclatèrent, projetant des étincelles. Les prisonniers se mirent à hurler et à se débattre dans tous les sens.

Mes trois compagnons et moi avions déjà sauté sur nos pieds, tirant le bloc de bois vers la porte. En trébuchant, une femme coinça nos chevilles dans les fers. La terreur était plus forte que la douleur. Je chargeai la prisonnière sur mon dos pendant que les autres tiraient le madrier.

Nous sommes parvenus à l'air libre d'extrême justesse. Le toit de métal chauffé à blanc tomba sur les autres détenus piégés à l'intérieur. La fournaise était à son paroxysme, une vingtaine de personnes à peine réussirent à s'échapper en traînant leurs madriers. On entendait des coups de feu derrière le bâtiment en flammes.

Des gardes accoururent, l'arme pointée sur nous. Leurs visages, crispés de colère, éclairés par l'incendie, me firent craindre le pire.

Ils ne tirèrent pas, se contentant de nous tenir en joue au bout de leur M 16. Toujours attachés à notre bloc, nous regardions la prison se consumer en écoutant les cris d'agonie de ceux qui étaient restés à l'intérieur.

Les braises brillaient dans la nuit et la tôle du toit claquait bruyamment en se refroidissant.

À l'aube, il ne restait plus au milieu des cendres que quelques feuilles de métal noirci et des corps recroquevillés comme des morceaux de charbon de bois.

Je ne sus jamais pourquoi les gardiens avaient mis le feu à cette prison. Une initiative individuelle? Un désir de varier les tortures? Un moyen radical de se débarrasser d'un foyer d'infection? Mystère...

Sur les quatre-vingts prisonniers, vingt-huit survécurent.

Les Khmers rouges se réunirent pour décider de la marche à suivre. On nous apporta un peu de riz après nous avoir interrogés sur nos lieux de provenance.

Ils envoyèrent des messages dans les coopératives et l'après-midi, je vis arriver Oncle Phan, le chef de Phum Ra.

Il m'emmena, ainsi qu'un autre prisonnier, en m'expliquant qu'il n'avait pas été mis au courant de mon arrestation. « Je ne l'ai appris que plus tard, fils. De toute façon, je n'aurais rien pu empêcher. »

Je le croyais à moitié, il semblait ne rien savoir de mes différends avec Pen Tip. Je le remerciai d'être venu me chercher, mais au fond de moi, j'étais furieux. Oncle Phan passait pour un honnête homme parmi les Khmers rouges, mais il n'avait rien fait pour m'éviter une arrestation injuste.

– A partir de maintenant, « Dam doeum kor », plante un kapokier sur ta langue! Tais-toi, conduis-toi bien et évite de te faire remarquer! Compris?

– Je ferai n'importe quoi pour ne pas revivre une expérience pareille, j'ai trop souffert... Je vous en prie, Oncle Phan, pouvez-vous marcher moins vite.

Il s'arrêtait de temps en temps pour que je me repose. J'avais la peau à vif au milieu de mon front, mais on remarquait à peine cette blessure dans les bosses, les bleus et les contusions multiples qui marquaient ma chair. J'étais faible et endolori, mais je me sentais en meilleur état que les deux autres fois, à ma sortie de prison.

Nous atteignîmes Phum Ra en fin d'après-midi, le travail était terminé et Huoy venait de rentrer à la maison.

En m'apercevant, elle se mit à pleurer de joie, puis elle vit le sang coagulé et les blessures, son visage se tordit de douleur, ses épaules tremblèrent, elle suffoqua, perdant tout contrôle.

Je la pris dans mes bras, pour essayer de la calmer.

Un peu plus tard, je me débarrassai de mes vêtements en loques et j'allai me laver derrière la maison au robinet d'eau courante. Huoy rasa mes cheveux autour de ma blessure à la tête, sa main était douce et ferme, mais elle ne pouvait pas s'arrêter de pleurer.

Huoy était une femme douce et fragile comme un petit animal sans carapace. J'étais cette carapace et lorsqu'elle me voyait revenir complètement brisé, c'est elle qui à son tour subissait les coups que j'avais reçus. Sa douleur était décuplée par rapport à la mienne. En nettoyant mes plaies, en me savonnant, elle sanglotait et j'étais de plus en plus inquiet pour sa propre santé.

Mes blessures n'étaient que physiques, elles finiraient par cicatriser. Les siennes étaient mentales.

Bonheur

A ma connaissance, personne n'a jamais survécu à trois séances de torture des Khmers rouges. On m'a rapporté le cas d'un adolescent de la région de Phom Tippeday qui avait réchappé par deux fois à de tels sévices : il avait perdu ses cheveux et tremblait à la vue des soldats.

Quoi qu'il en soit, j'avais réussi, moi, à survivre à la prison, à la torture, à la malaria et à la dysenterie.

J'étais vivant.

Mon premier séjour en prison m'avait coûté la moitié d'un doigt; le deuxième, de douloureuses brûlures à la jambe; le troisième, des blessures au cuir chevelu. J'avais aussi des cicatrices plus profondes mais je n'en fus conscient que beaucoup plus tard. Sur le moment j'étais ravi, quoiqu'un peu surpris de ma bonne fortune, alors qu'autour de moi des milliers de gens mouraient de maladie, d'épuisement ou d'une rafale de fusil mitrailleur.

Pourquoi ?

Je ne voyais qu'une seule explication : la volonté des dieux. Le *kama*. On ne pouvait invoquer le hasard, alors que les chances de survivre devaient être de une contre mille... contre cent mille... ou contre un million!

Je dois néanmoins reconnaître que je bénéficiais de quelques avantages : ma bonne santé, ma force physique et mon énergie. Les bagarres de rue de mon enfance m'avaient endurci et permis de résister aux tortures. Enfin, j'avais Huoy, ma vraie raison de vivre.

Cela n'explique pas tout. Pourquoi m'en suis-je sorti alors que tant d'autres n'ont pas résisté ?

J'étais vivant, j'acceptais ce miracle et j'en remerciais les dieux. Tout, autour de moi, depuis la couleur du ciel jusqu'au goût du riz, la vue d'un temple sur le versant de la montagne, m'apparaissait comme neuf et plein de fraîcheur. Mon énergie vitale était à l'unisson des forces du ciel, de la terre et de tous les êtres vivants.

Mes cicatrices se fermaient peu à peu et mes cauchemars s'évanouissaient alors que mon organisme reprenait le dessus. J'avais gardé au fond de moi, cette capacité à apprécier la vie et ses bienfaits, tout particulièrement le bonheur d'être avec Huoy à la maison.

J'aimais la regarder s'éveiller au petit matin et serrer contre sa poitrine le coussin bleu qu'elle avait rapporté de Phnom Penh. Elle se levait quand le soleil commençait à poindre à l'horizon et se dirigeait directement vers son petit miroir. Elle brossait longuement ses cheveux retenus par des pinces au-dessus de ses oreilles, se lavait le visage puis s'habillait. Je me levais alors, tout engourdi de sommeil, et pendant que je faisais ma toilette, elle enroulait la moustiquaire, pliait les vêtements de nuit et la literie, mettait tout en ordre.

Cette organisation, typiquement féminine, me sidérait. Je repensais à notre première rencontre, j'étais alors son professeur. Maintenant, c'était moi l'élève.

J'ai toujours ressenti une attirance particulière pour les femmes, pour le sexe féminin dans son ensemble. Aucune femme ne m'a jamais blessé, ni torturé, ni infligé de souffrance physique. Au contraire, les femmes sont les guérisseuses.

Huoy était la meilleure. Bien plus intelligente que moi, elle calmait mes envies de rébellion et m'évitait bien des problèmes. A plusieurs reprises, ses conseils et son exemple m'avaient permis d'échapper à Angka. De plus, Huoy n'avait pas ce travers féminin si commun, la propension au bavardage : elle ne fréquentait que des femmes de même éducation.

A ses moments libres, elle s'occupait de la maison et du jardin, improvisait des recettes à partir de produits de la forêt, raccommodait nos vêtements avec minutie à petits points précis en chantant d'une jolie voix claire. Elle s'était fabriqué des pantalons avec les vieux sampots de sa mère et portait des sandales de caoutchouc : ce n'était peut-être pas la femme la plus élégante du monde mais, pour moi, elle était la plus belle.

Personne ne savait grand-chose de son caractère, elle passait pour une jeune femme sans problème et bien élevée.

Moi qui la connaissais mieux que quiconque – la vieille Ma exceptée, je connaissais son point faible : Huoy était extrêmement vulnérable et incapable de se protéger toute seule. Même lorsqu'elle était heureuse, les larmes coulaient sur ses joues. Les événements l'affectaient profondément, elle ne s'était jamais remise de la mort de sa mère et priait sans arrêt. L'idée de la mort, de la mienne et de celle des siens, la terrorisait.

Nous avions appris le décès de ma mère, là-bas dans les montagnes de Cardamon, et nous avions organisé une cérémonie funéraire avec des bougies et de l'encens. J'avais honoré de la même façon la mémoire de mon père et de mon frère.

D'une certaine manière, j'étais heureux de cette disparition : ma mère était définitivement libérée de ses tourments. Huoy prit au contraire fort mal la nouvelle.

Sa santé mentale vacillait. J'essayais en vain de lui rendre un peu de gaieté, mais elle ne pouvait accepter notre sort.

Pourtant, nous aimions bien tous deux notre nouvelle maison. Ce n'était pas celle dont je rêvais avant la révolution, mais j'en étais fier, pour l'avoir construite de mes mains.

Avec son toit de tôle, ses murs en chaume et son sol de terre battue, elle était solide et confortable. Je l'avais édifiée sur un monticule bien au-dessus du sol pour qu'elle ne soit pas inondée. Le matin, nous répandions de l'eau sur la terre battue pour garder la fraîcheur. Portes et fenêtres offraient une bonne ventilation et le toit de chaume nous protégeait de la pluie comme du soleil. J'avais planté une courge grimpante qui montait jusqu'au toit et le recouvrait de feuilles. Au sud, j'avais aussi planté un bananier et des haricots géants pour que leurs feuillages nous protègent de la chaleur.

La pièce principale faisait environ trois mètres sur deux, un banc de planches rabotées en forme de L était fixé sur deux des murs. Huoy et moi dormions sur le long côté, le plus petit nous servait de siège. Nous gardions en permanence près de la porte une cruche d'eau fraîche à l'ombre.

La cuisine était dans un appentis appuyé contre le mur nord de la maison. J'y entassais le bois de chauffage et trois pierres en triangle formaient le foyer. Nous devions parfois nous rendre à la cantine communale, mais comme la plupart des familles de Phum Ra, nous faisions notre cuisine à la maison, tout en prétendant y faire seulement chauffer du thé.

Dans le jardin, je faisais pousser toutes sortes de légumes, des ignames, du taro, de la colocase, des citrouilles, des haricots, des courges, du chou, des concombres, du maïs et un poivrier. Nous élevions aussi des canards et des poules, Huoy aimait prendre dans ses mains les poussins duveteux pour les emmener picorer les termites.

Nous avions vraiment tout ce dont nous avions besoin. Nous étions même riches, selon les critères du moment. Nous possédions un portefaix en bambou, deux seaux, une machette, des houes, des pioches, des ustensiles de cuisine, une cruche en faïence, une moustiquaire noircie et raccommodée, une couverture de brocart douce et chaude comme de la soie – on m'avait volé ma bâche de plastique –, nous avions aussi des vêtements, assez de nourriture et quelques biens soigneusement cachés. Un peu d'or dans ma ceinture, mes lunettes, des instruments de médecine sur la grosse poutre centrale, une réserve de riz et mes livres de médecine dans un trou creusé dans le sol. Les livres d'apprentissage du français et de l'anglais étaient cachés entre le banc et le mur, pour être facilement accessibles. Nous n'avions plus ni Mercedes, ni camionnette, ni compte en banque, mais cela m'était égal...

Je me sentais renaître, Huoy me rendait heureux et ma maison aussi.

La vie était plus calme sur les lignes arrière : j'écoutais avec ravissement les trains à vapeur passer en sifflant sur la voie ferrée, je regardais les cheminots se déplacer sur les rails en poussant de petits wagons plats avec de longues perches, je supportais même les volées de cloches sans grincer des dents comme autrefois.

Dans la soirée, Huoy et moi partions à la chasse aux mulots et aux crabes, utilisant la moustiquaire pour attraper dans l'étang de petites crevettes et des écrevisses. Un jour, nous avons même pêché un gros poisson. Alors que je le tirais vers le rivage, Huoy se mit à pleurer, s'accrochant à mon cou.

– Qu'est-ce qui se passe, chérie ?

– Je suis heureuse, si heureuse...

De retour à la maison, elle fit cuire le poisson dans de l'eau de volubilis. Délicieux !

Quand nous étions seuls, nous nous baignions dans le canal, nous frottant et nous lavant mutuellement avec des gestes pleins d'une grande tendresse. Nos rapports étaient souvent un sujet de plaisanterie qui déconcertait les autres.

Un jour, un voisin vint me demander d'aller chercher du fourrage avec lui.

– Il faut que je demande la permission à ma femme !

– Quoi, tu as peur de ta femme ?

– Absolument. A la maison, c'est le ministre de l'Éducation, des Finances et des Affaires culturelles. C'est le patron !

– Ah bon, et tu dois aussi lui obéir ?

– Tout à fait !

Je me tournai vers Huoy et lui demandai l'autorisation d'aller faire du fourrage. Elle fit la moue et refusa.

– Désolé, mon vieux, je ne peux pas y aller.

Je joignis mes mains en faisant le *sompeab*, mais elle secoua la tête en riant. Alors je l'attrapai et me mis à la chatouiller jusqu'à ce qu'elle cède.

– Allez, maintenant on peut y aller, la patronne est d'accord !

J'aimais qu'il en soit ainsi. Elle avait réussi à modifier mon caractère trop entier, mon insouciance et mon obstination. Elle m'avait sauvé la vie pendant ma maladie et en m'empêchant de tuer Pen Tip. En revanche, je l'aidais à vivre en lui donnant un toit, de la nourriture et surtout de l'amour.

Nous étions notre seule raison de vivre.

Depuis mon retour de prison, Pen Tip faisait semblant de m'ignorer. Je ne m'en faisais pas, j'attendais mon heure tranquillement. J'étais l'homme qui avait survécu à la prison, un fantôme qui ne cessait de réapparaître. Le travail humiliant qu'il m'avait imposé à l'équipe de fertilisation présentait même, à l'usage, quelques avantages. Il était hors de la juridiction de Pen Tip et personne ne venait nous embêter au hangar à engrais. Parfois Oncle Phan, bravant l'odeur, faisait une tournée d'inspection, mais il était facile de s'accommoder de lui.

Il me demanda un jour de mettre du sel dans l'engrais, pensant que les plantes, comme les humains, en avaient besoin! Mes souvenirs de biologie me dictaient le contraire : les plantes ont besoin d'azote, de phosphate... etc., certainement pas de sel. Néanmoins je hochai la tête en guise d'acquiescement et réquisitionnai du sel à la cuisine collective. Je le mis de côté en déclarant solennellement à Oncle Phan : « J'ai goûté l'engrais, il est bien salé maintenant. Voulez-vous vous en assurer ? »

Son visage devint verdâtre et il évita de traîner autour du hangar pendant un certain temps.

Samgan, mon collègue de l'équipe de fertilisation, était un homme âgé avec qui je m'entendais bien. Une fois par jour, nous nous rendions aux toilettes publiques avec notre matériel. Il y avait plusieurs de ces petites cabanes, éparpillées autour du village, dont les murs de chaume s'élevaient à mi-hauteur. Les utilisateurs s'accroupissaient sur des planchettes de bois glissantes, leurs têtes dépassant du mur. Aucune intimité. Il fallait faire attention, sinon plouf! dans une cuve de deux cent dix litres placée en dessous. Inutile de préciser que ces toilettes n'avaient pas grand succès : les gens préférant s'isoler derrière un buisson.

Le travail consistait à vider les cuves et à transporter leur contenu dans le hangar à engrais. Ensuite nous mélangions les matières fécales avec de la boue et des déchets végétaux. C'était sec en deux jours, et Samgan et moi allions livrer cet engrais en char à bœufs dans les jardins communaux.

Outre l'odeur pénible, ce travail était dangereux pour la santé, aussi faisais-je très attention de ne pas m'égratigner. Je me lavais deux fois par jour avec du savon de kapokier et du vrai savon de la cantine. Je n'ai jamais contracté d'infections, seulement un exanthème aux pieds.

Le gros avantage était que nous travaillions seuls, sans horaire imposé, et il faut avouer qu'on ne se tuait pas à l'ouvrage. Je faisais une longue sieste chaque jour et, une fois par semaine, je veillais toute la nuit pour aller voler des légumes dans les jardins communaux.

J'enveloppais soigneusement mes larcins dans du papier journal que je cachais sous un tas d'engrais. Personne n'allait jamais fouiller là-dedans. Pendant que Samgan faisait le guet, je piquais un petit roupillon dans le hangar pour récupérer.

Ce travail servait de prétexte pour aller glaner de la nourriture. Nous partions souvent dans la campagne sous le couvert d'aller ramasser des bouses de buffles d'eau et nous en profitions pour rapporter des nids de fourmis rouges ou des plantes sauvages, pour pêcher et attraper des grenouilles. J'avais aussi un truc pour me procurer du riz : j'éclaboussais mes vêtements de merde et j'allais traîner dans la cuisine communale. La responsable, la propre femme d'Oncle Phan, était obligée de me donner un peu de riz pour me faire déguerpir.

La chance me souriait. Le fils d'un cheminot tomba malade et je réussis à le soigner, m'attirant ainsi la sympathie de toute l'équipe du chemin de fer. Sous le nouveau régime, les cheminots constituaient l'élite ouvrière. Ils mangeaient mieux que les soldats. On leur envoyait des vivres par fourgons et ils cultivaient leur propre potager que Samgan et moi fournissions secrètement en engrais.

Ils nous invitèrent à des banquets clandestins où l'on servait des plats dont j'avais oublié l'existence. J'en gardais toujours une part pour Huoy et je m'empiffrais à ne plus pouvoir bouger.

Pour la première fois depuis notre arrivée à Battambang, nous reprenions du poids. Ce qui, combiné avec les exercices physiques, nous maintenait en excellente forme. Je n'aimais pas le nouveau régime, mais j'avais appris à détourner le système à mon profit.

De cette époque, je ne garde qu'un seul regret : une brouille avec Huoy.

Un jour qu'elle sortait des provisions d'une cachette sous un tas de bois, elle fut repérée par un garçon d'une douzaine d'années qui passait par là. Il alluma une cigarette en la regardant, soufflant une bouffée dans sa direction, puis s'en fut me jetant au passage un long regard soupçonneux.

Il s'appelait Yoeung, c'était le fils adoptif d'Oncle Phan. Son activité principale consistait à se promener dans le village ou à se mêler aux équipes de travail pour dénoncer les gens. C'était un *chhlop* : un mouchard.

– Huoy ! Qu'est-ce que tu as fait ? Je t'avais pourtant bien dit de faire attention! Tu sais que dissimuler de la nourriture peut nous coûter la vie!

– Je sais... Je suis désolée... Je ne me suis pas aperçue que le *chhlop* était là! Je ne l'ai pas fait exprès!

Quelque chose se cassa en moi. En un éclair, je revis la prison, les tortures... J'étais pétrifié de rage et de peur.

– Ne m'adresse plus la parole! Je ne te répondrai pas pendant au moins une semaine!

Huoy baissa les yeux.

Je fus convoqué par Oncle Phan. Je m'y rendis en traînant les pieds. Ma dernière heure était arrivée : jamais je ne pourrais supporter un quatrième séjour en prison!

Je mentis à Oncle Phan. Je mentis avec l'énergie du désespoir, comme je n'avais jamais menti de mon existence. A tel point que j'étais moi-même totalement convaincu de ce que je racontais. Je lui jurais que ces légumes – volés dans le jardin communal – m'avaient été donnés par les cheminots. Je fus convaincant et Oncle Phan m'infligea seulement un avertissement.

Peut-être pensa-t-il que j'avais assez souffert ? Peut-être aussi que sa conscience n'était pas totalement nette ? Je l'avais aperçu à plusieurs reprises revenant du jardin communal en dissimulant quelque chose dans son *krama*. J'avais vu aussi, la nuit, la lanterne briller à travers les fissures de sa maison pendant que sa femme faisait cuire de la nourriture volée.

A Phum Ra, tout le monde volait, même le chef de village!

Cette fois, je m'en étais sorti. Mais quand je rentrai à la maison, j'infligeai à Huoy le châtiment du silence. J'étais déterminé à aller jusqu'au bout pour qu'elle se souvienne de la leçon.

Au bout de deux jours, alors que je me tenais sur le seuil sans dire un mot, elle s'approcha de moi et se mit à genoux, les yeux pleins de larmes.

– Chéri, es-tu encore fâché après moi ? J'ai commis une faute... j'ai été imprudente! Si tu veux me châtier pour ça : bats-moi! Fais ce que tu veux, mais je t'en supplie quand tu auras terminé, parle-moi. Je t'en prie, parle-moi!

Je la relevai et la pris dans mes bras. Son corps était doux et chaud, et je compris en la serrant contre moi que j'étais un salaud. C'était ma femme, elle ne m'avait jamais fait de mal, elle ne m'en ferai jamais. C'est bien la seule chose dont j'étais sûr dans ce monde.

Je respirai profondément et répondis d'une voix enrouée.

– Oui, chérie, je vais te parler.

Puis, j'allais dans le jardin pour y voir un peu plus clair, j'étais bouleversé. Mon sale caractère avait repris le dessus! Après toutes ces années consacrées à me contrôler, je restais le même petit garçon méchant et caractériel, celui qui avait, de rage, jeté la manivelle dans le moteur de la voiture de son père avant de donner un coup de pied au petit chien de sa mère.

J'étais fou de traiter Huoy comme ça. Fou et con!

Je promis silencieusement de ne plus jamais la rendre malheureuse. Si j'avais un objectif dans la vie, c'était bien de la réconforter et de l'aider comme elle m'aidait.

Après ce jour, notre bonheur fut parfait. Comme si une ultime barrière entre nous deux avait sauté. Nous nous sentions à présent comme les deux principes, mâle et femelle, qui s'assemblent harmonieusement dans le symbole du yin et du yang.

La vie, elle, n'était pas parfaite. Nous subsistions à l'ombre des pires menaces. Quelque part, tout près, des soldats emmenaient des malheureux. Un jour, ce serait peut-être notre tour. Huoy et moi parlions peu de cette terreur de tous les instants qui nous serrait le cœur comme une main glacée.

Cela nous rapprochait même. Nous acceptions cette vie nouvelle imposée par les Khmers rouges, tâchant de réduire les difficultés quotidiennes et d'améliorer notre sort. Ne plus être médecin ou riche m'était parfaitement égal : la situation m'avait ramené à la terre. J'étais un paysan, comme mes ancêtres l'avaient été avant moi, depuis des générations.

En fin d'après-midi, nous regardions le soleil se coucher sur les rizières, simplement assis sur le seuil de notre porte. Une butte un peu plus haute que les autres était couronnée d'un *sdao*, au tronc légèrement incliné. La longue crête des montagnes se découpait sur l'horizon et les derniers rayons éclairaient, dressé sur un promontoire, un petit temple, symbole d'une religion que nous n'avions pas oubliée. Mois après mois, les rizières changeaient de couleur, passant du vert tendre au brun doré. Et puis, il y avait une bonne nouvelle.

Huoy était enceinte.

La traversée de la mer

La nuit, lors de nos longues conversations au lit, Huoy m'avait souvent confié qu'elle voulait des enfants. Malgré son désir d'être mère, elle préférait néanmoins attendre la chute des Khmers rouges pour que nos enfants puissent grandir dans un monde meilleur. J'étais tout à fait d'accord.

Pourtant, à ma sortie de prison, après la troisième arrestation, je changeai d'avis : la vie me semblait trop précieuse et trop fragile pour attendre plus longtemps de fonder une famille.

Huoy tomba enceinte vers la fin de l'année 1977, en grande partie grâce à la nourriture plus abondante que je rapportais et aux rations de riz distribuées par la commune après les récoltes.

Les débuts furent difficiles : elle vomissait matin et soir, et même le riz lui donnait la nausée. Elle ne supportait que des aliments sucrés, et je me mis en quête de papayes et autres fruits. Je donnais des consultations médicales en échange de bananes et de morceaux de sucre de canne, et j'achetais à prix d'or un paquet de sucre de palme. J'en saupoudrais sa nourriture pour l'aider à digérer, mais elle n'avait pas beaucoup d'appétit.

Quant à ses nausées du matin, je ne pouvais rien faire, sauf attendre qu'elles passent.

Je sortis mes instruments de leur cachette – stéthoscope, tensiomètre et thermomètre – et lui fis un examen en utilisant deux cuillères comme spéculum. Tout paraissait en ordre, à part la nausée qui causait une légère perte de poids : c'était une femme de vingt-sept ans en bonne santé.

J'étais optimiste, Huoy était forte et relativement jeune, elle avait de bonnes chances de mener sa grossesse à terme, ou comme nous disons en khmer, de « traverser la mer ».

Les Cambodgiennes comparent l'accouchement à un voyage en bateau, à une longue et dangereuse traversée. Huoy n'était pas très inquiète pour l'accouchement proprement dit. Après tout, j'étais médecin et elle avait confiance en moi. Elle se sentait davantage concernée par l'éducation de notre enfant et désirait l'élever dans la religion et le respect de ses aînés. Comme il n'y avait plus d'école, elle se chargerait elle-même de son instruction.

Garçon ou fille, ça lui était égal pourvu qu'il fût en bonne santé. Moi, j'espérais une petite fille : une version miniature de Huoy, qui grandirait pour soulager les souffrances du monde...

Au troisième mois, son ventre commença à s'arrondir, elle porta à partir de ce moment des sarongs, plus faciles à ajuster à la taille. Au jardin communal, on l'avait affectée à des travaux faciles et quand elle revenait à la maison, elle mastiquait un morceau de canne à sucre avant d'arroser le potager avec son petit arrosoir, sans faire d'effort brusque.

Peu à peu les nausées matinales disparurent et elle se mit à rayonner de cette façon particulière des femmes heureuses d'être enceintes.

La saison sèche de 1978 fut difficile dans la région de Tippeday et la cantine municipale commença à réduire les rations. Il y avait pourtant, à côté de la voie ferrée, un grand entrepôt plein de riz que nous avions fait pousser. C'est avec fureur qu'on voyait les soldats charger de lourds sacs dans des wagons pour les emmener ailleurs.

A la fin du mois de mars 1978, la cantine supprima des repas.

Au début, pour compenser, je volais un peu plus de nourriture.

Mon complice était un jeune garçon d'une douzaine d'années, Tha, qui nourrissait son père infirme, sa mère enceinte et deux petits frères. Nous partions en expédition la nuit dans le jardin communal situé à flanc de montagne, près du temple en ruine. Une nuit, les gardes communaux nous entendirent et nous jetèrent des pierres, hurlant pour réveiller les soldats.

Il n'y avait qu'une chose à faire : Tha et moi avons grimpé la colline au-dessus des gardes en criant « au voleur ! » et en leur jetant aussi des pierres. Les soldats ne savaient plus sur qui tirer dans le noir. Profitant de la confusion, nous avons attrapé nos sacs et dévalé la pente en courant. Nous sommes rentrés au village sans encombre et nous avons fait cuire les légumes devant la maison.

Il n'y avait plus besoin de se cacher, les carences de la cantine obligeaient tout le monde à préparer ses repas à la maison. L'autorité d'Angka s'érodait peu à peu sous nos yeux.

En avril 1978, la cuisine communale de Phum Ra ferma totalement : les cloches cessèrent de sonner, plus d'annonces par haut-parleur, plus de musique révolutionnaire. Un des premiers à baisser les bras fut Pen Tip. Comme une girouette, il sentait d'où aller souffler le vent. Beaucoup suivirent son exemple, à part ceux qui avaient très peur des soldats. La plupart des membres de la communauté se mirent à errer dans les bois à la recherche de quelque chose à manger.

A la mi-avril, il ne restait plus rien à la maison, nous avions mangé les volubilis, les choux et les ignames encore vertes, puis les fleurs de citrouille et les feuilles de taro. Il était encore trop tôt pour le maïs et les haricots et il n'y avait plus de bananes. On avait tué les canards et la cuisine communale avait réquisitionné nos poules. Je n'avais pu en sauver que quelques-unes, confiées à un paysan pour qu'il les élève loin d'Angka.

J'étais inquiet : rien ne complique autant une grossesse que la malnutrition. Je ne le disais pas à Huoy, mais elle s'en doutait.

A son quatrième mois, les nausées avaient cessé, mais elle mangeait très peu et le temps ne s'arrangeait pas, sec et chaud. Les soldats continuaient d'arrêter les gens surpris à ramasser de la nourriture dans la forêt, alors qu'Angka ne nous fournissait plus rien. Mais ces mesures avaient de moins en moins d'effets. Au bout de trois ans et demi de promesses, la patience des « nouveaux » et même des « anciens » était à bout.

On volait de jour comme de nuit! Tout le monde volait, même les gardes : dans les jardins communaux, ils dépouillaient les arbres jusqu'aux branches, laissant les portes ouvertes.

Tha et moi allions glaner dans les rizières, comme des dizaines de personnes penchées vers le sol à la recherche de grains oubliés.

En une journée, je ne parvins qu'à remplir une demi-boîte de riz que je gardais pour plus tard. Il n'y avait même plus de fruits sauvages, tout avait été razzié.

Huoy fit une dépression.

Il n'y avait pas que le manque de nourriture. D'autres événements l'épuisaient et affectaient son équilibre mental.

Les dirigeants khmers rouges avaient les mêmes préjugés racistes contre les Vietnamiens que le régime de Lon Nol. Ils accusèrent les Cambodgiens d'origine vietnamienne – et même ceux qui parlaient simplement vietnamien – d'être responsables de tous les problèmes : il fallait purifier la nation. Les purges reprirent. Le *chhlop* Yoeung revint au village pour découvrir ces « traîtres ». Beaucoup furent arrêtés et emmenés. Huoy qui avait été élevée à la frontière vietnamienne parlait couramment cette langue et craignait que le *chhlop* ne le découvre. Elle en fit une maladie.

Outre la famine et les purges, on assistait à une décomposition morale du régime. La corruption, contre laquelle les cadres et les soldats khmers rouges s'étaient élevés au début de la révolution, réapparaissait aujourd'hui.

Il était possible de se procurer de la nourriture à la cantine en payant avec de l'or. Les soldats acceptaient les pots-de-vin et l'on pouvait obtenir de se faire transférer ailleurs moyennant finances.

Le « bonjour », la maladie du Cambodge était de retour.

Je passais de longues heures à tenter de réconforter Huoy.

– Chérie, tu dois être forte, ne te laisse pas aller. Dis-moi ce qui ne va pas : il faut te débarrasser de tes angoisses. Je veux que tu gardes tes forces.

Huoy me répondait à peine, elle restait là avec son ventre gros de six mois, étendue sur le banc de bois en s'éventant paresseusement. Elle rabâchait sa complainte favorite.

– J'ai lu beaucoup de livres sur l'histoire de l'Europe et de l'Asie, mais je n'ai jamais rien vu de pareil. Pas d'hôpitaux, pas de communications... Si nous vivions dans un autre pays, on pourrait envoyer une lettre à des parents à l'étranger... Ils nous enverraient de l'argent et de la nourriture... Mais on n'a même pas le droit d'avoir un crayon ou du papier. Si on se plaint, c'est qu'on est un agent de la CIA ou du KGB ou un espion vietnamien... Personne ne peut nous aider...

– Mais je t'aide moi.

– Tu as faim, toi aussi. Du temps de Lon Nol et de Sihanouk, les pauvres pouvaient au moins demander l'aumône ou aller dans la forêt chercher des fruits et des légumes... Mais ici il n'y a plus rien. Rien. Même les mendiants ne peuvent survivre.

Je ne savais pas quoi lui répondre.

– Le gouvernement nous traite plus mal que des animaux, tout le monde s'en fout. Quand quelqu'un meurt dans un fossé, personne ne s'occupe du corps... sauf les vautours ou les animaux sauvages... Il y a même des cannibales. Voilà à quoi nous en sommes arrivés : à nous dévorer entre nous...

– J'ai entendu ces histoires de cannibalisme, mais je ne pense pas qu'il y ait eu beaucoup de cas... Les Khmers rouges non plus n'aiment pas les cannibales.

Huoy ne m'écoutait pas, elle s'éventait en regardant le plafond.

– S'il n'y a pas de nourriture, le bébé sera peut-être retardé... ou bien malformé.

– Non chérie! Je t'ai examinée, j'ai écouté ses battements de cœur, le bébé va bien. Tout ira bien.

L'attention de Huoy était déjà passée à autre chose, elle n'écoutait pas ce que je lui disais.

– S'il n'y a pas de nourriture, je n'aurai pas de lait. Depuis combien de temps Angka ne nous a pas donné à manger?

– Ne t'en fais pas, tu auras automatiquement du lait. Je suis docteur, c'est ma spécialité. Crois-moi!

– Je sais qu'il vient naturellement. Mais il n'y en aura pas assez...

Que lui répondre ? Elle avait raison.

Mais pour l'instant, le lait était le dernier de mes soucis. Même la malnutrition ne m'inquiétait pas autant que son état mental.

Depuis l'exode, je n'avais cessé d'encourager Huoy. Au début, elle me croyait, et gardait espoir. Après la mort de sa mère, elle ne fut jamais plus tout à fait la même. La situation ne faisait qu'empirer : mon père et mon frère disparurent, et j'allais régulièrement en prison. Elle se décourageait, refusant de lutter contre l'adversité. La faim, la terreur, le *chhlop*, sa grossesse minaient son énergie, lui cassaient toute volonté. Sa maigreur se remarquait d'abord à son visage : ses joues étaient creuses, son menton saillant et son cou décharné. On voyait toutes ses côtes.

Je sortais tous les jours, toutes les nuits, pour chercher à manger : je ne rapportais qu'une poignée de nourriture. Il ne restait plus rien, nulle part : tout avait été arraché.

Je tentais de trouver du riz – à n'importe quel prix – en payant avec de l'or : il n'y en avait plus!

Il ne restait qu'un peu de farine. Pour un damleung – trente grammes d'or –, on me vendit deux petites boîtes d'une demi-livre de farine de riz. Je donnais tout à Huoy. Mais ce n'était pas suffisant.

J'allais voir les cheminots pour demander de l'aide. Ils se défilèrent : on leur avait interdit de nous adresser la parole. Je retournai dans la forêt : il n'y avait plus ni pousses de bambou, ni fourmis rouges, ni lézards : la sécheresse et la famine avaient tout dévasté.

Je battais la campagne, la forêt, le marché noir... J'ai tout essayé, il me fallut me rendre à l'évidence : il n'y avait plus rien à manger.

Huoy était enceinte de sept mois lorsqu'elle ressentit une première douleur, comme une crampe, qui disparut puis revint quatre heures plus tard. Je lui fis passer un examen. C'était exactement ce que je craignais : ramollissement du col de l'utérus. La dilatation avait démarré.

– Le travail est commencé, chérie.

Elle me regarda avec de grands yeux mais ne dit rien. Elle se tourna vers le mur et je l'entendis prier : « Aide-moi, mère. Je t'en prie, protège-moi! »

Protégez-la! Une naissance prématurée, pas d'unité de soins intensifs, pas de salle d'opération, pas de nourriture, ni pour Huoy, ni pour l'enfant et le *chhlop* qui rôdait dehors!

Selon les règles des puritains khmers rouges, il était interdit à un homme d'accoucher sa femme. Si j'accouchais Huoy tout seul, les voisins le sauraient et je serais dénoncé. Si je laissais voir que j'étais médecin, je serais arrêté sur-le-champ.

Heureusement, une sage-femme, Seng Orn, habitait dans un village à proximité. J'avais fait sa connaissance alors qu'elle travaillait à l'hôpital de Phnom Penh. Nous avions de l'amitié et de l'estime l'un pour l'autre. Si l'accouchement se déroulait normalement, nous devrions nous en sortir facilement tous les deux. Autrement...

Je n'avais plus d'instruments de chirurgie, pas d'antibiotiques, pas d'anesthésiques et je n'avais plus pratiqué depuis des années. Après avoir vidé des fosses à merde, creusé des canaux, tiré la charrue, cultivé la terre et construit des maisons, j'avais peur d'être un peu rouillé en chirurgie obstétrique. Et restait encore la menace d'être mouchardé...

En cas d'urgence, je n'avais pas beaucoup le choix. Pas question d'aller à l'infirmerie pour esclaves de guerre, ni à l'hôpital local de Phum Phnom réservé aux « anciens » et aux soldats. Restait l'hôpital de Battambang, où l'un de mes anciens professeurs exerçait toujours, avais-je entendu dire. On prétendait que les Khmers rouges toléraient qu'il pratique à l'occidentale. Mais il y avait peu de chances que ce soit vrai et que Huoy et moi puissions y être admis.

Les contractions étaient irrégulières et éloignées les unes des autres, ce qui est courant pendant la première partie du travail. Pendant les douleurs, je tenais la main de Huoy, en regardant le décor de notre petite cabane, son toit de chaume et son sol de terre battue. Pas d'électricité, pas d'eau courante : j'aurais donné n'importe quoi pour être à Phnom Penh.

Entre les contractions, Huoy demanda à prendre un bain. Je l'aidai à sortir, l'emmenai jusqu'au canal et la lavai tendrement. Au retour, elle s'étendit sur le lit, serrant son petit coussin bleu contre sa poitrine.

Je fis du feu dans la cuisine, m'assurai qu'on ne manquait ni d'eau ni de bois. Je confiai Huoy à une voisine et partis chercher Seng Orn.

Je trouvai la sage-femme mais elle avait besoin d'une autorisation pour venir avec moi. Son chef de village refusa tout d'abord, puis après maintes supplications, l'autorisa à partir à condition qu'elle se présente chez Oncle Phan, mon chef de village.

Le *chhlop* Yoeung nous repéra immédiatement et nous suivit jusque chez moi.

A notre arrivée, le soleil se couchait déjà. Je sortis ma montre et calculai la fréquence des contractions. En jetant un coup d'œil furtif par la porte, j'aperçus dans la pénombre la silhouette du mouchard appuyé contre un arbre. Il fumait une cigarette.

Huoy était étendue sur le lit, une petite lampe à huile à son chevet, une autre posée à ses pieds. Je massais ses membres, caressais ses cheveux et essuyais son visage avec une serviette.

A chacune des contractions, elle se repliait sur elle-même, fronçant les sourcils et la bouche. Elle me serrait le bras si fort que je croyais que mes os allaient se briser. Les contractions s'intensifiaient puis se calmaient, alors Huoy relâchait mon bras et reprenait conscience de ma présence à ses côtés. Son visage était humide de transpiration : je lissais ses cheveux mouillés autour de son visage, essayant de l'encourager.

Elle perdit les eaux à onze heures, Seng Orn m'annonça que le col de l'utérus s'était dilaté de trois centimètres.

J'attendais la prochaine contraction : dix minutes... quinze minutes.

J'avais les yeux fixés sur ma montre : onze heures trente... onze heures quarante-cinq. Toujours pas de contraction.

Il y avait un problème. Les contractions auraient dû se rapprocher et non pas s'espacer.

J'avais conservé une ampoule d'antispasmodique. Je l'injectais à Huoy dans les fesses et à travers la paroi de l'estomac dans le fundus, les fibres musculaires qui commandent le col de l'utérus. Il me restait aussi une capsule de vitamines. Je la lui donnais comme placebo, pour la rassurer.

A minuit, sa tension artérielle était au plus bas et ses battements de cœur ralentissaient.

– Le col est toujours à trois centimètres, dit calmement Seng Orn.

Je broyai quelques grains de maïs avec du sucre pour lui redonner un peu d'énergie et de force. Les contractions reprirent, intenses mais irrégulières. Le col de son utérus était comme le goulot d'une bouteille et refusait de se dilater. Malgré les douleurs, le travail n'avançait pas. Un combat se livrait dans son corps : une part d'elle-même voulait expulser le bébé, une autre part luttait pour le retenir. Quand les contractions se produisaient, elle ne poussait pas, elle pleurait : « Ça fait mal, chéri. Ça fait mal... » Je tentais de forcer le passage du bébé en pressant son ventre, pendant que Seng Orn s'occupait du canal d'expulsion. Elle voyait la tête du bébé, mais sans forceps, nous ne pouvions rien faire pour l'aider à sortir.

Je frictionnais ses bras et ses jambes. Elle pleurait sans s'arrêter maintenant, son corps était baigné de larmes et de transpiration.

L'impensable était en train de se produire.

Seng Orn me tira à part.

– Césarienne ?

– Impossible, murmurai-je. Le *chhlop* est dehors, vous voulez mourir aussi ? On nous tuera tous les deux, Huoy et le bébé aussi. Et puis nous n'avons pas d'instruments.

– Craniotomie, suggéra-t-elle.

Je respirai profondément en secouant la tête.

– Non, c'est impossible.

J'entendis Huoy bouger sur le lit et tournai la tête.

– J'ai faim chéri.

Il était quatre heures du matin. J'avais conservé une boîte de riz envers et contre tout, c'était la dernière chose qu'il me restait. Je lui donnais ce riz cuillerée par cuillerée, elle en mangea un peu.

Aux premières lueurs du jour, mon frère Hok arriva. En dépit de nos différends, j'avais toujours confiance en lui. Malgré le faible espoir, nous sommes partis pour essayer de mettre Huoy dans un train à destination de Battambang.

Nous avons couru jusqu'au poste de commandement khmer rouge de Phum Phnom. L'officier s'est moqué de moi. J'étais pieds nus, en haillons et j'osais demander la permission de monter dans un train alors que ce privilège n'était octroyé qu'à de très rares esclaves de guerre... Il m'envoya au chef de la station de chemin de fer qui, bien sûr, me renvoya au QG des Khmers rouges. Je courais d'un endroit à l'autre, paniquant à mesure que les heures passaient. Mon univers s'écroulait. Ils ne pouvaient pas comprendre pourquoi j'insistais tant pour que ma femme subisse une césarienne. Ils ne savaient même pas ce que c'était.

Lorsque je rentrais à la maison, vers le milieu de l'après-midi, le *chhlop* flânait toujours à proximité.

J'avais échoué.

Huoy était toujours étendue sur le banc, perdue dans ses pensées. Elle serrait son coussin sur sa poitrine. Ses bras et ses jambes étaient aussi minces que des baguettes. Son ventre tout rond saillait. L'enfant était toujours à l'intérieur.

Elle me parla d'une toute petite voix.

– Pourquoi as-tu été si long ? Je t'ai attendu... As-tu trouvé des médicaments ?

– Je n'en ai plus, chérie... Je n'en ai plus !

– Avons-nous encore de quoi manger ?

– Non, nous n'avons plus rien. Mais ne t'inquiète pas, je vais peut-être t'emmener à Battambang, dans un grand hôpital pour une opération. Tu n'auras plus mal.

– Dans combien de temps ? Tu sais, je suis si fatiguée, très fatiguée...

Je l'auscultais : sa tension artérielle était au plus bas et les battements de son cœur, lents et très très faibles.

– Avons-nous quelque chose à manger, chéri ?

Elle parlait d'une voix d'enfant.

– Les voisins sont en train de chercher quelque chose pour toi.

– J'ai besoin de manger, j'ai faim. J'ai besoin de médicaments. Chéri, sauve-moi ! Je t'en prie, sauve-moi ! Je suis trop fatiguée. J'ai juste besoin d'une petite cuillerée de riz.

Avant de mourir, elle me demanda de la bercer. Je la pris dans mes bras, la cajolant sur mes genoux. Elle voulut m'embrasser. Je l'embrassai, puis elle m'embrassa. Elle leva ses yeux vers moi, et ses grands yeux étaient remplis de peine. Elle ne voulait pas s'en aller.

Elle me dit simplement : « Prends soin de toi, chéri... »

Puis la chambre fut pleine de monde.

Chagrin

Les gens disent que je suis devenu fou après la mort de Huoy. C'est probablement vrai. Il y a des pans entiers de mon existence à cette époque dont je n'ai gardé aucun souvenir.

Je me souviens d'avoir pleuré et pleuré en frappant le sol de mes poings, de m'être cogné la tête contre les murs. On essayait de me retenir.

Je me souviens d'avoir voulu laver le corps de Huoy et de l'avoir préparé pour les funérailles, un rite effectué normalement par les femmes seules.

Je me souviens d'avoir déposé auprès d'elle en souvenir une de mes chemises bleues, celle qu'elle préférait.

Puis, je lui ai passé une blouse vert pâle et une robe de soie; et une autre robe et une autre blouse pour qu'elle puisse se changer au paradis. Je lui ai mis ses sandales en plastique. Elles n'étaient pas assorties au reste, mais c'était la seule paire qu'elle avait... J'ai déposé aussi sur sa poitrine, le coussin de kapok qu'elle aimait tant, et j'ai brossé tendrement ses cheveux. J'ai mis enfin à son doigt une bague en or.

Les vieilles dames voulurent s'interposer pour m'empêcher d'aller à l'enterrement, parce que j'étais trop perturbé, disaient-elles.

Je suivis quand même mon frère Hok et un voisin qui portaient le corps sur une planche. Ils avaient confectionné un cercueil avec une feuille de tôle ondulée.

C'est moi qui leur désignai l'endroit. Un tertre au milieu des rizières où poussait un gros *sdao*. Ils creusèrent profondément avant de déposer son corps au fond. Je m'agenouillai au bord du trou et me mis à prier les dieux. Je pleurais.

Je me souviens ensuite du soleil couchant. Je suis rentré à la maison et je me suis rasé la tête. Des gens m'observaient avec des regards inquiets. Au Cambodge, la tradition veut que les veuves se rasent le crâne pour montrer leur chagrin. Aucun homme ne s'est jamais rasé la tête à la mort de sa femme. Ils me disaient que j'étais fou, je leur répondais de s'occuper de leurs affaires!

On a raconté que les jours suivants, j'allais à la cuisine commune interroger le personnel : « Où est ma femme? Elle devait m'attendre ici? Vous ne l'avez pas vue? » On ne savait pas quoi me répondre.

Lorsqu'on servait des repas à la cantine – il était bien temps –, je prenais mon bol et je rentrais chez moi. Je m'asseyais près de la porte sans manger et je regardais le soleil se coucher sur le *sdao* et sur la pagode en ruine de la montagne.

J'avais été incapable de la sauver.

J'étais médecin spécialisé en obstétrique, et j'avais été incapable de délivrer ma propre femme.

Je repensais à tous les moyens que j'aurais pu utiliser pour sauver Huoy. Une craniotomie aurait pu épargner la mère en sacrifiant l'enfant. Si je l'avais fait – même sans le matériel –, le *chhlop* nous aurait dénoncés. J'aurais pu tenter une césarienne! Mais sans salle d'opération comment la soigner ensuite? Avec un couteau, j'aurais pu sortir l'enfant, mais j'aurais tué Huoy. Pas de plasma, pas d'antibiotiques, pas d'instruments de chirurgie! Elle était si faible, je ne pouvais pas. Je me mis à hurler.

– Je sais! C'est ma faute! J'ai paniqué! C'est ma faute!

L'écho reprit : « Faute! faute! faute!... »

Je me ressaisis. Non, la cause essentielle de sa mort, c'était la malnutrition. Sans nourriture, son corps affaibli n'avait pas fabriqué les hormones nécessaires à l'expulsion. Et pourtant, si j'avais mis en œuvre toutes mes connaissances médicales, je n'aurais pas à supporter le poids de ce remords. Si j'avais tout essayé, même en vain..., même si les soldats m'avaient emmené...

Ses derniers mots résonnaient en moi, portés par le vent. « Pourquoi es-tu parti si longtemps? Je t'attendais. »

Elle avait attendu que je rentre pour se laisser mourir. Elle ne m'avait pas reproché de l'avoir abandonnée.

Le vent m'apportait ses mots, toujours et encore : « Prends soin de toi, chéri! »

Elle m'avait aidé quand j'étais malade. Elle m'avait sauvé la vie. Et moi, à mon tour, j'avais échoué.

Lorsque le soleil fut couché, j'allai jusqu'au tertre et je m'agenouillai sur sa tombe. Je lui offris le bol de riz et lui demandai de manger la première. Puis je me mis à prier.

– Dieux! Qu'elle aille au paradis! Si elle a fait du mal, envoyez-moi à sa place en enfer! Si elle a péché, que j'en porte toute la responsabilité! Épargnez-la! Donnez-nous la possibilité d'être ensemble dans notre prochaine vie!

La lumière baissait. Le paysage n'était plus qu'ombres, hormis les ruines blanches du temple là-haut sur la montagne.

– Huoy, si je survis, je quitterai le Cambodge. Je partirai, mais je reviendrai un jour te voir. J'organiserai une belle cérémonie avec beaucoup de moines et je te construirai un *stupa* près du temple pour y mettre tes cendres. Je te demande pardon si je t'ai fait du mal. Ne sois pas fâchée contre moi, chérie. Nous serons ensemble dans une prochaine vie. Elle ne sera pas aussi courte que celle-ci : nous vieillirons ensemble et nous serons très heureux.

Je priai aussi pour l'âme de notre enfant. Pour ce petit garçon ou cette petite fille que nous avions tant attendu.

– Tu n'as pas été heureux dans cette vie, tu n'as pas vu le visage de ta mère, tu n'as pas bu son lait. Mais tu as eu la chance de ne pas voir tant de souffrances. Maintenant tu es avec ta maman. Dans une prochaine vie, nous serons réunis, il n'y aura plus de souffrances et tu grandiras, fort et en bonne santé.

J'ai prié la mère de Huoy.

– Ma, qui vivez au paradis avec Huoy et mon enfant, prenez soin d'eux et qu'ils prennent soin de vous! Protégez-moi! Vous me manquez, Ma!

J'ai prié mon père et ma mère et puis Huoy à nouveau. J'ai mangé le riz et je me suis levé pour partir.

– Chérie, je rentre à la maison. A demain.

Les gens disaient que j'étais fou.

Je ne dis pas qu'ils avaient tort. Mais ils n'avaient pas vécu ce que moi, j'avais vécu. Personne n'avait été aussi proche que Huoy et moi.

Une nuit, alors que je dormais après avoir prié sur sa tombe, quelqu'un frappa à la porte. J'entendis la voix de Huoy qui m'appelait. J'ouvris la porte, elle était là, habillée de blanc, un voile sur la tête.

– Je t'en prie, viens me voir souvent, dit-elle.

Puis elle se détourna et partit le long du canal. Il faisait noir, mais je la voyais distinctement. Je l'appelai pour lui demander de m'attendre. Elle marchait lentement, mais je n'arrivais pas à la rejoindre. Les bords de son voile flottaient dans le vent, comme des ailes et l'emportaient. Je courus mais elle disparut.

Huoy est morte le 2 juin 1978.

Peu de temps après, les signes de dégénérescence du régime se multiplièrent.

En juin, les chefs de village furent tous arrêtés et remplacés par des Khmers rouges venus de l'Est du pays. Oncle Pham, le chef de Phum Ra parvint à s'échapper. Nous ne l'avons plus revu. Sa femme, réduite à la condition de simple travailleur, fut dénoncée par Pen Tip et emmenée en « corvée de bois ».

A la fin du mois de juin, la cuisine collective rouvrit pour une journée. J'y trouvais Chev et Oncle Seng assis à une table. Ils paraissaient déprimés. Eux aussi avaient été remplacés par des hommes venus de l'Est et envoyés au front comme simples travailleurs. L'homme qui m'avait envoyé deux fois en prison, qui avait ordonné l'exécution de mon père et de mon frère tremblait pour sa vie.

Le nouveau chef de village s'appelait Mao et souriait tout le temps comme Chev. Il était dangereux et sournois.

– Camarade Chev et camarade Seng, leur dit-il d'une voix mielleuse. Voulez-vous attendre ici. Nous voulons que vous participiez à une petite réunion.

La peur se peignit sur leur visage. Ils savaient parfaitement ce qui les attendait. Des soldats surveillaient tous leurs mouvements, ils étaient pris au piège.

Le jour suivant, la cuisine était fermée. Je traînais dans la campagne avec Thai, mon complice. Nous cherchions quelque chose à voler. Nous marchions dans les chaumes, lorsqu'un soldat nous aperçut. Il nous demanda ce que nous faisions là.

– Nous cherchons à glaner un peu de nourriture, répondis-je.

– Vous devriez aller faire un petit tour par là, dit-il en nous montrant la direction des bois. Il tenait à la main un long couteau effilé.

Thai et moi avons emprunté le sentier qu'il nous désignait sans chercher à comprendre. Soudain, près d'une clairière nous sommes tombés sur une fosse remplie de cosses de riz qui se consumaient encore.

Chev était pendu au-dessus de la fosse les poignets attachés à une branche d'arbre. Il était enterré dans les braises jusqu'à la poitrine et portait des entailles sur les épaules et le torse.

Il vivait encore. Il gémit et tourna la tête vers nous. Il me reconnut. Je le regardai tranquillement les yeux dans les yeux pendant un bon moment sans dire un mot. Je pensai bien fort pour qu'il comprenne : « Alors Chev, tu es en train de mourir! Tu vois, moi j'ai survécu! »

Le soldat nous ordonna de continuer notre route et je lui tournai le dos, le laissant à son rendez-vous avec le Dieu de la Mort.

Nous n'avons pas vu Oncle Seng, mais j'étais sûr qu'il avait connu le même destin que Chev. Il avait payé pour avoir fait partie d'un régime en pleine décomposition.

C'était *kama.*

Les hommes ne peuvent pas toujours prendre leur revanche, mais les dieux peuvent les venger. Les dieux savent ce qu'est la justice. Ils avaient puni Chev pour ses assassinats, et Oncle Seng pour ne pas les avoir empêchés. Ils m'avaient envoyé dans la forêt pour que je puisse en témoigner.

Je pensais à Pen Tip. Toi aussi tu as fait de ton mieux pour me tuer. Mais un jour *kama* me vengera. Le bien récompense les bons, et le mal punit les méchants!

Thai et moi sommes repartis glaner dans les rizières. Partout il y avait des gens qui essayaient de trouver des grains de riz. Nous nous sommes joints à eux, scrutant la terre rouge et sèche.

Un jour, en rentrant à la maison, je trouvai tout sens dessus dessous. Je savais qui avait fait ça. C'était la femme de Mao, une salope corrompue et rapace. Elle devait chercher les bijoux de Huoy! J'allai chez Mao aussitôt. Mes instruments de chirurgie, les papiers d'Huoy et une partie des miens étaient étalés sur la table.

Mao me demanda si j'étais médecin en me désignant les instruments. Je répondis que non. Plus par habitude... ou peut-être parce que dans ma tête, je ne l'étais plus. J'aurais dû avouer, il m'aurait tué et tout aurait été terminé.

Aucun de mes papiers d'identité ne révélait mon ancienne profession. Il n'avait rien trouvé de compromettant non plus dans les affaires de Huoy : quelques vêtements, son certificat de naissance, ses diplômes et d'autres papiers. Et puis, j'ai aperçu la carte d'identité de Huoy, avec sa photo prise en 1973 quand elle avait les cheveux courts.

– Vous pouvez tout garder, ça m'est égal. Je veux juste la photo de ma femme.

Il examina la carte d'identité. Elle avait la taille d'une feuille d'agenda et la photo était dans le coin supérieur gauche.

Mao prit ce qui restait d'Huoy entre ses mains, déchira soigneusement le bas de la carte et me tendit la photo.

Comme s'il avait besoin de garder le reste.

Retraite

Après la sécheresse, les pluies reprirent.

Les Khmers rouges nous remirent au travail dans les rizières et les jardins potagers. Très vite, il y eut de nouveau à manger, mais je n'en éprouvais aucun plaisir : il était trop tard pour Huoy.

Je laissais pousser ma moustache, je ne raccommodais plus mes vêtements. Les gens disaient que j'avais vieilli d'un coup : on me donnait cinquante ans.

Pendant la journée, je travaillais sans énergie dans l'équipe des engrais. Si les soldats m'avaient arrêté, je les aurais remerciés : je voulais rejoindre Huoy au plus vite. Le soir, après avoir été me recueillir sur sa tombe, j'allais voler. Je volais par plaisir, comme un joueur.

Avec Thai, nous emmenions en expédition des bandes affamées jusque dans les jardins collectifs de la montagne. On prenait tout ce qu'on pouvait, nous étions déterminés à nous battre contre les gardiens. On pillait la récolte de riz dès qu'elle était prête.

J'avais un grand sac de riz que je cachais sous les engrais et dont je nourrissais Thai et sa famille, Sangam, mon collègue de l'entrepôt, Ngor Balam, un lointain cousin que j'avais rencontré récemment, mon frère Hok qui avait retrouvé les trois enfants de notre aîné Pheng Huor, et les avait recueillis dans sa famille..., et beaucoup d'autres encore.

Voler ne me suffisait pas.

Je voulais tester les limites de mes capacités et aller jusqu'au bout de mon destin. Je dérobai un petit moulin à riz dans un entrepôt pendant une réunion politique. Ce n'était pas suffisant.

Je ne pouvais plus supporter les restrictions : je voulais manger quand j'avais faim.

Je faisais cuire du riz dans une casserole au fond d'un trou sur le lieu même de mon travail. Un jour Mao fit une inspection, je me plaçai devant le feu, faisant semblant de m'y chauffer les mains. Il vint se mettre à côté de moi pour se réchauffer, parlant de bouses de vache et d'épandage, sans s'apercevoir de rien. Lorsqu'il partit, je sortis la casserole des braises : le riz était parfaitement cuit.

A mesure que je devenais plus courageux, je devenais aussi plus imprudent. Pendant un meeting, on m'accusa d'avoir un filet de pêche et de ne pas rapporter de poisson à la cuisine collective. C'était vrai, mais il était bien caché, et j'avais une petite idée sur celui qui m'avait dénoncé. Je répondis imprudemment, que si un témoin pouvait s'avancer et prouver que j'avais un filet, j'étais prêt à donner ma vie à Angka. Par contre, si personne n'avait le courage de me dénoncer publiquement, je ne voulais plus entendre parler de cette histoire. Pour donner plus de poids à mes paroles, je tapai du poing sur le sol.

C'était totalement stupide.

Depuis la mort de Huoy, je ne cachais plus mes émotions : la colère reprenait toujours le dessus. J'avais été trop loin.

Heureusement, Mao n'insista pas et me fit juste un sermon sur la colère, sentiment capitaliste et individualiste. Il me demanda de me contrôler et de montrer mon obéissance à Angka. Je m'excusai humblement.

Tout de suite après, Pen Tip me fit appeler chez lui!

Je m'y attendais et réussis à me contenir cette fois.

Tout allait bien pour lui. Depuis qu'il avait dénoncé la femme d'Oncle Pham – l'envoyant à la mort –, il avait réussi à devenir l'homme de confiance de Mao. Il en tirait un pouvoir qu'il n'avait jamais eu auparavant.

On racontait qu'une jeune femme s'était plainte parce que Pen Tip l'avait envoyée au front alors que lui restait confortablement au village. La nuit suivante, Pen Tip et ses hommes l'auraient violée et tuée. Je ne puis certifier cette histoire – je n'y étais pas – mais elle cadre bien avec le personnage.

Pen Tip m'attendait chez lui, assis sur un banc en bambou, balançant ses jambes comme un enfant. Son regard fuyait dans tous les sens, il évitait de me regarder dans les yeux. Il m'annonça qu'il avait la preuve que j'étais médecin, et qu'il espérait que je n'aurais pas d'ennuis prochainement.

Je lui demandai quel sorte d'ennuis.

– Euh... la nuit dernière Angka a envoyé deux *chhlops* chez toi. Ils t'ont vu cacher un sac de plastique plein de riz dans le jardin. C'est vrai ou pas ? Si c'est vrai, je te demande de rendre le riz et Angka te pardonnera. Si tu nies, Angka va faire des recherches et tu en subiras les conséquences. Comme tu es mon ami, je voulais t'en parler d'abord. Euh... t'avertir.

Il me prenait pour un con! Je réfléchis rapidement : la nuit dernière, j'avais bien caché un sac de riz, mais pas dans le jardin, sous les engrais, comme d'habitude.

Ses espions n'ont rien vu. Il bluffe. Mais que faire? Mao habite juste à côté : ce n'est ni l'endroit ni le moment de le tuer.

Pen Tip continuait à balancer ses jambes en attendant.

– Je suis désolé! Si des *chhlops* m'ont vu enterrer un sac la nuit dernière pourquoi ne m'ont-ils pas arrêté? Tout simplement, parce que je n'ai pas caché de riz. Voilà! Je suis désolé, mon cher Pen Tip que tes *chhlops* fassent aussi mal leur travail. C'est difficile à notre époque de trouver des gens consciencieux... Tu as toute ma sympathie!

Il se mit en colère et m'assura qu'Angka allait dorénavant me surveiller attentivement.

Il n'a pas perdu de temps. L'après-midi même, alors que je me trouvais dans l'entrepôt d'engrais, sa femme pénétra chez moi avec un sac de riz qu'elle enterra dans le jardin.

Heureusement, un de mes voisins l'aperçut et courut me prévenir. Ce n'était pas la peine de me plaindre à Mao : Pen Tip était son protégé.

Je filai directement au poste de commandement des Khmers rouges à Phum Phnom. Cette fois-ci, ils m'écoutèrent. On n'était pas en période de purge, et ils avaient l'habitude des fausses dénonciations et des règlements de compte. Un officier se déplaça chez moi, et déterra le sac de riz. Puis il appela Pen Tip et sa femme pour les interroger. Tout se passa à la manière cambodgienne, très courtoisement en apparence. Personne ne perdit son sang-froid, tout le monde fit bonne figure..., et on enterra l'histoire.

Pen Tip et moi aurions pu continuer à nous monter des coups et des pièges jusqu'à ce qu'un des deux succombe.

Mais à la fin 1978, notre différend parut bien mesquin au regard des événements qui se déroulaient. Nous avons donc mis fin – provisoirement – à notre duel.

Le premier indice que quelque chose se passait vint du camarade Ik. Il nous avait réunis à propos des objectifs d'Angka qui évidemment n'avaient pas été réalisés, ni les trois récoltes par an, ni le barrage..., etc. Air connu.

Quelle ne fut pas notre surprise lorsque à la fin de son discours il ajouta :

– Nos ennemis ont osé récemment attaquer nos frontières. Ces combats ne nous préoccupent pas, nous n'avons rien à craindre. Nous avons déjà vaincu les impérialistes américains et en comparaison, cet adversaire-là est minuscule. Ce qui est important c'est que nous continuions à nous battre sur tous les fronts. Pas seulement militaire mais aussi celui des rizières et des canaux. Nous devons continuer à travailler. Nos soldats gardent la frontière, ne vous en faites pas, ils nous protégeront. Mais, si vous voyez des ennemis dans le coin, venez tout de suite prévenir Angka. N'écoutez pas l'ennemi : vous ne devez avoir confiance qu'en Angka!

Le vieil homme frappa sa poitrine en hurlant les slogans habituels. Nous nous sommes tous levés en criant : Vive la révolution du Kampuchéa... etc. Des larmes de joie coulaient sur les visages autour de moi. Et ça n'avait vraiment rien à voir avec les slogans!

« L'ennemi » avait commencé à envahir le pays. Cela pouvait être n'importe quelle frontière et n'importe quel ennemi. Mais pour nous les esclaves de guerre, il ne pouvait s'agir que des Khmers Serei, les Combattants de la liberté.

J'étais heureux. Je pouvais même sentir en moi les prémices d'un espoir. Maintenant j'avais de nouveau une raison de vivre.

Oh Huoy, si tu avais vécu, nous aurions eu une chance de voir la liberté.

Une semaine plus tard, alors qu'avec Samgan nous transportions de l'engrais dans les champs, nous avons entendu des explosions au loin. Puis, deux jets ont déchiré le ciel comme des flèches argentées. C'étaient les premiers avions qu'on voyait depuis des années. Des colonnes de fumée s'élevèrent à l'endroit où ils avaient lâché leur bombes. Nous restions là fascinés par le spectacle.

– Ils devraient se dépêcher de venir nous chercher! dit Samgan.

– Le plus tôt sera le mieux.

Les envahisseurs ne se dépêchèrent pas. Nous n'avons plus vu d'avions et les Khmers rouges ne donnèrent aucune nouvelle. Au début de janvier 1979, un train de marchandises entra dans la gare de Phnom Tippeday venant de Phnom Penh. Les wagons et même les toits étaient remplis de soldats khmers rouges blessés. Ils installèrent un campement à proximité de la voie et semblaient être furieux contre ceux de notre village.

Quelques jours plus tard, de longues files de civils arrivèrent du sud, par une route de Phnom Penh. Ils étaient accompagnés de cadres khmers rouges sur des charrettes bâchées. Ces civils étaient bien mieux habillés et bien mieux nourris que nous. Comme les soldats blessés, ils effectuaient une retraite disciplinée avec de la nourriture en quantité. J'aperçus qu'ils transportaient dans les charrettes des sacs de riz, des poules vivantes et du poisson séché... Ils s'arrêtèrent aussi le long de la voie ferrée et très vite l'air du soir s'emplit de la fumée de centaines de feux de camp.

Les civils et les soldats avaient visiblement reçu l'ordre de ne pas nous parler. Ils semblaient effrayés : chaque jour certains d'entre eux disparaissaient, emmenés par des miliciens. Un blessé, amputé d'une jambe fut arrêté « pour ne pas avoir bien protégé la mère-patrie ».

La paranoïa régnait partout.

Dans notre village ceux qui affichaient leur joie étaient emmenés aussitôt. Un mot de trop, un regard suffisaient pour être arrêté. Mao fit fusiller des familles entières. Les soldats étaient devenus hystériques : c'était de notre faute si « l'ennemi » avançait.

Il fallait être particulièrement prudent à cette époque.

Samgan et moi sommes tombés un jour sur un charnier à côté d'un sentier que nous empruntions régulièrement. Des dizaines de corps étaient maladroitement empilés les uns sur les autres. Les victimes avaient été exécutées d'une balle dans la nuque. Leur peau était devenue noire et les cadavres étaient tellement gonflés que leurs vêtements avaient explosé. L'odeur était épouvantable, des charognards se disputaient des lambeaux de chair putréfiée.

Quelques jours plus tard, nous en avons trouvé un autre : des centaines de corps empilés dans une fosse, dans la forêt. Je me suis rendu jusqu'au *sdao* et j'ai prié Huoy pour qu'elle me protège. Je dormais sur sa tombe, dans le hangar aux engrais, en pleine nature, je changeais d'endroit chaque nuit. J'avais peur de Pen Tip, j'avais peur de Mao. Je m'arrêtais même de voler, la nuit n'était plus assez sûre.

Je fis un balluchon avec tout ce qui pouvait être nécessaire à un départ rapide, que je cachais sous un tas d'engrais.

Je demandai à Samgan, à mon frère Hok et à Ngor Balam de se tenir prêts s'ils voulaient venir avec moi.

Balam était plus âgé que moi, il travaillait dans l'aviation civile à Phnom Penh et bien que cousin éloigné, il était du même clan et j'avais confiance en lui.

Nous sommes tombés d'accord pour essayer de rejoindre la frontière thaïlandaise et les Khmers Serei.

Avant que nous puissions partir, une nouvelle vague de réfugiés arriva. Cette fois-ci elle ne venait ni de l'est ni du sud comme les deux premières vagues, mais du nord-ouest, des alentours de Battambang.

Eux aussi étaient mieux habillés et mieux nourris, ils rejoignirent les autres dans le campement avant d'être dirigés vers les montagnes Cardamon.

Nous avions vécu dans cette région de Phnom Tippeday depuis plus de trois ans. C'était notre univers et notre prison. Maintenant je la voyais avec d'autres yeux : un petit bout de territoire sans importance stratégique.

On devinait que « l'ennemi approchait sur deux fronts », à l'est depuis Battambang et au nord-ouest depuis Phnom Penh.

Mao disparut avec sa famille en emmenant tout le troupeau de vaches et de buffles et en emportant les provisions de la coopérative, le riz, le sel, les instruments de cuisine et ses biens personnels.

En son absence, personne ne donnait plus d'ordres au village. J'étais partisan de filer mais Batam et Hok m'en dissuadèrent. Ils pensaient qu'il valait mieux attendre.

Mao réapparut et pendant quelques jours, on eut à manger à la cantine. Tout recommença comme si de rien n'était. Mao nous envoya dans les rizières faire la récolte; le soir, les réunions politiques avaient repris, avec leur cortège de vieux slogans fatigués, rabâchant le même air comme un vieux disque rayé... Nous écoutions en silence. Nous avions peur et nous préparions notre évasion.

Mao et les autres chefs khmers rouges filèrent une nuit. Pen Tip se proclama chef du village et ordonna qu'on évacue les lieux. Les gens obéirent, mais ils étaient furieux.

J'ai rangé toutes mes affaires, même les livres de médecine qui étaient restés cachés si longtemps. Avec Samgan, Hok Balam, leurs épouses et leurs enfants, nous étions quatorze personnes. Nous nous sommes mis en marche vers Battambang, mais les soldats nous ont repoussés. Il nous fallut faire demi-tour et suivre le reste de la troupe.

A cette époque, tous les habitants de Phnom Tippeday étaient sur les routes. Beaucoup campaient dans les rizières gardées par les soldats. Vers le sud-ouest, au-delà du barrage en construction, on entendait des tirs d'artillerie. Des obus éclataient au sud et à l'est. A en juger au son, les plus durs combats avaient lieu dans la direction de Muong, là où la nationale 5 rejoint la voie ferrée. On n'entendait pas de tirs d'armes légères : les affrontements étaient encore loin.

Nous avons attendu une dizaine de jours, puis « l'ennemi » a attaqué du nord-ouest.

Je me trouvais avec mon petit groupe lorsque la mitraillade éclata. Des obus éclatèrent sur les tertres et dans les champs, nous étions en plein sous les rafales des fusils d'assaut et des mitrailleuses. Nous avons ramassé nos affaires et couru nous mettre à l'abri. C'était la panique, des arbres s'effondraient, des buffles aux yeux exorbités galopaient dans tous les sens. Dans la poussière, on entendait les sonnailles des vaches et les hurlements des charretiers essayant de faire avancer les attelages.

Les Khmers rouges couraient plus vite que nous. Je ne pus m'empêcher de ricaner en voyant galoper vers la forêt ces soldats si courageux.

Lorsque les tirs cessèrent, nous étions parvenus à Boeung Reaing, une région que je connaissais pour y avoir creusé des canaux avec

Huoy. Il y avait des milliers de gens avec nous, perdus et ne sachant où aller. On ne savait pas où se trouvaient les Khmers rouges, nous avions peur de bouger, peur de prendre une quelconque initiative. Nous sommes restés sur place espérant que les combattants de la liberté viendraient à nous.

En attendant, nous nous sommes égayés dans les rizières qui n'avaient pas été moissonnées et qui constituaient autant d'invites à nos estomacs affamés. Le ciel était clair et il faisait chaud. Tout autour, les gens s'étaient mis à ramasser du riz, à le fouler aux pieds et à le moudre grossièrement entre deux pierres.

La menace des bombardements avait disparu de nos esprits. La nourriture venait bien avant la sécurité. Le bon riz de Battambang poussait autour de nous, il suffisait de se pencher pour le ramasser. Il y en avait pour tout le monde et personne ne nous menaçait.

Une fois nos estomacs remplis et les stocks constitués pour plus tard, nous avons commencé à aiguiser nos hachettes et nos couteaux en observant les Khmers rouges. Ils savaient ce que nous pensions, et ils avaient peur de nous. Ils se rassemblèrent en groupe pour se protéger.

J'aperçus Pen Tip. Il était monté sur une charrette à grandes roues tirée par des bœufs. Ses affaires étaient entassées sur la banquette arrière. La charrette et l'attelage appartenaient à la coopérative, mais il se les était appropriés. Je remarquai qu'il portait des vêtements noirs, comme un soldat, et qu'il avait noué son *krama* à la manière des Khmers rouges, comme un foulard avec les deux bouts pendant sur la poitrine. Il discutait avec ses beaux-frères qui l'encadraient pour le protéger. Même en roulant une cigarette, ses petits yeux étaient à l'affût. Les muscles de son visage étaient en perpétuel mouvement.

« L'heure est venue de s'occuper de lui », dis-je à Samgan; qui fit glisser son pouce le long de la lame de sa hachette en hochant la tête. Il était fort et j'étais content de l'avoir avec moi.

Mais, avant que je puisse faire un mouvement, les chefs khmers rouges réapparurent et donnèrent des ordres. Pen Tip nous les transmit. On devait se rendre dans un village éloigné à l'est, dans la forêt. Je n'avais jamais entendu parler de cet endroit, mais les gens, habitués à obéir, ramassèrent leurs bagages et se mirent en route.

Le moment de la vengeance était passé.

Une forte poussière s'élevait au passage des charrettes et des bœufs et la route était sinueuse comme un labyrinthe. Alors que le soleil se couchait dans notre dos, je fis arrêter mon groupe. Pen Tip n'était pas en vue. Comme je n'avais pas l'intention de suivre ses ordres, je proposais de couper vers le nord en direction du chemin de fer. Tout le monde était d'accord.

Nous avons repris notre progression dans cette nouvelle direction. Quelqu'un de Phum Ra m'apprit que Pen Tip avait lui aussi quitté la foule et se dirigeait vers le nord-ouest.

Je m'en doutais. Pen Tip voulait aussi échapper aux Khmers rouges, leur cause était perdue, il était temps qu'il aille collaborer avec les Khmers Serei. Il savait aussi parfaitement qu'il lui était impossible de rejoindre directement les forces de libération, c'est pour cela qu'il tentait de passer inaperçu dans la foule.

Nous sommes arrivés dans un village où les maisons sur pilotis étaient construites à l'ombre d'arbres fruitiers. Des milliers de déracinés étaient arrivés avant nous dans ce village qui était devenu une sorte de sanctuaire sans soldats. Nous avons décidé d'y rester également. Nous attendions, espérant que la guerre nous avait oubliés. Il y avait des champs de riz à moissonner, une rivière pour se laver. Nous n'étions pas encore totalement libres, mais nous pouvions satisfaire nos besoins les plus élémentaires : l'eau et le riz.

Puis l'armée de libération a progressé et les Khmers rouges ont dû battre en retraite. Pen Tip sur sa charrette est apparu en leur compagnie. Il clignait des yeux nerveusement, le regard aux aguets. Il ordonna aux gens de Phum Ra de se rendre dans le camp des Khmers rouges à proximité. Il m'aperçut dans la foule et cria.

– Samnang, va au camp militaire! Nos chefs sont là-bas!

Je répondis en crachant par terre.

– Vas-y le premier Pen Tip!

Il leva les sourcils, me désignant le camp khmer rouge.

– Les chefs attendent! Le front bat en retraite, tu dois partir d'ici. Angka te donnera du riz là-bas!

Ma main se dirigea vers ma ceinture, mais la hachette qui s'y trouvait d'habitude n'y était pas. Je l'avais oubliée dans mes bagages.

– Vas-y le premier, ai-je répété. Personne ne te fait confiance Pen Tip. Personne ne te croit. Tu as dit aux autres de partir très loin vers le nord et toi, tu as pris une direction différente.

Des dizaines de gens s'étaient rassemblés et assistaient à la scène. Ils comprenaient tous ce qui se passait. Un rituel très cambodgien : une déclaration de guerre. Comme si je le giflais avec un gant pour le provoquer en duel.

Je lui faisais perdre la face.

Pen Tip semblait soucieux, il évitait mon regard et bégayait.

– Euh, tu ne dois pas, euh parler comme ça de moi. Je ne suis pas le genre de personne, euh, que tu prétends, euh.

Il faisait tourner convulsivement son mégot entre ses doigts.

– Tu ne dois pas parler ainsi Samnang. De tels propos s'adressent à des voyous.

– C'est parce que tu es un voyou, que je te parle ainsi. Tu ne dis jamais la vérité, tu traites les gens avec mépris. Tu es un menteur.

– Si tu ne veux pas partir, tu prends tes responsabilités. Angka m'a demandé de te dire d'y aller. Moi, j'essaie juste de t'aider en transmettant l'information.

Il évitait mon regard et s'éloigna.

Lorsque la poussée d'adrénaline eut disparu, je me calmai. Je me sentais en forme. J'avais bien agi. Dans la société cambodgienne – inhibée et hypocrite –, on doit d'abord insulter quelqu'un avant de passer à la phase suivante. Ce n'est qu'à cette condition que l'accusateur peut garder la face. Attaquer physiquement quelqu'un sans lui avoir déclaré la guerre est du dernier des communs et tout à fait contraire à l'éthique.

De toute façon, ma confrontation aurait lieu bientôt et je serais alors en mesure d'utiliser ma hachette soit pour me défendre soit pour attaquer. Pen Tip est petit, il me sera facile de le battre.

Après avoir pris un bain dans la rivière, je repensai à cette histoire et je me rendis compte de mon imprudence. Comment avais-je pu commettre une telle erreur ? Pen Tip n'allait pas me laisser le plaisir d'un duel ! Dès qu'il aurait rejoint les Khmers rouges, il allait me faire arrêter tout simplement.

Je demandai à mon groupe de se préparer rapidement. Il fallait partir avant que Pen Tip ne bouge.

A la nuit, nous avons traversé la rivière, effectuant de nombreux aller-retour pour passer les affaires et les enfants. Nous sommes très vite arrivés à la voie ferrée dont les rails brillaient sous la lueur des étoiles. Nous avons établi notre campement sur un tertre de l'autre côté. Je restai éveillé toute la nuit en pensant à Pen Tip, ma hachette à portée de main.

A l'aube les autres sont partis dans les champs pour faire des provisions de riz. J'en profitai pour faire une reconnaissance : mais je ne vis, ni Khmers rouges, ni forces de libération. Pas de tirs d'artillerie, pas de train, pas d'avions.

Tout était tranquille et je n'aimais pas ça. Les jours précédents on avait entendu les échos d'une bataille dans trois directions différentes et maintenant plus rien. Samgan et sa femme décidèrent de suivre la voix ferrée en direction de Phnom Penh. Je décidai de guider mon groupe vers le nord puis d'obliquer ensuite vers la Thaïlande.

Nous nous sommes quittés en nous souhaitant bonne chance : Samgan avait été un ami honnête et digne de confiance.

Maintenant nous n'étions plus que douze. Tous de la même famille. Ngor Balam, sa femme, deux enfants et un neveu. Hok, sa femme et leur bébé. Les trois enfants de Pheng Huor, deux filles, Im et Ngim et le petit garçon, Chy Kveng. Tous les enfants étaient robustes et bien élevés. Même Chy Kveng pouvait marcher toute la journée sans qu'on ait besoin de le porter. Pourtant, leur nombre nous rendait plus vulnérables et plus lents.

Nous avons emprunté des sentiers à travers les champs et la jungle choisissant ceux qui nous menaient dans la bonne direction. Toutes les heures, je montais dans un arbre pour vérifier notre progression en direction de la crête de Phnom Tippeday. Le temple et le *stupa* ne faisaient qu'un seul point blanc à l'horizon.

A cause des enfants et des nombreux arrêts, nous progressions lentement. J'étais nerveux, toujours en alerte, je me portais en avant pour reconnaître le chemin. Nous interrogions les gens pour savoir s'il y avait des soldats dans le coin.

Une poussière douce et chaude, recouvrait nos pieds et nos chevilles. Nous nous sommes baignés dans un canal puis nous avons poursuivi notre route jusqu'à un village abandonné. Des bananes et des mangues vertes pendaient des arbres et des ignames poussaient dans les jardins. Nous nous sommes servis. Plus tard, nous sommes arrivés à un autre village où nous avons trouvé des papayes. Le jour suivant nous avont attrapé un cochon en liberté. Nous l'avons fait cuire puis nous l'avons partagé avec d'autres voyageurs. Tout le monde a mangé à sa faim et nous nous sommes assis pour nous détendre un moment en discutant.

La bonne chère et la compagnie me rendaient optimiste. Il y avait bien longtemps que nous n'avions pas aussi bien mangé, ni pu discuter librement.

Nous étions libres de critiquer, de parler à voix haute et même de montrer notre colère. Nous n'avions plus à nous taire devant l'injustice et la stupidité.

La longue nuit touchait à sa fin.

Je me mis à chanter.

Libération

Nous sommes arrivés à la nationale 5 pour nous rendre compte que les Khmers rouges contrôlaient toujours la région. Ils nous interdirent de continuer vers Battambang et nous dûmes faire demi-tour vers Phnom Penh. Nous marchions, retrouvant la sensation étrange du bitume sous nos pieds. La route était encombrée de réfugiés et les soldats nous fichaient la paix.

Le bruit des combats venait de tous les côtés, mais ils semblaient très loin.

Nous étions au début du mois de mars 1979. Un jour passa, puis un autre et encore un autre. Je restais en alerte, prêt à saisir toute opportunité qui s'offrirait de quitter le coin.

Patience et prudence. Comme dit le proverbe : c'est la dernière lame qui fait couler le navire. Il fallait faire d'autant plus attention que la liberté était proche.

Nous avancions aussi lentement que possible – moins d'un kilomètre et demi par jour – et beaucoup de gens pressés de rentrer à Phnom Penh nous dépassaient.

Notre groupe n'était pas différent des autres. Une poignée de réfugiés en haillons : les hommes portant les balluchons au bout de longues perches; les femmes, un panier sur la tête, s'occupant des enfants.

Nous ne marchions pas de nuit et nous évitions les bas-côtés de la route. Les soldats y avaient creusé des fosses tapissées de lances de bambou effilées. Il y avait aussi des mines enfouies près des ponts et sur la route. La pluie et le ruissellement avaient mis à jour les détonateurs ce qui permettait de repérer les engins. Malgré tout, un bœuf sauta sur une mine, entraînant la mort de plusieurs personnes que j'avais connues à Phum Ra.

A l'ouest de Muong, nous avons été pris sous un gros orage. Des voyageurs s'abritèrent dans une hutte placée sur le bord du chemin.

Nous nous sommes contentés de nous asseoir sur la route le reste de la nuit : le froid et la pluie ne nous gênaient plus après quatre ans de gouvernement khmer rouge!

Nous sommes passés à côté de soldats qui creusaient des tranchées et dressaient des barricades avec du fil de fer barbelé puis nous sommes arrivés à Muong, la ville où la nationale coupe la voie ferrée.

Des dizaines de milliers de civils étaient déjà là. Il ne restait de la ville que la gare et une rangée d'échoppes ayant appartenu à des marchands chinois. Tout le reste était en ruine.

Derrière la gare, on voyait des wagons rouillés dont les portes de bois avaient été arrachées pour faire du feu, des carcasses de voitures sans moteur envahies par de la vigne sauvage. Les maisons n'étaient plus qu'un tas de décombres. Le temple avait été en partie détruit et les statues de Bouddha enlevées. Le pont était réduit à une masse de ferraille et on avait construit à côté une passerelle en bois.

Nous voulions rester à Muong, mais les Khmers rouges ordonnèrent à tous les civils de quitter la nationale 5 pour prendre un sentier vers les montagnes Cardamon.

Ils tenaient à contrôler la population pour des raisons militaires, mais il n'y avait que ça qui les intéressait. Ils ne nous donnaient ni eau, ni nourriture. Il faisait très chaud, et on manquait d'eau. Quelques personnes affaiblies sont mortes de déshydratation tandis que des désespérés collaient leurs lèvres sur les traces des buffles pour y boire l'urine.

C'est sur cette route poussiéreuse que débutèrent les actes de vengeance. Les Khmers rouges convoquèrent un grand rassemblement, et se mirent à tuer des civils. Ils tuèrent des centaines de gens. Ils nous avaient toujours méprisés et nous faisaient endosser la responsabilité de l'invasion, tout comme celle de leurs échecs.

Mais il y eut des représailles. Nous avons trouvé le lendemain le corps d'un Khmer rouge, de sa femme enceinte et de ses enfants, coupés en petits morceaux sur le sol, et, les jours suivants, d'autres cadavres de révolutionnaires. Il devenait de plus en plus dangereux, pour eux, de se déplacer seuls.

Ma famille manquait de nourriture. Un homme qui campait à côté de nous, m'apprit qu'il y avait une réserve de riz enterrée de l'autre côté de la route nationale. Il me décrivit comment il était parvenu à y aller et à en revenir. Je discutai avec Hok et Balam de cette possibilité. Ils ne voulaient pas prendre le risque. Moi j'étais prêt à tout. Je me mis en route à l'aube du 17 avril 1979.

Nous étions environ quatre-vingts personnes à vouloir nous rendre à cette cachette, quelques-uns y étaient déjà allés et servaient de guides.

Nous avons traversé une partie de la jungle en empruntant des sentiers difficiles. A plusieurs reprises nous sommes tombés sur des charniers soit de civils massacrés par des Khmers rouges soit – et ça devenait plus fréquent – de Khmers rouges assassinés.

Vers huit heures du matin, nous sommes arrivés sur la route nationale 5. Elle était déserte. Des tirs d'artillerie assourdis roulaient au loin, comme un orage d'été.

Nous avons traversé rapidement la route et nous nous sommes enfoncés dans la jungle. Je n'avais emporté que l'essentiel : une barre de bambou avec deux sacs de jute pour transporter le riz, un quart en aluminium et ma hachette pendue à mon *krama*. J'étais pieds nus, habillé d'un pantalon et d'une chemise déchirée qui dissimulaient ma ceinture où je cachais mon Zippo, ma montre suisse – avec un dateur – et quelques pièces d'or.

Nous sommes arrivés devant une rizière immense comme un lac au milieu de la jungle. Les rizières continuaient ensuite jusqu'à l'horizon, plates et sans tertre. J'avais la conviction qu'on ne se trouvait pas près de l'entrepôt. On devait être à une vingtaine de kilomètres de Tonle Sap.

Nous avons quitté la forêt en marchant sur les digues, les rizières étaient pleines d'eau.

Nous avions parcouru une centaine de mètres lorsque les coups de feu ont éclaté venant de la jungle à notre droite.

Quelques-uns d'entre nous, s'effondrèrent avant d'avoir pu réagir. Les autres, nous avons plongé pour nous abriter derrière les remblais hauts d'une soixantaine de centimètres. Ils n'étaient pas très épais – une trentaine de centimètres –, mais j'espérais qu'ils seraient suffisants pour arrêter les balles de AK-47. Salauds de Khmers rouges! Ouvrir le feu sur des civils désarmés!

Des cris nous parvenaient de la jungle : « Yo dee! Yo dee! Yo dee! » je ne savais pas ce que cela voulait dire. C'était la première fois que j'entendais ces mots.

Je levais la tête brièvement pour voir d'où venaient les appels. Des hommes en uniforme couraient vers nous à travers la rizière. De temps en temps, ils se baissaient derrière un remblai et se mettaient à tirer. Ils nous faisaient signe de les rejoindre avec leurs bras : ils tiraient sur les Khmers rouges, pas sur nous.

– Yo dee! Yo dee!

Les rafales nous passaient au-dessus de la tête, les balles venaient se ficher dans la boue provoquant de petits geisers! Je me mis à ramper tout en restant à l'abri du remblai : je ne voyais que de l'eau, de la boue et les pieds de la personne qui me précédait.

Les libérateurs se trouvaient devant, un peu à gauche, et les remblais étaient juste suffisants pour nous protéger. Un homme à côté essaya de passer par-dessus. Il fut touché et resta là en gémissant, du sang jaillissait de sa cuisse. Je grimpai à mon tour par-dessus la diguette et roulai de l'autre côté sans être touché. Personne ne vint au secours du blessé.

– Yo dee!

Le « combattant de la liberté » était juste en face à l'angle de deux digues : il lâchait des rafales avec son fusil, tout en me faisant signe d'approcher. Entre lui et moi : la longueur d'une rizière. J'avançais en rampant, une anguille n'aurait pas pu s'enfoncer plus profondément dans la boue. Je parvins jusqu'à lui et restai étendu cherchant à retrouver ma respiration.

J'étais en sécurité. Un petit morceau de paille flottait devant mon nez.

Je me retournai pour regarder le soldat. Il était en position couchée et tirait par rafales. Son uniforme était vert clair et il était coiffé d'un casque colonial de même couleur. Il se tourna vers moi, un bref instant; c'était un jeune homme mince à la peau pâle et aux yeux bridés. Il y avait une étoile rouge sur le haut de son casque.

C'était un Vietnamien.

Que faisaient les Vietnamiens ici?

On attendait les Khmers Serei et tout le monde connaissait leur chef, le général In Tam. (Il avait été battu à des élections truquées contre Lon Nol au début des années 70.) Personne n'avait jamais parlé de Vietnamiens. Même les Khmers rouges ne mentionnaient pas les Vietnamiens. Ils disaient « l'ennemi ».

Pourquoi des communistes vietnamiens se battaient-ils contre leurs camarades Khmers rouges?

Pourquoi ne me tiraient-ils pas dessus?

– Yo dee! cria à nouveau le jeune soldat. Yo yo dee!

Il retira son chargeur vide et en remit un autre plein. Il visa et expédia une nouvelle rafale de son AK-47. Les douilles éjectées sur la droite tombaient à l'eau.

Un autre civil nous rejoignit. Il était blessé, les jambes couvertes de sang et en haillons. Il tomba sur moi, se glissa dans un interstice et resta étendu en gémissant.

J'étais blotti derrière le remblai.

Peu à peu, les coups de feu s'espacèrent. Un autre soldat vietnamien s'approcha avec précaution en progressant par bonds d'un obstacle à l'autre.

Les tirs cessèrent.

« Dee! » fit le soldat à la douzaine de Cambodgiens qui étaient avec moi. Il se mit à ramper vers la forêt et nous l'avons suivi, à l'exception de l'homme blessé à la jambe qui venait de mourir. Le soldat roula le long d'un remblai et nous l'avons imité, les femmes, elles, grimpaient maladroitement sur les genoux.

Nous sommes parvenus de glissades en reptations en dehors de la ligne de feu. Nous nous sommes levés et nous avons marché en direction d'un tertre. A l'abri des balles, un Cambodgien en civil, armé d'un AK-47 nous attendait. Il parla en khmer.

– N'ayez pas peur. Nous sommes venus vous libérer. Ne vous en faites pas!

D'autres survivants du groupe – une cinquantaine – nous rejoignirent escortés par les Vietnamiens. Certains voulaient retourner dans la rizière pour aider les blessés.

– Non! dit le Khmer Serei. Laissez nos amis vietnamiens s'en charger. Il y a encore des Khmers rouges dans le bois.

D'autres Cambodgiens de l'armée de libération sortirent de la jungle : ils ne s'étaient pas mêlés au combat. Des soldats vietnamiens couverts de boue d'avoir rampé dans la rizière, revenaient de la bataille. Ils avaient le visage tendu et méchant, brandissaient leur pistolet en nous faisant signe de lever les bras. Ils disaient : « Pol Pot? Pol Pot? »

Je ne savais pas ce que Pol Pot voulait dire. Je dis au soldat cambodgien que nous n'étions que des civils qui cherchions de la nourriture. Ceux qui parlaient vietnamien expliquaient la même chose aux soldats. Nous avions les mains levées et on criait tous en même temps.

Visiblement les soldats cambodgiens et vietnamiens n'étaient pas en bons termes. Les soldats cambodgiens étaient très minoritaires et obéissaient – de mauvaise grâce – aux ordres des Vietnamiens. Ces derniers les méprisaient, et nous par la même occasion. Après avoir traduit, on nous fit baisser les bras et les soldats vietnamiens passèrent dans les rangs, demandant à chacun s'il était khmer rouge, en pointant leur fusil sur nos têtes.

Les Vietnamiens se sont ensuite servis de nos *kramas* pour nous attacher les coudes derrière le dos et nous ont confisqué les hachettes, les couteaux et les blagues à tabac.

On prit un sentier qui s'enfonçait dans la jungle.

« Voilà! pensai-je. Ça recommence. Les Vietnamiens disent qu'ils nous libèrent et commencent par nous attacher. Comme les Khmers rouges. »

Ils nous ont emmenés ensuite jusqu'à un camp militaire vietnamien. Les tentes étaient impeccablement alignées et l'officier qui commandait, portait un tee-shirt blanc et un pistolet à la ceinture.

Il demanda qui parlait vietnamien.

Un homme s'avança et fut emmené un peu plus loin pour être interrogé. Puis, le commandant nous demanda par l'intermédiaire de l'interprète où étaient basés les Khmers rouges, quelles sortes d'armes ils avaient et combien ils étaient.

Aucun d'entre nous ne le savait et puis on avait bien trop peur pour parler. A côté, ils interrogeaient à coups de poing l'homme qui s'était porté volontaire.

Ils nous attachèrent ensuite trois par trois en utilisant nos *kramas* comme corde. Les soldats nous posaient toujours les mêmes questions sur les Khmers rouges. Lorsque ce fut mon tour, je répondis que je ne savais rien, que je cherchais simplement à manger. Ils me frappèrent à l'estomac si fort que j'en perdis le souffle. Ils frappèrent aussi l'homme qui se trouvait derrière moi et les Cambodgiens qui servaient d'interprètes ne bronchèrent pas.

Je remarquai que les soldats vietnamiens ne frappaient pas tout le monde, uniquement ceux qui avaient la peau claire, c'est-à-dire qui avaient du sang chinois dans les veines. Je ne savais pas s'ils haïssaient les Cambodgiens d'origine chinoise et s'ils voulaient nous punir ou tout simplement s'ils pensaient que nous étions plus fins observateurs et susceptibles d'être de meilleures sources d'information que les Khmers à la peau sombre.

Au milieu de l'après-midi, ils défirent les groupes de trois mais nous gardèrent les coudes liés dans le dos pour nous conduire jusqu'à la nationale 5. Nous avons marché en direction de l'ouest, nos pieds nus sur l'asphalte brûlant. Au cours d'une halte près d'un pont, ils ont détaché ceux qui avaient la peau sombre. Les prisonniers à la peau claire comme moi sont restés attachés. Une fois de plus, j'avais droit à un traitement spécial.

Nous avons avancé en direction de Battambang tous ensemble – ceux qui étaient entravés et les autres – sous la garde d'un seul soldat qui marchait devant.

Je m'approchai d'un homme à la peau sombre et lui demandai de me détacher, ce qu'il fit et je continuai ma route, les bras libres. Puis, je détachai quelqu'un d'autre. Certains refusèrent par peur du garde. Ce dernier ne semblait pas s'en soucier, il avançait sans regarder en arrière.

Nous nous sommes arrêtés à l'entrée d'une base militaire vietnamienne. Il y avait un tank devant la porte et les soldats occupaient des maisons sur pilotis.

Le garde entra pour faire son rapport puis revint avec un interprète en nous désignant la route du doigt.

– Allez dans cette direction. Tous. Allez à Battambang!

Nous avons continué sur la route.

Je n'avais plus rien à porter, plus de hachettes, juste un petit récipient de métal encore plein de riz; mes vêtements étaient déchirés et couverts de boue, je ne possédais plus que le contenu de ma ceinture.

Dans le groupe, certains marchaient plus vite, d'autres s'arrêtaient pour se reposer. Rapidement, ceux qui étaient en tête s'éloignèrent et nous nous sommes perdus de vue.

Je marchai jusqu'à l'embranchement avec le chemin de terre pour Phnom Tippeday. Là, je m'arrêtai.

C'était la fin de l'après-midi, je sortis ma montre-dateur : 17 avril 1979.

Cela faisait quatre ans jour pour jour que je vivais sous le régime des Khmers rouges.

Au fait, pensai-je, ils ont pris Phnom Penh le 17 avril au matin. Il est six heures du soir. Donc ça fait exactement quatre ans et huit heures!

J'essayais de donner un sens à tout cela, mais il n'y avait rien à quoi se raccrocher.

Phnom Penh était bien loin mais son souvenir était encore très présent dans ma mémoire.

Tant de choses s'étaient passées.

Tant de gens étaient morts. Huoy. Mes parents. Tous.

J'étais vivant, mais le prix avait été trop élevé.

Les dieux avaient fait une terrible erreur.

Battambang

Au matin, je pris la route couverte de poussière rougeâtre qui mène à Phnom Tippeday, pour me recueillir sur la tombe de Huoy.

C'était une longue route droite, ravinée par les pluies, bordée d'une herbe qui poussait haut et dru. Le vent et les chants des oiseaux étaient les seuls bruits que l'on pouvait entendre alentour. Pas un seul être humain. Je traversai la voie ferrée et pris un raccourci à travers champs. Je courais d'un tertre à l'autre, m'arrêtant fréquemment pour observer la campagne autour de moi. J'avais très peur de tomber sur une patrouille khmère rouge ou vietnamienne et de perdre cette liberté que je venais de retrouver.

Ce n'est qu'en arrivant sous le gros *sdao* que je me sentis enfin en sécurité. Chaque détail de l'endroit m'était familier et, à jamais fixé dans ma mémoire : la tombe dans l'alignement du temple sur la montagne, l'arbre dont la chevelure tombante semblait me protéger, le patchwork des rizières découpées par les digues.

En m'agenouillant, je dis à Huoy que ce serait ma dernière visite avant longtemps. Un jour je reviendrai et je l'emmènerai pour qu'elle se repose près du temple sur la montagne. Je lui demandai de me protéger jusqu'à mon retour.

L'esprit de Huoy me répondit.

Elle promit de veiller sur moi et de me guider. Elle promit de rester avec moi partout où j'irais. Je me sentis réconforté. Il était important de savoir que son esprit m'accompagnerait toujours.

Mais, lorsque je me levai il n'y avait personne à mes côtés. Mon bonheur s'évanouit. La solitude et la peur continuaient d'être mes seules compagnes.

Je traversai rapidement Phum Ra, encore plus désolé qu'auparavant. Les portes de notre maison avaient été arrachées de leurs gonds et le toit s'était envolé. Partout, des panneaux de bambou et des morceaux de tôle ondulée, des ordures, des bols rouillés gisaient dans la rue. L'entrepôt près de la cuisine commune avait été pillé. Il ne restait plus que quelques grains de riz sur le sol.

Sur la route, je trouvai une paire d'espadrilles vietnamiennes en toile avec une semelle en caoutchouc. Je les essayai : elles m'allaient. C'était bon. Je marchai plus vite avec l'étrange sensation de ne plus toucher le sol.

Je revins jusqu'à la nationale 5 et campai à l'intersection. On entendait des tirs d'artillerie au sud-est, dans la direction vers laquelle s'était dirigée ma famille. Mais je ne pouvais rien y faire, sinon attendre et voir venir.

Il y avait des messages sur la route : quelques griffonnages sur un bout de papier ou une planchette fixée au tronc d'un arbre. Celui-ci annonçait qu'il avait survécu et se dirigeait vers Phnom Penh. Cette autre disait avoir perdu ses jeunes enfants et son mari et demandait à ses aînés de la rejoindre à Battambang. Messages manuscrits d'espoir et de malheur.

Des réfugiés erraient sur la route dans les deux directions, ils s'arrêtaient pour lire les inscriptions, puis repartaient en traînant les pieds, fatigués et traumatisés. Je leur demandais s'ils avaient vu les miens. Ils me répondaient que non, l'esprit ailleurs, regardant, à travers moi, un mystérieux au-delà.

A mesure que les jours passaient sans que ma famille n'apparaisse, j'avais de plus en plus de mal à rester au même endroit. J'effectuais de longs parcours dans les deux sens en lisant les messages, en interpellant les réfugiés. Je cherchais des visages familiers. Ça me rappelait les moments passés à chercher Huoy après l'évacuation.

Mais la situation sur la nationale 5 en 1979 n'avait rien à voir avec celle de la nationale 1 en 1975.

En 1979, on ne poussait pas de voitures ou de mobylettes; on ne portait pas de postes de télé, de radios, de ventilateurs électriques, ou de cartons de livres. Si les gens avaient quelques biens, ils étaient tout entiers contenus dans un petit balluchon qu'ils portaient sur leurs épaules, sur leur dos ou sur leur tête. Ils cheminaient à petits pas, pieds nus en haillons par groupes de quatre ou cinq. La plupart avaient des blessures sur le visage.

En 1975, les femmes faisaient attention à leur apparence. Quatre ans plus tard, elles se moquaient pas mal de la mode et de la coquetterie.

On ne demandait plus en rencontrant quelqu'un : « As-tu déjà dîné ? » ou bien « Combien as-tu d'enfants ? »

Mais seulement : « Qui a survécu dans ta famille ? »

Il y avait aussi une différence entre ces deux années. En 1975, tout le monde avait peur des Khmers rouges. Aujourd'hui cette peur était devenue de la haine.

Trois hommes maigres et en haillons en escortaient un quatrième, plus robuste et bien nourri. Ses bras étaient attachés dans le dos, très serrés, l'obligeant à sortir la poitrine. Ses gardiens le bourraient de coups de poing en criant : « Allez, dis-le que tu es un Khmer rouge! Dis-le, dis-le! »

– Je suis un Khmer rouge, dit le prisonnier d'une voix faible pendant que les autres le poussaient dans ma direction.

– Dis-le plus fort! Dis : j'ai tué beaucoup de gens!

– J'ai tué beaucoup de gens, répondit l'homme qui portait uniquement un slip.

Les réfugiés s'agglutinaient autour d'eux comme des mouches.

– Une seule fois chacun! disaient les gardiens. Vous passerez chacun votre tour. Chaque personne n'a le droit de frapper qu'une fois!

La foule se pressait. Même les femmes attendaient leur tour pour lui donner un coup de poing.

– Poussez-vous! dis-je.

La foule s'écarta pour me laisser de la place. Je pris mon élan et lui donnai un grand coup de pied dans l'entrejambe. Il s'effondra en hurlant de douleur.

Ses gardiens le redressèrent pour que la foule puisse continuer à exercer sa vengeance. Le visage du Khmer rouge était enflé et couvert de sang, il ne tenait plus debout et ses gardiens étaient obligés de le remettre sans cesse sur pied.

Des soldats voulurent intervenir pour le sauver, mais la foule ne voulait plus lâcher sa proie et les soldats durent s'écarter. Un peu plus loin, un homme accourut, une hachette à la main et l'acheva.

Quelqu'un lui coupa la tête, et la mit au bout d'une pique plantée dans le sol. On inscrivit avec un bout de charbon sur une pancarte : « Khmer rouge, ennemi pour toujours! »

Tous les jours, des camions vietnamiens circulaient sur la route transportant des troupes ou tirant des pièces d'artillerie. Il y avait aussi beaucoup de chars, leurs chenilles résonnaient sur l'asphalte.

J'étais encore sidéré par la présence des Vietnamiens au Cambodge.

Cela n'avait aucun sens, les premiers maîtres des Khmers rouges qui se battaient maintenant contre leurs disciples.

Des communistes en guerre contre des communistes!

Il me manquait un élément pour comprendre!

Pourtant, une chose était claire : la formidable puissance militaire du Viêt-nam. Ils semblaient avoir un équipement énorme et leurs troupes étaient sérieuses et disciplinées.

Personne ne pouvait les vaincre en Asie du Sud-Est. Pas les Khmers rouges en tout cas. Ni les Khmers Serei, s'ils existaient. J'en doutais parfois.

Comme nous avions été stupides de croire que les Khmers Serei viendraient nous délivrer! Nous avons été nuls! Prisonniers de l'ombre, inventant des histoires, prenant nos désirs pour des réalités : on a cru dur comme fer que cette légende de combattants de la liberté était vraie.

Il n'y avait plus rien à faire. Le pays était occupé par des étrangers. J'étais amer en pensant que le régime qui m'avait torturé était remplacé par un régime qui m'avait ligoté et bourré de coups de poings.

Historiquement, le Viêt-nam est notre ennemi.

Au XIXe siècle, les Vietnamiens avaient annexé la partie basse du Mékong et, dans mon enfance, on disait souvent qu'ils voulaient le reste.

En ce qui me concerne, ils étaient les bienvenus. Du moins s'ils n'avaient pas l'intention de s'incruster.

Ils avaient hâté la fin des Khmers rouges, dont le régime tombait en miettes. Il valait mieux supporter les Vietnamiens que les Khmers rouges. Ils n'ennuyaient pas les réfugiés sur les routes et nous laissaient glaner de la nourriture.

Il m'est même arrivé de le faire avec des soldats vietnamiens qui campaient près de la route. J'étais accompagné d'un jeune Cambodgien qui parlait leur langue et nous les avions aidés à attraper des canards. En échange, ils nous donnèrent de la viande de bœuf et de porc tués au fusil.

Nous partions toujours en compagnie de ces trois soldats. Ils avaient vingt ans environ, étaient en bonne santé et bien élevés. Nous ne leur posions pas de questions personnelles et ils ne nous demandaient rien non plus.

Un soir pourtant, autour d'un feu de camp, je leur demandai pourquoi, après m'avoir libéré, les troupes vietnamiennes m'avaient ligoté et frappé. Ils m'expliquèrent qu'il était difficile d'en connaître la raison exacte, mais qu'on ne savait jamais à quel Cambodgien on pouvait faire confiance.

« Certains Khmers rouges ont prétendu être des civils pour ensuite attaquer les Vietnamiens par-derrière. C'est pourquoi, nous devons être prudents », expliqua l'un des soldats à mon camarade qui traduisait.

J'étais sceptique. Cela n'expliquait pas l'hostilité des soldats qui m'avaient interrogé, ni les mauvaises relations qui existaient entre eux et leurs alliés cambodgiens.

Pourtant le jeune soldat avait pris la peine de répondre à ma question. Chose impensable de la part des Khmers rouges. Je lui demandai pourquoi le Viêt-nam avait envahi le Cambodge.

– Parce que Pol Pot a tué énormément de gens. Nous sommes venus pour vous tirer des mains de Pol Pot.

Pol Pot. Depuis la libération, je ne faisais qu'entendre ce nom. On disait que Pol Pot était à la tête d'Angka, le chef de l'Organisation sans nom. Mais j'étais sceptique. Il était impossible qu'un homme seul puisse porter la responsabilité de la ruine d'un pays entier.

J'avais mes propres théories.

Pour moi, la responsabilité ne reposait pas sur un homme, mais sur un pays étranger : la Chine. Pendant quatre ans, j'avais vu des camions chinois, du matériel chinois, des armes de fabrication chinoise et des uniformes chinois. J'avais entendu de la musique chinoise. Les Khmers rouges, depuis leur jargon de « souveraineté-indépendance », jusqu'à l'exode forcé des citadins vers la campagne, n'avaient fait qu'imiter la révolution culturelle de Mao Tsé-toung. Sans la Chine, les Khmers rouges n'auraient jamais pu accéder au pouvoir et s'y maintenir aussi longtemps.

Je faisais semblant d'approuver le jeune soldat vietnamien et je gardai mon opinion pour moi.

En attendant de retrouver ma famille, j'allai chercher du riz. On avait découvert un entrepôt souterrain à une heure de marche de mon campement. Semblable à celui où j'avais essayé de me rendre auparavant. Une foule énorme s'était rassemblée en haut d'un escalier qui s'enfonçait jusqu'à une pièce souterraine en béton. Elle était remplie de sacs de riz que l'on apercevait à peine dans cette faible lumière. Le riz était gratuit, et chacun pouvait en prendre autant qu'il en voulait.

Les femmes le mettaient dans des paniers qu'elles portaient sur la tête et des hommes chargeaient au maximum des sacs qu'ils mettaient aux bouts d'une perche ou qu'ils portaient sur le dos.

Je pris deux sacs que j'attachai de chaque côté de la perche. Elle plia sous le poids. Tout le monde était heureux. Quelques personnes, peu, chargèrent des charrettes pour aller vendre ce riz à Battambang.

Finalement l'armée vietnamienne réussit à repousser les Khmers rouges dans les montagnes Cardamon. Muong fut libéré et j'y retrouvai ma famille. Tout le monde avait survécu même s'il manquait deux enfants à l'appel...

Juste avant la libération, les Khmers rouges avaient entraîné la population très loin dans la jungle. Pendant cette débâcle, mon frère Hok, le cinquième fils de la famille, était tombé par hasard sur Hong Srun, le quatrième fils, que nous n'avions pas revu depuis Tonle Bati.

La rencontre avait été heureuse mais brève. Les Vietnamiens avaient attaqué. Des obus étaient tombés à proximité, dispersant toute la famille. Dans la confusion, Hong Srun partit en emmenant deux des enfants de Pheng Huor avec lui. Seule Ngim, sa petite fille de neuf ans, resta avec Hok.

Pensant que j'étais mort, le groupe se débarrassa de la plupart de mes affaires. Ils abandonnèrent mes livres de médecine que j'avais trimbalés partout et enterrés dans tant d'endroits! Ils jetèrent mes lunettes, la plupart de mes vêtements et, sans s'en rendre compte, un coussin contenant 1 800 dollars américains et une couverture avec des pièces d'or cousues dans l'ourlet. Heureusement, ils avaient gardé quelques affaires dont la photo de Huoy.

Je ramenai tout le monde à mon campement pour attendre Hong Srun et les deux enfants. On ne les vit pas et aux environs du 1er mai, je décidai d'emmener toute la famille à Battambang. J'écrivis un message pour Hong Srun et nous partîmes par la nationale 5.

Le soir, nous arrivâmes dans la deuxième ville du pays.

Battambang était une ville de squatters vivant dans des carcasses d'habitations. Nous nous sommes installés à la lisière de la ville dans une maison qui abritait déjà une vingtaine de personnes. Nous avons dormi sur le sol, il n'y avait pas un seul meuble. Tout ce qui était en bois et en métal à Battambang avait été emporté par les Khmers rouges : les lits, les tables, les encadrements de fenêtre, la tôle ondulée des toits.

La plupart des temples et tous les objets sacrés avaient été détruits. Des carcasses de voitures gisaient dans les rues, sans pneus et sans pare-brise. Une pelle mécanique était abandonnée toute rouillée devant le marché central.

Les Vietnamiens qui s'opposaient à la libre entreprise n'avaient pas autorisé la réouverture des restaurants et des boutiques du marché.

En fait, ils toléraient le petit commerce dans les rues.

La monnaie d'échange était le riz. Les clients se promenaient avec, en guise de porte-monnaie, des kilos de riz enveloppés dans leur *krama*.

Avec du riz, on pouvait négocier une course sur un cyclo-taxi ou dans une carriole tirée par un cheval. On pouvait acheter du poisson frais, de la viande, des légumes, des fruits, de la soupe chaude, des nouilles, des vêtements d'occasion et des cassettes. On pouvait aussi se faire couper les cheveux, faire réparer une montre, une radio ou une bicyclette... La seule chose qu'on ne pouvait pas acheter avec du riz, c'était du riz. On ne pouvait acheter du riz qu'avec de l'or.

L'année précédente, alors que Huoy mourait de faim, j'avais donné deux damleung d'or pour deux mesures de farine de riz.

Aujourd'hui à Battambang, pour un damleung, on pouvait acheter un sac contenant 1 750 mesures de riz et beaucoup trop lourd pour être transporté.

Les prix avaient énormément baissé depuis que les Khmers rouges n'étaient plus au pouvoir.

Une certaine manière de vivre revenait à Battambang : les vendeurs sous leurs bâches, les clientes examinant les étalages d'un œil sévère, palpant la marchandise pour vérifier sa fraîcheur. Le marchandage, les potins, les nouvelles que l'on colportait : c'était presque comme au bon vieux temps. Mais trop de choses et trop de gens avaient disparu.

Le soir, un orchestre jouait dans un terrain vague. Un générateur faisait fonctionner les haut-parleurs et fournissait de l'électricité pour des guirlandes d'ampoules de toutes les couleurs. Des centaines de gens attirés par la lumière comme des insectes, se rassemblaient pour regarder et pour danser. Les femmes mettaient leurs plus beaux vêtements mais évitaient de se maquiller et gardaient les cheveux courts comme au temps des Khmers rouges.

Les hommes relevaient les pans de leur chemise comme des paysans sans éducation et dansaient le *romvong* en faisant bouger leurs mains.

Ils ne pouvaient pas s'empêcher de s'amuser. Ils dansaient jusqu'à l'aube pour oublier les souffrances, la faim et la disparition de leurs proches. Je pensais qu'il était encore bien tôt pour se réjouir, mais je ne voulais blâmer personne.

Battambang était pour moi une étape. J'ai fait, avec Balam, un tour en ville qui a renforcé ma décision de partir le plus tôt possible.

Nous sommes allés tout d'abord au centre d'information ouvert par les Vietnamiens. Un immense drapeau rouge était hissé à l'entrée, il me rappela ceux qui flottaient partout sur le front. Celui-ci ressemblait beaucoup au drapeau des Khmers rouges avec simplement une petite différence : l'emblème représentait cinq tours d'or du temple d'Angkor au lieu de trois auparavant.

– Des communistes! murmurai-je à Balam.

Il hocha la tête.

Nous sommes entrés dans le bureau d'information. Il y avait sur un des murs, un grand panneau d'affichage couvert de messages de survivants recherchant un parent disparu. Sur l'autre mur des photos de soldats cambodgiens et vietnamiens qui se serraient la main en souriant et une affiche expliquant la structure du nouveau gouvernement de la province.

Au centre de la pièce, une femme assise à un bureau répondait aux questions en khmer et en vietnamien. Derrière elle, il y avait une grande photo prise dans un charnier khmer rouge : un amoncellement d'os et de crânes censé rappeler aux visiteurs qu'ils devaient la vie aux soldats vietnamiens qui les avaient délivrés de ces assassins.

Des soldats cambodgiens et vietnamiens appartenant aux « forces d'autodéfense » montaient la garde devant le bureau. Les Vietnamiens portaient des uniformes vert clair neufs, tandis que les Cambodgiens portaient ce qu'ils avaient pu trouver. Certains étaient pieds nus, vêtus de chemises dépareillées et de pantalons de différentes couleurs. Ils étaient armés d' AK-47 ou de vieux fusils rouillés..., ou de rien du tout.

On les appelait des soldats « Heng Samrin », du nom du nouveau chef du gouvernement fantoche. Je n'avais jamais entendu parler de Heng Samrin, pas plus que de Pol Pot d'ailleurs. Heng Samrin n'avait pas encore joué de rôle officiel dans le pays.

Balam et moi sommes sortis du bureau d'information sans avoir posé la seule question qui nous intéressait : quelle est la route la plus rapide pour sortir du Cambodge ?

Beaucoup plus que les différences entre soldats Heng Samrin et vietnamiens, la présence du drapeau rouge m'en disait suffisamment sur l'avenir de ce pays. D'un seul coup d'œil, j'avais pris ma décision : il était temps de fuir avant que les communistes ne me remettent en prison.

Balam et moi avons continué notre visite en silence, regardant et écoutant.

Nous avons vu un temple où beaucoup de gens priaient et pleuraient leurs parents disparus.

Nous avons vu une ancienne école entourée de fil de fer barbelé où se trouvaient des prisonniers khmers rouges habillés de noir. Les passants leur criaient des injures et toutes sortes de menaces.

Nous avons vu des soldats vietnamiens se promenant par groupes de trois, mais jamais seuls. Des soldats Heng Samrin nous demandèrent si nous voulions échanger des médicaments contre de l'or, tandis que leurs supérieurs, des Vietnamiens flânaient à proximité. Grâce à ce truchement, les Vietnamiens se procuraient habilement de l'or. On pouvait acheter n'importe quoi, du riz comme des générateurs d'électricité.

C'était une ville pleine d'intrigues. Je ne faisais confiance à personne. Un homme que j'avais vaguement connu à Phum Ra me dit qu'il était membre des Khmers Serei et me demanda de rejoindre les combattants de la liberté. Je ne l'ai pas cru et j'ai repoussé sa proposition qui, bien plus tard, s'avéra exacte.

Un après-midi, alors que je me baignais à la rivière, un homme me reconnut. C'était le docteur Dav Kiet, un de mes camarades de la fac de médecine. Il travaillait à l'hôpital de Battambang et me demanda de rejoindre son équipe. On manquait de médecins.

Je lui montrai mes bras décharnés et mes côtes saillantes en lui répondant que ma santé ne me permettait pas de travailler.

Le jour suivant, une Mercedes conduite par un chauffeur s'arrêta devant la maison que j'occupais. Le passager de la voiture grimpa les quelques marches, retira ses chaussures et demanda à parler au docteur Ngor Haing. C'était le gouverneur de Battambang.

J'étais simplement vêtu d'un sarong déchiré. Le gouverneur et moi nous sommes serré la main avant de nous asseoir, jambes croisées sur une natte. Il me demanda des nouvelles de ma famille et de ma vie sous les Khmers rouges depuis que j'avais quitté Phnom Penh. Finalement, il aborda le sujet de sa visite et me dit que le docteur Dav Kiet avait suggéré que je travaille à l'hôpital.

Le gouverneur m'assura que je pourrais travailler à mi-temps si je le désirais ou si je me faisais du souci pour ma santé. Si j'avais le moindre problème, l'hôpital me fournirait des médicaments.

Pour ne pas perdre la face, je promis que j'irais dès que je me sentirais mieux. En fait, je ne voulais pas travailler à l'hôpital.

Le gouverneur revint le jour suivant et je refusai de nouveau. J'avais maintenant tout à fait réalisé pourquoi. Ce n'était pas parce que je me sentais trop faible ou par réaction contre le régime de Heng Samrin. C'est parce que j'avais peur de refaire de la gynécologie et de l'obstétrique. Je voulais oublier comment Huoy était morte, je voulais rayer ça de ma mémoire et je ne le pourrais certainement pas en mettant au monde des bébés dans l'hôpital où j'avais voulu emmener Huoy!

D'un autre côté, il aurait été tout à fait imprudent d'ignorer la proposition du gouverneur. Je décidai d'aller visiter l'hôpital avec Dav Kiet.

Il était en mauvais état. Pendant quelque temps, aux environs de 1977, un médecin occidental avait été autorisé à y travailler. (C'est à lui que je voulais confier Huoy.) Les Khmers rouges l'avaient tué et avaient laissé l'hôpital à l'abandon. Le laboratoire ne fonctionnait plus. Il n'y avait presque pas de médicaments ni d'équipement chirurgical. Les malades avaient envahi les locaux, la plupart souffraient de malnutrition et d'autres maladies.

Nous sommes entrés dans la salle d'obstétrique. Il y avait une femme enceinte de sept mois qui était en train d'accoucher. La poche des eaux était rompue depuis longtemps déjà, mais le travail n'avançait pas. La patiente devenait de plus en plus faible. Les médecins et les infirmières faisaient le maximum, mais ils n'avaient pas l'équipement adéquat : cette femme était dans la même situation qu'Huoy.

Un voile noir tomba devant mes yeux et je dus sortir rapidement de la salle.

Kiet me présenta à tous les médecins et aux infirmières. Ils me saluèrent respectueusement malgré mes vêtements déchirés et mes cheveux, ma barbe, en broussaille.

Ils insistèrent sur le fait qu'on m'offrait un travail dans un hôpital entièrement tenu par des Cambodgiens. Il n'y avait aucun Vietnamien. Tout ce que j'avais à dire, c'était oui et mon statut social, ma carrière m'étaient restitués comme si rien ne s'était passé.

Je refusai.

Le jour suivant, le gouverneur revint.

J'acceptai. Par peur.

Soit je partais immédiatement pour la frontière thaïlandaise, soit je rejoignais l'équipe médicale.

Je commençai à travailler, mais mon esprit était bien loin de toutes ces préoccupations.

Je pensais tout le temps à Huoy. Si elle avait vécu, nous aurions pu partir pour la frontière tout de suite. Mais elle était morte et c'est à cause de cela que je ne pouvais pas travailler dans cet hôpital. Si je n'avais pas pu sauver sa vie, comment pouvais-je espérer sauver celle des autres ? Étais-je un bon médecin ? Les autres étaient-ils de bons médecins ?

La femme dans la salle de travail était morte. Comme Huoy.

Quand je voyais des gens rire, je me détournais. Je ne souriais jamais. Le soir, Ngim essayait de me détendre, mais elle n'y parvenait pas.

J'avais vécu trop longtemps. Les dieux avaient fait une erreur cruelle : ils auraient dû me laisser mourir avec Huoy. Nos âmes seraient maintenant réunies.

Pen Tip arriva à Battambang.

Je lui fis passer un message par une connaissance commune : je lui demandais de passer me voir à l'hôpital avec son carnet noir. Il comprendrait ce que cela voulait dire. Un carnet où étaient notées ses bonnes et ses mauvaises actions, comme les dossiers du Roi de la Mort.

Il me fit répondre qu'il ne m'avait jamais rien fait de mal et qu'il était surpris que je sois en colère contre lui.

J'étais trop fatigué et trop déprimé par mon travail à l'hôpital pour poursuivre Pen Tip. Et puis, un événement absorba toute mon attention.

Le gouverneur envoya une note à tous les médecins nous demandant d'assister à une conférence pendant deux jours. Nous devions passer la première nuit dans sa résidence pour nous rendre ensuite, le lendemain, à la seconde partie de la conférence.

Je ne pouvais m'empêcher de penser : pourquoi ne pouvons-nous pas rentrer chez nous pendant la nuit ? Où vont-ils nous emmener ? Dans les bois ? Ce régime déteste-t-il aussi les médecins ?

Je m'en ouvris à deux de mes confrères à l'hôpital.

– Frères, le barrage est ouvert à l'ouest et les eaux s'échappent. Partez-vous ou restez-vous ?

La signification de mes paroles n'était pas très mystérieuse : il n'y avait à l'ouest que la frontière thaïlandaise.

Ces médecins n'étaient pas prêts à partir, mais ils s'arrangèrent pour que je sois de garde la nuit où devait commencer la conférence. Cela me donnerait une excuse pour mon absence et j'aurais ainsi un jour d'avance avant que le gouverneur ne sache que je manquais à l'appel.

J'en parlai à ma famille.

Mon frère Hok décida de rester à Battambang un peu plus longtemps pour attendre Hong Srun. Balam décida de m'accompagner avec sa femme et ses enfants. Je lui demandai de partir devant par la nationale 5 : je le rejoindrais vers midi.

– Oncle, me dis Ngim, je veux t'accompagner.

Je répondis que non, qu'elle devait rester avec Hok. Mais Ngim me supplia. Je lui dis qu'il fallait qu'elle demande la permission à Hok. A ma grande surprise, Hok accepta.

Ngim et moi, nous nous aimions beaucoup. C'était une petite fille hardie et active, avec du caractère, comme sa mère. Elle n'avait peur de rien ni de personne.

Je dis à Ngim de mettre ses vêtements dans mon sac à dos. Elle devrait le porter le temps que je les rattrape, elle et la famille de Balam.

Je travaillai la nuit du 13 au 14 mai à l'hôpital. J'avais envie que les aiguilles tournent plus vite. Au matin, je quittai l'hôpital, enfilai des vêtements civils et je me mis en marche vers la frontière thaïlandaise.

Zone dangereuse

Je marchais sur la route lorsque j'entendis quelqu'un m'appeler à l'ancienne mode : « *Luk! luk!* » C'était un homme, il fit claquer ses talons et se mit au garde-à-vous.

– Nom de dieu!

Sok, mon ancien chauffeur, j'étais heureux mais plutôt étonné de le voir. Je lui donnai de grandes tapes dans le dos en lui disant de ne plus m'appeler *luk*!

– Mais où est la femme du patron? me demanda-t-il.

Je lui appris qu'elle était morte. Sok hocha la tête gravement comme si on devait toujours s'attendre à la mort.

Puis, il m'invita chez lui pour déjeuner. J'étais obligé de décliner son invitation.

– Je pars pour la frontière. Si tu veux, viens avec moi.

– Nous sommes trop nombreux dans la famille, patron. Je partirai plus tard! Mais maintenant vous devez absolument venir manger quelque chose à la maison!

Il me tirait par le poignet en direction de la petite hutte toute proche.

Je m'étais toujours demandé ce qu'il lui était arrivé au moment de l'évacuation de Phnom Penh. En fait, il était allé chercher sa famille avec la Mercedes, mais les Khmers rouges bloquaient les rues et il ne put donc revenir prendre Huoy comme prévu. Il l'avait toujours regretté, se demandant ce qui avait bien pu nous arriver.

Il m'offrit, ce matin-là, ce qu'il avait de mieux : du riz avec des morceaux de poulet grillé. Il me traita avec le plus grand respect, et j'aurais bien voulu l'emmener avec moi. Mais il avait raison : sa famille comptait un nombre enviable de survivants, tantes, cousins, bébés et grands-parents qui n'étaient pas prêts au départ.

Je repris mon chemin avec un peu de retard sur l'horaire mais d'excellente humeur. Je rejoignis les miens vers deux heures de l'après-midi. Nous n'étions plus que sept maintenant : Balam, sa femme, leurs deux enfants, leur neveu, ma nièce Ngim et moi.

Nous avons déjeuné près d'un étang, à l'ombre d'un kapokier. Ngim me donna le sac à dos et nous reprîmes notre marche.

La route nationale était encombrée de charrettes à bras et de chariots traînés par des bœufs, leurs roues grinçaient et crissaient sur l'asphalte. Cela semble plus pénible de porter nos fardeaux sur le dos. Mais quand nous aurons quitté la route, ce sera plus pratique. Là où nous allons, il vaut mieux avoir peu de bagages.

Au coucher du soleil, des soldats Heng Samrin nous arrêtèrent à un contrôle. Pour votre protection, disaient-ils, il est préférable de dormir dans le village d'à côté.

Nous y sommes allés de mauvaise grâce.

J'avais mis une partie de mon or dans ma ceinture, et le reste dans le sac d'Huoy que je cachais entre mes jambes. La plupart des réfugiés mettaient leur or dans des balluchons qu'ils utilisaient comme oreillers. C'était une erreur. En pleine nuit, les soldats nous braquèrent et prirent tous les coussins. Voilà ce qu'ils appelaient assurer notre protection.

Le jour suivant nous sommes arrivés à Sisophon, la dernière grande ville avant la frontière. Là, les soldats Heng Samrin dépouillaient ostensiblement. Ils me prirent une chemise et un pantalon, volèrent aux autres des vêtements, des récipients, du riz et tout ce qui pouvait avoir un peu de valeur.

A l'ouest de Sisophon, se trouvait une large bande de rizières plates, asséchées et nues. A certains endroits, il y avait plus d'un kilomètre entre deux arbres.

Les soldats Heng Samrin avaient installé un poste de contrôle avec une mitrailleuse en batterie derrière des sacs de sable. Des soldats vietnamiens étaient assis à l'ombre à côté d'eux. Et ce n'était pas par hasard s'ils avaient l'air un peu trop indifférent.

Les gardes Heng Samrin nous accusèrent à voix haute de tenter de quitter le pays. Nous ne pouvions guère nier : devant nous il n'y avait plus que la frontière.

Ils nous ordonnèrent de faire demi-tour.

Quelqu'un proposa un dédommagement et les soldats nous rappelèrent. L'affaire se termina cyniquement en marchandages.

Il fallut payer un *chi* (trois grammes d'or) pour qu'ils nous laissent passer.

S'ils ne demandent que de l'or, nous aurons de la chance!

Dans cette partie du pays, la route et la voie ferrée suivaient des routes parallèles. Avant la guerre civile, les trains roulaient sans s'arrêter à la frontière jusqu'à Bangkok, la capitale.

Maintenant, après toutes ces années de guerre et de décadence, les trains faisaient la navette depuis leur point de départ et stoppaient un peu avant la frontière, dans un village du nom de Nimitt.

Pendant que nous marchions, un train nous a dépassés, chargé de passagers jusqu'au toit. La plupart allaient vers la frontière. Un peu plus tard, le train repassa dans l'autre sens, chargé de marchandises de contrebande.

Nous sommes arrivés à Nimitt au coucher du soleil.

C'était un hameau au milieu des rizières, sans marché, sans magasin. Il n'y avait pas de soldats non plus : les passeurs et les contrebandiers payaient pour qu'ils se tiennent à l'écart.

C'était le point de départ des candidats à l'exil et la plaque tournante de la contrebande thaïlandaise.

Tout cela dégageait une odeur de corruption bien désagréable.

Il y avait, à Nimitt, plusieurs centaines de personnes qui cherchaient à sortir du Cambodge. Les passeurs étaient partout et racolaient les clients en faisant de la surenchère : « Venez dans mon groupe, criait l'un. Je garantis votre sécurité! » « Par ici, criait un autre! J'offre les prix les plus bas! » La plupart des passeurs étaient d'origine khmère, ils avaient la peau sombre et marchaient pieds nus.

J'aurais préféré faire route avec d'autres voyageurs sans utiliser de passeur, mais les pistes n'étaient pas tracées et je n'avais pas confiance dans les autres...

Il n'y avait pas d'urgence et nous fîmes du feu pour faire cuire du riz et bouillir de l'eau dans la perspective du long voyage qui nous attendait les prochains jours.

Après avoir mangé, Balam et moi sommes retournés voir les passeurs.

A sa grande surprise, Balam reconnut l'un d'entre eux : un vieil homme maigre, mi-khmer mi-chinois, qu'il avait connu à Phnom Penh. L'autre reconnut Balam bien qu'il ne sache pas son nom.

– Mes chers amis, j'emmène chaque nuit des groupes jusqu'à la frontière. Je connais très bien la région et tout le monde me fait confiance. Avec moi, les bandits ne vous prendront pas votre argent dans la jungle. J'arrangerai tout : c'est moi qui les paierai, et je suis le seul à pouvoir le faire. Je ne dis pas que je suis parfait, mais vous pouvez me faire confiance. Venez avec moi, je n'ai jamais de problèmes. Si vous ne me faites pas confiance, je vous en prie, allez voir quelqu'un d'autre!

Je ne dis rien. C'était le genre de discours auquel je m'attendais : il avait de l'expérience, on n'avait pas à s'en faire, il avait d'autres clients et ainsi de suite... Si j'avais été passeur, c'est exactement ce que j'aurais raconté. Je regardai et j'écoutai pour trouver une bonne raison d'avoir confiance. En vain.

Et pourtant, je me méfiais encore plus des autres passeurs. Ils avaient le regard fuyant qui évaluait les bagages et traînait sur les cuisses des femmes. Leurs yeux, comme des rayons X, cherchaient de l'or.

Après avoir vécu quatre ans avec les Khmers rouges, j'avais développé mes capacités à déchiffrer le caractère des gens. Je fis un tour, essayant de noter les passeurs. Je pris en compte l'intonation de leur voix, leur attitude générale, et tout ce qui pouvait me donner une indication sur leur véritable personnalité. Je regardai surtout les yeux.

Pour finir, je revins au vieux bonhomme. Il y avait environ 10 % de chance qu'il nous traite correctement. Je le choisis parce qu'il était à moitié chinois comme moi et parce que Balam le connaissait. Ce pouvait être un point en notre faveur. Et puis, parce que je ne faisais confiance qu'à 2 % aux autres passeurs.

Le marchandage commença en cachette, dans une salle remplie de monde dans la maison du passeur. Il demanda d'abord un *damleung* d'or par personne. Puis il descendit à quatre cinquièmes de *damleung*, alors nous avons fait affaire. Ngim et le plus jeune fils de Balam avaient neuf ans, j'ajoutai : « Le tarif sera moitié prix pour les enfants! » Le passeur accepta.

– Mais vous payez maintenant! dit-il en laissant son regard errer sur mes vêtements.

Le prix total pour le groupe s'élevait à 4,8 *damleung* (environ 150 grammes d'or).

Je laissai Balam dans la pièce et sortis. J'avais de l'or sous différentes formes : en feuilles de 24 carats enroulées dans des tubes et cachées dans ma ceinture; en chaînes de 22 et de 24 carats, en petits lingots et en pièces. Je revins vers le groupe assis autour du feu. Ngim faisait chauffer le repas et je lui parlai nonchalamment. Mon *krama* était enroulé autour de mon cou comme une écharpe.

Je me penchai au bout d'un moment de façon à ce que mon *krama* dissimule le haut de mon pantalon. Je mis la main à la ceinture, retirai les pièces d'or, et les nouai dans mon *krama*. Seules Ngim et la femme de Balam s'aperçurent de quelque chose. Je mangeai un morceau et retournai voir le passeur.

Nous sommes partis vers une heure du matin.

Une longue file s'était formée depuis notre départ et nous avancions dans le noir lorsque la femme de Balam se retourna et murmura au-dessus de la tête de Ngim :

– Les Khmers rouges! Fais passer!

Je me retournai pour transmettre le message.

Une voix forte et autoritaire nous parvint de la tête de la file.

– Pourquoi voulez-vous quitter le pays? Pourquoi? Vous n'êtes que des traîtres à la nation!

Personne ne répondit.

La file se remit lentement en marche. Quatre ou cinq Khmers rouges, habillés de noir et armés de fusil, exigeaient de l'or pour nous laisser passer.

J'avais caché le mien dans divers endroits. De petits morceaux dans ma ceinture comme pots-de-vin, d'autres dans mes espadrilles, quelques *chi* étaient cachés sous les aisselles de Ngim. J'avais donné le plus gros à la femme de Balam pour qu'elle le cache dans ses sous-vêtements.

Tout mon groupe était devant moi. Je sortis du rang pour me placer à leur tête. La file avançait doucement.

Un Khmer rouge fouilla mon sac à dos.

Je lui donnai deux *chi* d'or.

– Ouvre ta bouche! me dit-il pour voir si je ne cachais pas de l'or dedans.

Ils me palpèrent et lancèrent mon sac à dos sur une pile d'autres sacs. Ils examinèrent ensuite la bouche de Ngim avec une torche électrique et jetèrent son panier sur le tas. Pendant qu'ils fouillaient les bagages, je ramassai mon sac à dos et le panier. Balam fit la même chose avec son sac pendant qu'ils ne regardaient pas.

Les soldats cassaient les perches de bambou et vidaient les pots de riz pour trouver l'or. Ils confisquèrent des chemises Montagut, particulièrement appréciées des Khmers rouges.

Mais, de véritables Khmers rouges n'auraient pas été intéressés par l'or et, surtout, ils ne nous auraient pas laissés partir.

Ce n'étaient que des simulateurs : des soldats Heng Samrin qui avaient revêtu l'uniforme noir. Il y avait sans doute des soldats vietnamiens tout près qui regardaient et attendaient leur part.

Nous avions pénétré dans la zone dangereuse à l'extrême nord-ouest du Cambodge. Ma confiance dans le passeur avait chuté à zéro. A la lumière du jour, je m'aperçus qu'il n'était pas là. Il avait envoyé un employé à sa place.

Une heure après, une autre bande de faux Khmers rouges nous arrêta. Ils crièrent, menacèrent en brandissant leurs fusils pour nous tirer dessus. La lueur de sauvagerie qui brillait dans leurs yeux faillit me convaincre que c'étaient de vrais Khmers rouges. Ce n'était que du bluff!

Ils ordonnèrent à tout le monde de déposer les bagages et fouillèrent pour y trouver de l'or. Ils en trouvèrent dans le double fond des théières. Ensuite ils palpèrent les hommes mais épargnèrent les femmes. Je leur donnai deux *chi* et ils nous laissèrent passer. Ceux qui n'avaient pas d'or étaient refoulés vers Nimitt.

La piste menait aux montagnes Dangrek. Des lianes aussi grosses que mon poignet pendaient des arbres. A part le chant des oiseaux et la fuite des lézards dans les broussailles, on n'entendait aucun bruit. On sautait d'un rocher à l'autre sur les collines, on se frayait un chemin dans les bouquets de bambous suivant un sentier qui montait et redescendait sans cesse.

Au fond de la vallée coulait une rivière. De la mousse verte flottait à la surface de l'eau beige foncé. Nous avons traversé et alors que je buvais un peu d'eau bouillie de l'autre côté, une vieille femme s'est approchée de moi joignant les mains en *sompeab* pour me demander à boire. Je lui en donnai un peu dans le couvercle de mon récipient.

Nous nous sommes remis en marche. La file des voyageurs serpentait sur le sentier.

Soudain, on entendit une explosion assourdie. Comme un tir d'artillerie. Ça venait de l'avant. Nous avons continué et, quelques minutes plus tard, on apprenait que c'était une mine et que plusieurs personnes avaient été tuées.

La progression s'est interrompue. Nous restions là où nous étions, paniqués au point de ne pas oser nous asseoir sur le bord du chemin.

On nous passa le message : les passeurs se sont enfuis!

Nous avons attendu une heure puis la file est repartie. J'avais recommandé à Ngim de marcher dans mes traces.

Nous sommes arrivés sur les lieux de l'explosion. C'était horrible. Un véritable carnage : un bras pendait d'une branche, un morceau de jambe était fiché dans les bambous. Une dizaine de morts étaient étendus sur le sol au milieu des blessés. Je posai un tourniquet, enlevai de la mitraille, nettoyai des blessures et mis des pansements de fortune. Il n'y avait rien à faire de plus sinon avertir les familles des dangers d'infection.

C'était horrible d'avoir échappé aux Khmers rouges pendant tant d'années et de mourir ou d'être mutilé si près de la liberté.

Il y avait des mines de chaque côté du sentier, et parfois en plein milieu. Elles avaient des détonateurs en forme de boutons blancs d'où partaient des fils de nylon pratiquement invisibles fixés à des rochers ou à des arbres.

Nous avons avancé en nous faufilant entre ces pièges. Une autre explosion loin devant s'est fait entendre. Lorsque nous sommes arrivés près d'une rivière, on enterrait déjà les morts. Les blessés sérieux étaient emportés sur des hamacs suspendus à des perches de bambou, la plupart avaient des éclats dans les membres et le corps, les autres étaient gravement choqués.

Cette fois-ci, la mine était cachée sous l'eau.

Ngim était bonne nageuse, mais je passai ses bras autour de mon cou et traversai la rivière sans encombre. Peu nous importait de savoir qui mettait les mines, Vietnamiens ou Khmers rouges. Tout ce que nous savions c'était qu'il fallait garder les yeux rivés sur la piste pour repérer les fils de nylon. Des feuilles mortes tombaient sur le sentier, rendant le repérage encore plus difficile.

Il y eut une troisième explosion.

Lorsque nous avons atteint l'endroit, il ne restait plus que des mouches volant au-dessus des flaques de sang et quelques tombes recouvertes d'épines pour éloigner les animaux.

Nous avons continué à marcher. Il faisait chaud et il y avait de la poussière. Des gens s'arrêtaient au bord du chemin pour mendier un peu d'eau et de nourriture. Je n'offrais que de rares gorgées aux vieilles dames.

A la tombée du jour, nous avons trouvé un endroit sans danger et nous nous y sommes installés pour la nuit. Il était trop risqué d'aller chercher du bois, et nous n'avons pas fait de feu. Les moustiques nous dévoraient les bras et les jambes et nous avons passé une bonne partie de la nuit à les écraser et à regarder la lune, là-bas très loin, filtrer à travers les branches des arbres.

Nous nous sommes remis en marche au matin, en espérant que celui qui était en tête savait où il allait. Je crois d'ailleurs qu'il ne le savait pas. Le soleil du matin était à notre gauche, ce qui voulait dire que nous allions vers le sud alors que le projet initial était d'aller d'abord vers le nord, puis d'obliquer vers l'ouest. Le soleil aurait dû se trouver à notre droite ou dans notre dos. Mais j'étais fatigué et je ne faisais pas tellement confiance à mon sens de l'orientation.

Au milieu de la matinée, tout le monde se rassembla dans une clairière sous la menace de huit hommes armés de fusils. Ils parlaient une langue que nous supposions être du thaï. Je ne suis pas vraiment sûr que ces hommes et ceux qui vinrent ensuite aient été tous thaïlandais, certains étaient probablement cambodgiens, vivaient près de la frontière et parlaient le thaï.

Ce que je sais, c'est que dans ces moments-là je préférais que Huoy ne soit pas là.

Ils ont obligé les femmes à retirer leurs vêtements et leurs sous-vêtements, les autorisant uniquement à mettre un sarong pour protéger leur pudeur. Ensuite ils ont palpé les soutien-gorge, les culottes, les ourlets et les coutures des robes avec des mains expertes. Ils ont trouvé mon or dans la culotte de la femme de Balam. Puis ils se mirent à fouiller les corps : bouches, oreilles, cheveux, vagins.

Ce fut le tour des hommes. Même chose, ils trouvèrent l'or de ma ceinture, mais pas celui de mes espadrilles.

Ensuite, ils ont séparé les hommes des femmes, et les viols ont commencé. Les plus jeunes et les plus jolies étaient violées plusieurs fois. Ceux qui attendaient leur tour nous braquaient avec leurs armes : on ne pouvait rien faire.

Ils n'ont pas violé la femme de Balam, ni Ngim.

Nous nous sommes remis en marche et nous avons été arrêtés par une autre bande armée. Pas de viols cette fois-là. Nous avons ramassé ce qui restait de nos bagages et nous avons fait huit cents mètres avant d'être arrêtés de nouveau.

Nous allions d'un péage à l'autre, complètement hébétés.

Parfois les voleurs s'exprimaient en khmer, parfois en thaï, ils confisquaient les cannes et les bâtons de bambou des hamacs, ils soulevaient les pansements pour chercher de l'or. Une jeune fille de dix-sept ans qui résistait pendant une fouille fut emmenée dans le bois et exécutée d'une balle dans la tête.

Depuis Nimitt, nous avions été arrêtés trente-sept fois!

J'avais perdu mes espadrilles et l'or qui s'y trouvait ainsi que mon Zippo qui ne m'avait pas quitté depuis Phnom Penh.

Au dernier contrôle, comme il ne nous restait plus rien, ils ont pris nos couteaux, les hachettes, les chapeaux, les chaussures...

Pendant toutes les années du régime des Khmers rouges nous n'avions jamais été dépouillés à ce point et peu de femmes avaient été violées. Abasourdis, nous sommes passés devant le cadavre d'un bœuf qui avait sauté sur une mine. Il y en avait beaucoup moins depuis que les voleurs s'étaient abattus sur nous.

Le paysage était différent. Plus plat, la végétation avait changé : de la jungle tropicale et humide, nous passions à une forêt plus clairsemée et plus sèche.

Un Thaïlandais en civil était planté au milieu du chemin, nous regardant arriver. C'était un officier de la police secrète. Il nous posa des questions en khmer, avec un fort accent, sur les Vietnamiens, sur les Khmers rouges et sur les conditions de notre voyage vers la frontière. Il nous dit que l'armée thaïlandaise était un peu plus loin et qu'il ne fallait pas avoir peur. Il ajouta que la Croix-Rouge et les Nations unies allaient s'occuper de nous.

Nous avons continué notre marche et nous sommes tombés sur les soldats thaïlandais. Ils ont simplement vérifié que nous n'avions pas d'armes et nous ont laissés passer.

S'il y avait une borne frontière, je ne l'ai pas vue.

Au soleil couchant, nous sommes parvenus dans un village de tentes et de huttes de fortune. Il y avait du bleu partout : les organisations humanitaires distribuaient des bâches en plastique bleu que les réfugiés utilisaient pour se faire un toit ou une tente.

C'était Nong Chang, un camp à la frontière. J'étais surpris que tant de gens soient arrivés avant nous.

Nous nous sommes assis près de la rivière.
Nous avions survécu!
On nous a tout pris, mais cela n'a plus d'importance.
A partir de maintenant plus de massacres, plus de viols... Il faut effacer le passé de nos mémoires.
Le cauchemar est terminé.
Nous sommes saufs, nous sommes libres.
Ngim s'assit en souriant auprès de moi. Elle était heureuse. Elle s'était bien comportée et j'avais décidé de l'adopter. Elle serait ma fille.
J'étais assis là en pensant à l'avenir. J'allais recommencer ma vie, retravailler comme médecin.
Peut-être, mais je n'oublierai jamais ces quatre dernières années. Un jour, d'une manière ou d'une autre, je raconterai au monde entier ce qui s'est passé là-bas!
Il restait encore un peu d'or caché sous les aisselles de Ngim. Je le pris et, avec Balam, nous sommes allés l'échanger contre de l'argent thaïlandais à un changeur qui possédait une petite balance. Il me donna quatre cents *babt* thaïlandais en billets ce qui équivalait, à l'époque, à cent vingt francs environ. Nous avons acheté du riz, du poisson séché, de la sauce pour le poisson et des légumes à des marchands juste à côté.
Et il nous restait encore de l'argent!
Balam et moi revenions vers le camp lorsque nous avons croisé un homme qui poussait une carriole. Il y avait une grande inscription rouge, bleue et blanche sur le côté de la charrette ainsi que sur les bouteilles qui se trouvaient à l'intérieur dans de la glace pilée : Pepsi-Cola.
– *Siep baht! Siep Baht!* criait le vendeur.
Siep ressemblait à un mot qui veut dire dix en mandarin et en Téochiev chinois. Je posai la question et on me répondit que le prix d'une bouteille était bien de dix *baht*.
– Frère, dis-je à Balam. Nous allons nous en offrir une. A toi l'honneur. Vas-y!
– C'est trop cher, répondit Balam, toujours prudent.
– Pas du tout! Cela fait quatre ans que je suis privé de glace et de Pepsi!
– Ne gaspille pas ton argent!
– Ce n'est pas du gaspillage, c'est revivre! Allez frère, viens!
Je levai deux doigts. Le vendeur me fit un signe de tête et dit quelque chose en thaï. Un Cambodgien me traduisit sa question : Est-ce que je voulais mon Pepsi dans un sac de plastique avec une paille ?
– Dites-lui que je veux deux bouteilles! Les plus fraîches!

Le vendeur plongea sa main au fond de la caisse et en retira deux bouteilles étincelantes. La marque était en alphabet thaï, qui est un peu différent de l'alphabet cambodgien, mais je reconnus le sigle de Pepsi-Cola.

– Les plus glacées s'il vous plaît. Deux bouteilles!

Il ouvrit les bouteilles et nous les avons portées à nos lèvres.

Au bout de quelques gorgées, je dus m'arrêter. La boisson était si froide que je pouvais la sentir s'écouler dans ma gorge jusque dans mon estomac. Je sentais l'énergie envahir mes membres, j'étais revitalisé, ragaillardi. Je respirai profondément et portai la bouteille à mes lèvres.

Le Pepsi me faisait l'effet d'une drogue. Il me rendait du courage. Peut-être était-ce tout simplement l'effet du sucre et de la caféine sur mon organisme mal nourri, mais je pense qu'il s'agissait d'autre chose. Pour moi le Pepsi symbolisait mon arrivée à l'Ouest.

Je terminai la bouteille en me léchant les lèvres.

– Frère, comme c'est bon!

Balam, trop occupé à boire sa bouteille, me fit un signe de tête.

– Deux de plus!

Cette fois-ci, le vendeur versa le Pepsi dans des sacs de plastique et ajouta de la glace pilée. Il mit une paille dans chaque sac qu'il ferma avec un élastique. Je lui donnai ses vingt *baht*.

Je sirotais la paille en me disant : « Comme c'est bon! c'est comme du vrai Pepsi! » Avant la révolution, il y avait à Phnom Penh du Pepsi-Cola, du Coca-Cola et d'autres boissons gazeuses et sucrées. Je trouvais ça tout à fait banal et à l'époque je n'en étais pas tellement friand.

Mais c'était différent aujourd'hui. Rien n'avait jamais eu aussi bon goût, et rien ne l'aurait jamais plus.

Je continuais à murmurer, « comme c'est bon! » tout en marchant vers le camp. En fait j'en voulais encore.

Le médaillon

Le Cambodge a deux ennemis héréditaires : le Viêt-nam et la Thaïlande. Pendant des siècles, les incidents frontaliers se sont multipliés et nous nous sommes fait la guerre.

A la base, une différence raciale : les Khmers « purs » ont la peau foncée, les Vietnamiens et Thaïlandais ont la peau jaune pâle. Pour la plupart des Asiatiques – y compris pour nos voisins – une peau claire ménage une place élevée dans l'échelle sociale. On regarde donc de haut les Cambodgiens à la peau sombre, et ceux-ci, plutôt timides par nature, semblent accepter cette infériorité. Ce n'est qu'une apparence · ils en souffrent à l'intérieur d'eux-mêmes.

Des langues différentes et la rivalité entre nations ont exaspéré les relations. La mémoire collective a aussi joué un grand rôle : tout écolier cambodgien sait qu'une invasion siamoise a causé la chute de l'empire d'Angkor et que les Vietnamiens utilisaient la tête de leurs prisonniers comme charbon de bois.

De nos deux voisins pourtant, ce sont les Thaïlandais que l'on préfère. Nous avons beaucoup de choses en commun dans le domaine culturel. Nous avons la même pratique du bouddhisme, le « petit rite ». Nos sculptures, nos temples et nos services religieux sont pratiquement identiques. Les Vietnamiens, par contre, pratiquent le « grand rite », très différent du nôtre. Les langues khmère et thaï ont pas mal de mots similaires, ce qui n'est pas le cas avec le vietnamien. Les paysans du Cambodge et de Thaïlande construisent leurs maisons sur pilotis alors que les Vietnamiens les construisent à même le sol.

Le résultat c'est que Cambodgiens et Thaïlandais éprouvent des sentiments contradictoires : tantôt amicaux, tantôt hostiles ou les deux en même temps.

Depuis la chute du régime khmer rouge, les Thaïlandais avaient un comportement bizarre. Certains d'entre eux apportaient des vêtements et de la nourriture aux réfugiés. (Quand on offrit des vêtements à Ngim, je dus lui apprendre le *sompeab*. Elle avait oublié toutes les bonnes manières pendant les années noires.) D'autres continuaient à voler, à violer et à terroriser les camps de réfugiés. L'attitude du gouvernement reflétait bien cette dualité. Il autorisait les organisations humanitaires à venir à notre secours et, dans le même temps, l'armée pouvait nous traiter très brutalement. Nous ne savions jamais à quoi nous attendre.

Dans le camp de Nong Chan, mal nourris et en haillons, Balam et moi cherchions à contacter des gens susceptibles de nous aider.

L'un d'entre eux était un Thaïlandais, Chama Samuthawanija, ancien ambassadeur à Phnom Penh sous le régime de Lon Nol. Balam l'avait connu alors qu'il était à l'époque le riche propriétaire d'une compagnie aérienne. Il se souvenait que Chan parlait le khmer, mais ne le lisait pas. Aussi écrivis-je une lettre en français expliquant notre situation. J'en écrivis beaucoup d'autres et envoyai ainsi de nombreux appels à l'aide.

En juin 1979, quelques semaines plus tard, on appela nos noms par haut-parleur : une voiture nous attendait pour emmener toute la famille à Bangkok.

C'était incroyable!

Le véhicule nous conduisit au centre de transit de Lumpini, un ancien camp militaire avec de longues baraques ressemblant à des entrepôts. Personne ne pouvait nous expliquer ce que nous faisions là et pourquoi on nous y avait emmenés.

On ne savait pas alors à quelle tragédie nous venions d'échapper. Le jour suivant notre départ, cent dix autobus étaient arrivés au camp et – selon un plan de l'armée thaïlandaise – dans divers autres centres de la frontière. 45 000 Cambodgiens y grimpèrent pensant être emmenés dans un endroit où les conditions de vie seraient meilleures.

En fait les autobus prirent la direction des montagnes Dangrek. A la frontière près d'un ancien temple Preah Vihear, les soldats forcèrent les réfugiés à retourner sur le territoire cambodgien à coups de fouet et sous la menace des fusils. Au bas de la colline, se trouvait un champ de mines. Des centaines de réfugiés y sont morts au milieu des explosions. Des milliers d'autres ont péri de déshydratation et de maladie, les jours suivants. Les survivants ont repris le chemin de la frontière pour tenter de repasser de l'autre côté malgré les bandits et les violeurs.

Balam et moi n'avons appris cette tragédie que beaucoup plus tard. A ce moment-là, nous nous promenions à Lumpini en essayant de comprendre ce qui nous était arrivé. C'était un endroit étonnant, où l'on parlait toutes les langues. Il y avait des réfugiés cambodgiens, vietnamiens, laotiens et des membres des tribus des hauts plateaux du Laos. Je regardais avec incrédulité leurs femmes qui portaient d'étranges coiffes, donnaient leurs seins énormes à leurs bébés et urinaient devant tout le monde en s'accroupissant simplement sur le sol.

De temps en temps, on lisait des listes de noms par haut-parleur et les gens se précipitaient avec leurs bagages : ils étaient autorisés à aller dans des pays occidentaux comme les États-Unis ou la France.

Ce jour-là, j'étais assis en sarong le long d'un mur observant les allées et venues. Ngim venait de laver mon unique pantalon et je le surveillais pendant qu'il séchait pour éviter qu'on ne me le vole. Au milieu de la matinée, il y eut un grand remue-ménage : coups de sifflet des policiers, grilles ouvertes à deux battants, soldats au garde-à-vous... Quelques minutes plus tard, les haut-parleurs nous appelèrent Balam et moi.

– Cousin, nous avons de la chance! Nous partons pour les États-Unis! Ngim, donne-moi vite mon pantalon s'il te plaît!

– Que les dieux soient loués! répondit Balam. Ils nous ont conduits hors de l'enfer et ils nous emmènent vers le bonheur.

Nous nous sommes dirigés à travers la foule vers le bureau du camp. Balam reconnut aussitôt l'homme bien habillé au visage rond, à l'expression douce et sage : l'ambassadeur Chana. Tout autour de lui, des hommes et des femmes s'inclinaient et faisaient le *sompeab*. Nous avons fait de même. C'était lui qui nous avait fait quitter le camp de la frontière.

– Je vous en prie, relevez-vous! disait Chana aux gens qui s'inclinaient devant lui.

Il ne parlait pas couramment le khmer mais nous n'avions aucune difficulté à nous comprendre. Il nous aperçut.

– Balam, docteur! Vous êtes vivants! Ne pensez plus au passé. Vous avez survécu, je vais m'occuper de vous. Si vous avez besoin de quoi que ce soit, demandez-moi!

Chana était très ému. Son vieil ami Balam n'était plus qu'une ruine, amaigri, vêtu de haillons, ses cheveux blanchis prématurément. Il se tourna vers moi et vit une autre ruine.

Il demanda quelque chose en thaï à son épouse qui se tenait à son côté. Elle retira de son sac deux liasses de billets de plusieurs centimètres d'épaisseur. Elle en donna une à Balam et me tendit l'autre. Nous avons accepté ces cadeaux en inclinant la tête.

Puis, après nous être concertés du regard, Balam et moi, j'ai pris la parole en notre nom.

– Ambassadeur, vous avez très bon cœur. Vous nous avez fait venir ici et maintenant vous nous aidez encore en nous donnant de l'argent. Nous vous remercions beaucoup, tous les deux!

Je m'arrêtai pour voir s'il me comprenait : il saisissait parfaitement mes paroles.

– Vous nous avez fait le plus grand des cadeaux : vous nous avez sauvé la vie. Nous acceptons votre argent, mais désirons vous le rendre : c'est trop pour nous. Nous voulons que vous le gardiez pour vos vieux jours!

Chana tenait absolument à nous donner cet argent, il insista, mais nous avons résisté et sa femme reprit les liasses. Il y avait dans cet échange une signification profonde non dite, mais que tout le monde comprenait. Balam et moi avions gardé suffisamment de dignité : d'abord en acceptant l'argent pour honorer Chana; puis en le lui rendant respectueusement pour ne pas perdre la face.

Il s'avéra que Chana était à Pékin pour rencontrer Sihanouk lorsque notre lettre était arrivée. Il ne lisait pas plus le français qu'il ne lisait le khmer et se la fit traduire. Par contre, il était tout à fait au courant de la situation désespérée dans laquelle se débattaient les Cambodgiens. Il était certainement plus sensible que quiconque aux problèmes des réfugiés, étant non seulement diplomate mais aussi général dans la police nationale thaïlandaise. Il nous fit remettre quelques jours plus tard des laissez-passer, nous permettant de sortir et de rentrer de Lumpini à notre guise.

Je n'ai pas utilisé le mien tout de suite.

J'étais encore déprimé. De gros nuages noirs s'étaient accumulés entre le soleil et moi. Je ne voulais pas parler aux autres réfugiés ni explorer Bangkok. Toutes mes pensées étaient encore tournées vers Huoy et mes parents.

J'étais obsédé par ce que m'avait dit Huoy juste avant la chute du régime de Lon Nol. Elle m'avait conseillé de vendre les camions-citernes, d'acheter un billet d'avion et de quitter le Cambodge pour n'importe où! C'était bien de Huoy : ne même pas me demander de l'emmener! Elle voulait que je quitte le pays pour mon salut!

Si je l'avais écoutée, si j'étais parti avec elle à l'étranger, elle serait toujours vivante aujourd'hui. Nous nous serions mariés et nous aurions vécu heureux. Si je l'avais écoutée et si j'avais manifesté de véritables qualités de chef, j'aurais pu sauver toute ma famille!

Mais ils étaient tous morts.

Outre Ngim et Balam, j'avais un autre parent à Lumpini. Il avait un nom chinois : Lo Sun-main. Nous n'étions pas parents par le sang, mais il était le beau-frère de Hok, mon frère, et nous étions amis à Phnom Penh. Nos liens s'étaient renforcés depuis que tant des nôtres avaient disparu. Sun-main s'aperçut que j'étais déprimé et il essaya de me donner du courage. Il me parlait, m'apportait à manger de bonnes choses envoyées par un oncle de Bangkok.

Il voulait me faire connaître son oncle mais je résistais. J'avais une bonne excuse : je n'avais rien à me mettre. J'avais à cette époque les cheveux dans les yeux, une barbe de trois jours et je ne voulais pas perdre la face devant des étrangers en me présentant ainsi. La véritable raison était que je me mortifiais en restant dans la misère.

Finalement, l'oncle Lo-Pai-boon nous rendit visite à Lumpini. Il avait une cinquantaine d'années et des cheveux fins peignés en arrière. Sa femme était très coquette avec une longue chevelure. Ils avaient apporté des fruits et de bonnes choses pour ce parent médecin dont ils avaient entendu parler. Quand ils me virent, ils se mirent à pleurer.

Ils purent, en donnant un pot-de-vin au gardien, m'emmener chez eux en voiture.

Oncle Lo avait émigré en Thaïlande alors qu'il était enfant. Il avait travaillé dur comme les Chinois ont l'habitude de le faire à l'étranger, et était à présent propriétaire d'une grande entreprise de tissus.

Il ne se rappelait plus grand-chose du khmer et je ne parlais pas le thaïlandais, mais nous connaissions tous les deux le dialecte chinois Téochiew et nous n'avions pas de problème de communication. Que je sois un nationaliste cambodgien, et lui thaïlandais, n'avait aucune importance : notre passé nous rapprochait.

Pendant que j'étais assis chez lui dans mes vêtements déchirés, il fit venir un tailleur qui prit mes mesures. A des voisins de passage, Oncle Lo me présenta comme un proche parent médecin. Quelques heures plus tard, le tailleur revint avec cinq paires de pantalons et cinq chemises sur mesure. Oncle Lo et sa femme m'emmenèrent ensuite dans un magasin de chaussures et dans des boutiques. Puis nous allâmes dîner dans le meilleur restaurant chinois de Bangkok. Oncle Lo et sa femme, assis à mes côtés, remplissaient continuellement mon assiette. Je fis le plus délicieux des repas.

Avant de me ramener à Lumpini, Oncle Lo me donna 3 000 *baht*, l'équivalent de 150 dollars américains. Ce n'était pas tout : il m'invita à nouveau, me fit faire une paire de lunettes, d'autres vêtements et me donna encore de l'argent. Il fit la même chose pour Balam.

Les Thaïlandais avaient été généreux avec moi : l'ambassadeur Chana m'avait fait cadeau de la liberté et Lo-Pai-boon de vêtements et d'argent. Je commençais à sortir de ma dépression, mais je voulais faire quelque chose avant de retrouver le respect de moi-même.

Je fis reproduire, dans le quartier chinois de Bangkok, la photo d'identité de Huoy sur un petit cœur en porcelaine colorié à la main. Je demandai à un bijoutier de l'enchâsser dans un médaillon en or, que je mis à mon cou.

Ce médaillon est comme un talisman, son poids rassurant est toujours là sous ma chemise contre mon cœur. J'étais sûr que Huoy allait me guider et me protéger tant qu'il serait à mon cou. Je ne l'ai jamais enlevé : il reste avec moi jour et nuit.

Je commençais à me sentir mieux et à ressembler à un être humain normal. Mon chagrin n'était pas terminé et la nuit mes rêves me ramenaient en prison, sous la torture, encore et toujours. Mais, pendant la journée j'avais l'esprit clair et je commençai à prêter attention aux occupants du centre de transit de Lumpini, dont la plupart avaient fui un régime communiste.

Près de moi se trouvait une famille vietnamienne d'origine chinoise qui campait sur des nattes. En mandarin, une jolie jeune fille m'expliqua comment sa famille s'était échappée du Viêt-nam en bateau. C'était l'histoire dramatique de centaines de gens entassés dans de petites embarcations au milieu des orages et de la tempête, écopant avec frénésie pour éviter de couler. Et puis, il y avait les pirates thaïlandais. Elle ne dit pas grand-chose sur les pirates, à part qu'ils dépouillaient les réfugiés de leur or. Le reste, je pouvais le deviner rien qu'à son expression. J'étais content de ne pas être parti en bateau depuis Kampot avec Huoy.

Il y avait aussi les Laotiens parlant chinois, des marchands, originaires des basses terres et des villes. Ils racontaient que lorsque le Pathet Lao, les communistes, avaient pris le pouvoir en 1975, les soldats et les officiers de l'ancien régime avaient été envoyés dans des camps de rééducation dans la campagne. Là, ils étaient forcés de travailler de longues heures et d'assister à des réunions de propagande particulièrement ennuyeuses. C'était le même genre de vie que sur le front au Cambodge, avec cette différence qu'au Laos il y avait eu peu de morts parce que les communistes n'y étaient pas aussi cruels et fanatiques. Mais la tentative du Pathet Lao de réorganiser la campagne en coopératives n'eut pas plus de succès que celle des Khmers rouges et beaucoup d'ouvriers et de paysans avaient décidé de rejoindre la Thaïlande, soit en traversant le Mékong à la nage, soit en louant des bateaux et en achetant des officiers.

A la différence des habitants des plaines, les tribus des hauts plateaux du Laos ne parlaient aucune des langues que je connaissais. J'appris néanmoins qu'ils avaient créé un mouvement de rébellion soutenu par la CIA qui avait lutté dans les montagnes contre les Nord-Vietnamiens. Leur guérilla se termina avec la prise du pouvoir en 1975 par les communistes. Les montagnards ont continué à se défendre tant qu'ils ont eu du ravitaillement, puis ils sont partis quand il n'y eut plus d'autre solution. Les hommes étaient robustes et rudes, portaient de larges pantalons noirs qui descendaient à mi-jambe. Leurs enfants étaient couverts de poussière et avaient généralement la morve au nez. Ils appartenaient à différentes tribus, les H'mong, les Yao et d'autres encore. Certaines femmes portaient des coiffes recouvertes de pièces qui cliquetaient, d'autres drapaient un voile autour de leur tête, comme un turban fixé avec des colliers d'argent.

Avec des Vietnamiens, des Laotiens, des Cambodgiens, des habitants des plaines et des montagnes, des gens des villes et des campagnes, des intellectuels qui parlaient français et des paysans qui n'avaient jamais mis une paire de chaussures, Lumpini était une Indochine en miniature.

Les enfants passaient leur temps à se battre tout comme les adultes dans leur pays respectif : les jeunes Vietnamiens étaient les plus agressifs.

Parlant des langues différentes, appartenant à des races, des cultures différentes, nous ne nous sentions pas « indochinois » ou « réfugiés d'Indochine ». Sinon avoir souffert du communisme, nous n'avions pas grand-chose en commun.

C'était pourtant un endroit intéressant.

Je commençai à travailler comme volontaire dans une clinique avec un médecin vietnamien très sympathique. Nous parlions français.

Les réfugiés vietnamiens étaient en meilleure forme que les autres. Les Cambodgiens étaient, eux, dans un état critique. Le problème le plus sérieux à Lumpini c'était la dépression : quel que soit leur lieu d'origine, les réfugiés étaient traumatisés par la perte de leur famille et de leur cadre de vie.

En travaillant à la clinique, je me fis beaucoup d'amis, même les gardiens thaïlandais venaient me voir pour leurs problèmes de santé. La plupart du temps, des maladies vénériennes. Les gardiens m'aimaient bien, ils m'assuraient que je pouvais entrer et sortir du camp sans laissez-passer.

Je finis par me décider.

Les rues de Bangkok étaient encombrées d'autobus, de voitures, de camions et de *samlor*, les taxis à trois roues dont les moteurs Diesel dégagent une fumée graisseuse.

Des motocyclettes fonçaient dans la circulation avec une témérité suicidaire. Sur les canaux, des péniches allaient et venaient tandis que les ferries cabotaient le long de la rivière Chao Phraya. Ce n'était pas une ville propre, l'air était pollué par la fumée et l'eau était noire et sale. Mais j'aimais Bangkok. C'était une ville excitante et énergétique.

Partout s'élevaient des immeubles, des gratte-ciel et des passerelles entre les maisons. Le bruit de la circulation et des travaux arrivait de tous les côtés, à toutes les heures de la journée et de la nuit. Je n'avais jamais vu autant de télévisions, de radios, de réfrigérateurs, de restaurants, de bars et de terrains de football. Les gens étaient plutôt bien habillés, signe d'un niveau de vie élevé.

Bangkok ressemblait à la ville de rêve que Chea Huon avait évoquée devant le barrage. Mais au lieu de n'être qu'une illusion, celle-ci était bien réelle et bien vivante. Il y avait de la nourriture partout, les routes étaient goudronnées, les maisons avaient l'électricité. Les grues et bulldozers effectuaient les travaux les plus durs et de nombreuses familles possédaient une voiture ou une mobylette.

Mais le plus important c'est que les Thaïlandais étaient libres. Ils n'avaient pas d'Angka! Personne ne les obligeait à se rendre à des réunions de propagande ou ne les traitait comme des esclaves. Ils s'organisaient seuls.

Et c'est parce qu'ils étaient libres qu'ils étaient beaucoup plus productifs que les esclaves de guerre.

Je me suis rendu au Palais Royal. Il ressemblait à celui de Phnom Penh avec ses flèches et ses tuiles multicolores. J'ai visité des temples. Il y en avait beaucoup, propres et bien entretenus avec de nombreuses statues de Bouddha à l'intérieur et des moines en robe safran.

Je me suis arrêté devant un site sacré, en plein air, à côté de l'hôtel Erawan. Dans ce lieu de pèlerinage à quelques mètres d'une intersection très bruyante – les voitures, les mobylettes, les *samlors* faisaient impatiemment ronfler leur moteur et démarraient comme pour une course avant même que le feu ne passe au vert – régnait une atmosphère d'intense recueillement de jour comme de nuit. Des musiciens jouaient, pendant que des danseurs évoluaient gracieusement et sereinement. Les fidèles rassemblés, priaient, en faisant brûler de bâtons d'encens.

L'ancien et le moderne se côtoyaient sans problème.

J'enviais les Thaïlandais. Comme je les enviais! Ils avaient maintenu leur culture traditionnelle intacte alors que la nôtre avait été détruite. Nos temples étaient en ruine, nos moines exécutés, nos livres déchirés et transformés en papier à cigarette. Les Thaïlandais gardaient leur passé et ils étaient assurés d'un avenir prospère. Pour la plupart des Cambodgiens, l'avenir consistait à glaner de la nourriture dans la forêt, à vivre dans des huttes sans électricité et à obéir sans broncher aux soldats. Nous n'avions pas de capitale moderne et animée comme Bangkok. Phnom Penh à côté ressemblait à une petite ville de province.

De retour à Lumpini, j'en parlai avec des amis. Nous avions tous fait la même remarque : avant de connaître Bangkok, nous ignorions l'existence d'une ville si moderne en Asie, et dans un pays riverain du nôtre. On nous avait toujours dit au contraire que le Cambodge était un pays bien supérieur à ses voisins. Tous nos chefs nous avaient dit la même chose de Sihanouk à Lon Nol, même les Khmers rouges!

C'était un contraste étrange et nous étions d'accord là-dessus. Sur ces deux nations aux cultures semblables et aux ressources similaires, l'une était un grand succès, l'autre un désastre absolu. On pouvait comprendre pourquoi la Thaïlande avait réussi, mais pourquoi le Cambodge avait-il échoué? Nous avions quelques réponses mais elles n'étaient pas à la mesure de notre chagrin. Tant que nous vivrons, nous nous poserons cette question sans être jamais satisfaits des réponses.

Ce que je sais, c'est que la destruction du Cambodge aurait pu être évitée. La politique en porte l'entière responsabilité.

Par politique, je ne parle pas uniquement de celle des Khmers rouges. Ils ont donné le coup de grâce à ce pays, ils ne l'ont pas détruit tout seuls.

Des pays étrangers leur ont prêté main-forte, la plupart sans se rendre compte des conséquences. C'est une histoire compliquée et il faut remonter de nombreuses années en arrière pour la comprendre.

D'abord, la France, notre ancienne puissance coloniale, ne nous a pas préparés à l'indépendance. Elle ne nous a pas donné cette classe moyenne cultivée dont nous avions besoin pour nous gouverner nous-mêmes.

Puis il y a eu les États-Unis, dont le soutien ostensible poussa le Cambodge vers la droite en 1970, le faisant sortir de sa neutralité.

Une fois Lon Nol au pouvoir, les États-Unis auraient pu le forcer à mettre fin à la corruption. Ils auraient pu arrêter les bombardements avant qu'il ne soit trop tard. Les bombardements et la corruption ont contribué à ce que le Cambodge bascule dans le camp de gauche.

Du côté des communistes, la Chine a donné aux Khmers rouges des armes et une idéologie. Les Chinois auraient pu les empêcher de massacrer les civils. Ils n'ont même pas essayé.

Et puis, il y a le Viêt-nam. Dans les années 60 et au début des années 70, les communistes vietnamiens, en utilisant l'est du territoire comme partie intégrante de la piste Hô Chi Minh, ont toujours placé leurs intérêts avant tout. Ils ont utilisé le Cambodge à leur profit.

Mais le plus triste à dire c'est que le principal responsable de la destruction du Cambodge, ce sont les Cambodgiens.

Pol Pot était cambodgien, comme Lon Nol et comme Sihanouk. Ces trois dirigeants ont réuni toutes les conditions pour la destruction et la mort de notre pays.

Vus de l'extérieur, ils apparaissent comme totalement différents : Sihanouk, le prince populiste; Lon Nol, le dictateur de droite; Pol Pot, le communiste ultra.

En fait, ils avaient, comme Chea Huon, des idées extraordinaires sur le développement futur du pays. Ils partageaient aussi un trait typiquement cambodgien : une vanité excessive. Je ne parle pas d'une saine fierté patriotique mais du sentiment d'appartenir à une race supérieure. Nos voisins nous méprisent à cause de la couleur de notre peau : comme nous nous sentons humiliés, nous essayons de prouver notre supériorité à chaque occasion.

Sihanouk répétait sans cesse que nous étions un îlot de paix qui faisait envie au monde entier. Il disait que nous étions un peuple beaucoup plus civilisé que les Vietnamiens et que les Thaïlandais, mais il ne nous encourageait pas à sortir du pays pour aller faire des comparaisons. Si nous l'avions fait, nous aurions pu constater dans quel état piteux se trouvait notre économie, combien notre armée était faible et notre administration incompétente. Si nous avions su et si Sihanouk l'avait voulu, nous aurions peut-être pu faire quelque chose.

Le successeur de Sihanouk fut l'incapable Lon Nol. Il voulait tout purifier au Cambodge : la race, la culture, la religion. Il rendait les Vietnamiens responsables des maux du Cambodge et croyait qu'ils étaient de race inférieure. Voilà pourquoi il laissa ses soldats massacrer les Cambodgiens d'origine vietnamienne, et qu'il attaqua les troupes du Nord-Viêt-nam le long de la frontière, alors qu'elles étaient les meilleures d'Asie. Beaucoup plus que Sihanouk, Lon Nol était un rêveur.

Après Lon Nol vint Pol Pot. Le gouvernement bascula de l'extrême droite à l'extrême gauche, mais en fait les dirigeants étaient les mêmes. Comme Lon Nol, Pol Pot était un raciste aux idées bizarres. Il voulait redonner au Cambodge sa grandeur, en éliminant tous ceux qui n'étaient pas de purs paysans khmers : les intellectuels, les citadins, les Chams (la minorité musulmane), les gens d'origine vietnamienne et chinoise. Les Khmers rouges se vantaient de leur supériorité, les autres n'étaient que des êtres sans importance. Voilà pourquoi ils n'y réfléchissaient pas à deux fois pour tuer et torturer. Voilà pourquoi Pol Pot fit en 1977 l'énorme bêtise d'attaquer le territoire vietnamien et d'y massacrer des civils. Comme Lon Nol, Pol Pot croyait qu'il pouvait vaincre l'armée vietnamienne!

Sihanouk, Lon Nol, Pol Pot avaient la même vision du Cambodge : un pays fier, indépendant, différent de ses voisins, mieux qu'eux. C'était une vision déformée. La situation du pays est allée en empirant d'un dirigeant à l'autre.

En 1979 le Cambodge était détruit. A côté, en Thaïlande, il y avait des routes pavées, de beaux temples et plus de riz qu'il n'en fallait pour nourrir la population.

Plus je découvrais la Thaïlande, plus je me mettais en colère. J'avais été trompé sur toute la ligne.

Saloth Sar

En 1928 naquit dans la province de Kompong Thom, au nord du Cambodge, un garçon du nom de Saloth Sar. C'était un sang-mêlé, khmer et chinois, dont les parents, fermiers aisés, étaient propriétaires des terres qu'ils cultivaient. Sa famille avait des liens plutôt étranges avec Phnom Penh : une de ses tantes était concubine dans le harem du roi Monivong, le prédécesseur de Sihanouk. Une autre avait le statut encore plus prestigieux d'épouse dans ce harem.

C'est grâce à elles que le frère aîné de Saloth Sar obtint une place à la section du protocole au Palais Royal.

Quand il eut cinq ans, Saloth Sar fut envoyé à Phnom Penh pour y être élevé par son frère. Il allait souvent au Palais et apprit même à parler la langue royale : une espèce de khmer recherché, plein de mots et de titres compliqués. Après avoir effectué – comme la plupart des collégiens – sa période de moine, il étudia pendant six ans dans un temple.

Ce n'était pas un bon élève. Il rata tous les examens qui auraient pu lui permettre d'entrer dans les grandes écoles et dut repartir dans sa famille à Kompong Cham.

A dix-neuf ans, il fut renvoyé à Phnom Penh pour y apprendre la menuiserie et s'y fit des amis parmi les étudiants du prestigieux lycée Sisowath. (Vingt ans plus tard j'y passerai mes diplômes et Huoy y enseignera.) L'un de ses meilleurs amis était un jeune homme brillant, Ieng Sary, un des leaders étudiants.

Par piston, Saroth Sar obtint une bourse pour l'École Française de Radio et d'Électricité à Paris. Un an plus tard, Ieng Sary le rejoignait et prenait un appartement au Quartier latin. Les deux hommes se lièrent avec des intellectuels communistes et fondèrent rapidement leur propre cercle communiste cambodgien. Plusieurs compatriotes les rejoignirent. Une jolie étudiante en littérature anglaise à la Sorbonne, Khieu Thirith, épousa Ieng Sary. Sa sœur Khieu Ponnary, épousa un peu plus tard Saloth Sar.

Les deux sœurs mariées aux deux amis allaient constituer le noyau de ce qui serait connu plus tard comme les Khmers rouges.

A Paris, Saloth Sar avait, paraît-il, la photo de Staline au-dessus de son lit. Il écrivait des articles dans une revue extrémiste cambodgienne qu'il signait : le Khmer authentique. C'était un pseudonyme étrange pour un métis. Peut-être était-ce le signe avant-coureur du fanatisme racial qui allait marquer sa carrière.

Il était certainement plus concerné par la politique que par ses études. Après trois échecs consécutifs à ses examens, on lui retira sa bourse et il rentra au Cambodge en faisant un petit crochet par la Yougoslavie de Tito.

A son retour, la guerre battait son plein entre les forces françaises coloniales et les rebelles Viêt-minh de Hô Chi Minh. Saloth Sar entra dans une organisation clandestine – fondée alors qu'il se trouvait à Paris –, le Parti Communiste Indochinois (PCI), qui regroupait des Vietnamiens et des Cambodgiens. Toutefois, lorsque le nouveau membre rejoignit sa cellule dans l'est du Cambodge, ce fut pour constater que les Vietnamiens contrôlaient totalement le PCI et que les Cambodgiens n'étaient que quantité négligeable. On le mit à la cuisine et au nettoyage des cabinets.

Exactement ce que Huoy et moi avons fait plus tard sous les Khmers rouges.

Saloth Sar n'était pas reconnaissant aux Vietnamiens de ces tâches, somme toute plutôt reposantes. Le « Khmer authentique » en conçut une rancune tenace qui allait l'animer toute sa vie.

En 1953, sans l'aide des communistes, Sihanouk arracha l'indépendance de son pays aux Français.

L'année suivante, il se rendit à Genève pour la Conférence de la Paix comme chef d'un État souverain. La France voulait bien accorder l'indépendance à ses deux dernières colonies indochinoises : le Laos et le Viêt-nam. Une ligne fut tracée sur le 17ᵉ parallèle séparant temporairement le Nord communiste et le Sud non-communiste. Plus tard, dans les années 60, lorsque les Sud-Vietnamiens demandèrent que la partition devienne permanente, tout était en place pour une guerre de réunification.

Pour les communistes cambodgiens, une longue et dure période commençait.

Sihanouk les manœuvrait en permanence : il abdiqua, se présenta aux élections et fut facilement élu Premier ministre. Sa politique étrangère de neutralisme gauchisant lui gagna l'amitié de l'URSS et de la Chine qui lui accordèrent leur soutien, ignorant les communistes cambodgiens du PCI.

En politique intérieure, Sihanouk créait l'illusion d'une certaine liberté politique. Il autorisa les communistes à avoir une représentation officielle, le groupe Pracheachon, et attira à lui les intellectuels de gauche les plus respectés en invitant deux d'entre eux à travailler dans son cabinet. En même temps, il menait une « guerre des ombres » contre les communistes. Sa police secrète assassinait les militants sans procès et sans publicité. L'un des chefs du PCI renseignait même Sihanouk sur leurs réseaux et leurs objectifs.

A Phnom Penh, la situation des communistes était mauvaise mais pas désespérée : la police ne connaissait pas l'identité de tous les membres de base comme Saloth Sar. Avec son beau-frère Ieng Sary, ils enseignaient officiellement dans une école renommée, Kampuchéa Bot. (J'y avais personnellement suivi des cours de maths pendant les vacances alors que je vivais à Takéo, mais je ne me souviens pas d'eux.) Leurs épouses enseignaient dans des écoles publiques et reversaient une bonne partie de leur salaire à un journal écrit en français, *l'Observateur,* qui appartenait à un communiste.

Le rédacteur en chef était l'un des leurs mais avait un poste au cabinet de Sihanouk et passait pour un homme intègre ayant une forme de pensée tout à fait indépendante.

Ce que faisaient les communistes en public et clandestinement était bien différent. Comme membres du parti, ils organisaient des réunions secrètes pour endoctriner de nouvelles recrues ou pour structurer le mouvement ouvrier. Officiellement, ils menaient des vies bourgeoises et travaillaient normalement. Ils étaient tous d'origine khmère ou chinoise, intellectuels et citadins. Et le plus cocasse, issus de milieux bourgeois. Quinze ans plus tard ils allaient être les chefs d'une révolution raciste, dirigée contre les intellectuels et les citadins. En quinze ans, ils avaient complètement changé.

En 1960, dans un wagon abandonné de la gare de Phnom Penh, ils organisèrent une réunion préparatoire à la formation de ce qui allait devenir le Parti Communiste du Kampuchéa (PCK). A la différence du Parti Communiste Indochinois, le PCK était tout à fait indépendant des Vietnamiens.

Peu après, le chef du PCI – l'homme de Sihanouk – rejoignit officiellement son maître, et son successeur fut assassiné.

Il y eut soudain de la place pour des jeunes gens ambitieux.

En 1963, Saloth Sar fut élu secrétaire général du parti.

Il avait bien mûri depuis ses années d'étudiant : il était maintenant sûr de lui, secret, expert en manipulation et avait pris un pseudonyme : « Frère n° 1. »

En quelques mois, Frère n° 1, Ieng Sary et la plupart des communistes de premier rang quittèrent Phnom Penh où Sihanouk avait pris des mesures énergiques à leur encontre. D'autres restèrent comme Khieu Samphan, qui garda son siège de député mais fut obligé de quitter le cabinet de Sihanouk.

Lorsque j'étais écolier, je le voyais souvent en ville se déplacer à bicyclette. Les intellectuels idéalistes, comme mon professeur Chea Huon, l'admiraient beaucoup et adhérèrent au parti à ce moment-là.

En 1967, il y eut de nouvelles mesures contre les communistes : Khieu Samphan s'échappa de Phnom Penh caché dans une charrette, mais Chea Huon n'eut pas autant de chance. Je lui rendis visite en prison, ne sachant rien alors de sa vie clandestine et de la « guerre des ombres ». Peu de gens étaient au courant d'ailleurs.

En quittant Phnom Penh, les chefs khmers rouges s'installèrent dans la montagne, près de la frontière vietnamienne. Ils n'avaient que peu d'armes et pas de moyens de transport; ils se déplaçaient à pied ou à dos d'éléphant, et recrutaient des montagnards à la peau sombre, depuis toujours opprimés par les gens des plaines. Ceux-ci étaient ravis de se battre contre les citadins qu'ils haïssaient.

Leur vie était dure et peu prestigieuse : les forêts étaient infestées de serpents, ils souffraient de la malaria, il n'y avait jamais assez à manger.

Vers le milieu des années 60, la deuxième guerre du Viêtnam battait son plein. Les Nord-Vietnamiens utilisaient une partie du territoire cambodgien pour la piste Hô Chi Minh et donnaient en échange un peu de matériel aux Khmers rouges. La Chine et l'URSS n'envoyaient aucune aide et continuaient à soutenir Sihanouk.

Les Khmers rouges n'étaient qu'un petit groupe de rebelles en haillons vivant dans les montagnes.

Le coup d'État de Lon Nol en 1970 allait tout changer.

Lorsque Sihanouk, renversé, rejoignit les Khmers rouges, ceux-ci devinrent, du jour au lendemain, politiquement importants.

Les Chinois et les Nord-Vietnamiens leur fournirent des armes et des camps d'entraînement. De nombreux paysans répondant à l'appel de Sihanouk vinrent les rejoindre.

Les Khmers rouges commençaient à être nombreux mais ils étaient encore vulnérables et, à cette époque, c'était l'armée nord-vietnamienne qui se chargeait de la plupart des opérations.

De plus, ils ne faisaient pas confiance à Sihanouk et ne le tenaient pas au courant de leurs intentions.

Lui passait la plupart du temps à Pékin, à plus de 2 500 kilomètres de là, en compagnie d'une Cour dont faisait partie l'avocat Penn Nouth. (Celui qui avait obtenu la libération de mon frère quelques années auparavant.)

En 1973, les gouvernements chinois et nord-vietnamien s'arrangèrent pour que Sihanouk visite la « zone libérée ». Habillé en noir comme un Khmer rouge, chaussé de sandales en caoutchouc, il fut photographié sur la piste Hô Chi Minh.

Il passa un mois à se rendre à des banquets et à des cérémonies en son honneur, toujours persuadé que le chef des Khmers rouges était Khieu Samphan. C'était ce qu'ils voulaient faire croire. Pour Sihanouk, Saloth Sar n'était pas un personnage très important, et il le situait au deuxième ou troisième rang de la hiérarchie. Plus tard Sihanouk se rappellera qu'il était le plus poli de ses accompagnateurs, le seul à lui parler dans ce langage fleuri utilisé par les Khmers raffinés du Palais Royal.

Ce n'étaient que tromperies et embrouilles!

Les Khmers rouges étaient experts en la matière. Incapables de se débarrasser des Nord-Vietnamiens pour le moment, ils décidèrent de purger leurs rangs de tous les communistes cambodgiens qui avaient vécu au Nord-Viêt-nam. Ils dispersèrent ces hommes dans différents endroit du pays, puis les invitèrent à se rendre à des « réunions » d'où ils ne revinrent jamais. Tout se passait dans le secret le plus absolu, comme pendant la « guerre des ombres ». Les morts disparaissaient. Ce ne fut que lorsque la plupart de ces vétérans eurent été liquidés que les autres se doutèrent de quelque chose.

Le code de conduite des Khmers rouges était aussi une escroquerie au service d'un objectif bien précis : montrer au peuple que les révolutionnaires se comportaient mieux que les soldats gouvernementaux. Une fois que l'appui populaire fut acquis, ils ne respectèrent plus les droits des paysans dans les « zones libérées ». Ceux-ci se retrouvèrent dans des coopératives, contraints de cultiver de grandes surfaces et d'écouter d'interminables discours. Il n'y avait plus de propriété privée.

Ceux qui n'étaient pas d'accord furent exécutés. Peu parvinrent à s'échapper pour raconter leur histoire, et à Phnom Penh on ne connaissait rien de la brutalité communiste. On n'entendait parler que du côté positif des communistes. Ils ne volaient jamais un seul grain de riz par exemple.

Les Khmers rouges ne furent pas des génies militaires mais on ne peut mettre en doute leur courage. Deux cent cinquante tonnes de bombes explosèrent sur leur territoire : certainement le plus gros bombardement jamais effectué. Cela ne les a pas arrêtés.

Au combat, ils utilisaient le système des vagues humaines. Indifférents aux pertes, ils continuaient l'attaque sans relâche même lorsqu'il était impossible de vaincre. Ils trouvaient facilement des troupes fraîches pour remplacer leurs pertes : les bombardements américains avaient déplacé tellement de gens que beaucoup de jeunes paysans demandaient à être enrôlés chez les Khmers rouges.

Pour convaincre leurs jeunes recrues d'effectuer autant de sacrifices, leurs instructeurs les persuadaient qu'ils étaient des surhommes, les seuls capables de vaincre les impérialistes américains! Ces jeunes soldats le croyaient dur comme fer. Ce sont ces adolescents que j'avais vus la première fois, le 17 avril 1975, pendant la prise de Phnom Penh.

Six jours après la chute de la ville, le 23 avril 1975, le commandant en chef arriva en Jeep dans la capitale. Pas de manifestations, pas de défilés. Ses troupes ne savaient même pas qui il était, tellement son identité avait été gardée secrète. Saloth Sar, connu sous les noms du « Khmer authentique » et de « Frère nº 1 », avait pris un nouveau pseudonyme : Pol Pot.

On sait ce qui arriva par la suite.

Il décida d'organiser le pays en coopératives comme dans les zones libérées. L'exode temporaire de Phnom Penh devint définitif et peu à peu les « nouveaux » furent assignés à des coopératives, privés de leur religion, de leurs droits, de leur famille et de leurs biens personnels. Exactement comme l'avaient été les paysans des régions libérées.

Pol Pot et son entourage étaient très sûrs d'eux. Ils pensaient sincèrement pouvoir transformer un pays en faillite, brisé par la guerre et de tradition agricole en une puissance industrielle sans l'aide d'autres pays et même de techniciens qualifiés. Ils tenaient cette idée de Mao Tsé-toung qu'ils admiraient et vraisemblablement de Staline qui avait tenté de faire la même chose en Union soviétique. Stupide et fier de l'être est un comportement typiquement cambodgien.

Les Khmers rouges avaient décidé de pousser l'expérience à l'extrême. Comme par exemple d'exploiter notre « énergie latente » en nous faisant travailler comme des bêtes, et de nous « libérer » des responsabilités inutiles telles que préparer les repas ou élever les enfants.

Malheureusement Pol Pot était un aussi mauvais promoteur que Saloth Sar avait été un médiocre étudiant.

Il ne réalisait pas que la révolution culturelle de Mao avait été un désastre et que les tentatives de Staline avaient ramené l'URSS en arrière, pendant des années.

Il ne lui vint même pas à l'idée de considérer simplement le côté pratique des choses. Il était, par exemple, tout à fait insensé de construire ces énormes systèmes de canaux et de barrages sans avoir recours à des techniciens ou à des ingénieurs. Mais Pol Pot était ainsi : la réalité devait s'adapter à sa politique. Et certainement pas le contraire!

Pendant cette période il ne fit pas un geste pour aider sa famille. L'une et peut-être les deux concubines royales qui lui étaient apparentées sont mortes à la campagne. Son jeune frère est mort de faim; son frère aîné – qui l'avait accueilli à Phnom Penh dans son enfance – survécut aux années khmères rouges sans jamais savoir que Saloth Sar et le chef d'Angka étaient une seule et même personne.

Si les rapports disent vrai, Pol Pot utilisait plusieurs maisons à Phnom Penh, allant de l'une à l'autre sans prévenir, tant il avait peur d'être assassiné. Il restait très discret, n'apparaissait jamais en public et jusqu'en septembre 1977 n'annonça jamais officiellement qu'Angka était le Parti Communiste du Kampuchéa et qu'il en était le chef. Il n'avait pas d'enfants, pas de vie de famille. Sa femme, dont les cheveux avaient blanchi prématurément, devint folle et on dut l'enfermer.

Beaucoup se sont demandé si Pol Pot lui-même n'était pas fou. Cela pourrait au moins expliquer la folie de son régime.

Il est vrai que sa discrétion maladive, ses mensonges et son manque de sens commun dénotent de problèmes psychologiques. Je crois qu'il devait souffrir d'hallucinations paranoïaques. Mais c'est un point de vue tout personnel.

Les Cambodgiens qui l'ont approché ont le souvenir d'un homme qui parlait très doucement, comme Chev, qui souriait souvent et qui était très soigné de sa personne. Ils racontent qu'il avait des mains menues, douces, presque féminines, et s'en souviennent tous comme d'un homme inspirant confiance!

Alors que Pol Pot était plutôt discret, un « premier couple non officiel » s'affichait à Phnom Penh : Ieng Sary, ministre des Affaires étrangères, et sa femme Thirith, ministre des Affaires sociales. Ils avaient des gardes du corps, des chauffeurs, des cuisiniers et des servantes. Ils utilisaient du savon, des chaussures et des médicaments qui nous manquaient si cruellement à nous, esclaves de guerre. Ils mangeaient ce qu'il y avait de mieux dans le pays, dans une « cantine commune spéciale » réservée aux dirigeants d'importance. Ieng Sary grossit et sa fille aînée devint médecin à Phnom Penh alors qu'elle n'avait pas fait d'études et que les vrais médecins devaient se cacher dans les campagnes.

Les chefs khmers rouges vivaient dans une partie de Phnom Penh nettoyée et restaurée pour leur usage. Ils avaient un comportement en public plutôt tranquille et réservé : ils ne buvaient pratiquement jamais d'alcool, se lavaient fréquemment et portaient des vêtements propres. Ils parlaient toujours à voix basse, ne laissant apparaître ni joie ni colère. Ils ne participaient pas directement aux massacres.

A l'exception de la partie qu'ils occupaient, Phnom Penh était vide. On avait planté des bananiers à l'emplacement des boutiques en plein air du marché central. A la place de la cathédrale française, il n'y avait plus qu'un terrain vague. Chaque pierre avait été enlevée comme si l'édifice n'avait jamais existé. Les carcasses des voitures gisaient, cassées et rouillées, empilées n'importe où. La mauvaise herbe poussait partout.

Pendant ce temps, Sihanouk était en résidence surveillée dans un appartement du Palais Royal. Son histoire est étrange et pathétique. Sihanouk revint de Pékin en septembre 1975 pour une courte visite à sa famille. En temps que président du Kampuchéa démocratique – du moins en titre –, il fit un discours à l'ONU dans lequel il qualifia de « rumeurs » les informations qui faisaient état de violences et d'exécutions au Cambodge. Sur la foi de ces déclarations, de nombreux Cambodgiens qui vivaient à l'étranger rentrèrent au pays. La plupart furent exécutés.

Sihanouk, lui, revint au Palais Royal et fut mis aux arrêts. Un an plus tard, il démissionna de son poste symbolique et les Khmers rouges le gardèrent, lui et sa femme, en résidence surveillée au Palais, mais envoyèrent cinq de ses enfants et onze de ses petits-enfants à la campagne. Ils y sont tous morts.

Khieu Samphan, son seul visiteur, donna à Sihanouk un transistor de bonne qualité, un Grundig. Coupé du monde, consigné dans son appartement, Sihanouk passait son temps à écouter les chansons de propagande, les appels à « se rendre maître des rizières », les fausses statistiques de Radio-Phnom Penh. Il pouvait aussi capter les émissions de la Voix de l'Amérique et la Deutsche Welle. Il enregistrait les émissions étrangères, les écoutant à plusieurs reprises pour essayer de comprendre ce qui se passait au Cambodge. Mais personne ne le savait vraiment, même pas les Khmers rouges.

Le poste de commandement d'Angka, connu sous le nom de Centre, donnait des ordres et recueillait les rapports venant de toute la campagne. Mais de nombreuses instructions n'aboutissaient pas et les rapports de production étaient falsifiés. A chaque niveau du régime, les cadres avaient rapidement appris que les véritables résultats étaient moins importants que les louanges à Angka et l'apparence de serviteurs zélés, dans la juste ligne officielle.

En fait, les conditions de vie variaient énormément d'une région à l'autre et même selon les coopératives. Chaque chef de région faisait selon son bon plaisir. La zone nord-ouest, où nous vivions Huoy et moi, avait les plus mauvais chefs et les pires conditions de vie. Dans d'autres coins les chefs étaient plus pragmatiques. Tant qu'ils étaient restés au pouvoir, leurs administrés avaient plus ou moins survécu. Mais ces chefs n'avaient aucune chance de se maintenir longtemps en place.

Pour Pol Pot, les chefs de région et la plupart des membres du parti au plus haut niveau étaient des rivaux et des ennemis en puissance. Qu'ils soient des vétérans d'une longue et difficile lutte révolutionnaire n'avait aucune importance s'ils les soupçonnaient de visées hégémoniques. Un des premiers à disparaître fut Hou Youn – un ancien membre du cercle d'études communistes à Paris dans les années 50 – pour s'être prononcé contre la réorganisation des campagnes. Puis ce fut le tour de Hu Nim, lui aussi membre du cercle d'études et plus tard ministre de l'Information du Kampuchéa, et de Nhim Ros, commandant la région nord-ouest. La purge dans cette région fut verticale, touchant d'abord la base pour remonter ensuite jusqu'aux petits chefs. Chea Huon en eut vent à temps et put s'enfuir. Mais pour Chev et Oncle Seng, c'était trop tard.

Dans la plupart des purges, on ne se contentait pas d'exécuter les chefs et leurs subordonnés. Ils étaient d'abord torturés et contraints de « confesser leurs crimes ». A Phnom Penh, le poste de commandement des interrogatoires et des tortures se trouvait à proximité de mon ancien appartement, dans les locaux du lycée Tuol Svay Prey. Il avait été rebaptisé S 21, bien qu'il soit plus connu maintenant sous le nom de Tuol Slang (la colline de l'arbre aux poisons), nom qui lui fut donné par le régime suivant.

A la différence des prisons de la campagne, les tortionnaires du S 21 gardaient soigneusement les rapports détaillés, les « confessions » et les photographies de leurs victimes. La plupart des vingt mille personnes qui y trouvèrent la mort étaient khmers rouges. On peut imaginer leur sort : d'abord contraints de rédiger une honnête confession, ils avouaient ensuite être espions de la CIA ou de Hanoï pour arrêter les coups et les tortures. Avant de mourir, ils ont dû se poser interminablement cette question : « Pourquoi ? » Pourquoi Angka leur faisait-il subir tout cela alors qu'ils n'avaient fait qu'obéir aux ordres ? Ils ne le surent jamais, pas plus que nous.

Personne ne pouvait échapper aux purges. Personne sauf Pol Pot et peut-être Ieng Sary et sa femme.

Un de leurs vieux camarades, So Phim, faisait partie du petit cercle qui détenait le pouvoir comme membre du Comité central du PCK et commandant la zone est. So Phim était aussi implacable que la plupart des chefs de région : il avait massacré des villages entiers de Cham musulmans, fait exécuter des moines... Malheureusement pour lui, sa région se trouvait à côté de la frontière vietnamienne. Lorsque Pol Pot lui ordonna d'effectuer des raids sur la frontière contre les populations vietnamiennes, So Phim obéit. Mais il n'obtint pas les résultats escomptés : les Vietnamiens étaient bien organisés et meilleurs soldats.

Dans l'esprit soupçonneux de Pol Pot, So Phim devint un agent vietnamien : quatre cents Khmers rouges de la région furent appelés à Phnom Penh, emprisonnés et torturés au S 21. So Phim se demandait pourquoi ses subordonnés ne revenaient pas et lorsqu'à son tour il fut convoqué pour une « réunion » à Phnom Penh, il refusa d'y aller.

Deux brigades restées loyales au Centre attaquèrent ses troupes. Désespéré, So Phim se cacha et parvint à contacter Pol Pot par radio. Il ne pouvait croire que ces ordres émanaient de lui, ce devait être la faute de quelqu'un d'autre. Il avait confiance en Pol Pot, tout le monde avait confiance en lui : ils avaient été camarades pendant vingt ans. Pol Pot accepta de le rencontrer face à face, comme deux vieux amis discutant de leurs problèmes.

Au lieu de Pol Pot, ce fut un détachement de soldats qui se présenta. So Phim se suicida et sa femme et ses enfants furent abattus pendant qu'ils préparaient son corps pour l'enterrement. Seuls quelques-uns de ses proches purent s'enfuir. L'un d'entre eux, commandant de division, s'appelait Heng Samrin.

Pol Pot s'inventait des ennemis et il est difficile de dire pourquoi. Peut-être avait-il besoin de trouver un responsable lorsque les faits ne cadraient pas avec ses projets. Peut-être était-ce simplement pour détruire comme le font les grands paranoïaques. Il se trouva tellement d'ennemis que son régime tomba en miettes : le gouvernement ne répondait plus à ses objectifs de production et avait de plus en plus besoin de boucs émissaires. Il finit par désigner le responsable : le Viêt-nam.

Au début, le Viêt-nam n'avait pas du tout envie de se battre avec les Khmers rouges. Il avait d'autres problèmes. La réunification du pays, la « rééducation » des masses et la remise en train d'une économie décomposée. Mais les Khmers rouges ne cessaient d'envahir la zone frontalière, de massacrer des civils, violant les femmes et tuant les enfants.

C'est pourquoi le Viêt-nam décida de résoudre deux problèmes d'un coup : se débarrasser du régime khmer rouge qui n'apportait que des ennuis et s'approprier un nouveau territoire très fertile.

Le Viêt-nam était surpeuplé : soixante millions de personnes et beaucoup de difficultés pour les nourrir. Le Cambodge, lui, était sous-peuplé. Un dixième de sa population étant capable de produire beaucoup plus de riz et de poisson qu'elle n'en avait besoin.

Le 25 décembre 1978, les Vietnamiens envahissent le Cambodge avec 14 divisions et un appui logistique aérien. Rien ne peut les arrêter. Dans la nuit du 5 janvier 1979, alors qu'on entendait le bruit des combats à Phnom Penh, Pol Pot demanda à son prisonnier Norodom Sihanouk de le recevoir. Pol Pot le salua en joignant les mains en *sompeab*, un geste que le régime avait mis hors la loi. Puis, comme on le lui avait enseigné pendant son enfance au Palais Royal, il s'agenouilla en mettant son pied gauche en avant et en posant son genou droit sur le sol. De sa voix doucereuse, il s'excusa auprès de Sihanouk de ne pas l'avoir rencontré plus tôt. Il prétendit avoir été très occupé et espérait que Sihanouk excuserait sa grossièreté. Il était certain de vaincre les Vietnamiens mais voulait que Sihanouk lui prête main-forte sur le terrain diplomatique. Pourrait-il aller aux Nations Unies occuper le siège du Kampuchéa ?

Sihanouk eut la présence d'esprit d'accepter. Il quitta le pays en avion et se rendit à Pékin. Le jour suivant, les Vietnamiens entraient à Phnom Penh.

Devant l'avance de l'armée vietnamienne, les Khmers rouges battaient en retraite vers les caches d'armes et de nourriture qu'ils avaient constituées dans la montagne. Ils brûlaient les entrepôts et les champs derrière eux pour priver les Vietnamiens de nourriture. Alors que les combats se déroulaient vers l'ouest, la population civile se remit à se déplacer découvrant, effarée, les conditions dans lesquelles se trouvait le pays.

Le Cambodge n'existait plus. Une bombe atomique n'aurait pu le détruire davantage. C'était le résultat de la guerre civile et du régime communiste. Tout ce qui avait été endommagé ou détruit par la guerre en 1970-1975 n'avait pas été reconstruit. Villages rasés, ponts détruits, routes défoncées, kilomètres de rizières abandonnées, canaux et barrages mal construits par les esclaves de guerre en ruine, villes et cités abandonnées et vides, temples détruits, ordures et carcasses de voitures rouillées. Il n'y avait plus de téléphone, plus de postes, plus de télégraphe. A Phnom Penh l'électricité ne fonctionnait plus ou à peine. Il n'y avait pas de machines à écrire, pas de stylos, pas de papier.

Chacune des familles du pays comptait ses morts. Des veuves et des orphelins erraient dans les campagnes, hébétés, trop meurtris pour pleurer.

Combien avaient survécu ? Personne ne le savait. Les estimations sur la population avant-guerre étaient vagues : six ou sept millions, peut-être huit millions de Cambodgiens.

Les rapports d'Amnesty International estiment que plus d'un million de personnes sont mortes pendant la guerre civile et qu'environ un à deux millions de personnes sont mortes sous le régime khmer rouge.

Si ces chiffres sont exacts, la guerre et la révolution ont fait disparaître plus du tiers de la population du Cambodge.

Parmi mes proches, le rapport des morts et des survivants est plus important que la moyenne. Sur 50 000 moines, moins de 3 000 ont survécu et sont retournés dans leurs temples. Des 527 diplomés de l'École de Médecine de Phnom Penh, (ma thèse portait ce numéro en 1975, donc, il y avait au moins autant de diplômés) une quarantaine de médecins sont toujours vivants. Sur les 7 000 habitants de mon village natal, Samrong Yong, il n'en reste plus que 550 – d'après ce que j'ai pu découvrir.

Sur les quarante et une personnes constituant ma plus proche famille – mes parents, mes frères et sœurs, leurs conjoints et leurs enfants, Huoy, sa mère et moi – neuf ont survécu. Le taux de mortalité dans ma famille atteint 78 %. Les chances de survie s'établissent donc à 22 %.

Il était temps que les Vietnamiens envahissent le pays, mais les communistes sont plus doués pour la guerre que pour la paix. Les envahisseurs et le « Front National Uni pour le Salut du Kampuchéa » n'avaient aucun projet de reconstruction du pays. Leur chef, Heng Sarim, avait été khmer rouge jusqu'à l'année précédente. Son ministre des Affaires étrangères, un borgne de 27 ans appelé Hun Sen, avait été aussi khmer rouge et avait rejoint les Vietnamiens pour échapper à la purge.

Ce n'est que six mois après la « libération » de Phnom Penh que Hun Sen accepta de rencontrer des organisations humanitaires. Le monde était prêt à envoyer une aide d'urgence aux Cambodgiens. Malheureusement, la plupart des fonds et des dons qui arrivèrent à Phnom Penh furent saisis par le nouveau régime et n'ont jamais été distribués à la population.

Les Vietnamiens pillaient les usines d'équipement, les entrepôts de riz et vidaient les maisons de leurs meubles. Au fur et à mesure de leur progression, ils accentuaient leur contrôle sur les civils dans les territoires « libérés ».

Dans la province de Siem Reap, près des anciennes ruines d'Angkor, un homme qui s'appelait Dith Pran accepta d'être nommé maire du village pour aider ses concitoyens. Mais les Vietnamiens, en contrôlant son passé politique, s'aperçurent qu'il avait travaillé pour un journal américain : c'était pire que s'il avait collaboré avec les Khmers rouges. Dith Pran fut révoqué. Il prit peur et s'enfuit un peu plus tard pour la Thaïlande.

Un autre exemple de cette emprise vietnamienne : l'hôpital de Battambang. Après l'invasion, les médecins cambodgiens contrôlaient entièrement le fonctionnement de cet hôpital et c'est à cette époque que je m'étais joint à eux. Les soupçons que j'avais eus, au moment de cette convocation à une réunion extraordinaire organisée par le gouverneur, étaient fondés. Des « conseillers » vietnamiens furent aussitôt après nommés à la tête de l'hôpital. Les médecins eurent à choisir entre l'exil ou la collaboration avec l'occupant. Pen Tip choisit de collaborer.

A la campagne, les Vietnamiens essayèrent l'agriculture collective. Ils annoncèrent que les charrettes, le bétail et le matériel appartiendraient à ceux qui les avaient utilisés ou s'en étaient occupés sous le régime khmer rouge et ne seraient pas rendus à leurs véritables propriétaires. Que la terre appartenait désormais au gouvernement et plus à des individus. Ils poussèrent les paysans à se grouper en « équipes d'aide mutuelle » comprenant dix à trente familles. Les paysans détestaient ça! Ils voulaient continuer à cultiver individuellement leur propre terre comme ils le faisaient depuis des siècles.

Le problème crucial était le manque de nourriture. Les Vietnamiens avaient pris le contrôle de tous les moulins et envoyaient une bonne partie de la récolte dans leur pays. Ils en distribuaient aussi à leurs troupes et à celles de Heng Sarim, si bien qu'il ne restait plus grand-chose pour les civils.

Vers le milieu de l'année 1979, une bonne partie du Cambodge était redevenue inculte par manque de matériel, de bétail ou de semence. La sécheresse avait ravagé de nombreux champs et beaucoup de Cambodgiens virent avec horreur le retour du riz à l'eau.

Au cours de cette année-là, les Vietnamiens repoussèrent les Khmers rouges de plus en plus loin vers l'ouest. Chaque fois que les soldats de Pol Pot plantaient quelque chose, les Vietnamiens attaquaient avant la récolte. Le signe du *kama :* les Khmers rouges, qui avaient fait mourir de faim tant de gens, souffraient à présent de la famine et n'avaient plus à manger que les feuilles des arbres de la forêt! Des unités khmères rouges s'entretuaient maintenant pour du riz ou des médicaments. Les officiers désertaient pour ne pas mourir de faim.

Pendant ce temps, les pistes à peine tracées que j'avais empruntées pour aller jusqu'en Thaïlande devenaient de véritables boulevards. Des milliers, des dizaines de milliers, puis des centaines de milliers de pieds foulaient ces pistes. Le nombre croissant de candidats à l'exil avait fait paradoxalement diminuer les agressions.

Les rumeurs de distribution de riz gratuit sur la frontière thaïlandaise, bientôt confirmées par les émissions de la Voix de l'Amérique, provoquèrent d'énormes déplacements de population vers l'ouest. Les gens avaient faim et en avaient marre du communisme! Ils voulaient du riz. Ils voulaient la liberté.

Et tout le Cambodge se mit en mouvement, fuyant, marchant, trébuchant pour se déverser sur la frontière thaïlandaise.

« Okay, bye-bye! »

Le fourgon s'arrêta devant les portes de Lumpini et je grimpai dedans, le cœur battant. Il n'y avait qu'un autre homme à bord – outre le chauffeur thaïlandais – et c'était un Américain. Impossible de l'éviter : je n'avais pas d'endroit où me cacher.

On pourrait penser qu'après avoir été torturé trois fois, et m'être échappé du Cambodge dans de telles conditions, je ne craignais plus rien, ni personne. Eh bien, non!

Depuis ma plus tendre enfance, j'étais intimidé par les Blancs. Je n'avais pas vraiment peur mais j'adoptais automatiquement devant eux une attitude soumise. C'était d'ailleurs le cas de la plupart des Cambodgiens : on appelait les Blancs entre nous des longs-nez. Même lorsque j'étais étudiant en médecine, je n'aurai jamais parlé à un long-nez sans une bonne raison. Je me débrouillais en français mais j'étais plus à l'aise lorsque la conversation était terminée.

Sur la frontière thaïlandaise et dans le centre de Lumpini en 1979, les réfugiés aussi étaient intimidés par les Occidentaux : par tradition bien sûr, mais également parce que ces gens avaient vécu sous un régime où trop parler signifiait la mort.

Pourquoi donc prendre le risque de discuter avec un Américain alors que tout le monde sait qu'ils travaillent tous pour la CIA! Une parole maladroite et on le saura dans les hautes sphères... se disaient les Cambodgiens des camps de la frontière.

Nous avions aussi peur de perdre la face. C'était une chose de parler correctement le français, baragouiner l'anglais en était une autre. On avait peur que les étrangers nous méprisent pour des fautes de syntaxe! Aussi beaucoup de Cambodgiens différaient-ils l'apprentissage de l'anglais ou refusaient de prononcer les quelques mots qu'ils connaissaient.

Pour moi c'était différent. J'avais appris un peu d'anglais clandestinement sous les Khmers rouges et une Birmane, Chhoi Hah

Muul m'avait aimablement enseigné quelques expressions supplémentaires dans le camp. Je savais compter, je connaissais les pronoms, quelques mots de base, des verbes et des phrases courantes, soit à peu près 500 mots.

C'était assez pour comprendre ce que me disait l'homme du fourgon. Il s'appelait John Crowley et travaillait pour la Joint Voluntary Agency (JVA), une organisation qui s'occupait du placement des réfugiés pour le compte de l'ambassade américaine. Nous allions à Sakéo, un camp qui venait de s'ouvrir un peu à l'intérieur de la Thaïlande. J'étais son interprète.

Le fourgon se frayait un chemin dans les rues encombrées de Bangkok et John Crowley remarqua que j'étais nerveux. Il me demanda si j'étais malade et proposa même qu'on s'arrête pour manger ou pour boire quelque chose.

Je le remerciai. Non, ça allait bien! Je me risquai à l'observer du coin de l'œil. Il avait environ le même âge que moi, une moustache, des cheveux roux, un gros nez et la peau blanche. Il parlait courtoisement et avait l'air détendu. Je me dis que ce n'était pas le genre à donner des ordres à tout bout de champ et j'allais bien mieux lorsque nous avons atteint les faubourgs. Je sentis que John Crowley se foutait pas mal des histoires de race : il me traitait comme un être humain.

Il me posa des questions sur ma famille.

– Ma femme, elle est morte. Mon... père, il est mort. Eux trop tuer!

– Vous avez perdu la plus grande partie de votre famille?

– Trop... trop!

John Crowley semblait m'écouter attentivement. Il travaillait pour le gouvernement américain et si je parvenais à lui faire comprendre ce qui est arrivé à mon pays, il pourrait peut-être le dire aux autres. Mais résumer quatre années en une seule conversation, dans une langue étrangère que je connaissais à peine, paraissait une tâche impossible. Je ne pouvais pas...

Je levai la main droite pour montrer mon doigt coupé.

– Eux...!

Et je fis le geste de trancher.

– Les Khmers rouges ont coupé votre doigt? demanda Crowley.

– Trois fois! dis-je en faisant un signe de tête. Trois fois!... Un : le doigt! Deux... – je réfléchis au mot exact –, le feu! (Je lui montrai la plante de mes pieds.) Trois...

J'avais oublié comment on disait eau en anglais. Pourquoi? Et juste à ce moment-là! Alors qu'il était si important de me faire comprendre.

– Vous avez été torturé trois fois?

Je hochai la tête affirmativement.

– Mon Dieu!

Le fourgon parcourait la campagne à l'est de Bangkok. John Crowley regardait par la fenêtre en soupirant. Je regardais aussi pour savoir ce qui l'intéressait. Dans les rizières, les paysans faisaient la récolte, juchés sur des tracteurs : ils étaient très en avance sur nous dans le domaine agricole. Ils étaient en avance sur nous dans tous les domaines!

– Sakéo, loin?

– Pardon?

– Combien de kilomètres d'ici à Sakéo?

John Crowley me fit signe qu'il ne comprenait pas le français. Je repris en anglais.

– Combien de plus à Sakéo?

Cette fois-ci, il comprit et posa la question au chauffeur en thaï puis me traduisit la réponse en anglais.

– Encore une heure et demie.

Je lui avais posé une question et il avait pris la peine d'y répondre!

– Mon anglais pas trop bon.

– Mais je vous comprends parfaitement bien! Ne vous en faites pas, votre anglais est certainement meilleur que mon khmer. Je ne le parle pas du tout.

– Moi, vous apprends!

Il eut une expression de surprise et d'intérêt en me considérant avec un petit sourire.

– Vous voulez m'apprendre le khmer? Eh bien d'accord, ça pourra me servir. Quand commençons-nous?

– Moi, prêt!

Il haussa les épaules en riant.

– Je suis prêt aussi.

Je me retournai pour lui faire face.

– *Muoy,* lui dis-je en levant le doigt.

Muoy veut dire « un » en khmer.

– *Muoy,* répéta-t-il.

– *Bpee* (deux).

– *Bpee!*

– *Bei* (trois).

– *Bei!*

Son intonation était presque parfaite. Il savait déjà rendre les mêmes sons en thaï. Lorsqu'il eut appris les nombres, il me désigna des choses par la fenêtre en me demandant la traduction en khmer. Le chauffeur nous regardait dans le rétroviseur, trop poli pour se permettre une réflexion : les Thaïlandais n'aiment pas le khmer qu'ils considèrent comme une langue subalterne. Par contre, John Crowley semblait avoir toujours voulu l'apprendre et il était heureux d'en avoir aujourd'hui la possibilité.

Lorsque les grilles du camp de Sakéo s'ouvrirent pour laisser pénétrer notre confortable fourgonnette – avec air conditionné – , je me retrouvai plongé dans un monde que j'avais quitté à peine quatre mois auparavant.

Le camp était occupé par des Khmers rouges! Ils avaient dû quitter le Cambodge sous une double pression : la famine et les Vietnamiens. Après avoir remis leurs armes à l'armée thaïlandaise on les avait conduits dans ce havre de paix.

C'était une véritable démission de la part du gouvernement thaïlandais et du Haut Commissariat aux Réfugiés des Nations Unies (HCRNU).

Plus des deux tiers de ces réfugiés étaient des Khmers rouges avec leurs familles, et le reste : des « anciens » mais aussi des « nouveaux » qui n'avaient pas pu échapper à leur emprise.

Derrière nous, les grilles du camp s'entrouvrirent pour laisser passer un nouveau contingent de réfugiés, hébétés et affaiblis. Parmi eux, je reconnus un vieil homme de Tonle Bati. Il s'appuyait d'un côté sur une canne et de l'autre sur l'épaule de sa belle-sœur.

Je les saluai et ils me regardèrent, interloqués.

J'étais là devant eux, bien habillé et bien nourri avec des lunettes sur le nez et une montre au poignet, flanqué d'un grand Américain.

Ils me racontèrent leur histoire. Toute leur famille était morte. Ils avaient failli y rester eux aussi. Je fis la traduction pour Crowley et leur remis quelques billets de cent *bath* – à peu près cinq dollars. Ils me regardaient comme si j'étais le Bon Dieu.

C'était la première visite de Crowley dans un camp de réfugiés cambodgiens. Il était venu se rendre compte de la situation sur place avant d'essayer de les recaser quelque part.

Il y avait beaucoup d'Occidentaux dans ce camp : des officiers des Nations Unies, des infirmières, plus d'une douzaine de journalistes armés d'appareils photos et de caméras. Autour d'eux, un océan de malades et de mourants, et une petite bande d'enfants dépenaillés qui les suivaient partout en criant : « Okay, bye-bye! Okay, bye-bye! »

Alors que nous passions près de l'hôpital, deux *mit neary* sortirent, portant un cadavre sur un brancard. L'hôpital n'était pas assez grand pour pouvoir s'occuper des vivants... alors les morts!

Des malades gisaient sur le sol à l'extérieur, avec des flacons de sérum pendus à une branche au-dessus d'eux. D'autres étaient installés dans des hamacs accrochés aux arbres. Ils étaient trop fatigués pour éloigner les mouches, et certains attendaient simplement la mort. Ils ne bougeaient plus, même pour se soulager, plongés dans cette apathie que provoque la famine au dernier stade.

Il y avait des mères si faibles qu'elles oubliaient leurs bébés, et des bébés si faibles qu'ils en oubliaient de pleurer.

Il y avait des enfants dont le regard brillait au milieu d'un visage squelettique. Je passais la main devant leurs yeux, ils ne clignaient même plus.

John Crowley était bouleversé. Tous les Occidentaux l'étaient, même les journalistes. Ils n'avaient jamais vu une telle souffrance. Moi, j'avais vu pire et je savais ce que c'était que de souffrir!

Sakéo était comme une étape dans la marche vers la mort. Comme à Phun Chhleav! Sauf qu'ici les gens étaient accompagnés dans leur calvaire par des équipes médicales, et filmés par des journalistes. Ceux qui ne survivraient pas auraient au moins un enterrement décent.

Je n'avais aucune sympathie pour les Khmers rouges de Sakéo. Mon cœur restait de pierre devant leurs souffrances. Qu'ils crèvent!

Khmers rouges ennemis pour toujours!

Ma compassion allait aux civils piégés dans ce camp. Je regardais les Khmers rouges et les longs-nez du HCRNU et j'en étais écœuré!

Le HCRNU était censé protéger les réfugiés : c'était la raison d'être de cette organisation. Mais elle n'avait rien fait lorsque le gouvernement thaïlandais avait brutalement reconduit 45 000 innocents en territoire cambodgien, les abandonnant dans un champ de mines.

Et maintenant, ils mettaient en place un camp pour s'occuper des Khmers rouges! Ils ne faisaient rien pour les victimes et ils aidaient les assassins! Qu'est-ce qui se passait au HCRNU? Pourquoi ne venait-on pas en aide aux vrais réfugiés [1]?

1. Comme je l'appris plus tard, le HCRNU avait quelques délégués efficaces en Thaïlande. Celui que je préférais s'appelait Mark Brown : un Anglais énergique et compétent qui travailla d'abord à Sakéo puis à Khao-I-Dang. Mais ma première impression n'était pas si fausse. Dans son ensemble le HCRNU était tout à fait décevant : une administration bureaucratique, timide et incompétente qui faisait mal son travail. Par exemple, le HCRNU payait au prix de détail des convois entiers de nourriture, laissant ainsi la porte ouverte à toutes les corruptions et à tous les trafics. Il ne protégeait ni la sécurité des réfugiés sur la frontière, ni même les camps. Lorsque le HCRNU obtint le prix Nobel de la Paix en 1981, je ne pouvais pas y croire. Je pensais qu'il s'agissait d'une erreur, comme d'ailleurs beaucoup de gens qui les ont vus travailler en Thaïlande. Depuis, nombre de leurs activités ont été reprises en charge par l'Organisation d'Aide aux Frontières des Nations Unies (OAFNU) qui effectue un bien meilleur travail.

Les Occidentaux ne semblaient pas comprendre grand-chose aux Cambodgiens. Même John Crowley me demandait lesquels étaient des Khmers rouges avant de pouvoir les repérer lui-même.

Ce n'était pourtant pas difficile! Moi, je pouvais les reconnaître d'un seul coup d'œil : ils étaient bien nourris, en bonne santé et avaient les joues bien rondes. Ils étaient habillés de vêtements noirs pas déchirés et leurs *kramas* étaient neufs, en soie ou en coton.

Mais, en dehors de leurs vêtements et de leur état général, il y avait quelque chose qui les trahissait : leur expression!

Ils me regardaient avec leurs yeux étroits, une moue dédaigneuse sur les lèvres, puis détournaient ostensiblement le regard avec mépris. Ils ne voulaient rien avoir à faire avec un Cambodgien qui accompagnait un démon à peau blanche.

Heureusement, John Crowley ne voulait pas leur parler non plus. Il me demanda de l'amener vers les réfugiés civils avec qui il devait travailler. Nous en avons trouvé qui avaient été paysans ou petits commerçants avant la révolution. Ils me racontèrent leur histoire en khmer et je traduisais comme je pouvais. John Crowley écoutait attentivement et posait quelques questions.

Le fourgon nous emmena à Aranyaprathet, tard dans la nuit. Mon père était venu dans cette ville avec sa vieille Ford, plusieurs années auparavant, pour chercher une statue de Bouddha. C'était peut-être une jolie ville à l'époque. En 1979, c'était devenu un repaire de contrebandiers et de voleurs.

Il y avait aussi beaucoup d'Occidentaux appartenant à des organisations humanitaires et nous errions d'un hôtel à l'autre : tous étaient pleins. Nous avons fini par trouver une chambre à deux lits pour quatre cents *bahts* (vingt dollars), le double du prix habituel. John Crowley prit un lit, je pris l'autre et le chauffeur dormit dans le fourgon.

Couché dans le lit, les yeux ouverts dans le noir, j'étais heureux. C'était la première fois depuis quatre ans que je dormais sur un matelas et dans des draps. J'étais ravi d'être là et de ne pas être obligé de dormir dans la camionnette.

« John Crowley m'a aidé, il n'a pas fait de paternalisme, il n'était pas méprisant et il m'a traité comme son égal. D'une façon si sympathique, si naturelle! Peut-être que tous les Américains sont comme lui. Les États-Unis seront un bon endroit pour moi!

« Oui, les étrangers sont différents, ils ne se soucient pas de perdre la face. Ils n'ont pas de masque à porter en société, ni de sentiments à dissimuler. Ils n'accordent pas autant d'importance aux classes sociales. Un Cambodgien m'aurait traité mieux que lui... ou bien plus mal! Il m'aurait probablement envoyé dormir dans le fourgon avec le chauffeur et aurait gardé les deux lits pour lui.

« Oui, être traité en égal, pensais-je en regardant le plafond. Voilà ce que je veux! Je ne serais plus jamais impressionné par les Occidentaux! »

De retour à Bangkok, je fus convoqué à une entrevue au JVA pour obtenir un visa pour les États-Unis. Malheureusement, ce n'était pas John Crowley qui s'occupait de mon dossier, mais une femme de caractère que les réfugiés cambodgiens appelaient « la tigresse ».

La tigresse me regarda d'un air soupçonneux de derrière son bureau. Mon nom ne se trouvait sur aucune des listes de l'ambassade américaine et elle me soupçonnait d'avoir versé des pots-de-vin pour être transféré des camps de la frontière jusqu'ici. Je lui donnai le numéro de téléphone du général Chana. Elle lui parla au téléphone mais, chaque fois qu'elle me regardait, elle fronçait les sourcils. Pour elle, j'étais un petit malin qui s'en sortait toujours en contournant les lois et les règles.

Elle n'avait pas tout à fait tort. J'étais un peu ça. Avec le laissez-passer de Chana, j'entrais et je sortais de Lumpini à ma guise. Je commençais même à aller dans les soirées du JVA. Et pourquoi pas?

Je voulais être libre, aller où je voulais, faire ce que je voulais, vivre comme je l'entendais.

C'est pour ça que j'avais échappé aux communistes.

La tigresse me fit une offre. Elle me laisserait partir pour les États-Unis si j'acceptais, en attendant, de travailler comme médecin dans un camp de réfugiés. Elle m'expliqua qu'il y avait de plus en plus de réfugiés et que les Thaïlandais allaient ouvrir davantage de camps comme Sakéo. J'acceptai.

La seule chose qui m'ennuyait c'était d'être séparé de Ngim, elle allait devoir vivre avec Balam. Je lui promis de la rejoindre le plus tôt possible.

Elle comprit et ravala ses larmes.

Les réfugiés cambodgiens affluaient de partout vers des camps dont ils n'oublieraient plus jamais les noms :

Kamput et Mak Moon, Nong Chan et Nong Samet, Ban Sangae et Camp 007, le paradis des contrebandiers.

Et ils arrivaient, portant des sacs sur le dos et des paniers sur la tête, des vieillards marchant avec une canne, des veuves portant au bout d'une perche leurs affaires dans le panier de derrière et un bébé dans le panier de devant.

Ils fabriquaient une tente avec des morceaux de plastique, des bâches et des piquets. Puis ils s'asseyaient, épuisés, embrassant leurs genoux pliés de leurs bras squelettiques, la tête en arrière, perdus dans de lointaines pensées.

La frontière était un no man's land. Ces territoires n'appartenaient ni au Cambodge, ni à la Thaïlande. Chaque camp était dirigé par un groupe militaire. Au sud d'Aranyaprathet, c'était par les troupes disciplinaires des Khmers rouges; au nord d'Aran par des factions corrompues de Khmers Serei. C'était une véritable déception pour moi de les voir collecter le « bonjour », dresser des barrages à péage et se battre entre eux pour contrôler le marché noir. Je n'arrivais pas à croire qu'il y a un an, tous nos espoirs résidaient en eux.

En novembre 1979, un second camp de réfugiés s'ouvrit en Thaïlande assez loin de la frontière, au nord d'Aranyaprathet, sur un long plateau couvert de broussailles et de tertres. Énormément de gens y affluèrent à pied ou en camion, en autobus, en voiture... Ils étaient maigres et sans réaction, le regard vide et ils ne croyaient plus à leur chance.

Ce camp s'appelait Khao-I-Dang, il était réservé aux victimes des Khmers rouges et fut immédiatement bondé.

Les Occidentaux couraient partout pour trouver un coin où construire l'antenne médicale d'urgence. Les Cambodgiens les plus robustes coupaient des arbres, nettoyaient le terrain. Des ouvriers thaïlandais commençaient à construire un hôpital en bambou recouvert de bâches plastiques. Je présentai ma lettre du JVA aux responsables du Haut Commissariat et je me mis au travail avant même que l'hôpital soit terminé.

Khao-I-Dang avait, comme à Sakéo, un important service d'urgence. A cette différence près que les patients n'étaient pas khmers rouges, ce qui les rendait plus précieux à mes yeux.

Il y avait beaucoup plus de malades que nous ne pouvions en traiter et il fallait travailler dur, passer de l'un à l'autre sans s'arrêter. Lorsque je levai les yeux, je m'aperçus que l'on construisait une autre clinique à côté. Des cabanes poussaient partout et le flot des réfugiés ne tarissait pas.

Tant de gens sont morts au cours de la première semaine à Khao-I-Dang, qu'on devait creuser les fosses communes au bulldozer. A l'hôpital, les malades étaient étendus passivement, une intraveineuse distillant du glucose goutte à goutte. Les enfants semblaient avoir le double de leur âge : solennels et tristes, les joues creuses et le regard vide. Les médecins occidentaux s'occupaient des urgences, je faisais les consultations. Beaucoup souffraient de problèmes psychologiques graves autant que de malnutrition et de maladies. Ils avaient assisté à trop de massacres et perdu trop d'êtres proches. Cela les avait rendus dépressifs, suicidaires, ils voulaient tous rentrer chez eux. Ils avaient autant besoin de soutien psychologique que de soins médicaux, et c'était quelque chose que les médecins occidentaux ne pouvaient leur apporter.

Je leur parlais khmer, je les consolais, je les encourageais, je leur prescrivais aussi des vitamines et du fer en tablettes, ce qui semblait efficace dans leur cas. Je savais par expérience personnelle comme il est difficile de surmonter une dépression.

J'ai le souvenir d'une petite fille de douze ans, complètement déshydratée, qui souffrait de malaria. C'était une orpheline aux yeux noirs, sa peau diaphane était tendue sur son petit squelette. Un médecin venait de lui faire des prélèvements de sang et elle était couchée sur son lit, le regard dans le vague. Elle vomissait tout ce qu'on lui donnait. Il n'y avait personne auprès d'elle : je m'assis sur le lit et la pris dans mes bras.

Elle ne pesait presque plus. Je lui parlai khmer et parvins à lui faire avaler quelques cuillères de nourriture. Elle était consciente et je savais qu'elle m'écoutait.

Soudain sa tête se renversa en arrière. Un sursaut spasmodique agita tout son corps. Elle poussa un long et profond soupir et sa tête tomba sur le côté, ses yeux à demi clos.

Ce jour-là, je pus à peine travailler le reste de la journée. La mort de cette petite fille m'avait touché de trop près. Elle avait vécu dans le même enfer, avait vu les mêmes nuages noirs dans le ciel. Elle avait perdu sa famille comme j'avais perdu la mienne. Elle était morte dans mes bras, tout comme Huoy.

Autour de moi et toujours, des Cambodgiens mouraient, des médecins étrangers essayaient de les sauver et des petits enfants criaient gentiment à travers les bambous : « Okay, bye-bye! »

En décembre 1979, le Programme Mondial pour l'Alimentation, l'UNICEF et d'autres organisations distribuaient de grosses quantités de riz le long de la frontière. Une partie n'arrivait jamais aux réfugiés : les Khmers rouges se servaient comme des seigneurs de la guerre, les Khmers Serei revendaient le riz qu'on leur avait donné... mais en dépit de tout, il y avait davantage à manger qu'auparavant. C'était en partie à cause de l'aide internationale et des professionnels du marché noir. Chaque matin, de nombreux Thaïlandais venaient à la frontière avec toutes sortes de choses : des poulets vivants, des légumes frais, des boissons gazeuses, du savon, des radios, et même des bicyclettes. Les réfugiés payaient avec des morceaux d'or qu'ils avaient cachés depuis tant d'années.

A l'hôpital de Kao-I-Dang la crise des urgences se calma aussi. Les malades assez forts pour surmonter les premiers jours d'hôpital survivaient en général. Ils retrouvaient une certaine vivacité, se remplumaient et recommençaient à parler. Les médicaments occidentaux étaient quand même plus efficaces que les « crottes de lapin » et autres remèdes de bonne femme des Khmers rouges.

L'aide occidentale se déversait sur Khao-I-Dang. Le hangar de bambou dans lequel je travaillais à l'origine se transforma en salle de consultation pour adultes dirigée par le Comité américain pour les Réfugiés (ARC) de Minneapolis (Minnesota). Des salles spécialisées, construites en bambou et en chaume, s'élevaient de chaque côté d'une allée : pédiatrie, chirurgie, obstétrique et gynécologie, nutrition et réhabilitation... etc. Chacune était dirigée par une organisation étrangère. Trente-sept organisations américaines, françaises et allemandes avaient des programmes à Khao-I-Dang.

Par ironie du sort elles étaient arrivées en Thaïlande après la publication des photos et des films tournés dans le camp khmer rouge de Sakéo!

Mais j'étais content qu'elles soient là. Tous ces gens me surprenaient par leur énergie et leur cœur, je n'avais jamais vu autant de personnes aussi déterminées : travailleurs sociaux, professeurs, journalistes, administrateurs, officiers d'immigration, politiciens...

Les Cambodgiens continuaient aussi d'affluer, construisant des huttes le long d'un réseau de chemins baptisés de noms familiers : Angkor, Monivong, Phnom Penh... La population atteignit officiellement 130 000 personnes, mais le véritable chiffre était bien supérieur : Khao-I-Dang était le plus grand camp cambodgien du monde.

La nuit était dangereuse. Il y avait des vols, des vengeances, des meurtres et des viols. Les Thaïlandais venaient jusqu'aux barbelés pour vendre leur marchandise et les soldats tiraient sur tous ceux qui ne leur donnaient pas « bonjour ». Le sous-sol était truffé de souterrains et de galeries, la plupart des familles du camp avaient quelque chose ou quelqu'un à cacher.

Pendant la journée, quand les Occidentaux étaient là, l'atmosphère était différente. C'était un lieu de renaissance : la plupart des survivants de l'ancienne classe moyenne et de l'élite de Phnom Penh se montraient à Khao-I-Dang, en espérant être envoyés à l'étranger. Ils se retrouvaient pour marchander devant les échoppes, pour prier au temple, la plupart ne s'étaient pas revus depuis la révolution et échangeaient quelques mots en se croisant sur les chemins pleins de poussière rouge. « Comment avez-vous survécu, cher ami ? » Le camp était comme une ville avec des hôpitaux, des écoles, des ateliers, des terrains de football et un marché à moitié clandestin, des cafés, des tailleurs, un temple, un centre où l'on pouvait afficher un avis de recherche et examiner des milliers de photos de personnes disparues.

Retrouver nos familles était l'objectif primordial. Pour nous « la famille » ce sont aussi les cousins éloignés, même si l'on n'est plus certain d'avoir une parenté.

Un parent du côté de mon père, une vieille dame que j'avais

toujours appelée « Tante » vint en avion de France pour apporter de l'argent à ses filles réfugiées à Khao-I-Dang. Elle ne put obtenir de laissez-passer pour entrer dans le camp et je fus son messager. Quelques mois plus tard, une de ses autres filles arriva aussi de l'étranger et me donna de l'argent pour ses sœurs.

De mon côté, je payai un jeune homme pour qu'il apporte une lettre à mon frère Hok, à Battambang. Hok, sa femme et ses enfants parvinrent à Khao-I-Dang alors que c'était encore possible. J'avais aussi envoyé le même message à mon autre frère, Hong Srun, à Phnom Penh, mais il avait entendu parler du massacre de Preah Vihear et préféra ne pas courir le risque. Le bruit courut que j'étais en Thaïlande et de nombreux cousins vinrent me rejoindre.

Aux environs de mars 1980, le gouvernement thaïlandais en avait terminé avec la politique de la porte ouverte. Les réfugiés n'avaient plus le droit de pénétrer à Khao-I-Dang en venant de la frontière. Un médecin américain barbu qui travaillait pour l'une des organisations humanitaires accepta de m'aider. Un chauffeur conduisit le fourgon sanitaire jusqu'à la frontière. Là nous avons emmailloté mes cousins dans des pansements et nous les avons fait coucher sur le sol. Le gardien à l'entrée du camp nous fit simplement un signe de la main : les médecins occidentaux n'avaient pas de problèmes avec les gardes thaïlandais qui leur témoignaient beaucoup de déférence.

Je travaillais dans la salle de consultation pour adultes toute la journée, sept jours sur sept. Tout d'abord, j'eus du mal à comprendre l'américain et puis je me rendis compte aussi que mes méthodes de traitement n'étaient plus adaptées. Au Cambodge, par exemple, nous employons des doses massives d'antibiotiques comparées à celles utilisées par les médecins américains.

Peu à peu, pourtant, je parvins à reprendre confiance en moi : les médecins américains étaient compétents et sympathiques. Nous rencontrions de nombreux cas d'œdèmes, de malaria, de tuberculose, d'infections dues à des champignons et quelques cas de lèpre. Nous donnions beaucoup de soins postopératoires et nous faisions nous-mêmes quelques interventions chirurgicales simples.

L'équipe cambodgienne était composée d'un autre médecin, d'un couple d'étudiants en médecine, de quelques jeunes et dévouées infirmières et des traducteurs.

A la fin de l'après-midi, j'étais le seul Cambodgien à repartir avec les Américains. Nous vivions une vingtaine dans une grande maison située près de la station Shell sur la route d'Aranyaprathet. Suivant la coutume asiatique, nous laissions nos chaussures et nos sandales en haut de l'escalier qui menait à l'étage. Sous le porche, transformé en dortoir, hommes et femmes dormaient ensemble sur des matelas posés sur le sol, le plus naturellement du monde, ce que jamais des

Asiatiques n'auraient pu faire! Dans les petites chambres à l'étage se déroulaient parfois des romances nocturnes très bruyantes, ce qui n'était pas du tout asiatique. Nous sommes plus discrets afin de ne pas perdre la face.

Le soir, avant de dormir, je regardais parfois les lézards qui grimpaient sur le mur et qui restaient collés au plafond la tête en bas sans bouger. Je calculais automatiquement dans ma tête les gestes que je devais faire pour les attraper. Et puis je pensais : mais non, ce n'est plus la peine. Je vais vous laisser vivre maintenant. Plus de massacres, plus de chasse aux animaux sauvages. Il est temps de vivre et de laisser vivre.

Les autres membres de l'équipe de l'ARC étaient adorables avec moi. Ils m'écoutaient quand j'avais envie de raconter mon histoire, même si c'était douloureux à entendre et malgré mon mauvais anglais. J'étais invité à toutes les soirées du samedi soir et je dansais le rock! J'ai même dansé avec le chef de l'ARC, une grande femme rousse qui venait de Bangkok, Susan Walker.

Danser à la manière occidentale demande beaucoup d'énergie et fait transpirer. C'est tout le contraire du *romvong* cambodgien. Mais j'aimais ça! Au Cambodge j'avais toujours été plus actif que mes amis : le premier à me mettre en colère, le premier à rire et le dernier à quitter le stade! Maintenant j'avais trouvé une culture à mon rythme. J'étais content de connaître des Occidentaux et de travailler avec eux.

Mais je n'étais pas heureux. Lorsque j'étais fatigué – et nous étions fatigués chaque soir – , il m'était plus difficile de communiquer. Je cessais de traduire ce qu'ils disaient et je laissais mon esprit vagabonder. Il me ramenait toujours vers le passé.

En vérité, ma dépression reprenait.

J'étais arrivé en Thaïlande en mai 1979. On était en juillet 1980 et je n'avais aucune nouvelle de mon départ pour les États-Unis. Balam et Ngim étaient déjà là-bas, mon frère Hok s'y trouvait aussi. Les Américains que j'avais connus au début de Khao-I-Dang étaient partis et ils avaient été remplacés par de nouveaux volontaires, et même certains de ceux-là étaient déjà repartis.

Tout le monde partait, sauf moi!

Il y avait un problème au JVA à propos de mon dossier d'immigration, mais personne ne m'expliquait lequel.

J'étais bien seul. J'avais rencontré une jeune Thaïlandaise d'origine cambodgienne qui vivait à Aranyaprathet. Elle avait un visage rond et la peau claire et ressemblait à Huoy de profil. Elle semblait être très amoureuse. Nous avons même envisagé de nous marier. Puis elle me demanda d'enlever la chaîne avec le médaillon d'Huoy. Je lui expliquai que je le portais en souvenir et par respect pour Huoy qui m'avait sauvé la vie. Elle devint soupçonneuse, prétendit qu'Huoy vivait toujours au Cambodge et que je voulais d'elle comme seconde femme. Quant à sa famille, elle me méprisait parce que j'étais un réfugié... bref, rien de bon ne pouvait sortir de cette histoire.

Il était temps de dire : « Okay, bye-bye! »

Pourtant, en ce mois d'août 1980, j'avais l'impression que je ne pourrais jamais quitter ce pays. Pour moi et des milliers d'autres, la Thaïlande était devenue une prison.

Nous ne pouvions aller de l'avant, nous ne pouvions revenir en arrière. On n'était qu'à quelques kilomètres du Cambodge; la nuit on entendait les coups de feu qu'échangeaient les différentes factions de Khmers Serei. Nous entendions aussi l'artillerie vietnamienne qui tirait sur les Khmers rouges.

A Khao-I-Dang, on était en sécurité, mais c'était un endroit dur et sans charme. Tous les arbres avaient été abattus, il y avait peu d'ombre et beaucoup de poussière qui se transformait en boue rouge à chaque pluie.

La terreur était terminée mais les blessures n'étaient pas cicatrisées.

Vers l'Amérique

Ce fut John Crowley qui vint à mon secours.

Je m'étais rendu au siège de la JVA pour la énième fois afin de discuter avec la « tigresse » : il y avait encore des problèmes pour mon dossier! Fou de rage, je montai au premier étage dans le bureau de John Crowley. Ce n'était pas lui le patron, mais il avait de hautes responsabilités à la JVA.

Il leva son regard au-dessus de ses papiers.

– Eh bien, eh bien, Ngor Haing Samnang, que puis-je faire pour vous ?

Il utilisait toujours mon nom officiel. J'avais ajouté « Samnang » à mon arrivée en Thaïlande.

– Je veux aller en Amérique, John.

Il bougea quelques papiers sur son bureau et fit courir son doigt sur un calendrier.

– Le prochain vol est le 16 août. C'est dans quatre jours! Rentrez à Aranyaprathet, faites vos bagages et partez! Okay ?

– Non, je veux partir le mois prochain. J'ai trop de choses à faire, beaucoup de choses à acheter.

Il me regarda avec un léger sourire.

– Il y a beaucoup de magasins aux États-Unis, vous savez! Ne vous faites pas de souci pour les courses.

– Non, non, non. Trop cher aux États-Unis! J'achète les choses ici!

Je ne lui disais pas la véritable raison pour laquelle je voulais différer mon départ, et qui n'avait rien à voir avec les courses. C'est moi qui faisais pénétrer à l'intérieur du camp l'argent envoyé par les Cambodgiens de l'étranger à leurs parents. C'était illégal, mais je considérais cela comme un devoir moral et je voulais me trouver un remplaçant de confiance.

Nous avons un peu discuté avec John, et nous sommes tombés

d'accord : je prendrais le vol de la semaine suivante, le 23 août. Je le remerciai et lui serrai affectueusement la main. Il me souhaita bonne chance.

Je me rendis ensuite à l'hôtel Trocadéro pour y prendre mon chèque. Susan Walker, la directrice de l'ARC, me le remit personnellement. Susan était comme John : elle n'avait pas eu une attitude paternaliste envers moi et je l'avais toujours respectée pour cela. Elle m'avait elle aussi traité comme un être humain et je lui dis au revoir chaleureusement.

Puis j'allai acheter tout ce que j'avais peur de ne pas trouver aux États-Unis : des graines de légumes exotiques, des sandales avec des semelles de caoutchouc et une radio. (Il s'avéra que le même modèle de radio était moins cher en Amérique, qu'on y trouvait très facilement des sandales en caoutchouc et que je n'eus jamais l'occasion de planter mes graines.)

Je profitai de mon séjour à Bangkok pour rendre visite à mes bienfaiteurs, le général Chana et Oncle Lo, je les remerciai d'avoir tant fait pour moi et pris congé d'eux.

Je rentrai enfin à Aranyaprathet pour assister à la fête donnée en mon honneur à Khao-I-Dang. Il y avait toute l'équipe médicale de l'ARC et des amis réfugiés. Nous avons dansé. Tout le monde était heureux, moi j'étais au bord des larmes.

Le soir suivant, j'étais invité à une soirée occidentale. On y passait un film américain avec un cowboy nommé John Wayne qui se promenait à cheval dans le désert en tuant beaucoup de gens. C'était le premier film que je voyais sur l'Amérique et je demandai à l'un de mes collègues, le docteur Dale Fanney, si ce pays était aussi violent et si on y tirait en réalité autant de coups de feu.

Dale ne sourcilla pas.

– Vous verrez vous-même en arrivant!

Je rentrai à Bangkok où je retrouvai John Crowley à l'ambassade.

Nous étions le 28 août et j'avais raté l'avion.

– Ngor Haing Samnang, vous me donnez mal au crâne!

– Pardonnez-moi, John!

A partir de ce moment-là, ce fut une course effrénée. Je n'avais jamais passé la visite médicale obligatoire. Tous les jours mon nom avait été appelé au centre de transit de Lumpini par haut-parleur et mes amis me maudissaient : tout le monde voulait partir pour l'Amérique, et moi je ne prenais même pas la peine de me présenter à la visite médicale. Pourtant, moi aussi je voulais terriblement aller là-bas... mais à mes conditions.

Je finis par partir le 30 août 1980.

Comme tous les autres, j'avais un sac de plastique blanc avec le logo de l'ICEM (Comité international pour l'Immigration européenne), l'organisation qui s'occupait de ces vols. A l'intérieur du sac, il y avait mes papiers, notamment une photo de moi tenant une pancarte avec le numéro T 33144, comme un détenu avec son numéro d'écrou.

Ce n'était pas mon premier voyage en avion. Pendant le régime Lon Nol, j'avais fait plusieurs vols sur DC3 et pas mal d'autres réfugiés étaient dans mon cas. Mais, pour la plupart, c'était le baptême de l'air.

L'avion était un Boeing 747 de 700 places de la Flying Tiger Airlines. Tous les sièges étaient occupés et on ne voyait au-dessus des dossiers qu'une mer de tignasses noires d'Asiatiques.

Le mal de l'air commença ses ravages au décollage. On n'entendait plus que le bruit des vomissements dans les sacs et par terre. Des enfants couraient d'un côté à l'autre pour voir le paysage, des vieilles dames priaient à voix haute et des bébés H'mong faisaient pipi dans les allées. Une vieille Cambodgienne demanda tout fort que personne ne touche aux boutons sur les accoudoirs : ça pourrait faire tomber l'avion dans l'océan.

J'étais le médecin de bord et aussi le traducteur. J'annonçai en khmer qu'il fallait attacher les ceintures, ne pas fumer et expliquai comment utiliser les masques à oxygène. Quelqu'un d'autre traduisait en vietnamien et aussi en laotien. Je dus répéter plusieurs fois au micro comment il fallait se servir des toilettes; je leur demandai de ne pas avoir peur : la lumière s'allumait automatiquement quand on fermait le verrou et il fallait tirer la chasse d'eau. Mes conseils ne servaient pas à grand-chose. La plupart n'avaient jamais vu de chasse d'eau et je voyais l'étonnement se peindre sur leur visage à chacune de mes interventions. Ils avaient peur de poser des questions, peur de toucher quoi que ce soit pour ne rien casser. Mais ils avaient aussi peur de perdre la face en souillant leurs vêtements. Lentement mais inexorablement, les heures passaient et les vessies se remplissaient. Ils se dirigeaient alors nerveusement vers les toilettes et, j'en étais sûr, restaient plantés dans le noir debout sur la lunette des toilettes, dans le plus pur style asiatique.

La compagnie aérienne nous avait fait une concession : du riz à tous les repas. Les hôtesses passaient dans les allées avec leur chariot et nous donnaient à choisir entre du riz au poulet et du riz au bœuf.

J'enlevai la plaquette d'aluminium au-dessus de ma barquette et contemplai mon repas : le poulet dans un compartiment, le riz dans l'autre. Il y avait quelque chose de bizarre sur le riz, je reniflai soupçonneusement, goûtai un peu et repoussai le tout. C'était la première fois que je voyais de la sauce au fromage. Le fromage est pratiquement inconnu en Asie. Autour de moi on faisait remarquer à haute voix que le riz était infect.

Nous nous faisions beaucoup de souci à propos de la nourriture aux États-Unis... si c'était toujours comme ça!

Nous avons fait une escale technique à Hong Kong pour remplir les réservoirs, puis nous avons traversé le Pacifique en direction d'Honolulu.

Dans la cabine plongée dans la pénombre, nous restions les yeux ouverts en pensant à l'Amérique, capable de construire d'énormes avions mais incapable de faire cuire correctement le riz.

Des enfants pleuraient, des grandes personnes vomissaient et des vieilles dames priaient.

Dans la journée nous avons fait une longue escale à Honolulu et la nuit était bien entamée lorsque nous sommes repartis pour San Francisco. Tout le monde se demandait si c'était encore loin l'Amérique.

Au matin du deuxième jour, nous avons aperçu la côte californienne, plusieurs maisons serrées les unes contre les autres, et des voitures miniatures.

Nous avons enfin atterri à San Francisco.

Il a fallu faire la queue pendant une heure avant que l'on nous donne le visa d'immigration I-94 qui a rejoint nos autres papiers dans le petit sac de l'ICEM. Puis nous sommes montés, bien obéissants, dans les autobus les plus modernes que j'aie jamais vus : lorsque le chauffeur poussait un bouton pour ouvrir la porte avant droite, il ouvrait en même temps la porte arrière!

Je m'assis sur un siège à l'avant pour tout observer. Nous avons traversé le Bay Bridge et emprunté une autoroute. Cela ne ressemblait pas du tout au film de John Wayne : il y avait des rues, des maisons et énormément de voitures mais personne ne montait à cheval et personne ne se promenait à pied. Je me demandais : comment font les gens pour se rencontrer et se parler s'ils ne se voient pas dans les rues? Comment vais-je trouver du travail dans un endroit pareil?

On nous emmena dans une ancienne base militaire située sur des collines pour récupérer de notre long trajet et de nos émotions. Une équipe de Cambodgiens – arrivés depuis quelques mois déjà – nous servit de la cuisine cambodgienne et répondit à nos questions. Je voulus donner un coup de téléphone et un homme me promit de le faire dehors, car il n'y avait pas de cabines dans le centre. Je lui demandai d'appeler mon cousin Try Thong pour qu'il vienne me chercher. Try Thong vivait dans un endroit appelé Los Angeles, et moi je devais être envoyé dans l'Ohio. Je ne voulais pas y aller!

L'homme qui m'avait proposé d'appeler ne revint pas le lendemain. Je faisais les cent pas comme un animal en cage. Je ne savais pas où j'étais, et je n'aimais pas être à la merci d'autres gens. J'avais sauvé les sœurs de Try Thong et leurs enfants à la frontière et je les avais introduits clandestinement à Khao-I-Dang. Je pensais donc qu'en retour Try Thong pouvait m'aider.

Le troisième jour, on appela mon nom et mon numéro par haut-parleur. Je montai dans un autobus qui me ramena à l'aéroport de San Francisco. Là, on me dit de m'asseoir et d'attendre : quelqu'un viendrait me chercher. Je m'assis avec mes deux grandes valises et un carton rempli de livres de médecine. Vingt minutes plus tard, apparut un jeune Cambodgien aux cheveux bouclés travaillant pour l'organisation qui me prenait en charge, l'US Catholic Charities (USCC). Il me demanda de le suivre, sans utiliser la forme et les manières courtoises qu'il est d'usage d'employer lorsqu'on s'adresse en khmer à une personne plus âgée. Il s'engagea dans un long corridor.

– *Luk!* Je vous en prie, attendez-moi. Je dois faire plusieurs voyages avec tous mes bagages!

– Très bien, mais dépêchez-vous!

Je courus derrière lui avec une valise, revins chercher la suivante puis je repartis chercher le carton de livres.

Lorsque j'eus tout rassemblé, il avait disparu.

Mon propre compatriote m'avait abandonné, comme les guides nous avaient abandonnés à la frontière!

Je n'avais aucune idée de l'endroit où je me trouvais et du vol que je devais prendre.

J'attendis.

Une dame au comptoir d'une compagnie aérienne, m'ayant aperçu seul et découragé, me demanda où j'allais.

– Je ne sais pas. Moi, réfugié!

Je lui montrai mes papiers, mon visa I-94, ma photo et mon numéro T pour prouver que j'étais ici tout à fait légalement. Elle regarda mes papiers mais ne savait pas quoi faire.

– Qui s'occupe de vous?

– Un Cambodgien. Mon avion à dix heures trente.

Elle commença à donner des coups de fil, et une autre femme vint la rejoindre. Je lui montrai aussi mes papiers, elle les étudia.

– Votre avion vient de partir.

Elles appelèrent alors l'USCC qui avait un bureau quelque part dans l'aéroport.

J'attendis encore une heure que quelqu'un vienne enfin me chercher et m'emmène à travers un dédale de couloirs jusqu'au bureau où se trouvaient d'autres réfugiés, des Vietnamiens.

Le jeune Cambodgien aux cheveux bouclés apparut et m'apostropha :

– Où étiez-vous passé ? Je vous ai attendu !

Je lui lançai un regard fumant.

– *Luk !* Ne me demandez pas où j'étais passé ! Demandez-vous où vous étiez vous-même ! Mon petit monsieur, vous ne savez pas ce que vous faites ! N'oubliez pas que, sans les réfugiés, vous n'auriez pas de travail et que votre travail est d'aider les réfugiés !

Les Vietnamiens essayaient de me calmer mais ça ne faisait que m'énerver. J'agitai mon doigt sous le nez de ce petit salaud en le menaçant.

– Je vous ai dit que j'avais plusieurs choses à porter et vous ne m'avez même pas offert de m'aider ! Vous deviez vous occuper de moi ! Ce n'était pourtant pas trop difficile, mais vous ne l'avez pas fait. Vous vous croyez tellement important qu'on ne doit pas vous déranger peut-être ? Mais rappelez-vous bien une chose, merde ! Ici, je ne connais rien. Je suis comme un animal sorti de sa jungle. Je suis un réfugié : vous avez l'obligation de m'aider ! Vous êtes cambodgien et je suis cambodgien. Nous sommes du même pays. Vous auriez dû m'aider ! Voilà pourquoi ce pays s'est cassé la gueule : à cause de connards arrogants comme vous !

Je commençais à m'échauffer sérieusement, mais le patron américain est arrivé et m'a demandé de le suivre dans son bureau. Je n'avais pas un vocabulaire assez étendu pour lui expliquer en anglais ce que je venais de dire au jeune homme en khmer : mais il en comprit l'esprit.

A onze heures trente, ce soir-là, j'atterris à l'aéroport de Colombus dans l'Ohio. Mon ami Hay Peng Sy m'y attendait. Je le connaissais du temps où il était pilote dans l'armée de Lon Nol et je l'avais retrouvé à Lumpini. Il était arrivé aux USA avant moi et travaillait pour l'USCC. (Voilà pourquoi mon dossier avait été confié à cette organisation.)

Suivant la coutume occidentale, Hay Peng Sy avait changé son nom en Peng Sy Hay, mettant son patronyme à la fin. Moi-même je m'appelais maintenant Haing Samnang Ngor.

Il m'a emmené chez lui. Le lendemain nous sommes allés remplir des papiers à l'USCC, puis nous sommes repartis chercher un logement. Je ne voulais pas être ingrat et je me tus, mais je n'avais aucune intention de louer un appartement à Columbus.

Je voulais vivre à Los Angeles.

Je ne savais pas où c'était, s'il s'agissait d'une ville ou d'une région, si c'était petit ou grand, sur la côte ou dans les montagnes, s'il y faisait chaud ou froid, s'il y avait une colonie cambodgienne... Tout ce que je savais, c'est que ma nièce s'y trouvait, ainsi que Balam et mon cousin Try Thong. C'était tout ce que j'avais besoin de savoir.

Je traînai quelques jours à Colombus, regardant les programmes sur un poste de TV en noir et blanc; je comprenais mal : ils parlaient trop vite. Je fis un rapide voyage dans un autobus Greyhound à South Bend dans l'Indiana pour rendre visite à des réfugiés cambodgiens, puis je rentrai à Colombus.

J'avais quitté la Thaïlande avec 1 200 dollars; les économies de mon travail comme médecin dans le camp des réfugiés.

L'argent avait filé à toute vitesse en cadeaux et pour payer le voyage dans l'Indiana. J'achetai trois cents dollars un billet d'avion pour Los Angeles.

Mon cousin Try Thong vint me chercher à l'aéroport. Il avait quitté Phnom Penh avant la révolution et se trouvait aux États-Unis depuis lors. Il était tout à fait américanisé. Au lieu de changer l'ordre de ses noms, il se faisait carrément appeler Philip Thong. C'était un type intelligent, plus jeune que moi, qui travaillait comme comptable. Tout semblait bien marcher pour lui.

De la maison de Philip, j'appelai mon cousin Balam. Nous nous étions perdus de vue depuis Khao-I-Dang mais je comptais rester chez lui jusqu'à ce que je trouve un logement. Je fus bien désappointé. Balam me dit qu'il n'y avait pas assez de place dans son appartement à cause de la règle d'occupation maximale des logements. Son propriétaire ne voulait pas qu'il y ait plus de quatre personnes dans un appartement de deux chambres. Avec Ngim, ils étaient déjà en surnombre. Je me disais que ce propriétaire n'était certainement pas un Khmer rouge et qu'il n'allait quand même pas nous tuer si on ne respectait pas la règle. Mais je préférai me taire et passai la nuit chez Philip Thong.

Le jour suivant, je me rendis chez Balam à l'extérieur du quartier chinois de Los Angeles. Je trouvai un appartement à louer dans le même immeuble : une pièce de trois mètres sur quatre avec une cuisine dans une alcôve et une petite salle de bains. Le studio était éclairé par deux fenêtres de chaque côté de la porte avec vue imprenable sur les poubelles.

Le loyer était de 150 $ et la caution de la même somme. Il y avait un canapé-lit que Ngim pouvait utiliser, et nous sommes allés acheter un lit pour moi, une table et quelques affaires. J'en ai eu pour 350 $.

Avec Ngim, nous avons emménagé le soir même. Il n'y avait rien à manger dans le réfrigérateur.

Il ne me restait plus que 4 dollars.

Recommencer

Je n'ai jamais pensé que ma vie pouvait être en danger ou que je risquais de mourir de faim aux États-Unis. Je ne me faisais aucun souci à l'idée de n'avoir que quatre dollars en poche.

D'autant plus que le jour qui suivit mon installation avec Ngim dans le petit appartement, un couple de Cambodgiens sonna à la porte. J'avais soigné la femme en Thaïlande, elle me présenta son mari que je ne connaissais pas. Ils nous emmenèrent déjeuner et visiter Los Angeles. Ils me prêtèrent un peu d'argent, ce qui me permit d'acheter de la nourriture et du riz dans un magasin du quartier chinois. J'achetai aussi des bols, des casseroles et des baguettes au marché aux puces.

Il n'y avait aucun doute : nous allions nous en sortir.

Maintenant que j'avais un abri et de la nourriture, il fallait que je trouve un moyen de gagner ma vie. Je voulais exercer la médecine mais, pour obtenir mon diplôme américain, il fallait d'abord que je passe un examen d'anglais, puis que j'aille me recycler dans une école de médecine. J'étais prêt à le faire, mais ça ne résolvait pas le problème de la vie de tous les jours. Je pouvais bénéficier de l'aide sociale : 214 $ par mois plus un supplément pour Ngim. Ça ne valait pas le coup. Je décidai de remettre mes études à plus tard et de chercher tout de suite du travail.

Mon premier job fut gardien de nuit dans une entreprise située en dehors du quartier chinois. Tout en cherchant quelque chose de mieux, je pris des cours d'anglais à l'Evans Community College, à quelques pas de chez moi.

L'anglais n'est pas une langue logique et je l'ai toujours trouvée difficile. Le mot « rice » par exemple rime avec « ice » mais pas avec « police ». Le « gh » dans le mot « thought » est muet mais dans « rough » il se prononce comme un « f ». Comment peut-on comprendre ces règles ?

Quant à l'argot c'est encore plus mystérieux. Je me demandais ce que voulait un Américain qui disait en me serrant la main : « You bet! » (« Bien sûr! ».) Voulait-il faire un pari avec moi [1]? Avais-je parié avec lui sans le savoir? Aurais-je dû me taire?

Je pouvais me faire comprendre en anglais, mais je savais que je ne me sentirais jamais à l'aise dans cette langue. C'était beaucoup plus facile pour Ngim à l'école élémentaire : elle était encore jeune et parla rapidement aussi bien qu'un Américain de souche.

En novembre 1980, je commençai à travailler sur des dossiers de réfugiés pour le Centre social de Chinatown à côté de mon appartement.

Mon bureau, appelé Unité Indochinoise, fournissait un service gratuit de placement pour les réfugiés cherchant du travail. Environ la moitié de nos clients étaient vietnamiens, un tiers cambodgiens et le reste laotiens. D'habitude on arrivait à trouver un langage commun : si le khmer et le théochiew ne convenaient pas, on essayait le français, le mandarin, l'anglais et même le thaï. Généralement, on arrivait très bien à se comprendre.

J'aimais beaucoup m'occuper de ces dossiers. Sans avoir le statut ni le salaire que m'aurait conférés un travail de médecin, cela me permettait d'aider les réfugiés et c'était ce que je voulais.

Je servais d'interprète entre mes visiteurs et leurs propriétaires, je remplissais les formulaires de demande d'aide sociale, je faisais inscrire les enfants dans les écoles, j'organisais des cours d'anglais pour les adultes, j'expliquais les factures de téléphone et je faisais des enquêtes sur les familles restées dans les camps de réfugiés en Thaïlande.

Comme j'avais acquis de l'expérience, on me demanda d'acheter une voiture. Avec ma Volkswagen, j'emmenais mes administrés dans les hôpitaux, au bureau d'aide sociale, à des rendez-vous d'employeurs, dans tout Los Angeles.

La recherche d'emplois était l'aspect le plus important de mon travail. Les réfugiés devaient repartir à zéro et accepter n'importe quoi. Je cherchais des places de plongeurs, de serveurs et de serveuses, de femmes de ménage, de cuisiniers, de jardiniers, de manœuvres, d'ouvriers à la chaîne dans les usines électroniques, de trieurs de courrier, de baby-sitters. Les plus instruits pouvaient prétendre à des emplois de secrétaire ou de caissier. Le salaire de base était de 4 à 5 dollars de l'heure, mais le fait d'être dans la place n'avait pas de prix.

A cette époque, il y avait six ou sept mille Cambodgiens dans le quartier chinois et aux alentours et environ le même nombre de

1. *To bet :* parier.

Vietnamiens. Ces derniers s'adaptaient généralement mieux et bénéficiaient de promotions plus rapides que les Cambodgiens, passifs et plus timides.

Alors que j'organisais les entretiens pour des emplois, ils ne se présentaient pas : par peur de perdre la face, parce qu'ils ne parlaient pas bien anglais ou pour ne pas prendre de risques...

Ils étaient malheureux.

Les querelles, l'alcoolisme, les violences faites aux femmes et les divorces se multipliaient dans les foyers cambodgiens.

Il y avait un important problème psychologique parmi ces réfugiés. Je le comprenais fort bien pour en avoir moi-même été victime. Nous avions tous été fortement traumatisés par nos expériences, nous avions tous perdu des parents, des frères, des enfants. Nombre d'entre nous continuaient à faire de terribles cauchemars chaque nuit. Nous nous sentions isolés et dépressifs, incapables de faire confiance à quelqu'un. Mais ce qui était pire, c'était de vivre tout cela au milieu d'une culture totalement étrangère.

Au Cambodge, l'art de vivre n'avait guère changé depuis des siècles. Nous n'avions pas d'aide sociale, pas de caisse de sécurité mutuelle, pas d'hôpitaux de jour, de maisons de retraite ni de psychiatres. Nous n'en avions pas besoin. Deux choses seulement nous étaient nécessaires : la famille et les moines. Dans la plupart des maisons cohabitaient plus de trois générations : les grands-parents aidaient à l'éducation des petits-enfants et les adultes étaient chargés de rapporter la nourriture pour tout le monde. Lorsqu'il y avait des problèmes et des querelles, les moines aidaient à les résoudre. Ils enseignaient aussi aux enfants à bien se comporter, leur apprenaient à lire et à écrire dans les écoles des temples. Ils accueillaient aussi les gens âgés et les orphelins sans famille et assuraient le bon déroulement des cérémonies religieuses.

En échange, on leur faisait l'aumône et on envoyait les enfants effectuer une période religieuse. Le système n'était pas parfait, mais il fonctionnait.

Tout le monde avait suffisamment à manger et la société était stable. Nous avons suivi ces coutumes jusqu'à ce qu'en 1975 les communistes mettent un terme à notre façon de vivre. Nous avons alors perdu nos familles, nos moines, nos villages, notre terre et nos biens. Tout. Aux États-Unis, il ne nous était pas possible de revivre comme avant : il nous manquait des morceaux du puzzle.

En Thaïlande, un Cambodgien intelligent pouvait deviner certains des mots écrits sur les pancartes dans la rue et comprendre une partie des conversations en thaï : l'alphabet et les intonations étaient semblables. Aux États-Unis, la langue était complètement différente. Incapables de lire les panneaux, de parler aux gens, d'écouter la télévision, les Cambodgiens enfermés dans leur isolement tombaient dans la dépression la plus noire.

Ils n'avaient pas de vrais temples où chercher un peu de réconfort. Un temple de fortune avait été installé dans une maison du quartier de Long Beach – où vivaient de nombreux Cambodgiens – au sud-ouest de Los Angeles. Il y avait aussi un temple thaïlandais à l'architecture traditionnelle où vivaient des moines thaïlandais, mais ces lieux de culte étaient trop loin pour s'y rendre à pied. Il fallait avoir une voiture pour aller n'importe où dans cette ville. On devait organiser les transports pendant le week-end, lorsque ceux qui avaient une voiture étaient libres.

Presque tout était différent en Amérique. De riches marchands du temps de Lon Nol ou des officiers gouvernementaux vivaient maintenant de l'aide sociale : ils ne voulaient pas perdre la face devant leurs amis en acceptant d'être chauffeur de taxi ou manœuvre. Des hommes qui avaient été des combattants courageux pendant la guerre avaient maintenant peur des Noirs et des Sud-Américains. Ces gens-là critiquaient dans les supermarchés ce qui n'était pas aussi bien qu'au Cambodge : la fraîcheur des légumes, l'absence de fruits tropicaux, les prix qu'on ne pouvait marchander... Ils faisaient des remarques aussi sur la vie quotidienne des Américains qu'ils jugeaient impersonnelle : faire les courses, conduire sur l'autoroute, regarder la télévision... et passer plusieurs jours sans adresser la parole à quelqu'un.

Le Cambodge me manquait aussi.

La nourriture, le marchandage, les potins sur le marché. Prier dans les temples, se promener sur les boulevards pendant les soirées chaudes et tranquilles. Plus que tout, c'était Huoy qui me manquait.

Mais je voyais aussi tous les aspects positifs de l'Amérique. C'était beaucoup plus propre, il n'y avait pas autant de mouches, on pouvait boire l'eau du robinet, les gens étaient plus instruits. Ngim aimait aussi l'Amérique. Elle avait d'excellentes notes à l'école, et, comme ses camarades avaient des difficultés à prononcer son prénom, nous en avons choisi un nouveau : Sophia. C'est un prénom occidental et asiatique venu du sanscrit.

J'avais un travail, une voiture, une nièce que j'élevais comme ma fille : la vie était facile. Je n'avais plus à craindre les *chhlops* ou les rafles des soldats. Quand je me réveillais le matin, je ne ressentais aucune terreur : je savais que je verrais la fin de cette journée, même la fin de la semaine. J'avais encore le temps de vivre.

Un jour que j'étais arrêté à un feu, au volant de ma VW, un chien tenu en laisse traversa dans le passage clouté. Son maître tendit la main pour le caresser et le chien remua la queue. Je me suis revu sur le front disant à Huoy que je préférerais devenir un chien en Amérique, plutôt que de continuer à vivre là-bas. Que les chiens vivaient mieux que nous sur le front. C'était vrai ! L'Amérique était un pays prospère. Le feu est passé au vert et j'ai continué ma route, encore tout étonné de ma chance.

En mars 1982, je vivais aux USA depuis un an et demi, passant le plus clair de mon temps avec mes concitoyens. J'aidais les réfugiés à s'adapter à leur nouvelle vie, ce qui les aidait à effacer les traumatismes du passé. On ne parlait guère de l'époque des Khmers rouges. Nous gardions nos souvenirs cadenassés à double tour.

Un jour, en mars, je reçus la visite, au centre social de Chinatown, de deux anciennes relations. Il s'agissait de Sisowath Sourirath qui était apparenté à la famille royale et de Jean Fernandez, le plus jeune frère d'un général de Lon Nol. Nous nous en sortions bien tous les trois, sans pour autant avoir retrouvé le statut et la fortune d'antan. Jean Fernandez vendait des assurances sur la vie et Sisowath travaillait pour le bureau catholique d'aide sociale de Long Beach. Il m'avait aidé à l'époque à remplir un formulaire pour l'achat d'une encyclopédie mais la maison d'édition avait trouvé mes ressources trop faibles pour accepter ma souscription. Lorsque Sisowath et Jean entrèrent ce jour-là c'était pour m'annoncer qu'ils venaient de s'inscrire pour faire de la figuration dans un film sur le Cambodge. Ils voulaient que je m'inscrive aussi, mais je refusai.

Ils tentaient de m'allécher en me parlant du film, mais je n'écoutais que d'une oreille : des visiteurs entraient et sortaient de mon bureau avec des problèmes bien réels et je n'avais vraiment pas de temps à perdre avec de la fiction.

Les rumeurs sur ce film commencèrent à circuler avec insistance dans toute la communauté cambodgienne de Los Angeles et de Long Beach. Beaucoup de gens rêvaient de participer à un film à Hollywood, et s'étaient déjà inscrits pour la figuration. Pour eux c'était ça l'Amérique!

L'argent et la gloire dont ils avaient tant rêvé dans les camps de réfugiés. Je savais ce qui se passait dans leur tête : ils espéraient secrètement devenir du jour au lendemain des vedettes. Ils voulaient oublier l'autre Amérique : un emploi routinier, le loyer, la nourriture et l'essence à payer sans jamais avoir vraiment une chance de s'en sortir.

Je ne voulais rien avoir à faire avec le monde du cinéma. Au Cambodge la profession d'acteur était sans prestige et mal payée. J'avais été médecin, j'avais eu une Mercedes, des parts dans une clinique et, si j'étais pauvre actuellement, tout le monde savait ce que j'avais été. La profession d'acteur me faisait déchoir.

Je fus, un jour, invité à un mariage à Oxnard, sur la côte, près de

Los Angeles. Je n'avais pas très envie d'y aller : il y avait pour une heure et demie de route plus le coût de l'essence. Il plut beaucoup pendant tout le trajet et je dus faire fonctionner mes essuie-glaces en permanence.

J'arrivai enfin, et je fus accueilli à la porte par Jean Fernandez et d'autres amis. Tous les invités étaient cambodgiens à l'exception d'une Noire américaine qu'on me présenta sous le non de Pat Golden. Elle faisait partie des studios de cinéma. Elle me demanda de me laisser prendre en photo et de lui donner mon nom et mon numéro de téléphone. A ce moment-là, l'orchestre jouait les premières notes d'un *romvong* les invités dansaient avec grâce et lenteur, bougeant leurs mains au rythme de la musique. Cela faisait bien longtemps que je n'avais pas dansé, et je les rejoignis.

Elle ne me laissait pas tranquille. Chaque fois que je m'arrêtais, elle me relançait. Elle avait déjà pris en photo pratiquement tout le monde, et un vieillard saoul me poussa en avant d'une bourrade en disant : « Vas-y, ça ne te coûtera rien! »

Je dis à Pat Golden que j'étais venu ici pour m'amuser et que j'espérais qu'elle n'allait pas m'embêter toute la soirée.

– Ne vous énervez pas! dit-elle en me tapotant l'épaule.

Elle était habillée d'un jean et d'une chemise blanche qui lui allaient fort bien. Elle parlait d'une voix basse et chaude, ses dents de devant étaient légèrement écartées. Elle semblait être tout à fait sûre d'elle et m'assura que je n'avais aucun moyen de me défiler. Tout ce qu'elle voulait, c'était une photo et mon numéro de téléphone.

– D'accord, je vous laisse prendre la photo, mais vous m'en offrez une en souvenir.

La salle de séjour était pleine de monde, nous sommes allés dans le hall d'entrée. Elle me demanda de retirer mes lunettes, pressa sur le petit bouton du Polaroïd Flash! Un bout de papier sortit du devant de l'appareil. Elle prit une deuxième photo et me la donna. Ça ressemblait à moi sans lunettes : pas terrible, plus très jeune, vraiment pas une gueule de star.

Deux semaines passèrent, puis un mois, puis deux, puis trois sans nouvelles.

Je reçus un coup de fil au cours du quatrième mois. Pat Golden me demandait de venir passer une audition à environ 65 kilomètres de chez moi. J'acceptai, sans vraiment y penser. Plusieurs de mes amis cambodgiens me dirent qu'elle leur avait aussi téléphoné. Ils vinrent pour l'audition de San Diego, de Santa Anna, de Los Angeles, de Long Beach... mais pas moi.

Le lendemain matin, Pat Golden m'appela au bureau. Je lui demandai de m'excuser mais j'étais occupé. Il y eut un silence. Je voulus me montrer plus honnête et lui avouai que je n'étais pas venu parce que je pensais ne pas faire l'affaire.

– Nous n'avons pas encore pris de décision. Venez, je vous en prie.

Elle insista énormément. Elle voulait me faire passer l'audition ce soir-là à Long Beach, à 35 kilomètres.

– Cinq heures, ça vous va?

– Non, j'ai des horaires de bureau à respecter.

– Six heures?

– Non, l'autoroute est embouteillée à cette heure-là. Pourquoi pas sept heures?

En fait, j'arrivai à huit heures. Elle m'attendait encore. Je lui dis que j'étais désolé, que j'avais beaucoup de choses à faire. Elle ne me fit aucun reproche : elle était polie et aussi conciliante qu'une Cambodgienne. Elle était intelligente et connaissait notre culture. Elle savait que, si elle se fâchait, je m'en servirais pour m'enfuir.

Il y avait d'autres Cambodgiens avant moi. Pat Golden fit passer une audition à la fille de Long Boret, le Premier ministre de Lon Nol au moment de la prise du pouvoir par les Khmers rouges. Et puis ce fut mon tour.

– Voilà, Haing. Vous devez convaincre des Khmers rouges que vous n'étiez pas récemment avec un groupe d'Américains. Que faites-vous?

J'improvisai une scène.

– Merci. Je vous donnerai une réponse dans une semaine.

– Si vous dites une semaine ce sera dans un mois.

– Non, cette fois-ci c'est vrai.

Une semaine plus tard, elle m'appela pour une nouvelle audition. Cette fois-ci c'était à Burbank dans un studio.

Puis il y eut une troisième audition. A chaque fois, il y avait un peu moins de candidats.

A la quatrième audition, je rencontrai un jeune Anglais barbu : Roland Joffé, le réalisateur du film. Il me posa de nombreuses questions sur mon passé : combien de temps j'avais vécu sous les Khmers rouges, ce qui était arrivé pendant mes séjours en prison, comment j'étais arrivé jusqu'en Thaïlande... Je parlai une heure avec lui, il me regardait de ses grands yeux bleus, m'écoutant attentivement.

Roland Joffé assista aussi à la cinquième audition. Cette fois-ci, il y avait une caméra-vidéo pour faire les essais. Il mit en scène une situation imaginaire : un médecin cambodgien est très amoureux d'une infirmière américaine. La nuit précédente, la radio a annoncé que tous les étrangers devaient quitter le pays. Comment le médecin va-t-il prévenir l'infirmière?

Pat Golden jouait le rôle de l'Américaine.

Je jouais celui du médecin cambodgien.

Ensuite Roland Joffé modifia le scénario. L'Américaine pensait que les Khmers rouges l'épargneraient elle mais tueraient le médecin. Comment allais-je lui dire que, quel que soit mon sort, je voulais rester dans mon pays?

Je jouai ce nouveau rôle.

Roland Joffé faisait des gros plans, cela ne me gênait pas : si je croyais vraiment à ce que j'étais en train de dire à Pat Golden, la caméra n'avait plus d'importance.

– Maintenant, me dit Joffé, vous avez emmené l'Américaine à l'aéroport. Vous lui faites vos adieux. Quels sont vos derniers mots avant qu'elle s'éloigne?

Je me tournai vers Pat Golden.

– Vous devez partir tout de suite! Écoutez-moi, la situation est très difficile maintenant. Vous êtes étrangère, mais pour moi il n'y a pas de problème. Moi, je suis cambodgien.

Je me mis à pleurer sur son épaule puis j'essuyai mes yeux et lui répétai plusieurs fois qu'elle devait partir et qu'elle me manquerait.

Pour la sixième audition on me fit encore jouer devant la caméra. Roland mit en scène un nouveau scénario où Pat jouait le rôle de ma femme. Je devais lui demander de partir parce que les Khmers rouges allaient tuer tout le monde. Je n'en pouvais plus, je craquais. Je me mis à pleurer sauf que cette fois-ci je ne pouvais plus m'arrêter.

Dès que je finissais une scène, Roland Joffé enchaînait avec une autre. Toutes les scènes étaient dramatiques sauf la dernière. J'étais médecin et devais opérer un de mes patients dans un état désespéré. Contre toute attente, l'opération était un succès. Quelle était ma réaction en apprenant la bonne nouvelle? Qu'allais-je dire?

Je jouai la scène.

Joffé me dit qu'il me donnerait une réponse définitive, mais qu'il ne savait pas quand.

Je repris mon travail en essayant de ne pas trop y penser : sept mille Cambodgiens s'étaient inscrits pour avoir un rôle dans le film.

Trois mois s'écoulèrent avant que Pat m'appelle à nouveau. Elle téléphonait de New York pour savoir quelle sorte de passeport je possédais. Je lui dis que j'avais une carte de résident avec ma photo et l'empreinte de mon pouce. Elle me demanda si je pouvais venir en Thaïlande avec l'équipe. Pas de problème ni pour moi, ni pour ma nièce.

Elle me rappela quelques semaines plus tard pour me demander quel était mon salaire au centre social de Chinatown. Quatre cents dollars par semaine.

– Si je vous en donne huit cents?

– Pas de problème.

Elle rappela de nouveau, pour des questions plus précises à propos de mon passeport.

– Et si je vous donnais mille dollars par semaine ?

– Ne vous en faites pas pour l'argent. Donnez-moi le travail, le salaire m'importe peu.

C'était vrai.

J'avais changé d'avis à propos de ce film. Je pensais qu'il serait bien d'y avoir un rôle : cela pourrait aider à faire connaître l'histoire du Cambodge. C'était très important, personne ne savait vraiment ce qui s'était passé. La plupart des Américains ne savaient même pas où était ce pays. Ils avaient entendu parler du Viêt-nam, mais pas du Cambodge. A Los Angeles, les Asiatiques ne savaient même pas ce qui s'était passé sous les Khmers rouges. Quand on leur racontait, ils hochaient la tête en approuvant pour ne pas perdre la face.

En fait, la véritable raison pour laquelle je ne voulais pas au début faire ce film était la peur que j'éprouvais à l'idée de ramener à la surface toutes les souffrances du passé. Il y avait déjà suffisamment de choses qui me rappelaient cette époque.

Depuis que j'étais arrivé aux États-Unis, j'étais victime de cauchemars : Huoy était morte ainsi plusieurs fois dans mes bras, mon père tentait toujours de me dire quelque chose, là-bas, attaché à son arbre. Cela ne finissait pas...

Il ne fallait pas grand-chose pour réveiller ces cauchemars. Le bruit de l'eau s'écoulant d'un robinet suffisait pour me ramener en prison sous le seau plein d'eau tombant goutte à goutte.

Presque chaque nuit, je me réveillais en sursaut et je m'asseyais dans mon lit pour chasser les fantasmes de la nuit. Dehors, les lampadaires éclairaient les trottoirs de la ruelle et se reflétaient sur les chromes et sur les vitres des voitures. J'entendais ce bruit de fond qui ne s'arrête jamais à Los Angeles. Je me sentais plus aliéné que jamais, je n'étais même plus sûr que l'Amérique était mieux que ce que j'avais laissé derrière moi.

Je devais faire face à mon passé et essayer d'exorciser mes cauchemars. Il fallait que je retourne dans les camps !

Avant de partir en Thaïlande, tous les Cambodgiens qui étaient du voyage organisèrent une grande soirée. Pat Golden était invitée et je lui demandai quel était mon rôle. Tous les autres connaissaient déjà le leur. Elle rit en me disant de ne pas m'en faire, que je n'aurais rien à apprendre par cœur. Je me dis que je devais avoir un tout petit rôle.

En Thaïlande, on me donna un script mais personne ne m'en disait plus. Puis Roland Joffé organisa la première répétition et c'est là que je me rendis compte que je jouais Dith Pran.

– Bon dieu ! Mais c'est un rôle vraiment important !

La Déchirure

« C'est une histoire de guerre et d'amitié, l'histoire d'un pays en ruine et de la volonté de vivre d'un homme. » C'est ainsi que commençait, en 1980, un article du *New York Times Magazine*. L'auteur, Sydney Schanberg avait été le correspondant du *Times* au Cambodge pendant les années Lon Nol.

Il racontait l'amitié entre son assistant cambodgien, Dith Pran, et lui-même. Dans le travail, Schanberg était un patron colérique et perpétuellement insatisfait, qui exigeait toujours plus de ses collaborateurs, mais il ne parlait pas le khmer et ne connaissait pas grand-chose à la culture cambodgienne. Dith Pran était les yeux, les oreilles et le nez, qui l'avertissaient pendant leurs reportages des dangers et des risques souvent mortels. Pran, lui, dépendait de Schanberg comme un guide de son client. Les deux hommes étaient très différents mais très proches, et s'aimaient bien.

Lors de la prise du pouvoir par les communistes, Pran sauva Schanberg et d'autres journalistes occidentaux que les Khmers rouges voulaient exécuter. Les communistes contrôlaient toute la ville; tous les Occidentaux et quelques Cambodgiens, dont Dith Pran, réussirent à se réfugier dans l'ambassade de France. Alors que les Occidentaux étaient autorisés à quitter l'ambassade pour la Thaïlande, vers la liberté, Dith Pran fut contraint de rejoindre les autres Cambodgiens dans les campagnes. Pendant plus de quatre ans, Schanberg ne sut rien de Dith Pran. Il se sentait coupable : Pran lui avait sauvé la vie, mais lui Schanberg n'avait pas pu le protéger. Finalement, Pran réussit à s'échapper du Cambodge après l'invasion des Vietnamiens et les deux hommes se retrouvèrent dans un camp de réfugiés en Thaïlande.

L'article émut beaucoup de lecteurs qui ne connaissaient pas grand-chose au Cambodge, ou qui n'avaient pas envisagé la révolution sur le plan humain.

De cet article du magazine sortit le film *La Déchirure*. Le producteur, David Puttman, un Anglais, avait déjà produit *Les Chariots de feu* et d'autres films. Le réalisateur, Roland Joffé, s'était occupé de théâtre et avait réalisé quelques documentaires. Les deux acteurs principaux étaient américains : Sam Waterston qui jouait le rôle de Sydney Schanberg, et John Malkovich celui de Al Rockoff, un photographe cynique. Quant à moi, je jouais Dith Pran.

En lisant le script, j'eus une révélation : j'étais Dith Pran. Je veux dire par là que nos deux histoires étaient parallèles. Bien sûr, Pran était journaliste, j'étais médecin. Il travaillait avec les Occidentaux, je travaillais avec les Cambodgiens. Sa femme et sa fille quittaient Phnom Penh en hélicoptère juste avant la chute de la ville, Huoy et ma famille y restaient. Pran fut frappé par les Khmers rouges, mais ne fut jamais torturé et ne souffrit jamais autant que moi.

Mais ces différences étaient beaucoup moins importantes que tout ce qui nous rapprochait. J'étais lui et il était moi, parce que nous étions tous les deux cambodgiens, que nous avions à peu près le même âge et que nous avions vécu les mêmes tragiques événements : la guerre civile, la révolution puis l'occupation étrangère et finalement la fuite vers les camps de réfugiés et l'Amérique. Avoir survécu aux années khmères rouges constituait l'événement le plus important de notre vie, le fondement même de notre identité. Nous avions tous les deux survécu sans trop savoir pourquoi.

En tournant les pages du script, je m'étonnais de ces similitudes. Dith Pran comme journaliste avait assisté à la barbarie et à l'iniquité de la guerre civile, il avait été sur les champs de bataille et avait participé aux mêmes conférences de presse que mon ami Sam Kwill.

Il avait vu le « bonjour », et les hôpitaux débordés où les blessés s'entassent dans les couloirs. Schanberg et Pran avaient visité l'hôpital de Prea Keth Melea, ils auraient pu m'y rencontrer : j'avais opéré dans cet hôpital – dont faisait partie Pen Tip – juste avant la chute de Phnom Penh.

Dith Pran et moi avions eu tous les deux l'occasion de quitter le Cambodge à bord d'hélicoptères américains. Nous n'étions pas partis parce que nous ne savions pas qui étaient vraiment les Khmers rouges. Pran s'était réfugié à l'ambassade de France que j'avais vu encerclée par les soldats lors de ma virée en Vespa.

Dans les champs, nous avions tous les deux planté du riz, tiré les charrues, creusé des canaux et édifié des barrages. Nous avions mangé la même pitance et glané la même nourriture dans la forêt. Nous avions vécu dans cette même terreur quotidienne jusqu'à ce que l'invasion vietnamienne nous permette de nous évader à travers les champs de mines. En Thaïlande, Chana et Oncle Lo m'avaient donné la liberté et de l'argent. Dith Pran, lui, avait retrouvé Sydney Schanberg.

Mais je n'avais jamais rencontré Dith Pran et je demandais continuellement à Roland Joffé comment il marchait, comment il parlait, quelle tête il avait... Je voulais qu'il nous présente. Il me semblait que, pour jouer son rôle, il suffisait de l'imiter. Roland fut très évasif.

– Haing, ne cherchez pas à savoir à quoi il ressemble ou comment il a pu faire telle ou telle chose. Soyez simplement vous-même.

Roland défendait l'idée que Dith Pran et moi étions au fond une seule et même personne. Il n'a jamais voulu que je le rencontre avant que le tournage ne soit terminé.

Il savait que je n'avais jamais joué la comédie auparavant, et n'essayait pas de m'impressionner; au contraire il rendait tout beaucoup plus facile. Il envoya à l'aéroport un grand Américain barbu pour m'accueillir; il se présenta très poliment et avec chaleur : Sam Waterston. Quelques jours plus tard, avec l'aide de John Crowley – surpris mais heureux de me revoir –, nous obtenions nos laissez-passer pour la frontière thaïlando-cambodgienne.

Roland avait demandé à Sam d'écrire des reportages exactement comme un véritable journaliste. Puisque je parlais khmer et un peu de thaï, j'étais l'interprète de Sam et son guide. Roland avait recréé la relation entre Sydney Schanberg et Dith Pran.

Sam et moi avons fait route jusqu'à Aranyaprathet. Peu de choses avaient changé en trois ans. Je lui fis visiter la ville, lui montrai mes boutiques préférées, les meilleurs restaurants, la maison de l'ARC où j'avais vécu. Nous avons ensuite pris la direction d'un camp khmer rouge, au sud, qui avait été attaqué par les Vietnamiens quelques jours auparavant. Des officiers de l'armée thaïlandaise nous accompagnaient partout.

Les Khmers rouges n'avaient pas changé. L'ambiance menaçante était toujours la même, aussi immuable que leurs maisons sans murs aux toits de chaume et l'expression de mépris peinte sur leur visage.

Sam posait des questions et je traduisais les réponses qu'il notait soigneusement sur un petit carnet. Sam leur demandait s'ils avaient à manger, si leur famille était avec eux... etc. Eux répondaient invariablement qu'ils voulaient retourner au Cambodge pour se battre contre les Vietnamiens.

Pendant les interviews, j'essayais – du moins en apparence – de rester neutre et détaché. Pendant que Sam prenait ses notes, je restais aussi calme qu'un moine mais j'étais agité de violentes émotions. Je n'avais qu'une envie, c'était d'attraper un de ces officiers khmers rouges par le col et de lui crier : « Espèce de salaud!

Vous voulez vous battre contre les Vietnamiens ? Regardez donc le résultat de votre folie : des orphelins, des handicapés, des réfugiés... » J'avais envie d'attraper un fusil et de tirer dans le tas.

Je n'en ai rien fait, gardant mes émotions pour moi.

Nous sommes ensuite allés à Khao-I-Dang où nombre de mes anciens amis continuaient à travailler dans les hôpitaux, et habitaient dans des huttes en espérant toujours être envoyés à l'Ouest. J'étais à nouveau les yeux, les oreilles et le nez de Sam, l'aidant à comprendre ce qui se passait : il avait beau être un homme cultivé et intelligent, c'était la première fois qu'il se rendait dans le Sud-Est asiatique.

Roland nous envoya après à Chieng Mai dans le nord de la Thaïlande à côté du fameux Triangle d'Or où l'on produit de l'opium. Nous étions accompagnés de John Malkovich et d'un acteur britannique, Julian Sands, qui jouait le rôle du journaliste John Swain.

C'était comme des vacances. Notre seule mission était de faire connaissance. Nous sommes donc partis faire du tourisme, c'était moi qui discutais les prix avec les chauffeurs de taxi, qui commandais les plats dans les restaurants et qui leur expliquais les coutumes du pays. Ils me posaient toutes sortes de questions, voulaient savoir pourquoi les Cambodgiens portaient des *kramas* et pas les Thaïlandais ; ils m'interrogeaient sur la nourriture, le bouddhisme, la corruption, l'histoire. Sam était le plus curieux ; la plupart du temps nous parlions en français, langue qu'il connaissait parfaitement.

Un soir, alors que nous étions tous les deux, assis dans un bar, je commençai à raconter, après quelques verres, des choses que je n'avais jamais dites à personne.

Des choses dont je n'étais pas fier. Par exemple, d'avoir abandonné le blessé sur la table d'opération au moment de l'arrivée des communistes. D'avoir laissé mourir Huoy sans rien tenter. D'avoir été dénoncé par ma tante Kim au chef du village de Tonle Bati. Je dis aussi à Sam qu'un des fils de Tante Kim avait été officier khmer rouge et qu'il avait réussi à émigrer aux États-Unis. Que devais-je faire à propos de ce cousin, vraisemblablement un criminel de guerre [1] ?

1. Je voulais que le gouvernement américain fasse une enquête. Délicat. D'un côté le Service d'Immigration et de Naturalisation (INS) semble vouloir démasquer ces réfugiés qui ont menti et sont en réalité des criminels de guerre. D'autre part, les officiers d'immigration pourraient utiliser le prétexte de cette enquête pour stopper l'afflux de réfugiés cambodgiens. Au moment d'écrire ces lignes, 20 000 réfugiés que l'INS soupçonne à tort d'être des Khmers rouges attendent au camp de Khao-I-Dang. Aujourd'hui, l'INS fait tellement de restrictions que Dith Pran lui-même ne pourrait pas se rendre aux États-Unis.

C'était facile de parler avec Sam, c'était un gentleman. Nous sommes devenus amis. J'étais aussi l'ami de John Malkovitch, d'une autre manière. Lui était très cynique et très drôle : il racontait toujours des plaisanteries d'un goût douteux et passait son temps à faire des remarques obscènes sur les jeunes et jolies prostituées de Chieng Mai. Pour moi, c'était l'idéal : je pouvais me conduire comme un gentleman avec Sam et comme un voyou avec John.

Quand nous sommes rentrés à Bangkok, Roland commença par nous faire improviser des scènes pour nous préparer aux caméras. Je me sentis tout de suite à l'aise en jouant avec Sam, John et Julian : notre amitié toute fraîche rendait les choses faciles et naturelles. C'est ce que Roland avait prévu.

Cet homme était, avec David Puttman le producteur, au centre d'un projet de plusieurs millions de dollars. En les voyant, on était sûrs qu'ils voulaient raconter cette histoire le plus fidèlement possible : ils négociaient depuis des mois avec le gouvernement thaïlandais pour que le tournage ait lieu dans plusieurs coins du pays.

C'étaient des hommes sympathiques et accessibles : Roland connaissait le nom de la plupart des Cambodgiens du film, même de ceux qui n'avaient pas encore tourné. Ses yeux bleu clair semblaient tout voir et on l'avait baptisé Bouddha à cause de son intelligence et de son calme.

Le tournage commença par une scène où John et Sam sont assis pendant le gouvernement Lon Nol à la terrasse d'un café. Un homme mit le clap en face de la caméra et annonça : « Première prise, scène un. » Puis il fit le clap. L'assistant réalisateur cria : « Prêt ? » Le cameraman répondit « prêt », puis se mit à parler dans son talkie-walkie : « Arrêtez de faire bouger les camions ! » Puis il se retourna vers nous : « On y va ! Attention : on tourne. *ACTION* ! » La caméra se mit à ronronner.

Sam et John bavardaient puis soudain une grenade explosait et ils se jetaient à terre. Roland, à quatre pattes hors champ, regardait à travers un petit objectif et donnait des conseils entre chaque prise. On recommença la scène.

Il m'avait expliqué que je n'avais pas à répéter exactement le texte du script du moment que je disais les phrases et les mots les plus importants. Lorsque je parlais en khmer, je pouvais dire ce que je voulais en fonction de la scène.

Lorsque ce fut mon tour je jouai avec mes amis Sam et John en vivant mon rôle. Je n'avais pas le temps de penser à ce que cela voulait dire. Je jouais, comme les autres.

Roland me demanda de me souvenir de situations qui m'étaient vraiment arrivées et qui ressemblaient à celles du film. Cela me paraissait logique. Je me préparai pour les scènes dans les rizières en me rappelant la manière dont je marchais, comment je travaillais sur le front, le goût du riz plein d'eau, comment attraper les lézards... Je me souvenais très bien de la faim dans les campagnes.

Les scènes dans les champs étaient les plus faciles parce que j'avais vécu des situations identiques. Mais j'arrivais toujours à trouver des corrélations entre ma vie et le film. Par exemple, lorsque Dith Pran se dispute avec sa femme avant qu'elle ne parte, je revoyais Huoy me demandant de quitter le pays. Pendant la prise du pouvoir par les Khmers rouges, Dith Pran supplie les rebelles d'épargner la vie des journalistes en joignant les mains et insiste alors qu'il semble ne plus y avoir d'espoir. Les émotions qui l'animent sont semblables à celles que j'éprouvais en prison lorsque je suppliais mes tortionnaires de croire que je n'étais pas médecin. Quand Dith Pran transporte un jeune garçon à travers un champ de mines, je me revois portant Ngim le long de la frontière.

Peu à peu je commençais à affirmer mon jeu grâce aux conseils de Sam et aux encouragements de Roland qui refusait que je baisse les bras. Il me fit faire des choses que je ne pensais pas pouvoir faire.

Dans une des scènes centrales du film, Dith Pran prend congé des journalistes occidentaux et quitte la sécurité de l'ambassade de France. C'est une scène dramatique pour les journalistes qui ne peuvent pas le protéger et pour lui qui va vers la mort.

Je m'y préparais en évoquant les moments où, sur le front, emmené par les soldats, j'avais dû dire au revoir à Huoy, en étant pratiquement sûr de ne pas la revoir. Je me concentrais sur ces moments-là et puis, juste avant que la caméra ne tourne, je me rappelais sa mort. J'essayais de contrôler mes émotions en serrant la main d'un journaliste, en embrassant Sydney puis en descendant lentement l'escalier, mais je ne pouvais pas retenir ma tristesse et mon chagrin. Entre chaque prise, l'habilleur me tendait des mouchoirs de papier sans me regarder. A la sixième prise, je craquai.

– Roland, je ne pense pas que je vais pouvoir le refaire.

Il ne fit pas attention à moi et tourna la scène une septième fois. C'était parfait. Lorsque je quittai le lieu de tournage, un grand silence accompagna mon départ. Cette sorte de silence qui est plus fort que les applaudissements. Je continuais à avancer. Dans ma tête, je quittais l'ambassade de France et je marchais vers la mort.

Le plus étrange c'était de tourner ces scènes horribles pendant la journée et de me retrouver le soir dans un hôtel luxueux. Les membres de la distribution et de l'équipe technique mangeaient bien, vivaient bien, et tout le monde était très chaleureux... et puis le lendemain je me réveillais en me demandant si les Khmers rouges allaient m'embarquer cette fois-ci.

Je passais généralement assez facilement de l'hôtel au film et vice versa. Mais pourtant, dans certaines scènes, mes défenses tombaient et je me retrouvais complètement transporté dans un univers cauchemardesque. Il y a une scène où Dith Pran fait une incision dans le cou d'un bœuf vivant pour boire son sang. (Je ne l'avais pas fait, mais j'avais coupé la queue d'un bœuf, ce qui revenait un peu au même.) Les Khmers rouges l'attrapent et le rossent à coups de pied. Pendant le tournage, je portais des protections sous mes vêtements sur le dos et les jambes. Malheureusement, le bambou qu'on devait utiliser pour la scène cassa, on le remplaça par un bâton beaucoup plus lourd et les acteurs qui jouaient les Khmers rouges frappèrent à côté des protections. Pendant un moment, les coups, le battement du sang dans ma poitrine, tout me sembla si réel que je crus que j'allais mourir.

Et puis, il y avait le *chhlop*. C'était une jeune fille que la production avait trouvée dans un camp de réfugiés à côté d'Aranyaprathet. Les costumiers l'avait affublée de vêtements noirs trop grands, lui avaient tiré les cheveux en arrière. Elle était extrêmement timide et s'accrochait à sa sœur aînée comme un bébé à sa mère. Je lui expliquai en khmer comment elle devait se conduire pour ressembler à un vrai *chhlop* plein d'arrogance et de haine. Elle devait redresser la tête en arrière, me regarder de haut, la mâchoire inférieure et la lèvre en avant exprimant morgue et mépris. Elle devait trouver l'expression exacte.

– Regarde-moi d'une façon brutale. Ne cligne pas des yeux. Observe-moi comme si tu allais me manger. Comme si j'étais l'ennemi n° 1.

Lorsque le tournage commença, la jeune fille se transforma. Elle ne ressemblait pas simplement à un Khmer rouge. Il y avait quelque chose au fond d'elle qui n'était pas de la comédie.

– C'est un Khmer rouge, criai-je à Roland Joffé. C'est un Khmer rouge cent pour cent!

Roland s'approcha de moi, essayant de me calmer, mais je continuais à la désigner du doigt en criant.

Peut-être m'avait-il mal compris, pensant que je dénonçais cette fille comme une ancienne Khmère rouge. Je ne sais pas. Tout le monde s'empressa autour de moi pour me calmer.

– On le voit dans ses yeux! Regardez ces yeux!

Roland était fasciné. Il fit prise après prise. Lorsqu'il eut terminé, la jeune fille se réfugia derrière sa grande sœur, se cachant timidement derrière elle. Lorsqu'on recommençait à tourner, elle devenait différente, pleine de ressentiment, de hargne et d'arrogance. C'était aussi soudain que lorsqu'on allume ou l'on éteint une lampe électrique. Pour Roland qui comprenait plus de choses sur les Cambodgiens que les autres, cette fille était la solution d'un mystère. Pourquoi le plus gentil et le plus timide des Cambodgiens peut-il devenir un tortionnaire et un assassin ?

Voici l'explication de Roland. Les enfants cambodgiens gardent leurs colères rentrées, ils n'ont pas le droit de les exprimer envers leurs aînés. Ils sont obligés de garder la tête basse en passant devant un adulte, ils ne doivent pas pointer les pieds lorsqu'ils sont assis. Lorsqu'ils deviennent adultes, la colère est encore bannie car ils ne doivent pas perdre la face. Donc, lorsque la colère peut s'exprimer, elle devient incontrôlable.

Je l'avais vu d'une façon encore plus simple. Lorsque la jeune fille « jouait », c'est à ce moment-là qu'elle était vraiment elle-même. Qu'elle ait fait partie des Khmers rouges ou pas, elle en avait l'esprit. Elle n'avait pas beaucoup d'éducation, peu d'instruction religieuse, rien ne l'avait éloigné du pire des travers cambodgiens. Elle était *kum monuss*.

Outre le fait de jouer mon rôle, je me sentais le devoir d'aider Roland à rendre ce film aussi véridique que possible. Il était d'ailleurs souvent d'accord avec mes suggestions. La scène où l'on voit des Khmers rouges mettre la tête de prisonniers dans des sacs en plastique n'était pas dans le scénario. Nous avons aussi reconstitué des scènes de la vie sur le front : la transplantation du riz ou le labourage à dos d'homme. Mais pour moi, le film aurait dû être plus violent. Roland était d'accord pour l'authenticité, mais il refusa de montrer les Khmers rouges fouetter les hommes attelés à la charrue. Je pensais qu'il fallait montrer de quoi ils étaient capables, mais Roland n'était pas d'accord.

Si l'on se place sur le plan de la vérité historique, j'avais raison. Mais s'il s'agit de savoir ce que le public est capable de supporter, c'est bien lui qui avait raison.

Si ce film avait reproduit exactement la véritable horreur qui régnait sous les Khmers rouges, les Occidentaux auraient refusé de le voir.

Nous sommes restés en Thaïlande pendant quatre mois. Ce fut une période très dure pour moi. Je perdais du poids et mes cauchemars étaient encore plus fréquents qu'auparavant.

Je n'eus pas beaucoup l'occasion de voir mes amis, le général Chana, Oncle Lo, John Crowley, Susan Walker et tous ceux qui étaient dans les camps. Les gens de la distribution et de l'équipe de *La Déchirure* étaient d'excellents compagnons mais ma nièce Sophia me manquait.

Nous avons organisé une grande soirée avant de quitter la Thaïlande. Tout le monde vint pour s'amuser. Moi aussi, mais j'avais mis un pantalon noir, une tunique noire et des sandales en pneu. L'uniforme khmer rouge. Pour bien rappeler que nous faisions bien plus qu'un film.

Célébrité

Dans la version finale de *La Déchirure*, dans une scène filmée en Thaïlande, Sydney Schanberg et Dith Pran font un reportage sur les troupes de Lon Nol et les conseillers militaires américains. Les Khmers rouges attaquent et nous sautons dans un abri. La caméra fait un plan rapproché, filmé en Angleterre, où l'on nous voit tous les deux dans l'abri. Je crie : « Sydney, regarde! Des Khmers rouges! » Sans une pause, le film continue avec des scènes tournées en Thaïlande. Les spectateurs ne voient aucune différence.

De la même manière, l'évacuation de l'ambassade américaine de Phnom Penh tournée en Thaïlande est entrecoupée d'images d'énormes hélicoptères des marines filmées à San Diego.

Cela m'a beaucoup surpris mais les films sont fabriqués ainsi, de petits bouts de prises tournées dans différents endroits et à divers moments. Ensuite, il y a le doublage, les titres et la musique : les acteurs ne sont qu'une partie de l'illusion.

La première et la plus longue période de tournage avait eu lieu en Thaïlande de mars à avril 1983. En novembre, nous avons encore fait deux semaines de prises à San Diego et au Canada. En avril 1984 je suis retourné en Thaïlande pour tourner la fuite vers la frontière. En août et septembre, j'étais en Angleterre pour quelques raccords, les plans rapprochés dans l'abri, et la mise au point des voix.

Ces voyages ne me déplaisaient pas. J'étais content de connaître de nouveaux horizons et de retrouver toute l'équipe du film.

Entre chaque prise, je retournais à Los Angeles pour reprendre mon travail à 400 dollars la semaine. Je me sentais un peu coupable vis-à-vis de mes collègues du centre social de Chinatown. C'étaient des gens épatants, des Vietnamiens, des Cambodgiens, des Chinois de Taïwan et de Hong Kong et nous avions un objectif important : trouver le plus possible d'emplois pour les réfugiés. Chaque fois que je m'absentais, cela leur donnait un surcroît de travail.

Deux personnes seulement au centre connaissaient la véritable raison de ces absences : le grand patron et ma chef directe qui m'accordait gentiment les autorisations. A part Sophia, personne d'autre n'était au courant. Pour mes amis et mes collègues, je partais simplement travailler ailleurs avec des réfugiés.

En vérité, j'avais peur que le film soit mauvais. Il était inutile d'exciter leur curiosité pour qu'ensuite ils soient déçus. Et puis il y avait une autre raison : sous les Khmers rouges j'avais pris l'habitude de me taire. J'avais encore beaucoup de difficultés à faire confiance aux autres. Par exemple, je n'arrivais pas à le dire à Balam qui vivait à côté de chez moi ou à mon frère Hok qui habitait en dehors de Los Angeles ou encore à mon cousin Philip Thong.

C'était comme de mener une double vie.

En novembre 1984, alors que j'étais à mon bureau, je reçus un appel de la Warner Bros à Burbank. David Puttman et Roland Joffé voulaient que je me rende à une avant-première du film à San Diego.

Je rentrai de mon travail à l'heure habituelle, une limousine était arrêtée devant chez moi. On me conduisit à l'aéroport de Burbank où attendait un avion privé. David et Roland étaient déjà à bord. L'avion décolla et l'hôtesse servit le champagne au-dessus des lumières de Los Angeles. J'étais émerveillé par ce qui m'arrivait.

Pendant le tournage du film je ne me serais pas permis de me croire supérieur aux autres. David et Roland étaient simples et réalistes, Sam agréable et courtois. Ces hommes donnaient le ton et en travaillant avec eux on ne risquait pas d'avoir la grosse tête.

Je n'avais jamais voulu être acteur. Je savais qui j'étais. Au plus profond de moi, j'étais toujours un médecin du Cambodge. Mais maintenant, alors que l'avion volait le long de la côte californienne, je commençais à me poser des questions. Il était impossible de ne pas faire une corrélation entre la période récente comme esclave de guerre et ce nouveau mode de vie ultra-luxueux : limousine, champagne et avion privé.

Les dieux m'ont sauvé la vie et m'ont inondé de leurs bienfaits au-delà de ce qu'on peut imaginer. Peut-être ont-ils des projets pour moi ?

Nous sommes arrivés au cinéma alors que la projection se terminait et je n'ai pu voir que la dernière demi-heure du film. Le public remplissait des imprimés où il donnait son avis en cochant des appréciations : excellent, bon, pas mal ou mauvais. Tous ceux que je vis marquaient « excellent » pour Sam et moi. Des gens se précipitèrent pour me demander des autographes. Personne ne m'en avait jamais demandé !

Les semaines suivantes, il y eut quelques avant-premières à

Los Angeles mais j'arrivais toujours en retard. C'était énervant, je n'avais jamais vu le film en entier, seulement des extraits ou des rushes dans la salle de montage.

Le public applaudissait longuement avec enthousiasme. Alors que je quittais la salle de projection à l'université de Californie du Sud, une étudiante se jeta à mon cou pour m'embrasser. Elle voulait m'épouser. Je ne l'avais jamais vue auparavant.

En décembre, la première eut lieu à New York.

Une fois encore je manquai le début. Ce fut mouvementé : je passai mon temps à signer des autographes, à faire des photos et à courir d'un studio de télévision à l'autre pour donner des interviews. Au cours d'un dîner, on appela mon nom et l'assistance se leva pour m'applaudir. Je serrais la main de milliers de gens, en me demandant tout le temps : « Qu'est-ce qu'il t'arrive ? Pourquoi toi ? Tu viens à peine d'arriver dans ce pays, pourquoi te traite-t-on ainsi ? »

La seule vraie bonne chose qui m'arriva au cours de cette première à New York fut de rencontrer les véritables Sydney Schanberg et Dith Pran. Le vrai Sydney était plus petit que Sam, il avait des cheveux gris, une barbe grise et d'énormes yeux tout ronds. Je l'aimai tout de suite. Dith Pran aussi. Pran était plus petit que moi, gentil et calme, et pas survolté comme certains !

Il était maintenant photographe au *New York Times* comme Sydney. Pran et moi avons d'abord parlé en anglais par courtoisie pour les autres et puis nous sommes passés au khmer. Nous avions beaucoup de choses à nous dire.

Je lui demandai ce que les Khmers rouges lui avaient vraiment fait parce que certains détails avaient été changés pour le scénario. Il m'expliqua qu'on l'avait surpris à voler du riz et que les soldats l'avaient frappé. Il pensait être exécuté, mais le chef de village s'était interposé et arrangé pour qu'il soit envoyé dans un camp de rééducation où il dut, pour sauver sa peau, confesser toutes sortes de crimes. Pendant toutes ces années, sa femme et sa fille se trouvaient en sécurité aux États-Unis mais, bien sûr, il n'avait aucune nouvelle. Il avait aussi perdu tous les membres de sa famille, exécutés ou morts de faim.

Après l'arrivée des Vietnamiens, il accepta quelque temps d'être maire d'une petite ville pour aider ses compatriotes. Mais les Vietnamiens découvrirent qu'il avait un passé politique « pas très propre » car il avait travaillé avec des journalistes américains. Il sentit le danger et s'échappa en Thaïlande où il arriva en octobre 1979.

Pran et moi pensions que le film, pour refléter plus exactement la réalité, aurait dû être plus violent.

Puis, nous avons plaisanté pour savoir lequel des deux avait eu l'expérience culinaire la plus désagréable. Il avoua avoir mangé des souris, des escargots et du lézard.

– Vous aviez des lézards! C'est bon, ça a le goût des steaks d'ici. Moi, le meilleur repas que j'ai fait à l'époque, c'étaient des œufs de fourmis rouges et de termites.

Il me répondit qu'il était désolé de ne pas avoir mangé d'aussi succulents insectes.

En fait, toutes mes expériences sous les Khmers rouges étaient pires que les siennes. Mais ce n'était pas très important : faire sa connaissance c'était comme de rencontrer un frère jumeau. Je savais que nous serions amis pour la vie.

En janvier eut lieu la première anglaise. Sydney Schanberg, Sam Waterston, Dith Pran et moi étions tous là en smoking. La duchesse de Kent, couverte de bijoux, était assise à ma hauteur, de l'autre côté de l'allée. Pour la première fois, je pus voir le film en entier avec toutes les scènes dans le bon ordre.

Le public continuait encore à bavarder alors que les premières images défilaient sur l'écran. Il y eut quelques rires lorsque Al Rockoff, le photographe dingue, explique que la poche de glace qu'il portait sur le front pour faire passer sa gueule de bois était faite avec une serviette hygiénique. Puis, au fur et à mesure que l'on pénétrait dans l'horreur de la guerre civile, les rires disparurent et le public se fit de plus en plus attentif.

Je commençai à pleurer pendant la scène de l'évacuation américaine, lorsque ma femme part en hélicoptère. Je ne peux pas expliquer pourquoi. Peut-être parce que c'était la première fois que je voyais cette scène sur grand écran. Peut-être avais-je l'impression de reperdre Huoy?

Une dame qui se trouvait derrière moi me tendit un mouchoir.

Je me remis à pleurer en me voyant quitter les autres journalistes à l'ambassade de France. Je n'arrivais pas à me contrôler. Les larmes coulaient sur mes joues, et la dame continuait à me passer des mouchoirs en papier. Je pleurais encore lorsque les Khmers rouges mirent la tête d'un prisonnier dans un sac en plastique, quand je bus le sang du bœuf, lorsque je tombai en m'échappant dans une fosse pleine d'ossements humains. Je pleurais toujours lorsque Sydney et Pran – ou Sam et moi – nous nous retrouvons dans le camp de réfugiés. La fin avait été filmée à Khao-I-Dang, juste en face de la barraque de l'ARC où j'avais travaillé comme médecin.

Mais je n'étais pas seul à pleurer. La duchesse de Kent pleurait aussi. Le public resta assis, engourdi, pendant que le générique défilait sur l'écran. Puis les lumières s'allumèrent et Sydney, Sam, Pran et moi avons été présentés au public qui nous applaudit longuement, debout.

A ma grande surprise je devins une vedette des médias. J'étais une sorte de symbole de la souffrance et du courage du Cambodge. Ou plutôt Pran et moi étions devenus ce symbole, les gens mélangeaient nos noms. Le fait que je sois moi-même un réfugié sans aucune expérience d'acteur donnait encore plus de relief au film que si un acteur professionnel avait interprété le rôle de Dith Pran.

Je continuai malgré tout à travailler au centre de Chinatown où mes activités cinématographiques n'étaient plus un secret pour personne. Je m'absentais souvent pour donner des interviews ou pour que l'on me remette des prix.

Je gagnai d'abord le Golden Globe comme meilleur second rôle. Puis, en mars 1985, je me rendis à Londres pour recevoir le prix du meilleur espoir et du meilleur acteur.

Sophia m'accompagna lors de ce voyage. C'était une excellente élève, qui obtenait toujours les meilleures notes. Elle était très intelligente comme son père et sa mère, mais avait grandi trop vite à mon goût. Comme elle n'aimait pas les cheveux raides des Asiatiques, elle s'était fait faire une permanente. J'avais bien remarqué qu'elle était souvent nerveuse et malheureuse chez nous à Los Angeles. L'adolescence peut-être, ou bien mes absences répétées. Vraisemblablement aussi à cause de mes principes d'éducation très traditionnels. J'étais très strict avec elle, comme mon père l'avait été avec moi. C'était la seule manière que je connaissais d'élever les enfants. Malgré tout, elle semblait heureuse de voyager avec moi.

Nous sommes rentrés de Londres dans notre nouvel appartement, deux pièces à l'étage avec vue sur les gratte-ciel dans le même immeuble que le studio. Le salon était déjà rempli de trophées et de diplômes. Je mis les coupes sur la table et n'y pensai plus.

Les gens de la Warner Bros disaient que ce qui compte ce sont les Oscars américains. J'avais été sélectionné dans la catégorie du meilleur second rôle, mais je n'y croyais pas. Un des autres nominés était John Malkovich pour son rôle dans *Places in the heart*. Je savais que John était un bon acteur, j'avais déjà noté à plusieurs reprises dans *La Déchirure* des détails remarquables dans sa façon de jouer. J'en voulais aussi un peu à Roland Joffé de ne pas m'avoir laissé rencontrer Dith Pran avant le tournage. J'aurais pu changer ma composition afin de lui ressembler davantage.

Deux jours avant la soirée des Oscars, des équipes de télévision vinrent me filmer au centre social de Chinatown et me suivirent partout avec leurs caméras. Je leur demandai s'ils filmaient aussi John Malkovich. John et ses plaisanteries vaseuses me manquaient, personne ne me faisait autant rire que lui!

Le jour de la remise des Oscars j'appelai mon patron pour lui demander ma journée, j'étais trop nerveux pour pouvoir travailler.

Je demandai aussi à Sophia de ne pas aller à l'école. La télévision m'attendait à la porte de l'immeuble et me suivit lorsque j'allai louer mon smoking. La séquence passa aux informations, je me demandai vraiment ce qu'il pouvait y avoir d'extraordinaire à louer un smoking !

Lorsque je revins chez moi, trois longues limousines noires étaient stationnées dans la rue transportant Dith Pran, Pat Golden, Ed Crane et des gens de la publicité. Ils montèrent tous chez moi. Le voisinage – surtout des Asiatiques et des prolos – s'était attroupé pour regarder les limousines et la télévision.

Sophia et moi sommes montés dans une voiture avec Pat Golden et Ed Crane. Les voisins me faisaient signe de la main en me souhaitant bonne chance. La remise des Oscars avait lieu, pas très loin, au pavillon Dorothy Chandler mais la circulation était tellement dense qu'on mit une heure pour y arriver. J'aurais préféré y aller à pied, ça m'aurait calmé et on aurait mis moins de temps.

Quand nous sommes arrivés, la cérémonie avait déjà commencé et plusieurs Oscars avaient été remis. L'auditorium était rempli de femmes éblouissantes et d'hommes superbes.

L'ouvreuse nous conduisit, Sophia et moi, à deux places inoccupées au deuxième rang tout à fait sur la gauche. Quelques minutes plus tard – le temps passa très vite pour moi –, une petite femme du nom de Linda Hunt monta sur scène pour remettre l'Oscar du meilleur second rôle. Elle avait gagné l'Oscar l'année d'avant pour son rôle dans le film : *L'Année de tous les dangers*.

– Bonsoir, mesdames et messieurs. Les cinq acteurs que nous allons nommer ont pris des routes différentes, mais je sais qu'aucun d'eux ne pense avoir atteint son but ce soir. Leur objectif, c'est le travail, le défi, la réussite et être désigné comme le meilleur constitue le plus gratifiant des encouragements.

Puis elle lut les noms des sélectionnés. Lorsqu'elle lut le mien, les caméras me cherchèrent dans l'assistance mais ne purent me trouver car l'ouvreuse nous avait accompagné à de mauvaises places. Une photo de moi dans *La Déchirure* apparut sur l'écran.

Je regardai les autres sièges de la rangée, et j'aperçus Sam Waterston près de l'allée centrale. Je ne sais pas pourquoi, mais j'étais heureux qu'il soit là. Il m'avait tellement aidé. J'étais fébrile.

– Et le gagnant est... Haing S. Ngor pour *La Déchirure* !

Je me levai, passai devant Sam et lui serrai vigoureusement la main. Je voulais qu'il monte sur scène avec moi, mais il me poussa en avant. J'avais la tête complètement vide. Je restai planté devant le pupitre, mon trophée à la main. Les projecteurs et les caméras de télévision étaient braqués sur moi, mais je ne savais pas quoi dire.

J'avais répété un discours dans la limousine, dont je ne me rappelais plus un mot.

– C'est incroyable... commençai-je, et tout me revint. Toute ma vie l'est aussi ! Je veux remercier tous les membres de l'académie du cinéma pour cet honneur. Je remercie David Puttman et Roland Joffé pour m'avoir donné la chance de jouer dans *La Déchirure*. Je veux partager ce prix avec mon ami Sam Waterston, avec Dith Pran, Sydney Schanberg et aussi avec Pat Golden qui me dénicha pour ce rôle.

Le public rit et applaudit.

Des rires à cause de mon accent et des applaudissements parce que je n'arrêtais pas de remercier...

– Et je remercie – rires et applaudissements – la Warner Bros pour m'avoir permis de raconter mon histoire au monde, pour qu'il sache la tragédie que vit mon pays. Je remercie aussi mon dieu Bouddha d'avoir permis que je sois ce soir parmi vous. Merci. Merci beaucoup.

Le public était debout applaudissant et criant, certains essuyaient leurs larmes. Je levai le trophée au-dessus de ma tête. Je n'ai pas de mot pour décrire mon état : je flottais au-dessus du sol.

Je descendis de la scène. L'hôtesse me guida à la place où j'aurais dû me trouver et une ouvreuse escorta Sophia jusqu'à moi. John Malkovich était assis devant moi en rigolant et je l'entendis dire quelque chose...

– *Ach anh neh.* (Il désignait le trophée du doigt.) *Rar boh anh teh.*

Sophia secoua la tête et ouvrit la bouche, ébahie. Moi j'étais sûr d'avoir mal compris. Je lui souris en m'asseyant, j'étais content de le voir.

– *Ach anh neh. Rar boh anh teh,* répéta-t-il en faisant des grimaces et cette fois je compris. En Thaïlande, je lui avais appris à jurer en khmer. Il venait de me dire en désignant l'Oscar :

– Baise mon cul. Il est à moi !

Kama

Jusqu'à ce que mon nom soit prononcé et que je monte sur scène, je n'y croyais pas. L'Oscar à quelqu'un qui n'a jamais joué la comédie de sa vie, qui vient d'arriver aux États-Unis et qui ne parle pas couramment l'anglais, c'est totalement improbable. Personne ne pourrait croire à une fin pareille, même dans un film à Hollywood.

Et pourtant c'était arrivé.

J'avais gagné contre toute attente et je serrais contre mon cœur cette grande et lourde statuette plaqué or représentant une silhouette énigmatique au visage inexpressif. Ou plutôt, j'avais encore gagné. Au pays de la déchirure, j'avais déjà, d'une manière plus tragique, affronté victorieusement le sort.

Lorsque les miracles se répètent, il est difficile de ne pas penser au *kama*.

Parfois, des gens sont choisis sans le savoir pour remplir une mission. Ce sont des instruments créés par le destin à des fins qui les dépassent. C'était mon cas. Les dieux avaient tout prévu : que je souffre, que je serve une cause et que j'en sois récompensé...

C'était *kama*.

Sans le savoir, je remplissais une mission : raconter l'histoire du Cambodge au reste du monde.

Le lendemain de la nuit des Oscars, je me rendis à mon bureau de Chinatown à huit heures du matin comme d'habitude. Je ne travaillai pas beaucoup ce jour-là. Tout le monde voulait toucher le trophée; des journalistes et des équipes de télévision se succédaient dans la pièce. Le téléphone ne cessait pas de sonner et je passai la journée à donner des interviews et à recevoir des félicitations.

Je ne travaillai pas beaucoup non plus dans les semaines qui suivirent. Je dus pour la promotion du film participer à des émissions de télévision, donner d'autres interviews et me rendre en Asie et en Europe.

Dith Pran et moi avons été reçus à la Maison Blanche par le Président Reagan.

Ma vie était terriblement occupée, si bien que je fus obligé de demander encore une autorisation d'absence au centre social. A l'issue de ce congé, je donnai ma démission.

J'ai maintenant un nouveau travail, je suis porte-parole des Cambodgiens et organisateur de l'aide aux réfugiés. Je passe la plupart de mon temps à voyager, à faire des discours, à participer à des conférences et à m'entretenir avec des dirigeants et des officiels.

A Los Angeles, je travaille pour l'Organisation Humanitaire Khmère qui vient en aide aux Cambodgiens des camps de réfugiés et aux États-Unis ainsi que pour une autre organisation, Humanitarisme et Paix pour les Khmers Unis, qui récolte des fonds pour construire un véritable temple dans le style traditionnel cambodgien à la place du temple de fortune que nous avons actuellement.

Plusieurs fois par an, je me rends à la frontière thaïlando-cambodgienne où j'essaie de mettre en place un centre d'enseignement médical. Dans une cabane de bambou, mon équipe et moi-même donnerons, à ceux qui veulent retourner au Cambodge, les principes élémentaires de santé publique.

Comme moi, mon ami Dith Pran apparaît souvent en public et travaille pour des organisations d'aide aux Cambodgiens. Lui et moi sommes des amis très proches et faisons tout notre possible pour aider à guérir les plaies du Cambodge. Beaucoup d'entre nous sont des volontaires unis par une terrible parenté qui informent et travaillent à différents niveaux.

Je me demande parfois ce que signifie vraiment d'avoir gagné cet Oscar. J'ai accepté l'idée que ma façon de jouer dans *La Déchirure* était une bonne interprétation et je laisse maintenant les louanges me bercer après leur avoir fermé mon cœur pendant si longtemps. Enfin, je ne nie plus que le fait d'être reconnu est bien agréable.

Professionnellement, comme porte-parole d'une communauté, l'Oscar m'a ouvert beaucoup d'horizons. Avant la sortie du film, la tragédie cambodgienne était mal connue. Maintenant je peux en parler, on ne me ferme plus la porte au nez. C'est aussi le cas pour Dith Pran.

Et bien sûr, l'Oscar m'a ouvert des perspectives comme acteur : j'ai eu la possibilité de jouer un peu partout et pas seulement à Hollywood. J'ai tourné depuis dans deux films chinois en Asie, dans un documentaire en langue française sur le Cambodge, dans une publicité pour une compagnie pharmaceutique, dans des épisodes du feuilleton *Grand Hotel* et dans *Miami Vice*, dans une petite série intitulée *L'Amour et la Guerre* et comme présentateur dans un programme de télévision.

J'aime jouer. Cela me donne la possibilité d'utiliser des dons naturels, de rencontrer des gens et de connaître de nouveaux horizons. Mais jouer la comédie n'est pour moi qu'un moyen d'accéder à certains objectifs. Cela me permet de gagner de l'argent et du temps pour me consacrer à mon véritable but dans la vie : aider les Cambodgiens. Je gagnerai peut-être plus tard ma vie autrement et je n'ai pas abandonné l'idée d'exercer la médecine à nouveau.

Quoi qu'il arrive, je ne m'inquiète pas trop pour l'avenir. J'ai toujours survécu. J'ai gardé la Volkswagen de mes débuts, je porte les vêtements que m'avait fait couper Oncle Lo à Lumpini. Je vis dans le même appartement, je vais peut-être en changer, mais je ne suis pas pressé.

Ce n'est pas très important que je continue à tourner, que j'exerce la médecine ou que je revienne à mon ancien travail au centre social de Chinatown.

Ce qui compte, c'est le destin de notre pays et ce que je fais, ce que fait Dith Pran ou n'importe quel Cambodgien pour son avenir.

Le Cambodge s'appelle maintenant République Populaire du Kampuchéa. Heng Samrin, l'ancien commandant khmer rouge, en est toujours le gouverneur fantoche. La main qui agite la marionnette est toujours vietnamienne, les conseillers vietnamiens donnent les ordres et 150 000 soldats vietnamiens s'assurent que ces ordres sont bien exécutés.

Tranquillement et sans déclarations officielles, les Vietnamiens ont colonisé le Cambodge : ils prennent le poisson de notre mer intérieure, le Tonle Sap. Ils s'emparent du caoutchouc, du riz et des autres ressources naturelles. Ils encouragent les citoyens vietnamiens ou cambodgiens d'origine vietnamienne à s'installer dans le pays. Des Vietnamiens épousent des femmes khmères – quelquefois contre leur gré – et les crimes et délits contre les Cambodgiens ne sont pas sanctionnés. Dans les écoles, on abandonne peu à peu la culture cambodgienne et on enseigne le vietnamien et le russe. Les étudiants les plus doués sont envoyés à Hanoi ou à Moscou pour continuer leurs études.

Bien que les Vietnamiens n'emprisonnent pas les gens et ne les expédient pas dans les fosses communes comme le faisaient les Khmers rouges, leur système judiciaire n'a rien à leur envier. Ils arrêtent les gens pour délit d'opinion ou parce qu'ils écoutent les radios interdites ou parce qu'ils se marient sans autorisation. Les prisonniers n'ont pas de procès légal, les prisons sont infectes et la torture est pratique courante. Pendant les interrogatoires, on frappe les victimes, on les fouette avec des chaînes et des tuyaux de caoutchouc. On torture à l'électricité et on asphyxie avec des sacs de plastique.

Tout cela m'a été rapporté par des réfugiés et les sceptiques n'ont qu'à consulter les rapports d'Amnesty International.

Les Vietnamiens utilisent les travaux forcés, non pas comme les Khmers rouges pour construire des canaux ou des barrages, mais pour couper les arbres le long des routes afin d'éviter les embuscades. Ces nouveaux esclaves de guerre coupent les broussailles, posent des mines, construisent des obstacles antichars, principalement à côté de la frontière thaïlandaise. Dans ces camps de travail, la malaria est courante ainsi que l'amputation des membres après l'explosion accidentelle de mines. Il y en a énormément.

La guerre continue au Cambodge. Lorsque l'armée vietnamienne circule en force pendant la journée, elle est maîtresse du terrain, mais lorsque ses troupes sont passées ou que la nuit tombe, la campagne appartient aux forces de résistance.

C'est une guérilla un peu brouillonne qui regroupe pas mal de monde et qui reçoit l'essentiel de l'aide de la Chine. Les Vietnamiens sont, eux, aidés par l'URSS. D'une certaine manière la guerre du Cambodge est une guerre larvée entre deux pays communistes : la Chine et l'Union soviétique. Le Cambodge n'est qu'un pion dans leur lutte d'influence pour le pouvoir en Asie.

Il y a trois factions dans la résistance.

Les bandits et les seigneurs de la guerre, Khmers Serei, ont été rejoints par de plus en plus de Cambodgiens sérieux et patriotes qui ont fini par former deux factions anti-communistes. Le Front National de Libération du Peuple Khmer (FLNPK) et le Front Uni National du Cambodge Indépendant, Neutre, Pacifique et Coopératif, le FUNCINPEC. C'est bien triste, mais il faut dire que ces deux factions ont des problèmes de dirigeants.

Le chef du FUNCINPEC est le prince Sihanouk qui a perdu beaucoup de crédibilité pour avoir rejoint les Khmers rouges en 1970. Il vit aujourd'hui en Chine et en Corée du Nord. Le chef du FLNPK est Son Sann, un vieux bonhomme sans expérience militaire.

Le siège de ces deux organisations en Thaïlande est le théâtre de nombreuses querelles publiques, de luttes fratricides pour le pouvoir et un nid de « bonjour ». Néanmoins ces deux organisations comptent dans leurs rangs des hommes valables, particulièrement ceux qui combattent et travaillent sur le terrain. Je les admire beaucoup.

La troisième composante de la résistance ce sont les Khmers rouges, à nouveau bien nourris et bien armés. Ils prétendent maintenant qu'ils ne sont plus communistes mais seulement des nationalistes qui se battent pour chasser les Vietnamiens du Cambodge. Ils prétendent aussi que Pol Pot s'est « retiré ». Pol Pot est gravement malade mais, tant qu'il est en vie, il est probable qu'il restera à la direction des Khmers rouges. Après tout, il a bien fait croire pendant des années que quelqu'un d'autre dirigeait Angka, pourquoi ne recommencerait-il pas ?

Son successeur sera probablement Son Sen qui était son ministre de la Défense et qui supervisait le système carcéral, y compris les prisons où j'ai été torturé. La femme de Son Sen était ministre de la Culture. C'est elle qui est responsable du massacre des moines et de l'élimination du bouddhisme. Un autre candidat à la succession est Ta Mok, un commandant de l'armée, célèbre pour avoir éliminé tous ses rivaux afin d'obtenir de Pol Pot le commandement de la zone sud-ouest.

En 1982, les pays qui soutiennent ces trois factions de résistance, la Chine, les cinq pays de l'ASEAM (pays non communistes de l'Asie du sud-est) et les États-Unis obligèrent les Khmers rouges, le FLNPK et le FUNCINPEC à former une coalition de gouvernement en exil.

Cette coalition que l'on appelle le Kampuchéa démocratique – le même nom donné par les Khmers rouges à leur régime – sert certains objectifs pratiques, comme de garder le siège du Cambodge aux Nations Unies. Cette présence diplomatique a permis de maintenir la pression sur les Vietnamiens pour qu'ils quittent le Cambodge. Une résolution est votée chaque année par l'assemblée générale des Nations Unies à une écrasante majorité, demandant au Viêt-nam de retirer ses troupes du Cambodge. En coordonnant leurs actions militaires, les trois groupes de résistance rendent l'occupation vietnamienne plus coûteuse. Ils n'ont pas réussi à vaincre les Vietnamiens, mais l'armée vietnamienne n'a pas réussi à les briser.

L'impasse militaire et la pression diplomatique devraient conduire à une conférence, premier pas vers une solution politique. De premiers signes encourageants sont déjà apparus.

D'un point de vue moral, cette coalition gouvernementale est terrifiante. C'est tout de même terrible d'accepter les Khmers rouges comme partenaires pour obliger les Vietnamiens à se retirer. Comme le proclamait la pancarte sur la nationale 5 : « Khmer rouge, ennemi pour toujours ! »

J'ai admis de mauvaise grâce qu'il est nécessaire de lutter du même côté que les Khmers rouges dans cette guerre de libération nationale. Mais je pense également qu'il n'est pas nécessaire d'attendre pour mettre les dirigeants khmers rouges sur le banc des accusés.

Une organisation, la Commission de documentation cambodgienne, tente d'organiser le procès des principaux chefs khmers rouges par un tribunal international [1]. Je soutiens complètement cet effort.

Le jugement des principaux chefs khmers rouges aurait aussi un effet pratique sur le plan diplomatique. Il rendrait caduc l'argument invoqué par les Vietnamiens pour se maintenir au Cambodge : protéger la population contre le retour de Pol Pot.

Cette guerre a amené plus de trois cent mille réfugiés le long de la frontière et à l'intérieur de la Thaïlande. Les autorités thaïlandaises ont fermé la plupart des camps et voudraient bien supprimer ceux qui restent. Les pays occidentaux ne sont plus très chauds pour accepter des réfugiés.

Incapables d'aller de l'avant, et refusant de revenir en arrière, les réfugiés de la zone frontalière vivent misérablement dans des huttes et mangent ce qu'on leur distribue. Ils n'ont pas de terre ni la sécurité indispensable pour faire pousser quelque chose.

Les garçons deviennent soldats avant d'être des hommes.

Dans les hôpitaux et les cliniques, le personnel cambodgien et quelques volontaires occidentaux continuent leur travail. Les fléaux sont toujours les mêmes : malaria, tuberculose, dysenterie, blessures par balles. On voit des hommes clopiner sur des jambes artificielles bon marché. On voit des réfugiés, dépressifs ou traumatisés d'avoir perdu leur famille, rester inactifs et impuissants.

Lorsque je me retrouve dans un de ces hôpitaux, je me rends compte que rien n'a changé et, moi aussi, je me sens impuissant.

Parce que rien de ce que j'ai fait, soit comme médecin, soit comme acteur, soit comme collecteur de fonds, n'a changé fondamentalement la vie sur la frontière.

Dans des moments comme ceux-ci, où les patients remplissent tous les lits disponibles et que la brise souffle à peine entre les cloisons de bambou, mon Oscar n'a plus aucune signification.

L'holocauste cambodgien a déchiré nos vies, nous jetant dans l'errance puis nous laissant brisés et laminés.

On peut blâmer qui l'on veut : l'intervention des puissances étrangères, nos propres fautes, la corruption et le *kum*.... Mais lorsque nous avons fait le tour des responsabilités, nous ne savons toujours pas pourquoi une telle chose a bien pu arriver.

1. La Commission de documentation cambodgienne, dirigée par David Hawk, ancien directeur d'Amnesty International aux États-Unis, regroupe des réfugiés cambodgiens, des intellectuels et des spécialistes des droits de l'homme. Elle se charge de réunir les informations sur les violations des droits de l'homme sous le régime des Khmers rouges et cherche à amener les responsables devant un tribunal international d'après la convention des Nations Unies sur la prévention et le châtiment des crimes de génocide.

Le pays est en ruine, des millions de personnes sont mortes et les survivants n'ont pas fini de porter le deuil.

De tous les Cambodgiens que je connaissais, la plupart sont morts.

Cette réflexion est valable pour tous.

Encore que je ne sache pas ce qui est arrivé à certains autres, il est bien difficile d'avoir des informations. Qu'est devenu Oncle Kruy, le chauffeur d'autobus de mon enfance? Et mes amis médecins Pok Saradath et Dav Kiet? Et Chea Huon, mon ancien professeur dirigeant khmer rouge? Et Sangam, mon compagnon de l'équipe des engrais... et d'autres encore?

Par contre, je sais que Pen Tip, qui a si souvent essayé de me tuer, est maintenant à l'École de médecine de Phnom Penh. Je suis certain qu'il a beaucoup d'amis chez ses nouveaux maîtres vietnamiens.

Ma Tante Kim, qui m'avait dénoncé, s'est installée aux États-Unis avec son fils Haing Seng – nous avions eu une querelle ensemble – mais surtout avec son autre fils, Haing Meng, qui à ma connaissance était officier khmer rouge. Il a réussi à s'infiltrer aux USA en changeant de nom et en trompant les services de l'immigration. Je ne sais pas où il se trouve.

Parmi le reste de ma famille, je sais que mon frère Hong Srun est toujours au Cambodge avec deux des enfants de mon frère aîné. Mon plus jeune frère, Hok, vit avec sa femme et son fils à côté de Los Angeles. Mes cousins Balam et Philip Thong sont à Los Angeles et se débrouillent bien. J'ai aussi des cousins à Macao et en France, ainsi qu'une nièce qui vit en France, la seule fille survivante de ma sœur Chhai Thau.

Quant à ma nièce Sophia, elle n'était pas heureuse avec moi.

Peut-être étais-je trop traditionnel et trop cambodgien pour comprendre qu'elle voulait vivre comme une adolescente américaine. En rentrant d'un de mes voyages, j'ai trouvé une enveloppe qui m'était destinée. Je ne l'ai jamais ouverte. Sophia n'est jamais revenue.

Toutes ces querelles que j'avais avec mon père, toutes ces discussions avec mes frères et maintenant ce dernier coup douloureux dans l'histoire troublée de ma famille!

Sophia me manque.

Pour l'instant, je vis dans mon deux-pièces avec balcon et vue sur les tours du centre de Los Angeles. Les murs sont recouverts de photos du film et des diplômes et prix que j'ai reçus. Tout en haut, à la place d'honneur, la photo d'Huoy, un agrandissement effectué à partir de la photo d'identité que j'avais mendié en suppliant au chef de Phum Ra... il y a si longtemps.

Je porte autour du cou le médaillon d'Huoy accroché avec une chaîne en or. Son esprit me guide toujours. Je suis sûr qu'elle m'autoriserait à me remarier et à fonder une famille mais pour le moment je n'en ai pas envie. Il n'est pas facile de trouver quelqu'un qui mérite de la remplacer.

Un jour, lorsque le Cambodge sera libre, je retournerai près du *sdao* incliné, au sommet du tertre dans les rizières.

Je ferai construire un monument sur la montagne puis les moines célébreront une cérémonie religieuse. Nous prierons pour Huoy et pour sa mère, pour mes parents et ma famille et pour tous ceux qui ont perdu la vie.

Alors, peut-être que leurs âmes trouveront la paix.

Et la mienne aussi.

Je me souviens lorsque nous marchions à Phnom Penh, le soir, le long du fleuve. Les lumières se reflétaient à la surface de l'eau et le vent soufflait dans les cheveux de Huoy. Nous marchions sans crainte, parlant de l'avenir. Tout nous paraissait beau et plein d'espérance : travailler et réussir, avoir des enfants et rester auprès de notre famille. Tout semblait si facile. Mais nos vies n'étaient pas destinées à s'éteindre ensemble.

Mes souvenirs ne me pardonneront jamais.

TABLE DES MATIÈRES

Cet ouvrage a été réalisé sur
Système Cameron
par la SOCIÉTÉ NOUVELLE FIRMIN-DIDOT
Mesnil-sur-l'Estrée
pour le compte de France Loisirs
le 30 mars 1989

Imprimé en France
Dépôt légal : mars 1989
N° d'impression : 11851
N° d'édition : 14947